“十三五”高等医学院校本科规划教材

供基础、临床、护理、预防、口腔、中医、药学、医学技术类等专业用

大学生心理健康教育

Education of Mental Health in University Students

（第2版）

主　编　崔光成　张曼华

副主编　赵静波　周郁秋　赵阿勐

编　委（按姓名汉语拼音排序）

崔光成（齐齐哈尔医学院）
崔玉玲（济宁医学院）
纪　元（河北医科大学）
鹿凤山（齐齐哈尔医学院）
孟　勇（新乡医学院）
邵淑红（滨州医学院）
许华山（蚌埠医学院）
张殿君（牡丹江医学院）
张　辉（首都医科大学）
张曼华（首都医科大学）
赵阿勐（齐齐哈尔医学院）
赵法政（黑龙江中医药大学）
赵静波（南方医科大学）
赵　阳（华北理工大学）
周郁秋（哈尔滨医科大学）

秘　书　赵阿勐

北京大学医学出版社

DAXUESHENG XINLI JIANKANG JIAOYU

图书在版编目（CIP）数据

大学生心理健康教育 / 崔光成，张曼华主编．—2 版．—北京：北京大学医学出版社，2019.6（2024. 8 重印）
ISBN 978-7-5659-2010-3

Ⅰ．①大… Ⅱ．①崔…②张… Ⅲ．①大学生－心理健康－健康教育－医学院校－教材 Ⅳ．① G444

中国版本图书馆 CIP 数据核字（2019）第 138262 号

大学生心理健康教育（第 2 版）

主　　编：崔光成　张曼华
出版发行：北京大学医学出版社
地　　址：（100191）北京市海淀区学院路 38 号　北京大学医学部院内
电　　话：发行部 010-82802230；图书邮购 010-82802495
网　　址：http：//www.pumpress.com.cn
E-mail：booksale@bjmu.edu.cn
印　　刷：北京溢漾印刷有限公司
经　　销：新华书店
责任编辑：王孟通　　**责任校对**：靳新强　　**责任印制**：李　啸
开　　本：850 mm × 1168 mm　1/16　　**印张**：14.5　　**字数**：410 千字
版　　次：2019 年 6 月第 2 版　2024 年 8 月第 6 次印刷
书　　号：ISBN 978-7-5659-2010-3
定　　价：32.00 元

修订说明

国务院办公厅颁布《关于深化医教协同进一步推进医学教育改革与发展的意见》、以“5+3”为主体的临床医学人才培养体系改革、教育部本科临床医学专业认证等一系列重要举措，对新时期高等医学教育人才培养提出了新的要求，也为教材建设指明了方向。

北京大学医学出版社出版的临床医学专业本科教材，从2001年开始，历经3轮修订、17年的锤炼，各轮次教材都高比例入选了教育部“十五”“十一五”“十二五”国家级规划教材。为了顺应医教协同和医学教育改革与发展的要求，北京大学医学出版社在教育部、国家卫生健康委员会和中国高等教育学会医学教育专业委员会指导下，经过前期的广泛调研、综合论证，启动了第4轮教材的修订再版。

本轮教材基于学科制课程体系，在院校申报和作者遴选、编写指导思想、临床能力培养、教材体系架构、知识内容更新、数字资源建设等方面做了优化和创新。共启动46种教材，其中包含新增的《基础医学概论》《临床医学概论》《诊断学》《医患沟通艺术》4种。《基础医学概论》和《临床医学概论》虽然主要用于非临床医学类专业学生的学习，但须依托于临床医学的优秀师资才能高质量完成，故一并纳入本轮教材中。《诊断学》与《物理诊断学》《实验诊断学》教材并存，以满足不同院校课程设置差异。第4轮教材修订的主要特点如下：

1．为更好地服务于全国高等院校的医学教育改革，对参与院校和作者的遴选精益求精。教材建设的骨干院校结合了研究型与教学型院校，并注重不同地区的院校代表性；由各学科的委员会主任委员或理事长和知名专家等担纲主编，由教学经验丰富的专家教授担任编委，为教材内容的权威性、院校普适性奠定了坚实基础。

2．以“符合人才培养需求、体现教育改革成果、教材形式新颖创新”为指导思想，以深化岗位胜任力培养为导向，坚持“三基、五性、三特定”原则，密切结合国家执业医师资格考试、全国硕士研究生入学考试大纲。

3．部分教材加入了联系临床的基础科学案例、临床实践应用案例，使教材更贴近基于案例的学习、以问题为导向的学习等启发式和研讨式教学模式，着力提升医学生的临床思维能力和解决临床实际问题的能力；适当加入知识拓展，引导学生自学。

4．为体现教育信息化对医学教育的促进作用，将纸质教材与二维码技术、网络教学平台相结合，教材与微课、案例、习题、知识拓展、图片、临床影像资料等融为一体，实现了以纸质教材为核心、配套数字教学资源的融媒体教材建设。

在本轮教材修订编写时，各院校对教材建设提出了很好的修订建议，为第4轮教材建设的顶层设计和编写理念提供了翔实可信的数据储备。第3轮教材的部分主编由于年事已高，此次不再担任主编，但他们对改版工作提出了很多宝贵的意见。前3轮教材的作者为本轮教材的日臻完善打下了坚实的基础。对他们的贡献，我们一并表示衷心的感谢。

尽管本轮教材的编委都是多年工作在教学一线的教师，但囿于现有水平，书中难免有不当之处。欢迎广大师生多提宝贵意见，反馈使用信息，以臻完善教材的内容，提高教材的质量。

“十三五”高等医学院校本科规划教材评审委员会

序

国务院办公厅《关于深化医教协同进一步推进医学教育改革与发展的意见》（以下简称《意见》）指出，医教协同推进医学教育改革与发展，加强医学人才培养，是提高医疗卫生服务水平的基础工程，是深化医药卫生体制改革的重要任务，是推进健康中国建设的重要保障。《意见》明确要求加快构建标准化、规范化医学人才培养体系，全面提升人才培养质量。要求夯实5年制临床医学教育的基础地位，推动基础与临床融合、临床与预防融合，提升医学生解决临床实际问题的能力，推进信息技术与医学教育融合。从国家高度就推动医学教育改革发展作出了部署、明确了方向。

高质量的医学教材是满足医学教育改革、培养优秀医学人才的核心要素，与医学教育改革相辅相成。北京大学医学出版社出版的临床医学专业本科教材，立足于岗位胜任力的培养，促进自主学习能力建设，成为临床医学专业本科教学的精品教材，为全国高等医学院校教育教学与人才培养工作发挥了重要作用。

在医教协同的大背景下，北京大学医学出版社启动了第4轮教材的修订再版工作。全国医学院校一大批活跃在教学一线的专家教授，以无私奉献的敬业精神和严谨治学的科学态度，积极参与到本轮教材的修订和建设工作当中。相信在全国高等医学院校的大力支持下，有广大专家教授的热情奉献，新一轮教材的出版将为我国高等医学院校人才培养质量的提高和医学教育改革的发展发挥积极的推动作用。

前　言

健康是人赖以生存和发展的条件基础，是人能够创造物质文明和精神文明的前提。所以，马克思提出，要把健康作为人的第一权利，作为人类生存的第一前提。而现代意义上的健康，不仅仅是身体上没有疾病，而且还要心理健康、社会适应良好和道德健康。

当今世界，科学技术发展一日千里，人类社会已经进入知识经济新时代，社会竞争日趋激烈，个人发展的压力日显突出。联合国专家断言，从现在到 21 世纪中叶，没有任何一种灾难能像心理危机那样带给人们持久而深刻的痛苦。因此，如何不断提高人们的心理健康水平、幸福感和生存质量，是现代文明社会建设和发展面临的重大课题。

总的说来，大学生作为具有较高智力、较高文化和较高自尊的群体，他们通常有着不同于一般青年的、更高的抱负和追求，面临着更多的机遇和挑战，承载着更多的社会期望，因而要承受更大的心理压力与冲突。具体来讲，大学生在校期间要面临环境适应、人际交往、学习成才、交友恋爱、求职择业、网络诱惑、人格完善等一系列问题。如何解决好这些问题，促进大学生健康、全面发展，是大学生心理健康教育课程的重要任务。

本书是为高等医学院校本科各专业学生编写的大学生心理健康教育教材。第 2 版根据广大师生对第 1 版教材使用后的意见和建议，结合我国大学生心理健康教育工作的新要求、新变化，对第 1 版进行了调整、充实和完善，目的是使教材更加贴近教学需要、贴近大学生的实际、贴近大学生的学习生活。本书作者都是各高等医学院校多年从事大学生心理健康教育研究和教学工作的一线教师，他们具有丰富的教学经验和大学生心理辅导实务经验，有这样一支编写队伍，加之作者们的认真负责，确保了本书的科学性和实用性。本书主要特点如下：

1．遵照国家教学大纲编排教材内容。紧扣大学生学习、生活实际。

2．理论联系实际，注重学生课后的心理训练。

3．全书编排形式生动、活泼，注重激发学生的阅读兴趣。

每章开篇都有启发学生思考的“哲人的忠告”，正文适时插入具有拓展知识和提高阅读兴趣功能的“专栏”，书后以附录的形式提供了便于大学生自我测试的常用心理量表。

在本书编写过程中，参考和借鉴了国内该领域的许多论著和教材，在此向这些文献资料的著作权人和作者们致以诚挚的谢意！本书的编委会是一个优秀团结的写作团队，大家拥有多次共同编写教材的快乐经历，在此对大家一贯的精诚团结、相互支持表示由衷的敬意！

大学生心理健康教育看似简单，其实它涉及复杂的知识系统，讲好这门课程不容易，编好这本教材更不容易。尽管本书的作者们为写好本教材付出了很大努力，但由于水平所限，疏漏与不当之处在所难免，真诚希望使用本教材的师生继续提出宝贵意见，以便再版时得到再一次完善和提升。

崔光成　张曼华

目　录

第1章

大学生心理健康教育概述

【哲人的忠告】

身体的健康只是健康的一半，另一半是心理的健康。只有身心健康，才能幸福一生。如果没有健康，智慧就难以表现，文化就无从施展，力量就不能战斗，财富变成废物，知识也无法利用。

——赫拉克利特

一切顽固、沉重的忧郁和焦虑，足以给各种疾病打开方便之门。

——巴甫洛夫

当今世界，科学技术发展一日千里，国际竞争日趋激烈，这种竞争归根结底是人才的竞争。有人认为，人类已经经历了体力竞争和智力竞争的时代，现在正处于从智力竞争向心理与人格竞争过渡的新时代。就是说，我们的国民是否有良好的心理素质、健全的人格，不仅关系到个人的发展，也关乎国家和民族的兴衰。“青年兴则国家兴，青年强则国家强”。青年是民族的希望、国家的未来，大学生作为青年中的优秀分子，他们的心理素质、心理健康状况，更与民族的希望和国家的未来息息相关。所以，如何让大学生形成健全的人格、健康的心理，是政府、高校及学生家长共同关切的问题，而让自己有一个健全的人格和健康的心理，是每一个大学生对自己、对家庭、对社会、对国家义不容辞的责任。

第一节　心理活动与心理健康

一、人类的心理活动

（一）心理的本质

对于心理本质的理解是人类认识史上重大的原则问题。从本质上看，心理究竟是什么？唯物主义哲学观点认为，心理是人脑的功能，是人脑对客观现实主观能动的反映。

1．心理是人脑的功能　心理是人脑的功能，人脑是心理的器官。在现实生活中，没有脑的心理，或者说没有脑的思维是不存在的。正常发育的人的大脑为心理的发展提供了物质基础。人的大脑是世界上最为复杂的物质，是物质发展的最高产物。

人在出生后，随着脑发育成熟，其心理也随之丰富发展，先有感觉，然后出现知觉、记忆直到复杂的言语和思维。一些无脑儿、双脑儿和裂脑儿的极端实例进一步说明，没有人的大脑，就不会产生人的心理。1816年法国医生布洛卡（Broca）首先发现，如果大脑左半球额下回损伤，即使患者发音器官正常，也会失去说话能力，他将这种病态表现称为“运动性失语症”。之后人们又陆续发现，大脑额中回后部损伤导致“失写症”，脑颞上回后部损伤导致“感觉失语症”，大脑角回损伤导致“失读症”。在临床工作中，我们也经常看到，在严重的脑外伤后，患者人格会发生重大改变。大量的神经心理学的研究成果，更加有力地证明，脑是心理的器官，心理是脑的产物，离开脑这一物质基础，任何心理现象都不会发生。

2．心理是人脑对客观现实主观能动的反映 健全的大脑给心理现象的产生提供了物质基础，但是，大脑只是心理活动发生的器官，心理并不是大脑本身所固有的。心理现象是客观现实作用于人的感官，通过大脑活动产生的。客观现实是指独立于人的心理之外，不依赖于人的心理而存在的一切事物，是心理活动的源泉和内容。离开了客观现实，心理就成了无源之水，无本之木。对于人来说，客观现实既包括自然界，也包括人类社会，还包括人类自身。

据统计，至20世纪50年代末，世界上有约30个小孩是由野兽在野外抚育长大的，其中多数是“狼孩”“熊孩”。这些孩子因为长年和野兽在一起生活，所以养成了动物的生活习性。当他们重返人类社会时，有嘴不会说话，有手不会劳动，有脑不会思维，智商远远低于同龄的小孩，昼伏夜出，用四肢爬行，爱吃生食。这说明，离开人类社会，即便是有了人的大脑，也难以形成人的心理。

虽然客观现实是心理产生的源泉，但是人的大脑对客观现实的反映并不是像镜子那样直接的复写，而是主观能动的反映过程，其特点表现在两个方面：一是人们已有的知识经验、人格特征和当前的心理需要等因素在反映客观事物过程中起着重要作用。由于这些因素的存在，每个人的反映都带有显著的主观色彩，形成人与人之间的个体差异，体现出主观的特点。例如，对同一事物，不同的人会有不同的认识和评价，即使是同一个人，对同一事物，在不同的时间、地点、条件下也会有不同的反映。二是人的心理活动对于自己的行为有支配和调节作用。人能在知识、经验、需要、动机、愿望的推动下，按照既定的计划，主动地改造自然、改造社会，创造物质财富和精神财富，满足自己的各种需要，体现出能动的特点。

（二）心理现象

普通心理学中通常把心理现象分为两大部分：一部分为心理过程，另一部分是个性心理。人们通过感觉器官对周围世界要听、看、嗅、尝、触等，形成对事物个别属性的认识，于是产生了感觉。当把感觉综合到一起形成对事物整体性的认识时，就产生了知觉。知觉过的事物会在脑海中形成相应的形象，这种形象叫作表象。感知过的事物在时过境迁之后仍能被想起，这种心理现象叫作记忆。为了掌握事物的规律，了解其本质特点，需要我们冥思苦想、去伪存真、由此及彼、由表及里地探索，这种心理现象叫作思维。感觉、知觉、记忆和思维等心理现象都是为了弄清客观事物，所以合在一起统称为心理的认识过程。人在认识客观事物的过程中，总会对其持有这样或那样的态度，并伴有喜、怒、哀、乐的体验，这种心理现象叫作情绪或情感，也叫情绪情感过程。人的行为与动物行为的一个重要区别就是行动的计划性，人们为了满足某种需要会产生动机，确定行动的目标，制订行动计划，并克服困难努力使既定目标得以实现，这样的心理现象叫作意志，也叫心理的意志过程。人通过心理的认识过程认识世界，通过心理的情绪情感过程感受世界，通过心理意志行为过程改造世界。在心理学中，心理的认识过程、情绪情感过程、意志行为过程统称为心理过程。

同样的心理过程落到不同人的身上会有明显的个人特征。每个人由于先天素质不同，后天成长环境的差异，各自所从事的实践活动千差万别，致使每个人的精神风貌各具特色，这种心理活动的个体差异，叫作个性或人格。它包括意识倾向性（如兴趣、需要、动机、理想、信念等），还包括个性心理特征（如能力、气质、性格）以及自我意识（如自我认识、自我体验、自我调控等）。

心理过程和个性心理构成了人的完整的心理现象（图1-1），两者既有区别又有联系。心理过程是从心理现象的组织来看，它有发生、发展及变化的过程，具有动态性的特点，是共性的规律。个性心理则从心理现象在个体的表现来分析，它较稳定地、经常地表现出有别于他人的特征，具有差异性规律。

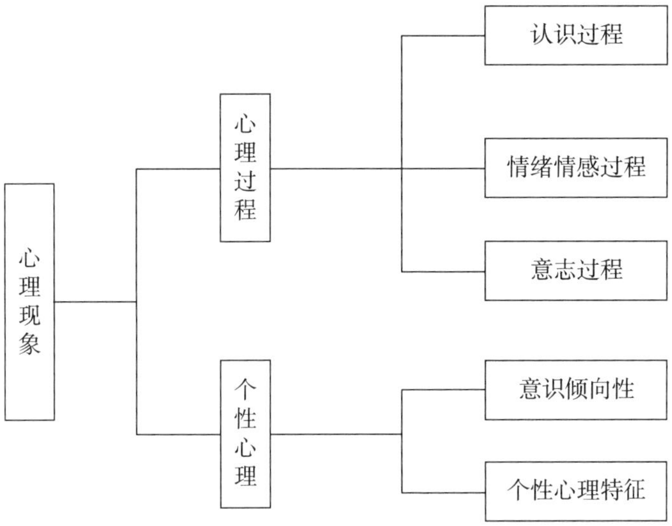

图 1-1　人类心理现象的构成

（三）影响心理发展的因素

个体从胎儿期就开始了从简单到复杂、从低级到高级直到衰退的毕生心理发展的历程，个体的心理发展受诸多因素的影响，其中既有内在的，也有外在的，既有先天的，也有后天的，个体的心理发展是各种因素交互作用的结果。

1．遗传是个体心理发展的生物前提　通过遗传，个体从亲代那里继承了许多生物特征。所谓遗传的生物特征主要指那些与生俱来的解剖生理特点，也叫遗传素质。

一方面，必须承认，遗传素质是个体心理发展的生物前提，如果没有这个条件，心理的发展就无从谈起，当然也从根本上背离了物质第一性的原则。例如，生来脑神经系统发育不健全的孩子，不可能形成健全的心理；天生色盲的儿童无论如何也不可能成为画家；与生俱来的高级神经类型，可能使个体更容易形成某种气质类型。又如，特莱恩（R.C.Tryon）、汤姆森（Tomson）曾经做过小白鼠的学习能力研究，证明了遗传对学习能力的影响。他们根据迷宫实验中的成绩，将小白鼠分为“聪明组”和“愚笨组”。然后在聪明组中选择交配第二代“聪明组”的小白鼠；在愚笨组选择交配第二代“愚笨组”的小白鼠。一直继续到第八代，发现两组小白鼠的迷宫学习能力差异非常显著。在第六代中，愚笨组小白鼠的错误率是聪明组的200%。这说明和迷宫学习能力相关的某种基因是可以遗传的。由此我们是否可以推测，人类的学习能力也可以遗传呢？

尽管如此，我们也不能夸大遗传在心理发展过程中的作用，再好的遗传条件，如果离开后天的教育影响，也不可能把其遗传作用很好地表达出来，印度狼孩的事实恰好说明了这一点。我们可以断言，一个诺贝尔奖获得者的后代，如果失去后天良好的教育环境，他也不可能成为优秀的学者。

综上所述，遗传只是个体心理发展的必要条件，而不是充分必要条件，它只提供了个体心理发展的可能性，但个体心理向什么方向发展、发展到什么水平，这并不取决于遗传，而是决定于环境和教育。

2．环境和教育在个体心理发展过程中起决定作用 大量的事实说明，人类的个体只有在人类的正常社会环境中，才能发展形成人的心理，遗传提供的心理发展可能性，只有通过环境和教育的作用才能把这种可能性变成现实性。个体成长过程中置身于其中的家庭、社区、学校、工作单位、所属国家的政治、经济、文化以及自然环境都会影响个体心理发展。教育以外的其他环境因素对个体心理发展的影响是潜移默化的，只有教育是对个体心理发展有计划、有目的、有组织的影响，它对个体的影响是专门的、自觉的，对个体的心理发展起主导作用。教育包括家庭教育、学校教育和社会教育，在现代社会中，学校教育对个体的心理发展发挥着更加重要的作用。但需要说明的是，虽然环境和教育是个体心理发展的决定条件，但是这并不意味着它可以机械地决定个体心理的发展，它总是通过个体或主体的活动，通过个体心理发展的内部原因来实现的。

3．矛盾是个体心理发展的动力 社会和教育向个体提出的要求所引起的新的需要和个体已有的心理水平或心理状态之间的矛盾，是个体心理发展的动力。个体在发展的过程中，随着个体身体的发育、年龄的增长、活动范围的不断扩大，环境不断向发展中的个体提出新的要求。这种要求被主体意识到时，就会变成个人的需要，当个体已有的心理发展水平能够满足需要时，个体的心理发展不会有质的变化。但当个体心理发展水平难以满足新的需要时，需要和现有的心理水平之间就形成了矛盾，这种矛盾将促使个体积极努力提高自己的能力，解决现有的矛盾，当矛盾得到解决之时，他的心理发展就前进一步。这种遇到矛盾和解决矛盾的过程不断重复，便推动个体的心理逐渐由低级向高级发展。由此可见，环境和教育对个体心理发展的影响并非简单机械的作用，它同时也依赖于个体主观的选择，只有真正变成主体需要的环境影响，才能在个体心理发展中发挥作用。毛泽东曾经说过："唯物辩证法认为外因是变化的条件，内因是变化的根据，外因通过内因而起作用。"对于个体心理发展来说，内因就是个体内部的矛盾，是心理发展的根据，外因就是社会环境和教育，是促进个体心理发展的最主要的条件。

二、大学生心理发展的一般特征

从年龄上看，大学生处于青年中期，因此一定会拥有这个年龄段青年人所具有的典型心理特征，然而，他们又是这一群体中的特殊群体，因为他们是经过国家的严格考试从各地选拔出来的学业优秀的人才，被社会视为天之骄子。他们要离开父母和家乡，同素不相识的人在一起合作竞争、学习生活 4 ~ 5 年，繁重的学业使他们缺乏认识社会、了解社会的机会，他们必须通过大学组织的各种严格考试方能毕业，成为合格的大学生，这些一般青年人所没有的特殊经历，决定了大学生的心理发展必然表现出其特殊的一面。

（一）年龄特点

一般说来，人的一生大致可分为童年期、青年期、成年期、老年期，青年期可视为童年期向成年期转变的过渡期、成熟期。青年期可细分为青年初期（15、16 ~ 18、19 岁）、青年中期（18、19 ~ 23、24 岁）、青年晚期（23、24 ~ 28 岁）。在我国多数大学生处于青年中期。我国心理学家张增杰教授通过大量的研究认为，大学生心理发展水平可以总体概括为：正在走向成熟而又未真正完全成熟。他们的生理发展有些方面虽然还在继续有所增长，但基本上已经成熟，然而其心理发展却远未达到成熟。例如，性生理的发育水平完全可以使他们生儿育女，但是在现实生活中，他们还不能很好地处理和异性同龄人的关系；身材上宛如成年人，但由于大学生在校学习时间较长，处于与社会生活相对隔离的状态，对现实的社会生活缺乏直接的接触和深刻的了解，所以说话办事还显得天真幼稚。如果我们以人生观的形成作为心理发展成熟的主要标志，大学生正处在人生观形成的关键时期，只有到了大学毕业阶段，其人生观才趋于稳定。所以我们说，大学生充其量只能算一个“准成人”，他们处在从简单幼稚走向成熟的关键期。所以，大学期间积极参加社会实践，丰富阅历，促进自己心理的成熟，是大学生生涯规划的重要内容。

有人将大学生的心理发展分为以下三个阶段：适应准备阶段、稳定发展阶段、趋于成熟阶段。

1．适应准备阶段　新生步入大学，首先面临的就是从中学生活到大学生活的急剧转折：要集体住宿、在食堂吃饭、自己到银行取钱、自己洗衣服、自己购物；要面对一群来自天南地北的同学，他们操着不同的乡音，带着不同生活习惯和个性；与任课教师交流的机会很少，几天都看不到辅导员、班主任的身影，上百人一个教室的大课，课下自学的内容铺天盖地；要面对眼花缭乱的学生社团组织，充满诱惑的学生社团活动。凡此种种，使原有的、习惯化的学习、生活方式被打破，心理平衡被搅乱，周围全是陌生的面孔、陌生的事物。在一片陌生之中，需要开始新的生活，要适应这里的一切。大学新生对大学生活从不适应到适应的过程，称为适应准备阶段。

适应准备阶段是整个大学时代的困难期，很多问题解决不好，会影响到以后几年大学生活乃至毕业后的发展。适应准备阶段持续时间的长短因人而异，这与个人适应能力的强弱有关。对多数学生来说，需要一个学期左右就可以度过这个阶段。关于新生的适应问题，另有章节专门介绍。帮助学生尽快适应大学生活是每一所高校学生工作者一项十分重要的工作。

2．稳定发展阶段　这一阶段是大学生活全面深化和发展时期。入学时的不适应已基本消除，大学生已经熟悉了学校的学习生活环境，适应了新的学习方式，建立了新的人际交往圈，形成了初步的生涯规划，逐渐形成了新的学习、生活模式，大学生活进入相对稳定的阶段。这一阶段是大学生活最主要、最持久的阶段，将一直延续到大学毕业前夕，一般有三年左右时间。

在这一看似平静的阶段，大学生极强的可塑性得到充分展示，每个人都按自身独特的方式塑造着自己。可能会遇到许多锻炼提高的机遇，也可能会遇到竞争带来的压力，可能会有克服困难取得成功的欣喜，也可能会遇到挫折陷入困惑、苦恼，正是在种种成功、失败、喜悦、困惑的经历中，大学生在进步成长，大学教育的主要目标也将在此期间完成。

3．趋于成熟阶段　这个阶段是大学生从学生生活向职业生活过渡的阶段。在大学生活即将结束的时候，大学生面临着直接就业还是考研的抉择。如果选择就业，到什么样的单位？如果选择考研，将考什么样的大学？考什么样的专业？有些大学生还面临着如何处理大学期间的恋爱关系问题。不过，此时的大学生已接受了严格的专业训练和独特的校园生活的陶冶，自主感较强，自我意识也有了很大的提高，对未来的生活道路产生了种种设想。这些设想多数可能与现实有一定距离。大学生在此阶段必须开始做走向社会的心理准备。进一步深入地了解社会，客观评估自己的现状，把握好自己的未来，是所有大学生面临的任务，也是对大学生综合素质的一个考验。

（二）独立性与依赖性的矛盾状态

随着生理上的成熟和智力上的发展，大学生不仅在体态上宛如成年人，而且从内心体验上也加强了成熟感。因而他们不希望成人再把他们当成孩子，极力摆脱成人对他们的约束和干涉，要求独立自主，但在经济上离开父母的支持又寸步难行，处世方式还显幼稚，所以处在独立性与依赖性的矛盾状态。

（三）智力发展达到高峰

韦克斯勒（Wechsler）的智力测验结果表明，智力发展的高峰在 20 ～ 25 岁。贝利用 3 种不同的智力量表，对同一组被试者追踪研究 36 年之久，该项研究结果表明，13 岁以前智力直线上升，以后上升速度开始减慢，到 25 岁达到最高峰。大学生通过大学的专业训练和系统学习，抽象逻辑思维能力得到充分发展，思维的独立性大为提高，对事物有自己的独特见解，开始用批判的眼光看待周围的事物，喜欢怀疑、争论、争辩，不愿意盲从，思想活跃，敢于提问题，能初步用辩证唯物主义的观点分析问题，初步掌握了本专业完整的知识与技能。

（四）自我意识增强但发展不够完善

自我意识是指人对自身的认识及对自我与周围事物关系的各种体验。它是认识、情感、意志的综合体，是人心理发展过程中一个极为重要的方面。它包括自我观察、自我评价、自我检验、自我监督、自我教育、自我完善等。大学生自我意识的增强，从着重朝外认识外部世界转而朝内认识自己，具体表现在以下方面：

首先，他们迫切要求深入了解自己和发展自己，他们经常把自己分为现实的“自我”和理想的“自我”，力图从现实与理想的关系中把握自己、认识自己、要求自己，以追求完善自我。

其次，自我评价能力增强。大学生既能借助一定的社会评价认识自己，又不完全依赖别人的评价，表现出较明显的独立性、自主性和自信心。他们自信自己的知识和能力水平，十分重视维护自己的名誉，更希望得到别人的尊重和理解。

最后，自我教育能力增强。多数大学生都能够根据所学专业和以后将从事的工作要求来规划自己的学习生活、确立自己的奋斗目标，不断提升自我修养、加强自我锻炼。

由于自身社会生活的知识、能力和经验等的不足，大学生中的相当一部分人还不善于正确处理自我完善与社会发展需要的关系，还没有确立立足现实、做长期艰苦奋斗的心理准备。他们往往对自己估计过高，还不善于倾听不同的意见，难以理解人、尊重人，常常表现出自命不凡、刚愎自用；有少数人难以充分了解和客观评价自己，不能坦然承认和欣然接受自己，常又缺乏自信而妄自菲薄。他们一旦遇到自己无力解决的困难或遇到某种挫折时，容易产生对现实不满的过激行为或强烈的自卑感，甚至导致行为失控，做出不理智的事情来。心理健康的大学生不仅其自我结构相对稳定，而且能够在新环境或新经验基础上，对自我进行适当的调整。相反，心理障碍者则往往不能及时协调自己的自我结构，从而对心理健康产生不利的影响。正因如此，大学生自我意识的发展状况充分反映出他们正处于迅速走向成熟但还不够完善的心理特点。

（五）情感丰富但情绪不稳

青年心理学之父霍尔认为，处在青年期的特点是动摇、起伏，出现一些非常显著的相互对立的冲动，他称之为狂风暴雨的时期。大学生充满青春活力、精力充沛、血气方刚、热情洋溢，随着校园生活的深入展开，社会性需要增多，其情感也日益深刻丰富。这种强烈的情感不仅仅表现在学习和工作中，体现在对待家长、同学和教师的态度等方面，更重要的是这种情感还明显地具有时代性、社会性和政治性。他们热爱祖国，关心国家的命运和前途，他们对社会上不公平、非正义、不人道的现象深恶痛绝，他们的爱国主义情感、集体主义情感、社会责任感和义务感、道德感、友谊感、美感和荣誉感、理智感等迅速向广度和深度发展，逐步成为其情感世界的本质和主流。爱情的出现是大学生情感世界的一大突变，对其心理发展产生巨大影响。

由于人的情绪情感与个人的需要及价值观密切相关，大学生的价值观尚在发展完善的过程中，又由于大学生的心理发展落后于生理发展，因而，他们的情绪情感常常表现为不够稳定。情绪变化起伏较大，容易受周围环境的影响，其情感丰富而易于失控。当遇到学业、人际关系、奖惩等涉及本人切身利益的问题时，容易偏激、冲动，甚至走向极端。

（六）渴望交往，注重友谊

大学生群体来自祖国的四面八方，离开父母，离开亲人，来到一个陌生的学校求学拼搏，惧怕孤独、渴望友谊使他们产生一致的需要，所以他们渴望与同学交往，期盼形成友谊，这样可以在困难时相互帮助，快乐时一起分享。通常大学生在入学一个学期后就会形成自己的人际圈。人际关系紧张、人际交往障碍是大学生最常见的心理问题。

（七）社会需求迫切

大学生在校期间必须接受某一专业的严格训练，他们的主要精力必须用在专业课程的学习上，这种要求使他们和社会处于相对隔离的状态。也正因为如此，他们才更加渴望认识社会、了解社会、融入社会。在校园里，他们通过各种媒介关注着社会，评判着各种社会现象，关心社会改革，并希望自己能加入进去，按照自己的想法去改变各种令人不满的现象，用自己的专业知识服务于社会，体现自己的力量，实现自己的价值。这种迫切的社会需求与大学生正在形成的价值观相互作用，必将成为影响他们未来人生的重要因素。

（八）性意识发展迅速，与异性交往愿望强烈

大学生的身体发育几近成人，尤其是性功能的成熟促使大学生性意识的觉醒，产生对异性的爱慕。大学校园是一个青春洋溢的世界，每一个大学生都有充分的机会与同龄异性接触。这在客观上促进了大学生的性意识发展，与此相应，大学生的恋爱问题也随之而来，成为大学生心理发展的重要内容。他们渴望与异性交往，追求美好的爱情本无可非议，但如何尊重对方，控制激情，遵守校纪校规，恪守道德底线，遵守法律，在正常的男女交往过程中，学会处理与异性的关系，建立健康的恋爱关系，是大学生心理发展过程中应该解决的问题。因此，应特别注意将性科学知识教育和伦理道德教育结合起来，使大学生性意识的发展走上健康发展的轨道。

三、大学生心理健康的标准

（一）健康概念的发展

健康是驶向人生航标的载体，是驱动事业成功的能源，是修德立业的基础，也是人类的基本需要和权利。人们往往把健康与家庭幸福、社会文明进步联系在一起。那么什么是健康？过去很长一个时期，人们普遍认为“没有疾病和不适，就是健康”。这种“无病就是健康”的传统健康观一直影响着人们的医疗保健行为甚至政府的卫生政策。经过由简单到全面的不断深化完善的过程，现在人们的健康理念已经发生了翻天覆地的变化。

长期以来，生物医学以其巨大成就为人类的健康做出了卓越贡献，这种成就使人们对疾病和健康的认识局限于过分关注躯体生物学变化，而忽视人的心理活动及社会存在对疾病和健康的影响。直到 20 世纪初，《简明不列颠百科全书》对健康给予的定义仍然是“没有疾病和营养不良以及虚弱状态”。另外，1989 年版的《辞海》中，仍将健康定义为“人体各器官系统发育良好，功能正常，体质健壮，精力充沛，并具有良好劳动效能的状态。通常用人体测量、体格检验和各种生理指标来衡量”。可见生物医学模式的影响是多么根深蒂固！

其实，早在 1948 年，世界卫生组织（WHO）在其成立的宪章中就指出：“健康乃是一种身体上、精神上和社会适应上的完好状态，而不仅仅是没有疾病和虚弱的现象”。这是人类历史上第一次对健康做出较为全面、科学、完整的定义。这种对健康的认识意味着，衡量一个人是否健康，单纯考察生物学指标是远远不够的，必须从一个人的生理、心理、社会、行为等方面综合分析，才能得出正确的结论。

1990 年，世界卫生组织在对健康定义的阐述中，又在上述定义的基础上增加了道德健康。所谓道德健康，就是指不能通过损害他人利益来满足自己的需要，能按照社会认可的道德行为规范准则约束自己及支配自己的思维和行为，具有辨别真伪、善恶、荣辱的是非观念和能力。

总之，健康的概念演化到今天，其内涵构成要素中，无论如何都不可能没有心理健康。

专栏 1–1

世界上第一个心理卫生组织的诞生

心理健康运动的发展起源于美国，美国人比尔斯（C. W. Beers）建立了今日心理健康基础，对现代心理健康运动的兴起做出了贡献。比尔斯生于1876年，18岁就读于耶鲁大学商科，毕业后到纽约一家保险公司工作。比尔斯的哥哥患有癫痫病，他目睹其兄病情发作时昏倒在地、四肢抽搐、口吐白沫的可怕情景，担心这种病会遗传到自己身上，于是终日惶恐不安。24岁时，比尔斯因精神失常从四楼跳下，自杀未遂，结果被送进精神病院。在精神病院的3年痛苦经历，使比尔斯亲身体验到精神病患者的苦闷和所受到的虐待，亲眼目睹了一系列精神患者惨遭折磨和不公正对待的事件。病愈出院后，比尔斯立志为改善精神病患者的待遇而努力。1907年，他写了自传体的著作《自觉之心》。在这本书中，他用生动的笔墨，历数了当时精神病院的冷酷和落后，详细记述了自己的病情、治疗和康复经过，并且向世人发出改善精神病患者待遇的强烈呼声。此书第2年3月问世之后，得到心理学大师詹姆斯（W. James）的赞赏和著名精神病学家迈耶（A. Meyer）的支持。迈耶指出，比尔斯倡导的就是心理卫生。比尔斯在得到各方面的赞助和鼓励后，于1908年5月在家乡成立了世界上第一个心理卫生组织——“康涅狄格州心理卫生协会”。

（二）亚健康概念的提出

当人们处于既不是健康，又不是患病的中间状态，即处于健康与疾病之间的过渡状态时，便称之为亚健康或第三健康状态。这是在20世纪80年代初，世界卫生组织提出的新概念，也被称作“次健康”“疾病前状态”“潜临床状态”等。亚健康状态包括发病的潜伏期、前病期及病后的康复期。处于亚健康状态下的人有如下特征：身体上无明确的疾病，但活力降低、功能减退，常有食欲降低、疲倦乏力、情绪不振，并有头晕、失眠、心悸、胸闷、虚汗、恶心和身体不适、疼痛以及易激动、思想不集中、心烦意乱、坐立不安、压抑、学习没有目标、学习工作效率差等。

据专家统计，全世界有30% ~ 70%的人处于亚健康状态。而大学生处于亚健康状态的也占有一定比例。1998年国家教委对12.6万名大学生进行了调查，发现有近40%的大学生存在亚健康状态。而据另一调查研究显示（2007年），上海14.29%的大学生身心状况处于“亚健康状态”。其中，对自己专业不满意、父母期望值太高以及吸烟、上网时间太长、经常熬夜等是导致身心出现问题的主要原因。

处在亚健康状态的人，如果具有良好的保健意识，注重生理卫生和心理卫生，就可能向健康的方向发展；如果忽视生理卫生和心理卫生，不注意改变调整自己的生活方式，就可能转向疾病的状态。

（三）心理健康的含义与标准

1. 心理健康的含义 关于什么是心理健康，不同的学科领域、不同的学者持有不同的理解。《简明不列颠百科全书》将心理健康解释为：心理健康指个体心理在本身及环境条件许可范围内，所能达到的最佳功能状态，而不是指绝对的十全十美。

心理学家H. B. English（1958）指出，心理健康是指一种持续的心理状态，当事人在那种情况下，能有良好的适应能力，具有生命的活力，并能充分发挥其自身潜能。这乃是一种积极的丰富体验，不仅仅是免于心理疾病而已。

我国学者王效道等人认为心理健康者应具有如下特征：智力水平处在正常范围内，并能正确反映事物；心理和行为特点与生理年龄基本相符；情绪稳定、积极，与情境适应；心理与行为一致；社会适应，主要是人际关系的心理适应与协调；行为反应适度，不过敏、不迟钝，与刺激情境相适应；不背离社会行为规范，在一定程度尚能实现个人动机并使合理要求获得满足；自我意识与自我实际基本相符，“理想我”和“现实我”之间差距不大。

类似的解释我们还可以列举很多，所有的解释都是在描述一种理想的心理状态。在本书中我们愿意借助于王效道教授的观点，将心理健康界定为：一个人能以积极有效的心理活动和平稳正常的心理状态，对当前和发展变化着的社会环境、自然环境、自我内部环境做出良好的适应和调节的一种状态。

2．心理健康的一般标准　当人们普遍意识到心理健康重要性的时候，接下来关注的就是一个人达到了什么样的标准，才算是心理健康的人。为制定出这样一个标准，精神病学家和心理学家都从各自的专业领域做出了相应的努力，于是出现了各种各样的心理健康标准，本书只在其中选取两个业内比较推崇的标准加以介绍。

（1）杰哈塔（M. Jahoda）标准：美国心理学家杰哈塔认为，应该从六个方面评价个体心理是否健康：①自我认知的态度。心理健康的人，能对自我做出客观的分析，对自己的体验、感情、能力和欲求等做出正确的判断和认知。②自我成长、发展和自我实现的能力。心理健康的人其心态绝对不会是消极的、厌世的或万念俱灰的，他会努力去实现自己内在的潜能，自强不息，即使遇到挫折，也会成长起来，去追求人生真正的价值。③统一、安定的人格。心理健康的人能有效地处理内心的各种能量，使之不产生矛盾和对立，保持均衡心态。他对于人生有一种统一的认知、态度，当产生心理压力和欲求不满时，有较高的抗压力及坚韧的忍耐力。④自我调控能力。对于环境的压力和刺激，能保持自我的相对稳定，并具有自我判断和决定的能力。不依附或盲从于他人，善于调节自我的情绪，果断地决定自己的发展方向。⑤对现实的感知能力。心理健康的人，在现实生活中不会迷失方向，他能正确地认知现实世界，判断现实。⑥积极改善环境的能力。心理健康的人，不会受环境的支配、控制，而是顺应环境，适应环境，并积极地发问、变革环境，使之更适应人的生存。在这样的环境中，他热爱人类，适当地工作和游戏，保持良好的人际关系，并有效率地处理、解决问题。

（2）马斯洛（Maslow）和米特尔曼（Mittelman）的标准：美国心理学家马斯洛和米特尔曼提出了心理健康的如下十条标准：

1）有充分的自我安全感；

2）能充分了解自己，并能恰当估计自己的能力；

3）生活理想切合实际；

4）不脱离周围现实环境；

5）能保持人格的完整与和谐；

6）善于从经验中学习；

7）能保持良好的人际关系；

8）能适度地宣泄情绪和控制情绪；

9）在符合团体要求的前提下，能有限度地发挥个性；

10）在不违背社会规范的前提下，能适当地满足个人的基本需求。

如果用上述心理健康标准衡量现实生活中的个体，很少有人能完全符合。所以，我们应该把心理健康标准视为理想的境界和努力的方向。人与人之间存在心理健康水平的差异，“心理健康”与“心理不健康”之间并非泾渭分明，而是一种从“非常健康”到“一般健康”再到“不健康”的连续或交叉状态。良好的心理健康状态到严重的心理疾病之间是渐进的、连续的。异常心理与正常心理、变态心理与常态心理之间并没有绝对的界限，只是程度的差异。人类心理健康水平在统计学上呈正态分布，大部分人都集中分布在中间区域，这一区域代表了人群的平均心理健康水平。少数人高于一般心理健康水平，而心理极端健康的人更少。同样，低于一般心理健康平均水平的人也是少数，心理障碍严重到需要住院的人则更少。没有心理疾病是心理健康的底线（图 1-2）。

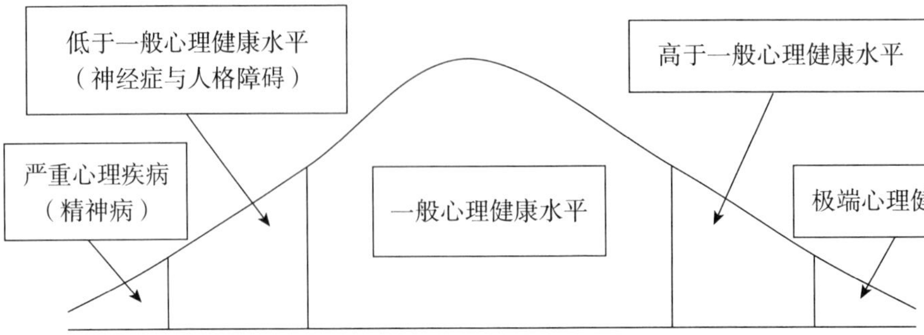

图 1-2 心理健康正态分布曲线

3．大学生心理健康标准 上述心理健康的一般标准同样适用于作为准成年人的大学生，但大学生作为一个特殊群体，其心理健康还有一些特定的具体要求。综合国内各家意见，在此提出如下大学生心理健康标准：

（1）身心感觉良好：自我感觉是否良好，是判定个体心理健康与否的基本条件。自感睡眠好、精力充沛、神清气爽、身心愉悦、满足、幸福，是心理健康的表现。自我感觉极差、心情不好、萎靡不振、心烦忧愁的人，一定不是心理健康的人。多数精神疾病的患者自我感觉不好也是一个反证。

（2）人格和谐健全：人格和谐健全的大学生，在思维方式、行为模式和情感反应等方面，一贯表现出协调、积极，行为方式适度，不走极端，凡事能从积极乐观的方面去考虑。他们心胸开阔，真诚待人，言行一致，表里如一，热爱生活，努力学习；面对困难，发挥自己的潜能和调控自己的行为，努力完成目标；遇到挫折，采用健康的应对方式积极应对，能经受住打击而保持自身人格的完整和谐；自信而不自负；自谦而不自卑；自尊而不自傲；容易被其他同学喜欢，形成深厚的友谊。

（3）人际关系良好：大学生能否友好地与他人相处也直接影响其身心健康及今后的社会适应。美国的社会心理学家弗洛姆（Erich Fromm）曾就现代人的孤独感与不安全感提出两点建议：学会爱与勤奋工作。其中的“爱”主要是去爱自己的亲朋好友及周围的同事。增加人际交往与心灵沟通，减少人际间的冲突，便可减少由于激烈的社会竞争导致的孤独感与心理封闭。大学生要保持愉快的心境和健全的人格应当学会营造宽松的人际环境，建立良好的人际关系。在与别人相处时，肯定的态度（如尊敬、信任、友善等）应多于否定的态度（如憎恶、嫉妒、怀疑等）。

（4）正确的自我认识：正确地认识自己并进行正确的自我评价是心理健康的重要条件。正确的自我认识包括对自己的身体外貌、能力、气质、性格、行为表现的认识；能实事求是地看待自己的学业和成就，有切合自己实际的志向水平；能悦纳自己、关心自己、尊重自己，大胆恰当地表现自己；能正确对待自己的长处和不足，对自己的优点感到欣慰，但又不至于狂妄自大，自满自足，对自己的弱点和不足，能够正视，不回避，但不过于自责、自暴自弃。

（5）情绪积极，稳定协调：情绪积极的大学生，对客观事物有正确的认知和合理的态度，多数情况下，都能产生正常适度的情感体验和积极的情绪反应，快乐、满意、幸福等积极的体验成为优势感受。在顺境中，不会被胜利冲昏头脑，骄傲自满，盛气凌人，忘乎所以；在逆境中，也不会自怨自艾、多愁善感、抑郁沮丧、消极悲观，心境稳定平和，情绪较少出现波动。

（6）坚强的意志：意志坚强的大学生其自觉性、果断性、坚韧性和自制力等方面都表现出较高水平。他们不过分依赖于别人，面对挫折和困难能够调整自己的心态，采取合理、积极的解决办法。爱因斯坦说过："优秀的性格和钢铁般的意志比智慧和博学更为重要。"意志坚强的人，其心理一般都是比较健康的。

（7）正视现实，接触社会：心理健康的大学生能面对现实，接受现实，并主动地适应现实，进而改造现实，而不是逃避现实；对周围的事物和环境能做出客观的认识和评价，能与现实环境保持良好的接触；既有高于现实的理想，又不沉湎于不现实的幻想与奢望。现实生活往往是复杂多样的，不能看到不如意、阴暗的一面，其心理是简单幼稚的；然而，只看到阴暗面而见不到那么多阳光美好的事物，其心理必然是灰暗痛苦的。

（8）热爱学习和生活：学习是大学生的主导活动，是他们每天必须认真对待的事情。我们很难想象，一个不愿意学习的大学生是心理健康的人。心理健康的大学生一定是有着强烈的求知欲望，愿意学习、快乐学习的学生，他们能从求知的过程中享受到快乐。心理健康的大学生还一定是热爱生活、珍惜生活、积极投身于生活并在生活中尽情地享受人生乐趣的人。尽管生活中会遭遇各种挫折，有那么多的不如意，但都不会剥夺他们对生活本身的热爱。

（9）心理行为符合年龄特征：不同的年龄阶段各有相对不同的心理行为表现，从而形成了不同年龄阶段独特的心理行为模式。一个心理健康的人，其言行举止应该符合其年龄特点。若偏离了与多数同龄人相符的心理行为特征，就是不健康的表现。

（10）目标确立合理适中：树立正确的世界观和价值观，有理想，有追求，有目标；理想和目标符合社会需要，追求的目标力所能及；在理想指引下和目标导向下勤奋好学，自强不息。

第二节　大学生心理健康教育的目标、任务、意义与原则

现代意义上的心理健康教育于 19 世纪末至 20 世纪初起源于美国，后来逐渐为西方国家广泛重视。如今，发达国家已形成了较为完备的心理健康教育体系，水平较高，而我国心理健康教育发展较晚，还处于发展初期。心理健康教育既包括面向社会大众开展的心理卫生知识的普及，也包括面向在校学生开展的学校心理健康教育。大学生心理健康教育是学校心理健康教育的重要组成部分，它是指以大学生为教育对象，教育者根据大学生的生理、心理发展的特点，运用相关知识理论与专业技术，帮助大学生妥善解决成长过程中的心理问题，增强心理健康、健全人格发展、开发心理潜能，促进大学生自由全面发展、素质全面提高的教育活动。

一、大学生心理健康教育的目标和任务

大学生心理健康教育的总体目标是形成、维护和促进大学生心理健康，培养大学生良好的心理健康素质，促进大学生人格完善、潜能开发和自我实现，从而为大学生全面发展提供良好的心理基础。在总体目标指引下，根据大学生的具体情况和实际需要，又可以划分为矫治性目标、适应性目标和发展性目标三个不同层次。矫治性目标着眼于学生的过去，目的在于对少数患有严重心理障碍的学生进行甄别、矫正和治疗；适应性目标主要着眼于学生的现在，目的在于对学生各种成长困扰的调适及相关适应能力的培养；发展性目标着眼于学生的未来，目的在于使学生的潜能和人格得到最充分的发挥和完善。可以说，这三个目标都是从大学生出发，以大学生的过去、现在、未来为着眼点，又以大学生发展为归宿，三者从不同层次和角度最终归总于大学生全面协调发展的总体目标中。

为进一步加强和规范全国普通高等学校大学生心理健康教育工作，2002 年，教育部出台了《普通高等学校大学生心理健康教育工作实施纲要》，明确提出了我国大学生心理健康教育

的目标和任务：

全面贯彻党的教育方针，以全面推进素质教育为目标，以提高大学生的心理素质为重点，促进学生全面发展和健康成长。

根据大学生的心理特点，有针对性地讲授心理健康知识，开展辅导或咨询活动，帮助大学生树立心理健康意识，优化心理品质，增强心理调适能力和社会生活的适应能力，预防和缓解心理问题。帮助他们处理好环境适应、自我管理、学习成才、人际交往、交友恋爱、求职择业、人格发展和情绪调节等方面的困惑，提高健康水平，促进德智体美等方面全面发展。

宣传普及心理科学基础知识，使学生认识自身的心理活动与个性特点；宣传普及心理健康知识，使大学生认识到心理健康的重要作用，特别是心理健康对成才的重要意义，树立心理健康意识。

培训心理调适的技能，提供维护心理健康和提高心理素质的方法，使大学生学会自我心理调适，有效消除心理困惑，及时调节负性情绪；使大学生养成良好的学习习惯，掌握科学、有效的学习方法，提高学习能力，自觉地开发智力潜能，培养创新精神和实践能力；使大学生树立积极的交往态度，掌握人际沟通的方法，学会协调人际关系，增强适应社会生活的能力；使大学生自觉培养坚韧不拔的意志品质和艰苦奋斗的精神，提高承受和应对挫折的能力。

认识与识别心理异常现象，使大学生了解常见心理问题的表现、类型及其成因，初步掌握心理保健常识，以科学的态度对待各种心理问题。

根据大学生活不同阶段以及各层次、各学科门类学生、特殊群体学生的心理特点，有针对性地实施心理健康教育。新生心理健康教育重点放在适应新环境等内容上，帮助他们尽快完成从中学到大学的转变与适应；二、三年级学生心理健康教育要以帮助他们了解心理科学基础知识、初步掌握心理调适技能以及处理好学习成才、人际交往、交友恋爱、人格发展等方面的困惑为重点；对于毕业生，要配合就业指导工作，帮助他们正确认识职业特点，客观分析自我职业倾向，做好就业心理准备。在日常的学习、生活中，要针对大学生普遍存在的、较为集中的心理问题安排专题教育。此外，要特别重视经济困难学生等特殊群体的心理健康教育工作。

专栏 1-2

打鱼人救人的故事

为加深对心理健康教育内涵的理解，华南师范大学的申荷永教授讲了一个通俗的故事：有三个“打鱼人”在河潭边钓鱼，他们发现有人在上游被水冲进水潭挣扎着求救。于是，有一个打鱼人便跳入水中把落水者救了上来，并予以抢救。但在这时，他们又发现另一个被冲下来的落水者，另一个钓鱼者又跳入水中把他救了上来。可是，他们同时发现了第三个、第四个和第五个落水者……这三个钓鱼者已经手忙脚乱难以应付了。此时，有一个打鱼人似乎想到了什么，他离开现场去了上游，想做一项性质不同但目的一致的工作，他在人们的落水处插上一块木牌警告并劝说人们不要在这里游泳，但仍有无视警告者被水冲下潭。后来，其中一个打鱼人最终明白这样做不能从根本上解决问题，他要做另一项工作——教会人们游泳。这似乎是问题的关键，因为有了好的水性，不易被冲走，即使被冲入激流中，也能够独立应付，自我保护。如果以此来比喻，那么，第一步跳入水中抢救落水者的工作就好比“心理治疗”，这是一项艰巨而充满意义的工作。心理治疗往往需要花费相当的时间和精力，“被治疗者”也往往深感痛苦和不安。第二步插警告牌的工作就好比是“心理咨询与辅导”，也是一项充满意义的工作，但一般来说，它也只是对“来咨询者”才能够发生作用和影响。那么，第三步教人们游泳的工作就好比是心理健康教育了，它着眼于从根本上解决问题，不但教人们如何预防危险发生，还教人们处于危急时应对的方法。

二、大学生心理健康教育的意义

（一）解决心理问题顺利完成学业

当代大学生正处在青年中期，虽然他们的生理趋于成熟，但心理尚未完全成熟，人生观、价值观、世界观正在形成过程之中。面对生活环境中的种种问题、观念的冲突、利益的抉择，许多人因处理不当而陷入焦虑、失望和困惑之中，甚至出现严重的心理问题。原国家教委对 12.6 万名大学生调查结果表明，有 20.3% 的学生有不同程度的心理问题或心理障碍。据山东大学齐鲁医学院统计，该校 2014 年因病休学的学生中，精神疾病居首位，占休学人数的 37.5%。大量的调查数据表明，自杀已成为大学生校园意外死亡的重要原因。也有调查数据显示，许多校园恶性事件的发生，都与学生心理问题存在着直接或间接的关联。

以上事实说明，心理问题已成为困扰学生学习和生活的重要原因，如不能及时解决，势必成为大学生健康成长的障碍。

日趋严峻的就业形势、紧张的学习、竞争压力、复杂的人际关系、失恋、转轨时期价值观念的不稳定性以及外来文化的冲击，使得大学生发生心理问题的概率大大提高，这些心理问题的存在已经成为大学生不能顺利完成学业，甚至引发校园内恶性事件的重要原因。所以，通过系统科学的大学生心理健康教育，使他们掌握必要的心理卫生知识，学会有效心理调适的技巧和方法，遇到心理问题时知道到哪里去求助，让他们有知识、有能力妥善处理学习生活中遇到的困难和矛盾，并在处理矛盾的过程中不断成熟进步，使自己的心理健康水平不断提高，少患或不患心理疾病，最终顺利完成学业，是大学生心理健康教育最基本的使命。

（二）优化心理素质适应未来社会

国民的素质无外乎身体素质、业务素质、文化素质、道德素质和心理素质。心理素质是文化素质、业务素质、道德素质的基础和载体，在个体的社会适应过程中，发挥着重要作用。大学阶段不仅是增长知识才干的时期，也是人格渐趋稳定和心理素质走向成熟的阶段。大学生心理健康教育着眼于学生的良好人际沟通能力培养、坚强意志品质塑造、宽广胸怀乐观向上精神的构建、开拓创新潜能的开发挖掘，通过高质量的课堂教育和丰富多彩的课外社会实践活动，优化学生的心理素质，使他们形成良好的心理品质。希望通过系统的大学生心理健康教育，使每个学生都能形成适应未来社会的良好心理素质。

三、大学生心理健康教育的原则

大学生心理健康教育是一项复杂的系统工程，具有很强的科学性、专业性和技术性。在实际工作中，除了必须遵循学校教育的一般原则以外，还要遵循学校心理健康教育所特有的原则，这些原则体现在如下几个方面。

（一）教育性原则

教育性原则是指教育者开展心理健康教育过程中，要牢固树立育人为本的思想，要根据学生的具体情况，提出积极中肯的分析，始终注意培养学生积极进取乐观向上的精神，帮助学生树立正确的人生观、价值观和世界观。针对学生在学习、生活以及交往过程中遇到的心理困惑，以及由此而产生的对社会中人与事的不满言行、错误观点甚至敌对的态度行为，教育者应该用心理学的理论、技术和方法，帮助他们明辨是非，端正他们看问题的角度、立场和方法，建立积极的思维模式，使学生在发展良好的心理素质和解开心理问题症结的同时，受到人生观、价值观和世界观的教育。

（二）发展性原则

发展性原则是指在开展大学生心理健康教育的过程中，必须坚持以发展的观点看待学生，要遵循学生身心发展的规律，以发展为重点，促进全体学生获得最大程度的发展。贯彻发展的原则应该努力做到：一是确立发展的理念，明确发展既是大学生心理健康教育的出发点，也是归宿；二是大学生心理健康教育的重点是挖掘学生的心理潜能，促进学生的心理发展，防治应与发展相结合；三是在大学生心理健康教育过程中，应以辩证的观点看待学生当下存在的问题，要以鼓励和赏识的态度帮助学生战胜困难、克服不足，坚信他们一定有自我完善、自我发展的能力。

（三）全体性原则

全体性原则是指大学生心理健康教育要面向全校所有的大学生，全体学生都是心理健康教育的对象和参与者。心理健康教育的设施、计划、组织活动都要着眼于全体学生的发展，考虑到绝大多数学生的共同需要和普遍存在的问题，以多数学生心理素质的优化和心理健康水平提高为大学生心理健康教育工作的出发点和最终目标。

贯彻全体性原则，应该注意：一是要了解和把握多数学生共同的心理需求和普遍存在的心理健康问题；二是对学生要一视同仁，尽可能最大限度地让更多的学生参与所有活动；三是所有工作的出发点要有利于促进全体学生的发展和成长。

（四）主体性原则

所谓主体性原则，就是在整个心理健康教育过程中，把学生作为主体，充分发挥学生自身的主观能动作用。之所以要坚持主体性原则，是因为：一是学生的健康心理形成过程，实际是优良心理素质不断内化的过程，只有通过学生内部积极性的调动，才能顺利实现“内化”的过程。学校任何教育措施都是客观外在的东西，这些外部影响，只有通过主体的积极“吸收”，才能转为主体内部的稳定心理特征。二是心理健康教育本质上是一种助人和自助的活动，“助人”是手段，让学生形成“自助”的本领才是目的。要达到自助的目的，必须让学生以主体的身份直接参与这一活动。三是青年时期正是大学生自我意识、独立性渐趋成熟的时期，心理健康教育贯彻主体性原则，不仅发挥了学生的主观能动作用，还使他们追求独立的愿望得到了满足。

（五）活动性原则

活动性原则是指大学生心理健康教育要把学生作为活动的主体，注重通过丰富多彩的活动来促进学生的心理发展。实践活动是个体心理发生、发展的基础，因此针对大学生各种心理问题的心理健康教育，其内容、形式和方法等不能只停留在一般知识的简单传授上，应该让学生在各种模拟和实际情境中去讨论、体验和训练，甚至创造条件让学生直接深入到真实的社会情境中感受和体验，从而让他们在实践中不断提高心理健康水平，完善个性。心理科学研究告诉我们，学生心理品质的形成和心理素质的提升离不开大量的实践活动，只有在实践中形成的心理品质和技能，才能有效地应用于学习和生活。

（六）民主性原则

民主性原则和学生主体性的原则是相辅相成的，因为只有在民主型的师生关系中进行心理健康教育，才能真正体现学生的主体性。只有坚持民主性的原则，以真诚、友爱和平等的态度对待每一个学生，成为学生的知心朋友或良师益友，学生才愿意亲近教师，对教师说心里话，教师才能了解和掌握学生真实的需要和想法，心理健康教育才有针对性，才能在坦诚、轻松的气氛中进行，才能收到事半功倍的效果。为此，教师在从事心理健康教育的过程中，必须充分尊重每一个学生的权利、意见和人格。一切居高临下的说教都不是真正意义上的心理健康教育。

（七）发展、预防和诊治相结合的原则

大学生心理健康教育的根本目的在于面向全体大学生，开发他们的潜能，优化其心理素质，增进其心理健康，促进其心理发展，预防其心理疾病。面向正常的学生开展心理健康教育服务永远是第一位的工作。同时对少数学生遇到的心理困扰和成长中出现的心理危机及时有效地给予帮助，对个别有心理问题的学生给予积极有效的心理辅导咨询，对患有心理疾病的学生要及时与家长联系，提供建议，转介到专业的医疗机构，接受更加专业的帮助，以使其心理疾病得到及时有效的治疗。大学生心理健康教育要坚持发展、预防和诊治相结合的原则，工作的重点在于促进学生的发展和预防心理疾病。

（八）保密性原则

保密性原则是指在开展大学生心理健康教育过程中，教育者有责任对学生个人情况以及谈话内容等予以保密，学生的名誉权和隐私权应该受到道义上的维护和法律上的保护。在心理健康教育的过程中，尤其是在个别心理辅导的情境中，学生可能向教育者说出个人的秘密、隐私、缺陷，难以启齿的家庭矛盾，以及由此产生的心理困扰、矛盾、冲突等。教育者有责任和义务对这些信息予以保密。如果随意将学生的有关信息散布出去，可能对当事学生构成伤害，由此引发学生和教育者及其所在教育机构之间的法律纠纷。其实，也只有在隐私得到保密的承诺中，学生才可能向教育者敞开心扉，畅所欲言，心理健康辅导才能取得实效。所以，坚持保密原则，既是保护学生隐私和人格尊重的需要，也是谋求心理健康教育成效的根本要求。

第三节　大学生心理健康教育的主要途径

大学生心理健康教育要完成其规定的教育内容、实现其预定的教育目标，就必须通过一定的途径加以实施。大学生心理健康教育的方式有多种，大致可以将其分为显性教育和隐性教育。所谓显性教育，就是教育者依据一定的教育目的和要求，通过明确的教育内容直接对教育对象施加影响的教育手段和方式。如心理健康教育课堂教学、个性化的心理辅导咨询、心理健康教育宣传等。而所谓隐性教育，是指教育者根据一定的教育目的和要求，通过潜在的教育性因素间接地对教育对象的观念、情感、个性予以渗透、熏陶和塑造的教育方式。如校园文化建设、班级寝室心理环境建设、学科专业课程渗透、社会实践活动等。本书借鉴我国学者姚本先教授的观点，将大学生心理健康教育的途径分为如下三个方面。

一、校内心理健康教育专门途径

（一）开设大学生心理健康教育课

中共中央、国务院《关于进一步加强和改进大学生思想政治教育的意见》（中发〔2004〕16 号）中明确要求：推进大学生心理健康教育工作科学化建设，进一步发挥课堂教学在大学生心理健康教育工作中的主渠道作用，提高大学生心理健康素质。此后，各高校纷纷以选修课或必修课程的形式，将大学生心理健康教育课程列入本校各专业的培养方案中，但开设本门课程的学时、授课形式、教学内容、考核方式可谓五花八门。为进一步规范大学生心理健康教育课程的教学工作，2011 年，教育部制定出台了《普通高等学校学生心理健康教育课程教学基本要求》，该要求已经成为中国高校开设大学生心理健康教育课程的基本标准。

高校学生心理健康教育课程是集大学生心理健康知识传授、心理体验与行为训练为一体的公共课程，分为理论课程和实践课程。课程旨在使学生明确心理健康的标准及意义，增强自我心理保健意识和心理危机预防意识，掌握并应用心理健康知识，培养自我认知能力、人际沟通能力、自我调节能力，切实提高心理素质，促进学生全面发展。

通过课程教学，使学生在知识、技能和自我认知三个层面达到以下目标。

知识层面：通过本课程的教学，使学生了解心理学的有关理论和基本概念，明确心理健康的标准及意义，了解大学阶段人的心理发展特征及异常表现，掌握自我调适的基本知识。

技能层面：通过本课程的教学，使学生掌握自我探索技能，心理调适技能及心理发展技能。如学习发展技能、环境适应技能、压力管理技能、沟通技能、问题解决技能、自我管理技能、人际交往技能和生涯规划技能等。

自我认知层面：通过本课程的教学，使学生树立心理健康发展的自主意识，了解自身的心理特点和性格特征，能够对自己的身体条件、心理状况、行为能力等进行客观评价，正确认识自己、接纳自己，在遇到心理问题时能够进行自我调适或寻求帮助，积极探索适合自己且适应社会的生活状态。

（二）开展大学生心理健康咨询

各高校普遍设立了大学生心理健康咨询中心，多数高校将其设在学生工作部，“中心”作为学工部的直属服务机构，面向全校学生开展心理健康咨询服务工作。教育部对高校心理咨询中心的人员数量、素质以及设备、设施，都有明确的要求，并且举办了各级专业培训班，对高校大学生心理健康咨询人员进行专业化的培训。在大学生心理咨询中心，既可以做个别心理辅导，也可以做团体心理咨询和心理训练，还可以通过心理热线电话，为求助的学生服务。

（三）建立大学生心理健康教育网站

在校园网上建立专门的大学生心理健康教育网站，学生通过网站随时自主学习有关心理健康的知识和心理调适的技巧，欣赏心理电影，完成简单的心理自我测试，加盟大学生心理论坛，匿名申请心理咨询。在互联网高度发达的今天，高水平的大学生心理健康网站的建设，在大学生心理健康教育中，发挥着十分重要的作用，所以，一所高校是否建有一个优秀的心理健康教育网站，是考量这个学校是否重视大学心理健康教育的重要指标。

（四）大学生朋辈心理辅导

有关调查研究结果表明，多数学生遇到心理问题时，最先向朋友倾诉和寻求帮助，而不是首先想到专业的心理咨询机构。所以，如何发挥大学生同辈的作用，开展有效的心理辅导，是心理学家十分关注的问题。大学生朋辈心理辅导是指由受过训练和督导的大学生为其他学生同辈提供具有心理辅导功能的帮助过程，相对专业心理咨询而言，被称为“准心理咨询”或“非专业心理咨询”。朋辈心理辅导改变了只有专业心理咨询师才可以助人的状况，让更多的学生成为高校心理咨询的主体，充分发挥了大学生在心理健康教育过程中的主观能动性。由于具有实施方便、推广性强、见效快的特点，这种方式目前在大学生心理健康教育领域逐渐受到重视。事实上，在美国高校中，朋辈心理辅导是开展大学生心理健康教育服务的重要形式。大学生朋辈心理辅导是一个系统工程，包括人员的招聘、培训、选拔、跟踪、管理、督导等环节，其中培训是关键环节。为有效开展大学生心理健康教育工作，在我国高校的班集体中，普遍设有心理委员，经过规范培训后的班级心理委员是开展大学生朋辈心理辅导的基本力量。

（五）开展心理普查、建立大学生心理健康档案

在大学生中开展心理健康教育，首先应从整体上掌握大学生的心理健康情况，只有这样才能使心理健康教育有的放矢，收到良好的效果。在一般情况下，新生入学后三周内进行团体心理测试，然后将其结果按有无心理问题进行分类，对可能有心理问题的同学进行重点跟踪咨询，对有严重心理障碍的同学进行重点监控或采取措施，以防患于未然。学校对大学生心理健康档案要严格保密，防止因不利信息泄露给大学生带来负面影响。对大学生开展集体心理测试，一定要遵循心理测量学的要求，充分调动学生接受测试的积极性，确保测试结果的客观真实。

二、校内心理健康教育渗透途径

（一）学生管理服务渗透

在大学校园里，与学生接触最多的老师莫过于学生辅导员和班主任，他们与学生朝夕相

处，了解学生的需要，理解学生，因此，理应成为大学生心理健康教育的基本力量。他们应该在对大学生的管理服务过程中，不失时机地宣传心理健康的理念，传授认识自我、完善自我、团队合作、人际沟通的技巧和方法。所以，班主任，尤其是辅导员，应该自觉地完善自己的知识能力结构，不断地学习，最终成为大学生心理健康教育的行家里手，在对学生的管理服务过程中，巧妙地开展大学生心理健康教育工作。

（二）学生课外活动渗透

在大学期间，大学生将有机会参加校、院系、班集体的各种课外活动，同学们要根据自己的实际情况，积极而有选择地参加课外实践活动。要认识到，实践活动是完善自我、优化心理品质的最好载体。通过参加演讲比赛可以锻炼自己当众说话的能力；通过参加校园英语沙龙，可以在锻炼自己英语应用能力的同时，跨专业结交很多新同学；通过参加临床技能团体大赛，可以强化自己的团队意识，知道团队成员之间应该如何相互支持配合；通过到附属医院参加大学生志愿者活动，强化自己对生命意义的理解和对生命的尊重；通过参加拓展训练，锻炼自己的坚强意志……总之，学生课外实践活动在大学生心理健康教育中，具有课堂教学不可替代的作用。所以，要充分调动共青团、学生会、学生社团的积极性，建立科学长效的活动机制，让大学生课外实践活动在大学生心理健康教育工作中，发挥更加积极的作用。

（三）专业课程教学渗透

专业课程教学渗透心理健康教育，是指专业教师在专业课程教学过程中，不忘心理健康教育理念，在授予学生一定的专业知识、技能，发展他们的智力和创造力的同时，不失时机地渗透心理健康的知识，为增进学生的心理健康，完善其人格做出自己的贡献。例如，在组织课堂教学的过程中，强调尊重他人的重要性；在开展 PBL 教学的过程中，强化学生的合作意识、团队意识；对性格内向不善言语的同学，有意识地加强其课堂提问；在人体解剖学教学过程中，通过对遗体捐献者奉献精神的宣传，让学生重新认识生命的意义和价值；在诊断学讲授医患沟通时，融入人际沟通技巧的传授……大学生心理健康教育是一个系统工程，必须人人参与，齐抓共管，校园里每一名员工都应该是心理健康的传播者、关注者，在这个过程中，专业课教师应该成为大学生心理健康教育的重要渗透者。这也是新时代课程思政要求的具体体现。

（四）健康寝室文化的渗透

有调查显示：大学男生一周内平均在寝室度过的时间是 82.4 小时，女生是 92.1 小时，分别占一周总时数的 49.04% 和 54.82%。可见，大学生生活中有一半或更多的时间是在寝室中度过的。在狭小的寝室空间里，他们或谈天论地，或畅想未来，或切磋经验，或倾诉心绪，或发生争执，大学生寝室也成为影响大学生心理健康、思想观念、成长发展的重要因素。研究表明，引发大学生心理适应障碍的原因中有 35% 涉及宿舍生活。大学生原本处于人生价值观强烈波动和“疾风暴雨”的情绪激变时期，不良的寝室生活空间无疑会激发和恶化部分学生的人格弱点，产生过度的自卑、敏感、抑郁、狂躁甚至强烈的攻击行为。很多学生之间的恶性伤害事件发生在宿舍。所以，积极打造团结、友爱、健康、向上的寝室文化，也是推动大学生心理健康教育的重要举措。

三、校外心理健康教育家庭支持途径

大学生在经济上还不能独立，家庭的供养仍然是其经济的基本来源，所以，即便是离开父母来到大学过着集体生活，家庭的影响对其心理发展仍然发挥着重要作用。科学研究结果表明，那些心理存在明显缺陷的学生，其心理问题的产生往往与家庭环境、家长的教育方式以及家长的个性特征有着密切的联系。所以，对有心理问题的学生进行教育和心理干预，一定要取得学生家长的配合、家庭的支持。如果家长能充分认识到心理健康教育的地位和作用，就会自觉主动地配合学校，创造有利的家庭环境，调整自己的教育方式，帮助、影响孩子形成健康良好的心理品质，从而起到学校不可替代的作用。所以，对“问题学生”的心理健康教育，只有取得学生所在家庭的支持，才能收到事半功倍的效果。

【心理自我训练】

归纳心理健康的标准

1．请同学认真研读麦克阿瑟将军关于爱子亚瑟的一段祈祷词：

主啊，教导我的儿子在软弱时能够坚强不屈，在惧怕时能够勇敢自持，在诚实失败中毫不气馁，在爱光明的胜利中仍能保持谦逊温和。

教导我的儿子笃实力行而不从事空想；使他认识你——同时也认识他自己，这才是知识的开端。

我祈求你，不要将他引上逸乐之途，而将他置于困难及挑战的磨炼与刺激之下，使他学着在风暴中站立起来，而又由此学着同情那些跌倒的人。

求你让他有一颗纯洁的心，有一个高尚的目标，在学习指挥别人之前，先学会自制；在迈向未来之时，而不遗忘过去。

主啊，在他有了这些美德之后，我还要祈求你赐给他充分的幽默感，以免他过分严肃；赐给他谦虚，才能使他永远记着真正的伟大是单纯，真正的智慧是坦率，真正的力量是温和。

然后，作为父亲的我，才敢轻声地说：“我总算这辈子没有白活。”阿门！

2．以寝室为单位，在根据上述案例充分讨论的基础上，总结出青年人应有的心理健康的标准。

3．下次实践课里，每个寝室派一名代表发表讨论的结果。

【案例分析】

给黑熊毁容的清华学子

案例回放：2002年1—2月间，清华大学22岁学生刘某先后两次在北京动物园熊山向黑熊、棕熊投喂、倾倒事先准备的氢氧化钠溶液、硫酸溶液，致使3只黑熊、2只棕熊（均为国家二级保护动物）受到不同程度的损伤，给北京动物园造成一定经济损失。当刘某被质问伤害黑熊的原因时，他说是为了测试黑熊嗅觉的灵敏度。

刘某1980年生于北京，父母离异，一直与母亲一起生活，家境一般。1998年考入清华大学，事发时已被推荐为硕士研究生。

事发后刘某在面对记者的提问时显得异常平静。“我母亲告诉我，在我出生第100天，父母就离婚了，母亲为了我至今没有结婚。我只知道父亲姓刘，其他一概不知。母亲对我一直特别关心，教我怎么为人处世，在学习上管得更严。上初中时，一次放学后，我没做作业，跟别人去打雪仗，回家后，被母亲骂了一夜。

“我从小就喜欢小鸡、小鸟等小动物，自己家也养过鹦鹉。我小时候就特别喜欢动物玩具，但家里没有钱，买不起，只能买一些卡片。我就是在书上看到介绍熊的嗅觉特别灵敏，分辨能力特别强，所以就想试一下。第一次我在动物园熊山向熊倒了火碱后，看到熊没有什么反应。于是我第二次又想用硫酸试一下，因为硫酸有气味，熊应该能闻出来……”

案例分析：从案例中可以看出，刘某虽然已经22岁，但是仍然有着一颗孩童般的好奇心，而且采用的是孩童般的恶作剧来满足自己的好奇。特殊的家庭环境和特殊的成长经历，使他的人格发展与年龄增长没有同步，人格的成熟远远落后于年龄的增长。由此看来，纵观一个人的发展，只有学习好是远远不够的，健全的人格和基本的道德素养同样重要，它是一个人适应社会的基础，否则，纵有高校文凭，也难以驰骋社会。

（崔光成　邵淑红）

第2章 适应与心理健康

【哲人的忠告】

心若改变，你的态度跟着改变；态度改变，你的习惯跟着改变；习惯改变，你的性格跟着改变；性格改变，你的人生跟着改变。

——马斯洛

良好的适应是个体心理健康的一项最基本标志，更是大学生健康心理素质的重要组成部分。经过十年寒窗，终于踌躇满志地步入大学校园，每个大学新生所面临的都是一个全新的世界。从中学到大学，无论是生活环境还是学习方法，无论是个人的目标还是社会的期望，都发生了很大变化。因此，对于他们来说，每一个人都要经历从不适应到适应的转变过程。而如何由不适应到适应，顺利度过适应期，尽快融入大学生活，是摆在每位大学新生面前的重要课题。

第一节　适应及其意义

一、适应的概念及其分类

（一）适应的概念

适应（adaptation）是指个体通过不断调整自身，使其个人需要能够在环境中得到满足的过程，是自我与环境和谐统一的一种良好的生存状态。每个人的一生都是一个不断适应的过程。

在现实生活中个体为满足自己的需求，而经常与环境发生调和作用，这个过程就是适应。达尔文的“物竞天择，适者生存”所强调的就是人类个体的这种适应能力。个体的适应主要有两种途径：一是个体的自我改变；二是个体对现实环境的改变。人类对其所属环境，都有一定的适应行为。个体要达到良好适应必须满足两个基本条件，即“需求满足”与“社会认可”。良好适应能增进心理健康，形成健全的人格；不良适应，可能导致行为异常或人格的偏离。

（二）适应的分类

适应是个体与环境的互动过程。个体在与环境相互作用的过程中，通过不断调整自我身心状态，使身心与现实环境保持和谐一致，从而达到认识环境、改造环境、发展自我的目的。因此，个体不同的态度会极大地影响到个体的行为方式，从而影响个体的适应性表达。

根据个体的行为方式不同，可以把适应分为以下两种类型：

1. 积极适应　积极适应是指个体积极努力去完成心中设定的目标，不管遇到任何阻碍，都一定会想尽办法，尽力去克服阻碍，达成目标；即使失败，他也会改变原本目标，制订一个与原来目标相近的目标，再去适应。这是个体主动调整自己与环境不相适应的行为，充分发挥个人的主观能动性，是一种比较高级的、主动的、目标明确、积极有效的适应行为。

2．消极适应　消极适应即在适应过程中，个体由于遭遇到某些阻碍，需求不能达到满足，引起挫折，产生压抑，造成悲观消极心理，是一种人与环境之间消极的互动过程。在消极适应过程中，个体认同、顺应了环境中的消极因素，压抑了自身的积极因素及自身的潜能，违背了人的心理发展方向。其结果就是环境改造了人，而人并未发挥出自己对于环境的能动作用。

这里需要注意的是：无论积极适应还是消极适应，二者的目的都是为了使个体与环境达到一种动态的平衡，只不过角度不同而已；在个体的人生发展历程中两者同样重要，是不可分割的。

二、适应的意义

（一）适应是个体自我成长与发展的需要

发展是指人的身心随着时间的推移和适应的进程而不断变化的过程。任何发展都是适应推动的结果。人生就是一个不断使自己适应环境，成长发展的过程。一个人从中学升入大学，从大学步入社会，这种生活环境的改变，实质上就是一种适应与发展并存的过程。对大学生而言，在大学生活的各个阶段，每个大学生都会面临各种各样的适应问题。只有达到良好适应，才能采取切实的行动转变自己，才能最终使自己发展并成熟。良好的适应过程就是一个适应—转变—发展的过程。作为一名当代大学生，今天若能够很好地适应大学生活，明天就可能会很好地适应不断发展的社会。

（二）适应是个体与现实环境相和谐的需要

在现实生活中，个体与环境之间要保持和谐与平衡的状态，就必须在两个方面付出努力。一个是主动顺应环境，即个体主要通过积极改变和调整自己的身心，主动去迎合他人，来满足环境需求，从而达到与环境的和谐与平衡。这是一种适应，它需要打破个体固有的思维模式，提升其自我调控的能力，发展其思考问题和解决问题的能力。对于尚未步入社会的大学生而言，这种适应能力的提高是很有必要的。另一个就是主动改变环境，即个体主要通过自身所拥有的条件或资源，积极发挥主观能动性，在社会允许的情境下，创造性地去改造身边的现实环境，以期向更好的方向发展，来达到与环境的和谐与平衡。这也是一种适应，当然这是在对身边环境有了客观评估的基础上凭借一定的有利条件才能实现的。而在这个过程中，个体的聪明才智能够得到很好的展示，创造性和潜能也会得到很好的发掘与应用，对于大学生们的成长与发展而言，无疑有着积极的意义。由此可见，大学生只有真正做到了适应，才能够保持身心健康，个体与现实环境才能够达到彼此的和谐与健康发展。这才是社会所期许的、符合个体及社会需要的结果。

第二节　大学生常见的适应问题

经历了“十年寒窗”的苦读，熬过了“黑色六月”的炼狱之后，终于走进了梦想中的大学。大学新生要面临的是一段艰难的心理适应期。在这个心理转型与重塑的过程中可能会产生不同程度的适应问题。有人曾用鲁迅的作品来总结大学生活：一年级是彷徨，二年级是呐喊，三年级是朝花夕拾，四年级是伤逝。这是很多大学生内心状态的真实写照。那么，大学新生们会表现出哪些适应问题呢?

一、角色认同与适应

大学生角色指的就是作为大学生个体在一定社会环境和人际关系中被期望的各种身份。角色认同指与角色相一致的态度和行为。大学生角色认同即大学生对“大学生”角色的认同。从某种意义上说，就是角色的适应。大学新生的环境适应、人际适应和学习适应，归根到底就是环境改变后的角色适应。

（一）角色认同的内容

在大学生活的不同时期，个体所具有的角色不尽相同。大学新生的角色认同涉及学业、生活和人际等诸多方面。角色认同的实质是个体主动地适应环境。其主要内容有：

1．学业地位的认同 大学是人才荟萃的地方，强手如林。因此，大部分学生都将失去学业上的优势，从原来中学里的“尖子生”变成现在大学里的“一般生”；由大家关注的“中心人物”变成“普通一员”。他们感到过去优等生的地位受到威胁，就会出现自信心下降，自我评价降低。如果不能顺利地完成角色转变，学业地位就会变成一部分大学生的心病：过去，学业成绩使他们建立自尊、自信；现在，学业成绩又使他们失去自尊和自信。

2．生活方式的认同 大部分学生都是远离家乡开始住校生活的。因此，他们必须培养和具备自理能力，由受家庭父母保护的个体成为独立生活的个体。生活自理要求大学生从学习、交友到衣食住行，全由自己独立地应对。如果某些事情处理得不好，就可能长期受到困扰。

3．人际关系的认同 进入大学之后，人际交往变得十分重要。学习和生活环境的变化，决定了大学生不能仅凭个人好恶来决定人际交往。建立新的人际关系既是环境的要求，又是个体走向成熟的必要条件。异性之间的交往是大学生渴望而又难以把握的人际关系，很多大学生有可能尝试恋爱，从而具有恋人角色。

（二）角色认同过程中的心理问题

角色认同是大学生适应环境、走向心理成熟的要求与表现。大学生在心理适应方面出现的种种问题，都可以称为角色认同障碍，主要有角色固恋、角色混乱和角色退行三种类型。

1．角色固恋 角色固恋是一种角色认同障碍，是指个体无法根据自身的成长和环境的变化调整自己的行为，而是仍刻板地沿用过去的角色行为模式来应对当前环境。大学生产生角色固恋实际上是由于他们没有认同自己在新环境中的角色，没有形成适应新环境的反应方式。

大学生的角色固恋还有另外的一种情形，即失恋后的角色固恋。已经结束恋爱关系，人际情境发生了变化，相应地要求当事人进行角色改变，以适应现实。而失恋后长久感到不适，其实是对自己在恋爱关系中角色固恋的结果。

2．角色混乱 大学生的角色混乱是指大学生在日常生活、学习和人际交往中的行为表现与人们所认同的、所期望的大学生角色行为明显不协调。角色混乱的个体在思想上处于迷茫和困惑之中，强烈地感到自我的不安全和不确定。某些来自农村的大学生面对自己不熟悉、不习惯的城市环境，也可能会产生角色混乱。

3．角色退行 角色退行是指个体因挫折而改用过时的角色行为模式来应对当前的环境，是一种对现实环境的退避和自我防御。大学生的角色退行与角色固恋虽然都涉及过时的、不适应的角色行为，但两者并不完全相同，角色固恋的个体不认同新的角色，角色退行的个体是认同新的角色后又回到旧有角色。如不少大学生遭遇挫折时采用中学甚至小学时的行为模式进行应对，就是角色退行的表现。

（三）角色认同过程中的心理调适

大学新生必须通过学习、交友、咨询等心理教育途径和方法，依靠高校大学新生入学适应期的教育，利用大学辅导员、任课教师、学生骨干等的传帮带作用，及时地调整心态，以尽快完成从中学生到大学生的角色转变。

1．主动学习，尽快适应新角色 新生入学后，开始了人生新的旅程。因此，要学会接受眼前的一切，学会全面地、客观地看待事物；有意识地学习一些有关心理方面的知识，如“大学生心理健康教育”“心理学”等公共课或选修课，掌握心理活动的规律，学习心理保健的方法。面对难题，可以向老师请教，也可以与同学探讨，面对挫折，也可以求助于心理咨询。

2．了解大学特点，尽快适应新的学习方式　大学的学习方式、学习目标、学习内容、学习方法以及考试方式等等都与中学明显不同，只有尽快了解、熟悉新的学习目标、新的学习内容，逐步掌握新的学习方法，才能尽快完成从中学到大学的学习方式的转变。

3．保持“平常心”，客观评价自我　大学新生处在一个特殊的阶段，即人生中“第二次飞跃”的“心理断乳期”。因此，很多学生都不能够正确地、客观地、全面地评价自己。只有具备凡人、平常人的心态，才能够发现和挖掘自己的潜力，才能够克服自己的缺点。只有一个能够做到全面地、发展地看待自己，保持意识与行为表现和谐统一的人，才能够不断地完善自己、发展自己，才能够实现从现实自我向理想自我的飞跃。

4．加强意志品质培养，保持乐观情绪　校园是社会的雏形，也是社会的实验室，有各种酸甜苦辣，也会受到批评、指责、误解等，这些都是不可避免的。尤其是对于大学新生，不顺心和委屈也许很多，摆在面前需要克服的困难和挫折也会更多。因此，在困难面前谁能够有意识地、自觉地控制自己，保持定力；谁能够有坚忍的耐受力，有坚强的自制力和容忍力，有完成既定目标矢志不渝的顽强意志，有面对挫折的勇气、决心和毅力；谁就能够顺利战胜困难，渡过难关，获得锻炼和成长。

5．完善自我规划，升华精神境界　这是顺利完成从中学到大学转变的根本保证。思想成熟与否，是衡量一个大学生是否顺利完成从中学到大学转变的主要标志。作为新一代大学生，首先必须树立起历史使命感和社会责任感，要不断修养完善自己的品格，谦虚谨慎，戒骄戒躁；要不断培养自己宽容、礼让的情怀；对比自己强的同学，虚心学习，以他人之长补己之短；面对别人的过失，要学会理解和宽容，用坦诚和爱心对待周围的人；主动体味生活、学习环境的温馨。

6．充分理解自由，遵守校规校纪　中学阶段老师管得太严，家长约束太多，现在远离了家庭，又不像中学整天有教师督促，部分同学因而放松了对自己的要求，以致不能很好地适应大学生活，有的甚至还触犯校纪校规受到处分，令人十分惋惜。大学给学生更多的自由，是对大学生的信任，作为刚刚步入大学的新生，要认识到这是锻炼自己独立生活、自主学习能力的机会，要正确处理好自由与纪律的关系问题。如果思想上失去了约束，各种不良的倾向就会随之而来。

7．抓住契机，顺应转变　古希腊哲学家柏拉图曾经说：“良好的开端，等于成功的一半。”刚刚步入大学的学生，应尽快适应新的环境，采取积极进取的生活态度，做好克服困难、迎接挑战的思想准备和方法、技能准备，这将直接关系到从中学到大学转变的速度与效果。要学会克服进入大学时遇到的各种阻碍，抓住契机，取得主动，以崭新的姿态去拥抱全新的大学生活。

大学一年级顺利完成了从中学到大学的接轨，并不意味着整个转变的结束。大学生在大学期间还有两次重要的转变，即从大学低年级向中年级的转变和大学高年级向社会的转变。

二、环境变化与适应

随着年龄的增长，知识能力的提升，很多人开始注重选择一些有利于自己生存的环境，如重点学校、优秀社区、经济发达的大都市等。但“选择环境”并不是生活的主题，“适应环境”才是生活的主旨。大学生进入大学之后能否适应大学所在地的自然和社会环境，能否适应大学的学习生活环境，已成为影响大学生能否成才的一个重要因素。

（一）环境变化的内容

从中学到大学环境的改变是一个客观事实，但这并不意味着大学生的认识也能迅速跟上这种转变。

1．生活环境的变化 大学生的心理发展尚未成熟，仍带有一定的幼稚性、依赖性和冲动性。上大学就意味着离开自己熟悉的地方，面对来自四面八方的同学，大家聚在一起，生活习惯，处事方式等都会有一定的差异，但这恰恰是每个大学新生都必须面对的。

校园是大学生活中最重要的场所，对校园环境的熟悉和了解程度，决定了大学生能否在这个环境中自如地生活、学习。刚刚跨进大学校门的大学生，面对优雅静谧的校园、宽敞明亮的教室、博学多识的师长、浩如烟海的图书，新奇、激动、兴奋之余，每个学生的表现是明显不同的。有的人入学后马上就适应了新的环境；而一部分同学由于对父母有较大的依赖性，生活方面过去主要由家庭料理，因而缺乏必备的独立生活能力。因此，上大学后，应该从头做起，虚心学习，不怕失败，大胆实践，积累生活经验，自觉主动地参与集体生活，学会自己照顾自己，独立处理生活与学习中的问题。

2．语言环境的变化 语言是交流的主要工具，在大学校园里显得尤其重要。操着各种口音的学生在大学校园里应该尝试用普通话交流，但由于一些地区基础教育的薄弱，学生入学时方言较重，普通话水平较低，这样不仅影响与人的交往，更重要的是交往的不利易伤害该生的自尊心和自信心，进而影响到其他更广泛的领域。所以，语言环境的适应是不可忽视的。

3．学习环境的变化 学习是大学生活中最重要的一部分，大学的教学体制、教学方法都与中学有着明显的不同。能否尽快适应全新的大学学习生活，直接影响到在校期间的学业，并间接影响以后的工作与生活。学校为了提高学生的整体素质，开始实行与学位挂钩的考核机制，要求综合测评、英语过级、计算机过级等硬性指标；而学生为了全面地发展自己，在努力完成本专业课程的同时，还要积极地给自己“充电”，报考双学位，辅修相关课程，参加各种资格考试等。大学里提倡学生自主学习，课外时间要自己安排，逐渐从“要我学”向“我要学”转变，提倡勤于思考、生动活泼地学习。在大学阶段，学习压力也是大学生们感触最深的。因此，尤其是大学新生万万不可轻视学习环境的适应。

4．就业环境的变化 随着知识经济时代的到来，社会竞争日趋激烈，社会对高学历、高素质人才的需求也急剧增加，大学生就业状况总体上还比较乐观，但就业难、难就业的现象也日益凸显。国家现在实行“自主就业，双向选择”，鼓励大学生自主创业等多项政策，消除了过去长期以来统包、统分体制的弊端，给当代大学生带来了机遇和挑战，也同时带来了一定的压力。北京某高校的调查发现，有 40% 的学生认为“就业压力”是“导致自己心理压力最主要的原因”。

5．经济环境的变化 大学生在大学生活中所涉及的经济适应主要是面对学费、生活费的管理，以及贫困生打工、开展勤工俭学方面的问题等。

（二）环境适应过程中的问题

环境适应不良是很多大学新生都不可回避且必须正视和尽快解决的适应问题。而造成这些问题的原因与他们日常生活经验缺乏和自理能力不足、学习及其他方面的挫折、生活习惯和价值观的反差、对大学生活过分理想化等有密切的关系。

1．自我定位与评价失调 大学生中多数人，在高中阶段都是学习尖子、同龄人中的佼佼者，因而自我感觉良好，有较强的心理优越感。而进入大学后，不少人在学习上的优势将会削弱或消失，从鹤立鸡群变成平庸之辈，这种地位的变化越强烈，心理落差越大，由此产生了自我评价失调。此外，能力等方面的差异也更加突出。一些学生心灰意冷，角色定位产生心理偏差，有强烈的自卑感，易表现出抑郁、焦虑甚至逆反等不良情绪反应。

2．理想与现实的心理冲突 进大学以前，许多学生对现实社会以及大学生活了解甚少，往往凭着想象，把大学生活描绘得过于理想化，抱有不切实际的幻想和过高的期望。但当他们真正置身于大学之后，才发现现实与自己的理想相距甚远，现实生活中有许多不完善、不尽如人意的地方。这些现象使很多学生心理难以平衡，他们感到困惑、迷惘，产生心灵的失望感、寂寞感与强烈的不适应感。

（三）积极适应新环境

大学生在适应环境中出现一些问题也是很正常的。为了尽快适应新环境，缩短转变所需要的适应期，建议大学新生们努力把握以下几个方面。

1. 培养良好的生活习惯　每个大学生从入学的第一天，就要重视良好生活习惯的培养。

（1）作息时间规律化。生活的规律性是身体健康的重要保证。

（2）掌握和学习必要的生活自理能力，这不仅是适应环境的要求，也是个人成长的必要条件。

（3）要养成良好的饮食习惯。大学生中胃部不适的较多，原因主要有二：一是饮食不规律，不吃早饭或贪吃零食。二是暴饮暴食，随性而没有节制。个别学生有吸烟、饮酒的习惯，这不仅影响身体健康，而且也会增加开支。

（4）坚持锻炼身体。近几年，高校中因病休学、退学的人数增多。尽管各高校开设体育课和开展各种群体性的体育活动以增强学生的体质，但真正重视身体锻炼的学生却并不多。这与上面所述的没有严格作息时间也有很大的关系。

（5）保持乐观而平稳的心境。生活中难免有各种各样的挫折、坎坷与困境。面对困难，要有乐观的态度；遇到逆境，不要失去信心。要学会自我调整，学会寻求帮助，学会向别人倾诉以宣泄、化解心中的郁闷，尽快走出不良心境。

2. 安排好业余时间　大学生活的内容丰富多彩，除了教学活动以外，还有各种讲座、讨论会、学术报告会、文体活动、社会实践活动等。这些活动常常让大学新生目不暇接。如果完全凭兴趣，随意性太大，就很难有效地利用高校的有利环境，更好地调动和发挥自己的潜能。要合理地安排业余活动，一定要对自己有理智的分析，做到既参加了活动，又不影响专业课程的学习。同时，手机成瘾也是当今大学生群体中存在的一个不容忽视的问题。过度使用手机既浪费了时间，又影响了身体健康。

3. 探索新的学习方法　对大学学习的不适应最易产生情绪波动与自我评价偏差。摸索适应大学的学习方法，除了向有经验的高年级同学请教，接受任课教师的指导与辅导员的帮助外，大学生自身首先要正确认识大学学习的特点，克服过去依赖老师的习惯；其次应从个人实际出发，逐步摸索与自己水平、基础相适应的学习方法；最后应注重自学能力的培养，学会管理支配时间，合理安排学习计划，养成预习、复习的习惯，善于抓住学习中的难点和重点，学会应用工具书，利用图书馆等条件。当学习中遇到困难时，不畏惧、不气馁，善于利用各种有限资源，逐渐走出困境。

4. 塑造新的自我形象　在大学新的坐标系中，重新找到自己的位置，正确认识自己，重新估价自己，主动接纳自己，将会极大地影响新生的适应过程。在新环境下，首先要看到自己的实力，树立自信心；其次，客观分析自己的优势与劣势，承认差距，看到长处，扬长避短，不事事处处苛求自己；最后，加强自我修养，学习他人优点，取长补短，逐步提高自身素质。

5. 确立新的奋斗目标　适应环境最根本的要求是要有明确的奋斗目标。进了大学，高中时期的奋斗目标已变成了现实，新目标又未确立，不少学生感到茫然、空虚，进入“动力真空带”或称“理想间歇期”，出现松劲情绪。没有一个明确的目标，学习就没有持之以恒、永不消退的动力。可见，尽快确立新的奋斗目标，也是大学生走向新生活、适应环境的重要任务。

三、人际关系变化与适应

（一）人际关系变化的内容

当前，迈入大学的学子大多都是独生子女，从小都是在父母的百般呵护中长大的。进入大学校园这一特定环境之中，他们大多都具有强烈的归属感，对友谊、对朋友有着热切的依恋和期望。但是就人际关系而言，大学和高中阶段有了明显的不同。大学新生基本上脱离了对教师、家长的依赖，生活、学习的主要场合转移到了宿舍、教室，能否与同学建立良好的人际关系就成为一个关键。

良好的人际关系包括两方面：一方面是适应他人，宽容他人；另一方面又要维护自己的权利。处理不好同学关系的人大致有两类：一是过分求全，一味地迎合别人，从而失去自我。表面上是与世无争，与人为善，其实是胆怯退缩，怕别人打击报复，这种人内心多有压抑，易出现抑郁症状，甚至出现极端不理智的行为，如伤害他人、自杀等。另一种是过分维护自己，对别人缺少宽容，以自我为中心，言谈举止不考虑别人的感受和利益。这种人在群体中不被接纳，不受欢迎，是群体孤立的潜在对象。

大学生人际关系主要有以下几种类型：

1．以地域为线索结成的人际关系 是大学生的重要人际关系，也是大学新生较早形成的群体关系。最常见的一种形式是同乡会。这种人际关系，虽然同学间有老乡感情，易产生亲切感、信任感，能满足交友的需要，有助于交流信息，能够互相帮助，但在参与大群体活动时，容易形成小宗派，在处理同乡与他人的关系时，也易感情用事。因此，对“同乡会”的活动学校应给以适当引导并加以必要的控制。

2．以专业为线索形成的人际关系 也称作业缘关系，包括师生关系、同班同学关系、同校同专业关系、同专业的校际关系。其中师生和同班同学关系是主导关系。师生关系有两种，一是学生与各专业课教师的关系，二是学生与辅导员之间的关系。由于大学专业教学的特点，后一种关系往往更为密切。

3．以兴趣为线索建立的人际关系 这里的兴趣主要是指向专业以外内容的业余兴趣，如对各种球类、牌、棋、摄影、书法、绘画、武术、轮滑、跆拳道等的兴趣，并以此组成相应的社团。与其他人际关系相比，这种关系具有变动性大、随意性强、比较松散的特点。

（二）人际关系适应中的问题

大学新生面对以上种种人际圈，往往在开始时以一种兴奋、积极的态度去参加，期望着在这些人际关系中寻求友谊和成才的捷径。然而，当深入进去时，却发现与自己的设想有许多相悖之处。他们在人际交往过程中一般会产生下面几方面问题：

1．交往愿望强烈，主动意识差 大学新生大都具有强烈的交往动机，希望尽快地交到朋友。这恰恰说明了处于青春期的大学新生，有着强烈的自尊、认同和归属的需要，非常渴望从朋友中获得感情的共鸣。然而，他们内心交往愿望虽然很强烈，但实际行动少，主动意识差，和周围人的关系大都不远不近，若即若离，总是希望别人先伸出友情之手，因而经常感到不如意，挫败感很强。

2．交往范围广，问题概率高 大学里的同学来自五湖四海，共同汇聚成一个微缩的社会交往群体，每个人都有了一定的交往机会，可以说大学生的交往是一个多层次、多方位的开放型系统。但是，并不是每个人都会取得交往的成功。在这个系统的人际交往过程中，彼此发生一些摩擦、冲突，甚至情感损伤，也许都是不可避免的。

3．交往方式多元化，知己较少 丰富多彩的大学生活，为大学生们提供了相识、交际的舞台。从陌生到熟悉，从相识到相知，大学生的交往方式与中学相比也呈现出多元化的特点。他们纷纷利用网络、电话、书信、社团活动、文体娱乐活动等资源，广泛地结交朋友。虽然交往的空间很广，但一些学生的切身感受是朋友好像很多，而真正称得上知己的却很少。

4．特殊群体，不容忽视　研究表明，是否为独生子女和经济状况如何也是当今大学生人际交往的重要影响因素。

现在的大学生，独生子女较多。这一代人生而寂寞，没有兄弟姐妹，“自我中心”是导致他们人际关系紧张的一个重要因素。他们在独立生活能力、自立能力、进取意识上明显存在不足，对集体生活缺乏适应能力，在他们身上，明显缺少积极向上、宽容、谦让、合作的品质，自我控制能力、心理承受能力不强。这就注定了在与其他人相处时可能会发生更多的摩擦与矛盾。

经济原因是导致大学生人际关系紧张的另一个因素。特困生在高校是一个特殊的群体，其思想教育、生活受到媒体、社会各界的广泛关注，虽然各高校纷纷采取了“奖、贷、勤、免、补”等各种方式，来解决困难学生的生活问题，但困难学生不仅仅是经济困难，他们的心理问题也是不容忽视的。

5．恋情萌动，情感困惑　“大一按兵不动，大二蠢蠢欲动，大三全面出动，大四个个反动”，这是调侃大学生恋爱现象的俏皮话，也揭示了恋爱是很多大学生正在经历或已经经历的过程。美好的爱情给年轻的学子们带来了一系列复杂、独特而微妙的情感体验，同时，也是最容易导致心理困扰的原因。想恋爱，又担心父母不同意，担心对方不接受自己，担心毕业就会分手；见到周围的人成双成对，自己也在找与不找中犹豫徘徊。对于一些大学生来说，恋爱与学习的矛盾是主要的困扰问题。同时，处于热恋中的同学不仅要学会适应并接纳恋人，进一步发展彼此的情感关系，而且还要学会处理恋爱和学习之间的关系，处理好恋人和朋友之间的关系，这些因素也会给大学生带来一定的心理压力，以至于影响正常的学习生活。

（三）建立良好人际关系

面对来自不同地域，性格、行为习惯各异的同学，如何建立协调、良好的人际关系，是每个在校大学生都必须面对和学习的重要内容。

1．把握人际交往原则　良好的人际关系首先取决于交往双方相互尊重、相互理解、相互信任的态度。人际交往原则也是为人处世的基本原则，即平等交往，尊重他人；真诚热情，与人为善；讲究信用，互助互利；热诚助人，不求回报；宽容大度，不卑不亢。在日常学习和生活中，要学会把握运用这一基本的交往原则。要记住宽容、克制并不是软弱、怯懦的表现，而是成熟的特征。

2．学习人际沟通的技巧　语言是沟通的工具，而人际关系恰恰就是在沟通的基础上建立起来的。在交往中与人交流时语言表达要称呼得体，注意礼貌，用词准确、规范，充分展示语言作为艺术工具的魅力。还有非语言艺术，包括能够掌握和运用好面部表情、眼神、手势、姿态、位置、距离等各种肢体语言，巧妙地表达自己的观点、意见及思想感情。

3．提升人际魅力修养　人际魅力修养，主要是指在人际交往过程中逐渐形成的，受到他人赞许、敬佩的有积极影响力的个性品质。人际魅力的培养和训练并不是一朝一夕的事情。要想提升自我的人际吸引力，需要在人际交往过程中注意把握以下几点：一是注重第一印象的形成，与人交流面带微笑，耐心倾听表达真诚；二是注重外在素质的体现，举手投足大方得体，言谈举止恰到好处；三是注重良好人格的培养，自信、谦虚、积极、进取、宽容大度。

4．锤炼积极交往能力　交往能力是每个个体一生的成长与发展过程中必不可少的、一种重要的社会适应能力。在大学期间，每个大学生都应把握好一切可能的锻炼机会，采取积极的、主动的方式与他人交往，而不能只是一味地被动等待。友谊不是等来的，而是努力获得的。在实践中要不断总结经验教训，积极建立和改善人际关系。

专栏 2-1

人际距离

美国社会心理学家霍尔于20世纪60年代早期发明了“人际距离学”这个术语。他发现，人们认为他们需要多少私人空间取决于他们所处的社会环境。他提出了社会交往中的空间距离理论，认为“人际距离”可区分为4种：一是亲密距离，0 ~ 44厘米，是最亲密区间，彼此能感受到对方的体温、气息。如父母与子女、夫妻、恋人或者是贴心朋友间的接触等，所谓的“办公室性骚扰”往往就发生在这一人际空间；二是个人距离，44 ~ 120厘米，是人际间隔上稍有分寸感的距离，已较少有直接的身体接触，如医生与患者之间、朋友或同事间的接触等；三是社交距离，120 ~ 360厘米，已超出了亲密或熟人的关系，而是体现出一种公务上或礼节上的较正式关系，如职场交往和商业会议等；四是公众距离，360 ~ 760厘米，属于人际交往中的正式距离，如演出、演讲等活动所持有的距离。由此可见，人类在不同的活动范围中因关系的亲密程度而有着或保持着不同的距离。

第三节　大学生适应问题产生的原因剖析

刚进入大学的青年学子，由于心理发展不成熟、情绪不稳定，很容易产生适应不良，从而出现各种心理问题。而这些问题的发生可以归结为两大原因：一是客观因素，即大学生的生活成长环境的影响；二是主观因素，即大学生自身所具有的能力素质的影响。

一、客观因素

（一）学校因素

由于现行教育还存在着种种的不足与弊端，导致一些大学生在校学习期间会面临种种压力。如大学课程设置上还有些不够完善的地方，导致一些大学生深感自身知识结构不完备，综合素质不强，难以应对社会的挑战。加之教学过程中也有个别教师因自身存在一些心理问题，直接或间接地影响到学生的身心健康发展。

（二）家庭因素

现在的大学生大多是独生子女，家长的教育态度、教育方法要么是过分溺爱娇惯，要么是斥责、苛求、打骂；家长的期望过高有时也使大学生感到家庭的巨大压力而处于紧张、焦虑、不安之中。有些家境贫困而自尊心很强的大学生，会更多地感受到来自生活的压力。

（三）社会因素

当今社会处在转型的网络时代，信息泛滥，各种思潮纷乱杂陈。大学校园与社会联系紧密，大学生通过各种信息渠道接受着新鲜事物，但因为缺乏明辨是非、决定取舍的能力，往往导致强烈的心理冲突。同时，我国正处在经济发展方式和经济结构转变的转型期，由此引发经济社会发展的一系列新变化、新要求，这种变化，也间接地对大学生就业和社会适应造成了新的挑战。

二、主观因素

（一）个性因素

个性不同，适应力也会有所不同。如果一位大学生自身有自卑、自负、敏感、冲动、内向、孤僻和过激等不良人格特质，那么他就会比其他学生更强烈地感受到来自学习、生活、就业等方面的压力。如果大学生能自觉锻炼坚强的意志品质，培养较强的耐受挫折的能力，那么，他们就容易化压力为动力，取得好成绩。

（二）认知因素

大学生的自我意识尚需完善，对自己缺乏正确客观的认识，往往自视过高或过低、不能准确地自我定位，对矛盾心理缺乏客观的分析和理解，这是造成大学生心理困扰的重要原因。对现实认知不正确、理想过高，往往使他们对学习、工作、生活条件和环境及人际关系提出过高的要求，忽略客观条件的限制。一旦在现实中遇到一些挫折，他们就大失所望，从而导致自责、自卑、自弃的心理或对他人的敌意情绪。

（三）应对能力因素

大学生智力水平相当，但其应对能力是有差异的。一些学生，当遇到难以处理的困难时，虽然能够对自己的心理变化过程及内外原因进行一定的分析，但却不能积极应对。由于应对能力的局限，一些学生不能有效地处理各种生活事件，不能很快恢复自己的心身平衡，而是经常处于一种紧张状态，从而导致心理问题的发生。

第四节　大学生适应能力的自我培养

联合国教科文组织对于 21 世纪青少年的教育提出了“学会认知，学会做事，学会共同生活，学会生存”的要求。我国学者根据这一要求，结合我国的实际情况，对大学生的适应与发展也提出了以下四种能力的任务和要求，简称“四会”：

一是学会做人。这就要求大学生们拥有正确的人生观、价值观，拥有明确的伦理道德观念和是非观念，遵守社会公德；自身的行为要符合新时期大学生的行为规范，不断地完善自己，努力促进人格成熟；不断增强自主性、判断力和个人的责任感，这正是适应与发展的目的所在。

二是学会做事。大学生要具有独立的生活管理能力，要有独立选择、独立决断、独立处理问题的能力，以及应对各种生活事件、适应各种环境变化的能力，学会不断积累做事的相关经验，还要有敬业精神和社会责任感。

三是学会与人相处。现代社会做到与人和谐相处，既是人际交往能力的一种反映，也是成功所需人际资源的一种体现。大学生应当学会尊重与真诚地对待每一个人，学会接纳他人的长处与不足并能够与他人进行良好的沟通；在沟通中建立和保持这种亲密的合作关系，在相互交流与分享中促进自我和他人的成长与发展。

四是学会学习。学习是一个人的终生任务。大学生应当热爱学习，更要会学习。不但要学好本专业的知识，而且要学习与之相关的各种人文和自然科学知识，拥有跨学科的交叉能力；拥有综合分析问题、解决问题和在复杂信息环境下检索和判断的能力；拥有不断创新的能力。学会学习，不仅仅是为了获得知识本身，更重要的是获得一种认识世界的手段和能力。为了更好地适应大学生活，适应环境，适应社会，大学生应该注重学习能力的培养。

一、正视现实，主动适应环境

大学生只有适应不断变化着的客观环境，才能在复杂多变的自然环境和社会环境中健康地生活和积极地发展。对于大学新生来说，新的环境包括外环境和内环境两个部分。外环境的适应就是对学习和生活环境及人际关系的适应；内环境的适应就是大学生对自我角色变化的适应，是一个如何自我调适平衡心态的过程。而无论是外环境，还是内环境，都会极大地影响大学生们的心理健康状况。

（一）主动把握锻炼机会

凡是有成就的人，没有一个人不是自立的人。而每个自立的人都具有独立的头脑，具有独立思考和处理问题的能力。刚入学的大学新生可以积极参加一些文体活动、社会实践、勤工助学、社团活动，在活动中检验自己、分析自己、总结自己，这样才能逐步提高自己的自立能力。

（二）主动熟悉校园环境

新生入校后要到校园的各处熟悉情况，要熟悉学校的教学、生活设施，了解学校相关的规章制度，认识更多的老师和管理人员，这样，入学时或入学后办理各种手续、解决各种问题就会比别人更顺利、更节省时间，可以充分利用学校的资源为自己服务。

（三）主动向他人请教学习

直接向高年级的师兄师姐请教是熟悉和了解校园生活的快捷方法。一般来说，大多数高年级同学都比较愿意把他们的经验传授给新生，以帮助他们尽快适应校园生活，尽量少走弯路。当然，还可以利用同乡交往的机会，向同乡请教，这也是不错的选择。

（四）主动担负一定的工作

能力总是在锻炼中提升的。大学生应该在客观评价自己学习、工作及组织能力的前提下，积极抓住班级、学生会以及社团招聘新人的机会，主动参与并承担一定的工作。这样自己就能够更多地和老师、同学接触；与老师、同学接触得越多，掌握的信息越多，锻炼的机会也就越多，因而能力提高得越快，自信心也就逐渐建立起来。

二、调控自我，主动适应角色

人贵有自知之明。“自知”就是认识自己，在认识自己的基础上进行自我调整是每个大学生学习生活中必须完成的任务。

（一）明确角色要求

在大学这个新的环境里，新生面临着多方面的变化。为了使自己尽快地适应环境、健康地发展，大学新生不但要认识自己，还要了解社会和环境对自己的要求，以便有效地控制和改变自己的态度与行为，以达到改善人际关系和提高工作、学习效率的目的，使现实的自己不断向理想的自己靠近。

（二）确立合理认知

正确的认知是人适应与发展的前提和基础。大学生对学习生活的不适应，大部分来源于对现实的不合理认知。因此，大学生要时刻保持清醒的头脑，培养自己的辩证思维能力，改变对自我、对他人、对社会的不恰当认知。

（三）有效控制情绪

情绪是心理因素中对人的影响最大、作用最强的因素。良好的情绪状态不仅对大学生学习生活产生积极的影响，而且有利于发挥他们各个方面的成长潜力；相反，不良的情绪状态长期存在，则容易影响学习和工作，甚至引发心身健康问题。因此，大学生要主动学会一些有效调控情绪的方法，当发觉自己处于不良情绪状态时，要及时表达自己的感受，学会积极接纳，通过不断的调整学习生活目标，来积极促进自我身心健康的成长与发展。

三、合理规划，主动把握方向

凡事预则立，不预则废。合理规划目标，就是要求大学生做好自己大学期间的职业生涯规划。有了生涯规划，大学生活将不再杂乱无章，大学生们将不再感到寂寞迷茫，而是每天都感到充满生机与活力，每天都会看到自己的成长。

（一）目标制订要合理

千里之行，始于足下。大学生要想在大学期间充实自己、提高自己、完善自己，就必须制订合理的发展目标。大学生确立发展目标时需要注意两个问题：一是要考虑社会发展和自我成长的需要，结合自己的实际情况制订合理的学习生活计划。盲目和其他同学攀比或追随社会时尚，不但不会获得成功，还会影响心理的平衡。二是要学会随机应变，情况一有变化，要及时做出调整，以免目标脱离实际而不能实现。只要确立一个合适的目标，就会有行动的方向和动力，就会充满信心和活力，大学生活就会感到充实和快乐。

（二）能力培养要量力而行

每个人都可能拥有自己最擅长的领域。大学生中人才济济，唱歌、跳舞、书法、绘画、摄影、运动等每个领域都会有很多佼佼者。大学生要结合自身的实际情况量力而行，恰当选择符合自己的实践活动方式，不断提高自己的专长和综合素质。

（三）职业定向要明确

职业目标的确立对大学生的成长与发展具有重要的现实意义。高校都开设了大学生职业生涯规划课程或设立大学生职业生涯规划档案，积极开展有关的方案设计活动。大学生如果能在低年级就确定自己的职业生涯规划，则对其后来的大学学习、生活具有重要的指导意义。

四、端正态度，主动与人交往

对于刚刚迈入大学校门的大学新生来说，新的人际关系的适应远比学习和生活环境的适应要困难得多。面对来自各地，风格、特点各异的新同学，如何建立协调、友好的人际关系是非常重要的。大学生在人际交往中最重要的是以诚相待，同时应注意把握以下几点：

（一）严于律己，宽以待人

与同学交往中遇到冲突时要耐心、宽容，多检讨自己，这是处理好人际关系的一个重要原则。在同学间日常的交往中，磕磕碰碰在所难免，矛盾冲突也时有发生。如果我们能够保持一种宽以待人、严以律己的态度，同学之间就可能减少一些矛盾或不愉快，我们的生活就会更加美好。

（二）克服嫉妒心理

事实证明，大学生中攀比心、虚荣心、嫉妒心是影响人际关系的重要因素，尤其是嫉妒心理。嫉妒心理人皆有之、在所难免，重要的是如何驾驭和把握。克服嫉妒心理最好的办法不是对其进行压抑，而是通过心理的调适和疏导，把嫉妒心升华为合理的竞争观念和有效的行动，在竞争中实现自己的目标，体现个人的价值。

（三）积极参加集体活动

“一个人成功，15% 要靠专业知识，85% 要靠人际关系与处世技巧”。健康的集体活动对大学生的全面发展非常有益。在集体中，可以体验到团结合作的重要和欢乐，认识到尊重他人情感和意志的必要，学会待人处事，培养集体主义观念；在集体中，彼此相互尊重对方的个性，相互帮助，克服自身的个性弱点，朝着最优化的方向努力塑造性格；在集体中，可以显示青年人的活力，强化年轻人积极进取的精神。大学生如果离开了集体，就会缺乏生气，失去奋斗的勇气，也就难以实现自己的价值。

五、积极行动，主动把握人生

戴尔·卡耐基说得好：“如果想要快乐，就为自己立一个目标，让它支配自己的思想，释放出自己的活力，并激发自己的希望。去做具体而明确的事，把自己全部心思和活力都放在其中，这就叫做积极行动。”

（一）行动铸就良好心态

积极行动首先要把握好现在。把握好现在，意味着把现在应该做的事情做好，这样才能抓住未来。积极行动可以摆脱由于不适应环境造成的孤独、苦闷、烦躁、恐惧和空虚。尤其是那些因活得太累而经常烦恼的人，更应积极行动起来，行动会带给你价值，行动会带给你心理的健康与欢乐。

（二）行动改变人生命运

美国著名心理学家威廉·詹姆斯（William James）说过：“播下一个行动，收获一种习惯；播下一种习惯，收获一种性格；播下一种性格，收获一种命运。”简而言之就是，行动改变命运。可能你的目标还非常遥远，可能实现目标的条件还非常不完善，积极行动就是要向着目标前行。作为当代大学生，应该积极投入到学习和学校的各项活动中去，积极投入到社会的各项实践活动中去。在活动中提高自我选择、自我决断、自我管理能力，提高处理各种复杂事物的工作能力，从而提升自己的自信心，完善自己的人格。同时，你也会找到自己的目标，并达到自己的目标！

【心理自我训练】

相识、信任与适应

每个人都需要交往，只有互动与合作才会使人充实和提高；每个人都渴望交往，但只会向具有安全感的人打开心扉。在人际交往中，相识与信任是人际适应的前提条件。因此，为了提高大学生人际交往中的心理适应能力，我们可以借助于团体心理训练活动，营造安全氛围，使每个人的交往对象逐步由少到多，通过渐进的自我袒露，打开心扉，帮助学生在团体里感到自在与放松，找到适宜的位置，释放自我和表现自我，从而积极克服交往恐惧，提高彼此间主动合作与交流的意识，体验被接纳、被关注的感觉，增强对他人的信任感。

1．活动目标

（1）组建心理训练活动团体；

（2）了解本次活动的内容设计、要求及表现方式；

（3）能够积极参与、主动沟通与合作；

（4）体验自在、释放的感觉；

（5）敢于发现和面对自身存在的问题；

（6）学会自助与助人，感受交往的快乐与心理成长。

2．活动准备

人员安排：每个团体限定 12 ~ 16 名成员。按活动要求打破寝室、性别等界限分组，每组 6 ~ 8 人，指定、自愿或选举一名成员担任组长，并公之于众。

3．场地要求

（1）室内活动：活动室要有足够的空间、可以挪动的椅子、宽敞舒适的环境。

（2）室外活动：确定盲行路线，道路应有曲折和阻碍，如上楼、下坡、拐弯等，增强成员活动体验。

（3）备品要求：活动小道具、每人准备蒙眼睛用的眼罩、领带或头巾。

4．实施程序

（1）最佳搭档：先按团体人数把准备好的彩色纸剪成三角形或正方形等不同图形，并一分为二。然后由学生自由抽取。每人找到与自己同色且形状相匹配的另一半，结成一组。

（2）两人一组自我介绍：介绍内容包括自己的姓名、爱好、特长、人格特点、家庭情况以及个人愿意让对方了解的有关自己的资料，如最引以为豪的成就，或者曾遇过的挫折性事件等。每人限时 2 ~ 3 分钟。而且当对方自我介绍时，倾听者要全身心地投入，通过语言与非语言的观察，尽可能多地了解对方，主动交流。时间 8 ~ 10 分钟。

（3）6 人一组互相介绍（或者 8 人）：把 3 组最佳搭档合并，构成 6 人一组，每个组员将自己刚才认识的朋友向其他新朋友介绍。介绍完毕后，新朋友可以向被介绍者提一个自己想知道的问题。被介绍者立即回答，当然，如果认为别人问的问题自己不想说，可以表达出来。这样，回答者因被全组其他组员关注而增加信心。

（4）6 人围圈而坐（或者 8 人）：从其中一个人开始，按顺（或逆）时针进行。每个人用一句话介绍自己。要求是：这句话中必须包含 3 项内容，即姓名、所属（身份）、自己与众不同的特征。规则：当第 1 个人说完后，第 2 个人必须从第 1 个人开始讲起，第 3 个人一直到第 6 个人都必须从第 1 个人开始讲起。如果有的同学一时记不起太多的信息，全体成员可以一起帮他。当最后一个同学介绍完毕，全组为之鼓掌。比一比哪一组最先完成。

（5）选派代表汇报：每个小组派出一个代表，把全组成员一一向大家介绍。大家评议给分，教师将得分写在黑板上。统计各组的成绩，得分高的一组获胜，得分低的一组唱一首歌或做其他活动。

（6）信任之旅：把所有团体成员随机分为两组，每组 6 ~ 8 人。在明确活动目的和规则要求之后，各组选派代表决出活动的先后顺序，团体开始活动。其程序是：按照事先规定的路线，首先由其中一组成员扮演盲人，发给他们眼罩，另一组成员扮演天使，要求随机安排天使带领盲人完成本次的安全旅行；第一轮活动结束后，进行角色互换，由另一组成员扮演盲人，前一组扮演盲人的成员扮演天使，完成新一轮的安全旅行。

（7）体验与分享：在所有活动都结束之后，全体成员都围坐成一圈，每个人就本次的所有活动谈谈自己的感受与体验，与大家一起分享，尤其是信任之旅环节中扮演盲人和天使的感受与体验。每个成员发言时，大家都给予掌声鼓励，让每个成员都感受到团体所给予的温馨、舒适、放松，体验到团体所带来的心灵震撼和融入团体的幸福与快乐。

【案例分析】

他为什么要退学?

案例回放：黄某某，男，系某大学一年级学生。该同学入校初期，因为宿舍同学彼此间还不很熟悉，在沟通、交往过程中都很谨慎，相互间能互助、互爱，宿舍同学间相处也算很融洽。但是随着时间的推移，在入校后 2 个月，随着彼此间熟悉程度的加深，同学们在交往过程中起初自我克制的部分逐步显露了出来，彼此相对顾及得较少。一次该宿舍的一名同学不经意的一句话，便触动了他敏感的神经。在随后的 1 周里，他感觉宿舍里这名同学的行为处处都和他过不去；认为自己对他这么好，他怎么能这样；每次回到宿舍中都感觉宿舍气氛充满压抑，睡觉也总是翻来覆去，难以入眠；而且在行为举止上也处处和这名同学对着干。无论是生活、学习上，还是心理上，黄某某都产生了很大的波动，甚至有了退学的念头。

咨询调查：黄某某刚入校时表现还不错，但后来同学就慢慢发现他的确存在一些问题，如他总是说起自己高中时多么优秀，老师、同学们是多么的器重自己；在宿舍中经常要求舍友这样那样，以高姿态自居，严以律人，宽以待己；宿舍个人物品摆放混乱，给整个宿舍的卫生成绩带来影响；敏感多疑，平时很少和大家深入交流，经常对自己做的事要反复确认；曾经认为同学言语上冒犯了他，于是与该同学对着干，导致两人的关系出现了危机，也不知道如何应对解决；基本没有其他的兴趣爱好，也没有参加过社团等学生组织活动；喜欢独处。

案例分析：通过谈话、调查，该生的上述问题在性质上应该是大学新生适应问题，是由其自身的性格、行为等综合因素引起的大学生生活、人际交往等方面的适应问题。通过咨询师的帮助分析，黄某某对自身情况也有了更深刻的认识。在咨询师的进一步引导、帮助下，经过了2周的咨询，黄某某在心理和行为上都发生了很大的变化。他不仅学会了一些情绪自我调节的方式，努力培养自己的兴趣爱好，如跑跑步，锻炼身体，还经常到图书馆看看杂志、读读报，主动报名参加了英语演讲比赛等活动，而且宿舍卫生等也有了很大好转。同学都欣喜地看到，黄某某的情绪状态明显好转，人际关系也明显改善，性格也较以前开朗了许多，已在逐步适应大学生活方式和节奏，努力促进自己更全面的发展。

（张殿君）

第3章 学习与心理健康

【哲人的忠告】

未来的文盲，不是不识字的人，而是没有学会学习的人。

——阿尔温·托夫勒

非学无以广才，非志无以成学。

——诸葛亮

第一节 大学学习概述

孔子说："学而时习之，不亦说乎。"孔子是把"学"与"习"分开使用的。《礼记·月令》篇中"鹰乃学习"一语，便是目前我们所能见到的最早将"学"与"习"二字连在一起的资料。《三字经》蕴涵着深厚的人生哲理："子不学，非所宜。幼不学，老何为。""玉不琢，不成器。人不学，不知义。"这些中国文化的精髓以最简单的比喻与对比告诉我们一些关于人生、关于学习、关于生活的最浅显也是最真实的道理。学习是人类生活永恒的主题，贯穿于人的生命的全部过程，而学习的含义就在于学做一个堂堂正正的人、真才实学的人、光明磊落的人。当今世界教育改革的大趋势，就是普遍重视大学生综合素质的培养，要求大学生不仅要拥有健全的生理、心理，还要具有良好的道德品质，这也是大学生学习的高层次目标所在。

一、学习的概念及分类

（一）学习的概念

学习（learning）是个体由于练习或经验而产生的行为或行为潜能的比较持久的变化以及获得这种变化的过程。学习是人与动物共有的普遍现象，是后天习得经验的过程。

一般来说，学习的概念有广义和狭义之分。从广义上讲，学习是指在生活过程中通过实践训练而获得的由经验引起的相对持久的适应性的心理变化，即有机体以经验方式引起的对环境相对持久的适应性的心理变化，它是人和动物共有的现象。在这个定义中，体现了四个论点：第一，学习是人和动物共有的心理现象，虽然人的学习是相当复杂的，与动物的学习有本质区别，但不能否认，动物也是有学习现象的；第二，学习不是本能活动，而是后天由练习或经验引起的；第三，任何水平的学习都将引起适应性的行为变化，不仅是外显行为的变化（有时并不显著），也有内隐行为或内部过程的变化，即个体内部经验的改组和重建，这种变化不是短暂的而是长久的，只有持续时间较长的行为变化才可称为学习；第四，不能把个体的一切变化都归为学习，只有通过学习活动产生的变化才是学习（如由于疲劳、生长、机体损伤以及其他生理改变所产生的变化都不是学习）。

从狭义上讲，学习是指学生的学习，是学生在教师的指导下，有目的、有计划、有组织、有系统地接受知识经验，发展技能，增强体质，形成道德品质和科学世界观的过程，是人类学习的特殊组成部分。其学习过程一般具有四个特征：第一，学生的学习是一种特殊的认识活动，这种认识活动主要是为了掌握前人所积累的科学文化知识，即间接知识经验；第二，学生的学习是在教师指导下，有目的、有计划、有组织地进行的，是以掌握一定的、系统的科学知识为任务的；第三，学生的学习是在比较短暂的时间内接受前人的知识和经验，学习过程中的实践活动服从于学习目的；第四，学生的学习不但要掌握知识、经验和技能，而且还要发展智能、培养品德以及促进健康个性的发展，形成科学的世界观，以利于今后的生活、学习和工作。

（二）学习的分类

从不同的角度我们可以对学习进行不同的分类。

1. 根据学习内容分类 根据学习内容，可以将学习分为知识学习、技能学习、社会规范的学习。知识学习是通过一系列心智活动，在头脑中建立相应的知识结构，要解决的是认识问题，即解决知与不知、知之深浅的问题。技能学习是指通过学习形成合乎法则的活动方式，有心智技能（如各种学习策略、解题思路等）和操作技能（如专业操作技能）两种。技能学习比知识学习复杂得多，它不仅包括认识问题，还包括实际执行问题。不仅要知道做什么、怎么做，还要能够实际操作。技能学习要解决的是会不会做的问题。社会规范的学习即把外在行为要求转化为主体内在行为需要的内化过程。这种学习是人类所独有的，它包括认识、情感体验与行动执行等成分，并在实践中不断发展。

2. 根据学习方式分类 根据学习方式，可以将学习分为接受学习、发现学习、意义学习、机械学习。接受学习是教师把学习的内容以定论的形式传授给学生，在这样的学习过程中，学生不需要主动去发现知识，只需要被动接受知识并将其内化，在恰当的时候能把知识提取出来或加以运用即可。发现学习是教师并不直接教给学生学习内容，而是由学生自己去发现这些内容并内化这些知识。也就是说，学生学习的主要任务是去发现，然后再将发现的内容加以内化，使之成为自身的知识。意义学习是学习者利用原有经验来进行新的学习，理解新的信息。也就是学生不仅能记住教科书上的信息，还能理解这些信息所代表的实质性内容，并且能在恰当的时候应用它。机械学习是在缺乏某种先前经验的情况下，靠死记硬背进行的学习。机械学习是与意义学习相反的一种学习类型，学生没有理解学习内容的含义，只是在学习内容与已有的知识结构之间建立一种非本质的、人为的联系。

二、大学学习的特点

大学教育是学校教育的最高层次，就受教育者的学习生涯来说，这是从学校教育中的学习向社会工作环境中的学习过渡的阶段。大学中的学习具有以下特点。

（一）自主性

所谓自主性学习，即大学生作为学习活动的主体，能调控自己的学习活动，积极主动地获取知识、培养能力和形成专业必需的各种品质。对大学生而言，学习的自主性主要表现在可以自我调整学习目标、自我钻研学习内容、自我选择学习方法。大学生学习的自主性特点是由大学生自身的生理、心理特征以及大学学习的任务和环境所决定的。

（二）创造性

所谓创造性学习，是指遵循主体的个性特征和自主力量，在一定的创造型教育环境中，运用创造性思维和独特的认识问题和解决问题的能力，从事学习活动。大学最基本、最主要的职能是为社会培养高级专门人才。这种专门人才，不仅要具备比一般人才更广博的知识，而且要有高于一般性人才的创造性。这就要求大学生在学习过程中进行创造性学习，学习知识的过程中，不仅要知其然，而且要知其所以然，甚至发现新知。学习的创造性强调大学生必须是具有主体意识和自主行为的学习主体；强调学习的外部环境和客观条件，即在创造型教师的参与下实施创造型教育。

（三）开放性

所谓开放性学习，是指大学生作为学习的主体，突破传统的狭义的教师、教材、专业、课堂、学校的界限，以灵活的方式在更广阔的领域里进行的学习活动。大学生开放性学习的必然性，在于现代科学技术的发展，现代社会信息化程度的提高，拆除了“高等学府”与社会生产、社会生活的“隔离墙”。如果说“教师中心、书本中心、课堂中心”是传统的大学教学的基本特点，那么，与科研和生产紧密结合则是现代大学教学的一大特点。

（四）多样性

中学的学习形式较简单，主要通过课堂学习来获取知识，而大学的学习形式则复杂多样，除了课堂学习外，还可通过课外阅读、同学讨论、实验课、各种学术报告和讲座、科研活动、影视和网络、大学生社团活动、社会实践活动及实习、课程设计、毕业设计等形式学习。丰富多彩的学习形式是为了适应学习内容的“博”和“专”，这些学习形式对于形成和完善大学生的知识能力结构、提高大学生的综合素质起到了积极的作用。

（五）专业性

中小学是基础教育阶段，需要学习主要知识领域的基本知识、技能，这些知识与未来的职业没有十分密切的联系。但大学生的学习不同，这一阶段学习的一个显著特点就是专业性强。大学生的学习活动在学习的目的、性质、内容、方法和途径上都是围绕专业学习展开的，都是为未来的职业做准备的。

（六）探索性

大学生的学习具有研究和探索的性质，不仅表现在完成学年论文和毕业论文，参加学术报告会、讨论会上，而且表现在所学课程内容上。大学生的学习不单是掌握知识，而且要掌握科学知识的形成过程、科学的研究方法，了解各学科存在的问题及其解决的可能性。大学阶段是一个人成为专业人才的关键阶段，在专业上有很多问题需要深入探究，因此，大学生必须具有探索精神，培养发现问题、分析研究问题并解决问题的能力。

（七）实践性

实践性教学环节在高等学校的学习中占有十分重要的地位，在总学时中所占的比例较大，一般超过 20%。工科院校的实践性教学环节所占的比例高达 30%。大学中的实践性教学环节主要有实验课、课程设计、教学实习、生产实习、毕业实习和毕业设计等。实践性教学环节对于培养大学生的实验技能、生产操作技能、临床技能等实践能力是必不可少的。大学生们在实践性教学环节中，通过观察和直接参与实践活动，获得本专业领域的有关基础知识和操作技能，使自己的实践能力得到培养。

三、大学生学习的心理特点

大学生的智力因素发展已进入黄金时期，同时处于非智力因素发展的关键阶段。

（一）大学生智力因素发展的特点

1．大学生的注意力　与中学生相比，大学生注意力的发展已有明显的不同：一是注意的指向性更加主动明确。大学生学习的目的性和自制能力更强，已能主动自觉地调节、控制自己的注意力，逐渐摆脱了学习中单纯凭兴趣的影响。二是注意的集中性有了明显的提高。注意的指向性与集中性是紧密相连的，大学生注意的集中性较中学生有了明显的提高，尤其是对那些抽象的公式、定义和枯燥乏味的内容也能主动地集中注意力。三是注意的品质得到进一步发展。注意的范围、注意的稳定性、注意的分配和转移都较中学生有了进一步的发展，更加趋于协调。

2．大学生的观察力 大学生正处于青年时期，由于抽象思维能力和认识水平的进一步发展，这一时期的观察力水平同少年时期相比有很大的提高，主要表现出以下特点：一是观察事物的目的性更加明确。二是观察事物的敏感性进一步增强。三是观察事物具有相对的深刻性和稳定性。四是观察事物更趋于系统、全面。

3．大学生的想象力 一是有意想象已占据主要地位，大学生有较明确的学习目标，因而在学习中的想象也多为有目的、有意识的想象，特别是再造想象更趋完善和精确，创造想象也有很大的发展。二是想象力更加丰富，想象涉及的领域日益广泛。三是更加关注理想与现实的结合。大学生都有自己的理想。随着人生经验的积累，思想的日渐成熟，他们越来越关注自己的理想与现实的结合，能根据现实情况的变化和个人的能力不断做出正确的判断，完善自己的理想、调整努力的方向，使自己的现实更接近于理想。

4．大学生的记忆力 随着年龄的增长，生理和心理功能的发展，大学生的记忆水平有了显著提高，进入了记忆的黄金时期。其主要特点有：一是意义记忆能力得到了明显的发展。意义记忆是在理解记忆内容的基础上进行的记忆。大学生随着观察能力和理解能力的不断提高，意义记忆能力也显著提高。二是有意记忆成为记忆的主流。人们在少年儿童时期的记忆活动多数是凭着自己的兴趣或是在家长、老师等外界因素督促下完成的，他们的记忆以无意记忆和机械记忆为主。大学生则能根据学习的要求和自己的需要主动自觉地、有意识地进行记忆，有意记忆得到很大发展，逐渐成为记忆的主流。三是记忆容量大，记忆的敏捷性和持久性好。这些都为学习活动提供了极好的生理和心理条件。

5．大学生的思维力 一是思维更加敏捷，批判性也不断增强。由于大学生自身知识和经验的积累已达到了相当的程度，为深刻认识事物和进行积极的思维创造了较好的条件。大学生在思维上的批判性也日渐增强。但大学生的思维仍相对较单纯，还需要从多个方面多个角度去看待问题。二是思维的广度和深度进一步发展。大学生知识面较宽，精力旺盛，思路清晰，喜欢思考问题，他们所思考的问题涉及面极广，思维已有一定的深度。三是理论思维能力显著提高。大学生掌握了较多的理论知识，经常不自觉地运用这些理论知识去认识事物、解释现象、解决问题，其理论思维能力得到了锻炼，获得了较大的发展。

（二）大学生非智力因素发展的特点

1．大学生学习兴趣的特点 大学生的智力和体力处于一生中最活跃的阶段，精力充沛旺盛，思想日趋成熟，思维灵活敏捷，又处于优越的学习环境之中，能接触到各种信息，其学习兴趣具有以下特点：一是学习兴趣的目标更加明确而稳定。大学生的兴趣虽然十分广泛，但已有了很强的选择性，已能根据社会发展的需要和自己的理想抱负及具体条件有意识地控制、调节自己的学习兴趣，逐渐形成了自己的中心兴趣。二是学习兴趣的内容更加广泛和丰富。为了提高自己的综合素质，除了努力学习专业知识和技能外，还十分注意进一步拓宽自己的知识面，积极参加各种课余科技文化体育活动，并对国际政治、国家经济及社会发展的方方面面都有浓厚的兴趣。大学生的爱好也是丰富多彩的，像弹琴下棋、摄影绘画、打球游泳、集邮探险等，几乎无所不包。

2．大学生的学习动机 一般来说，大学生的学习动机具有下列特点：一是学习动机具有日趋广泛的社会性意义。随着对社会认识的不断扩大和深入，自身社会责任感的进一步增强，以及对所学专业的深入了解，学习动机中的社会意义也更加突出。二是学习动机呈现多元化现象。由于每个大学生的家庭情况、接受的教育及影响、个人生活经历及对未来的规划不同，因而学习动机呈现出多元化的特点。有的是为了报答父母多年来的养育之恩；有的是为了不辜负教师长期的培养和期望；有的是为了自己对某一学科浓厚的兴趣，立志在事业上有所作为；有的是为了改变自己的生活现状，为将来谋求一个理想的工作；等等。在学习过程中，往往是几种动机同时存在，但在一定时期总有一个主导性动机起支配作用。三是学习动机具有可变性。大学生的学习动机会随社会及周围环境、所受教育、个人的经历、思想、需要、兴趣、情绪及家庭等因素的不断变化而变化。四是学习动机还存在着强弱变化的现象。在学习中，并非动机越强越好，学习动机过强反而影响正常的学习，因此，我们所说的增强学习动机也是有限度的，在学习过程中要保持适当的动机强度，以获得最佳的学习效果。

3．大学生的意志特点　大学生的意志品质已呈现出较高的水平，但发展不平衡。从总体说，呈现出以下特点：一是理智感大大增强，但自制力仍显薄弱。他们已能较理性地思考和行动，努力地调节自己的冲动，但仍有不少大学生常常为自己的自制力弱而深感苦恼。他们感到自己容易受内在情绪和外界环境的干扰，导致自己想做的事做不到，订下计划往往没能兑现，等等。二是自觉性有很大提高，但惰性不同程度地存在。大多数大学生在多数情况下都能自觉地提出自己的行动目标，制订学习、生活计划，并努力朝既定目标行动。但相当一部分大学生身上还存在着较大的惰性。三是果断性增强，但带有冲动性。由于独立性的提高，能力的增长，多数大学生的果断品质有较大发展，他们愿意自己选择，自己对自己负责，因而一般情况下，他们喜欢自己做决定，采取行动，表现得自信、果断。但有时这种果断带有轻率、冲动的特点，情绪色彩较重，容易事后后悔。四是有勇敢精神，但毅力却相对不足。大学生血气方刚，富有正义感，敢想敢说敢干，内心充满了为真理而勇于赴汤蹈火甚至牺牲自己的大无畏气概。然而，比起他们的勇敢精神，毅力则显不足，做事容易虎头蛇尾。

4．大学生的情绪和情感特点　大学生正处于生理发展的高峰阶段，情绪和情感活动非常丰富，具有鲜明的特点。一是情绪易于波动，容易产生激情。与成年人相比，大学生的情绪起伏变化较大，具有明显的波动性。这种波动性与大学生心理发育尚未成熟有着密切的关系。随着自我意识的发展，对事物敏感性的不断增强，加之理智感尚未成熟，在外界的强烈刺激下，大学生很容易产生激情，表现出强烈的兴奋和冲动情绪。积极的激情可以激发大学生极大的学习热情；消极的激情则可能导致大学生情绪失控，甚至失去理智，出现违法乱纪行为。二是情绪活动易于心境化。同中学生相比，大学生已具有较强的情绪控制能力，一种情绪体验经常能保持较长的时间。三是特定情况下的情绪表现具有内向性。一般来说，大学生对外界刺激的反应是迅速、敏感的，而且会较为充分地表现出自己的喜怒哀乐等情绪体验。但在某些特定场合下，有的大学生的情绪表现与内心体验不完全一致，甚至相反。因此，大学生只有充分认识到自身在情绪情感上的这些特点，才能扬长避短，更好地促进学习。

第二节　大学生学习能力的提高

大学生学会学习必须致力于学习能力的提高。而提高学习能力，应树立科学的学习观念，优化知识结构，掌握学习策略，培养现代社会必备的学习能力，并开发学习潜能。

一、树立科学的学习观念

树立科学的学习观念是大学生提升学习能力的前提。我们要树立以下科学的观念。

（一）自主学习观

自主学习观强调大学生在教师的指导下充分发挥自己的主观能动性，积极主动地、有主见地学习。由于时代的发展，知识总量剧增，知识更新速度加快，学习内容越来越多，学习任务日益繁重。而大学生在校学习的时间是有限的，过去那种单纯依靠教师传授知识的学习方式已不适应时代需求了。学生是学习的主体，应当尽快培养自己独立获取知识和运用知识的本领。

（二）学会学习观

学会学习观强调科学的学习方式、方法、程序、步骤不是天生而来的，也不是自然而然就会的，它应该是学习者在学习实践中自觉去摸索、探讨、研究，并不断地借鉴和吸收他人成功的学习经验、方法，应用到自己的学习过程中，最终形成自身科学有效的学习方式和方法的过程。学习能力是现代人才必备的一种非常重要的能力。联合国教科文组织前助理总干事纳伊曼认为，“学会学习”的概念意味着受过教育的人将会知道从哪儿能很快地和准确地找到他所不知道的东西。在各级教育体系中，特别是高等教育阶段，如果现在人们用 80% 的时间来传授知识，用 20% 的时间来获得学习方法的话，这个比例要改变，甚至应该倒过来。未来社会不仅仅是“学历社会”，更应该是“学力社会”。大学生应该把自觉培养和提高自身的学习能力，努力“学会学习”贯穿于学习的全过程中。

（三）全面学习观

全面学习观强调人才必须全面发展，因此学习也应当是全面学习。一是学习的基本要求是“德才兼备”，既要学习科学文化知识和专业技术知识，又要学习如何做人。在“德”与“才”中，“德”是放在首位的。我国的教育目标是“立德树人”。大学生们应当使自己成为诸方面协调发展的人。二是在学习过程中，不但要获取知识，更要注重培养运用知识的能力。三是在学习过程中，要处理好“博”与“专”的关系。没有“博”就难以“专”。历史上许多有成就的学者都是博专统一的典范。我国地质科学家李四光，上学读书时博览群书，涉猎广泛，他先学造船，转而改学采矿，后又研究地质学，精通英语、日语，懂得俄语、法语、德语，在地质学中引入力学分析方法，独创了地质力学学科。大学生作为未来的高级专门人才，首先要有广博的科学文化知识基础，在此基础上，努力成为某领域的专门人才。

（四）终身学习观

终身学习观指的是学习始终贯穿于人的一生的观念。联合国教科文组织 1972 年 5 月出版的《学会生存》一书明确提出了“终身学习”的观点，号召人们向学习化社会前进。联合国教科文组织国际 21 世纪教育委员会于 1996 年 4 月在《学习——内在的财富》报告中进一步提出了“终身学习是 21 世纪的通行证”的重要观点，并指明终身学习将通过“学会求知”“学会做事”“学会共处”“学会做人”这“四大支柱”来实现。大学生在学校所学的各种知识和技能毕竟十分有限，不可能完全满足今后长期工作的需要。这就需要人们持续不断地学习，以适应社会的必然变化，要活到老学到老。终身学习已经成为人们普遍接受的学习观念，成为人类生存和发展的必要条件。

（五）创新学习观

创新学习观要求大学生创造性地去学习。大学生是未来具有创新精神的高级专门人才。因此，在学习中大学生要不断激发自己的创新意识。不轻易相信现成的结论，不盲从他人；敢于突破思维定势，结合学习加强创造性思维的训练；要敢于思考，善于思考，大胆想象。在分析问题和解决问题时，要力求有自己独特的见解，力求从不同角度看待问题，用多种方法解决问题，从而在学习知识的同时，培养和提高自己的创造性思维能力。

二、优化知识结构

优化知识结构是大学生提升学习能力的基础。

（一）知识结构的类型

知识结构指一个人经过专门学习或培训后所拥有的知识体系的构成情况与结合方式。学术界提出了四种人才知识结构类型：一是宝塔型知识结构。这种知识结构形如宝塔，由基本理论、基础知识、专业基础知识、专业知识、学科知识、学科前沿知识构成。基本理论、基础知识为宝塔底部，学科前沿知识为塔顶。这种知识结构强调基本理论、基础知识的宽厚扎实，专业知识的精深，容易把所具备的知识集中于主攻目标上，有利于迅速接通学科前沿。二是 T 形知识结构。这种知识结构是宽广的知识面与某一狭窄领域前沿知识的结合。宽广的知识面保证了人才具有广阔的视野，考虑问题思路开阔，能够运用不同领域的基本知识和基本原理；而某领域的前沿知识保证了人才能够进入这一领域的前沿，深入探索专业问题。三是蜘蛛网型知识结构。这种知识结构是以自己的专业知识作为一个“中心点”，与其他相近的、作用较大的知识作为网络的“纽结”相互联结，形成一个适应性较大的、能够在较大范围内左右驰骋的、形如蜘蛛网的知识网。这种人才知识结构呈复合型状态，非常受现代社会用人单位的欢迎。四是幕帘型知识结构。这种知识结构是指一个具体的社会组织对其组织成员在知识结构上有一个总的要求，而作为该组织的个体成员，其在组织中所处的层次不同，在知识结构上存在一些差异。这种知识结构强调个体知识结构与组织整体知识结构的有机结合。

（二）选准目标，优化知识结构

优化知识结构首先必须选准目标。大学生都有自己的个性特征和已有知识基础，应根据自己所选择的职业来选择自己应该建立的知识结构类型。如果你所选择的是综合管理性的职业，那么你应该建立的是蜘蛛网型知识结构，成为复合型人才。如果你将来想从事自然科学或社会科学的研究工作，这项工作对专业基础知识、专业知识、学科知识及学科前沿知识要求都比较高，应该建立宝塔型知识结构。如果你将来想从事企业研发职业，可分为三种情况：若你从事的是一种技术含量不很高，但却要集成多种技术的一类产品研发，你应该建立蜘蛛网型知识结构；若你将要开发的产品种类技术比较单一，但专业性极强，你就应该建立 T 形知识结构；若要开发的产品介于上面两种情况之间，建立宝塔型知识结构更为合适。

优化知识结构应该遵循以下原则：一是整体性原则，即专博相济，一专多通，广采百家为我所用。二是层次性原则，即合理知识结构的建立，必须从低到高，在纵向联系中，划分基础层次、中间层次和最高层次，没有基础层次，较高层次就会成为空中楼阁，没有高层次，则显示不出水平。因此任何层次都不能忽视。三是比例性原则，即各种知识要合理配比。四是动态性原则，即所追求的知识结构决不应当处于僵化状态，而是能够不断进行动态的自我调节，以适应时代发展的需要。

三、掌握学习策略

学习策略指学习者为完成学习任务而制订的认知计划。掌握学习策略才能更有效地学习。教育心理学将学习策略分为认知策略、元认知策略和资源管理策略三类。认知策略指学习者获取信息、加工信息、提取信息过程的一些方法和技术，包括复述策略、精细加工策略、组织策略。在这些策略中，大学生应重点掌握记忆策略和复习策略。元认知又称为反省认知，元认知策略指学习者对自己学习活动进行反省的策略，包括计划、监督、调节策略。其中计划策略尤为重要。资源管理策略包括学习时间管理、学习环境管理、学习资源的利用策略。其中学习时间管理和学习资源的利用策略十分重要。

（一）记忆策略

在学习中，大量的内容是通过重复而保留到大脑中的，以此提高对记忆对象的熟悉程度和增强记忆的牢固性。复述策略是记忆的一个基本策略，复述时要注意以下几个方面。

一是充分利用有意识记。随意识记是指没有预定目的、不需经过意志努力的识记。有意识记是指有目的、有意识的识记。要想记住某一信息，就需要有意识地、用心地去记它。尤其科学知识的学习，一定要在充分理解领会的基础上记住它。

二是排除相互干扰。一般来说，前后所学的信息之间存在着相互干扰。先前所学的信息对后面所学信息的干扰叫作前摄抑制；后面所学的信息对前面所学信息的干扰叫作倒摄抑制。在安排复习时，要尽量考虑预防两种抑制的影响，尽量错开学习两种容易混淆的内容，要把最重要的新概念放在复习的开头或最后。此外，坚持睡前和清晨复习，因为睡前复习无后继活动干扰，清晨复习无前行活动干扰。

三是应进行整体识记和分段识记。对于篇幅短小或者内在联系密切的材料，适于采用整体识记，即整篇阅读，直到记牢为止。对于篇幅较长或者较难或者内在联系不强的材料，适于采用分段识记，即将整篇材料分成若干段，先一段段地记牢，然后合成整篇识记。

四是多种感官参与。在进行识记时，要学会同时运用多种感官。研究表明，人的学习如果通过视觉、听觉、嗅觉、触觉、味觉多种感官的共同参与，将能够有效地增强记忆效果。

五是应及时复习，心理学的遗忘规律告诉我们：识记一结束，遗忘就开始了，遗忘的特点是先快后慢，先多后少。因此，学习结束后要及时复习。

记忆术是典型的简单加工技术。有以下一些简单的记忆加工策略。

一是位置记忆法。学习者在头脑中创建一幅熟悉的场景，在这个场景中确定一条明确的路线，在这条路线上确定一些特定的点，然后将所要记的项目全都视觉化，并按顺序和这条路线上的各个点联系起来。回忆时，按这条路线上的各个点提取所记的项目。

二是缩简和编歌诀。缩减就是将识记材料的每条内容简化成一个或几个关键性的字，从而将材料与过去经验联系起来。有时，可以将材料缩简成歌诀，有助于记忆。

三是谐音联想法，在记忆历史年代和数字时，这种方法行之有效。例如，有人记忆马克思的生日“1818 年 5 月 5 日”时，联想为“马克思一巴掌一巴掌打得资产阶级呜呜地哭”。

四是关键词法。就是将新词或概念与相似的声音线索词，通过视觉表象联系起来。例如，英文单词“tiger”可以联想成“泰山上一只虎”等。

五是视觉联想。视觉联想就是要通过心理想象来帮助人们加深记忆。如前述位置记忆法实际上就是一种视觉联想法，利用了心理表象。

六是语义联想。通过联想，将新材料与头脑中的旧知识联系在一起，赋予新材料以更多的意义，如在记一个公式或原理时，要想一想，新公式或原理是如何由以前的公式或原理推导出来的等。

（二）复习策略

利用组织策略进行复习，能起到事半功倍的效果。组织策略是学习者按照材料的特征或类别进行整理、归类或编码的策略，还包括组织的具体方式、方法或途径。

一些常用的组织策略有：

一是列提纲。列提纲时，先对材料进行系统的分析、归纳和总结，然后，用简要的词语，按材料中的逻辑关系，写下主要和次要的观点。

二是利用图形。首先是系统结构图。学完某学科知识，对学习材料进行归类整理，将主要信息归成不同水平或不同部分，然后形成一个系统结构图。其次是流程图。流程图可用来表现步骤、事件和阶段的顺序。流程图一般是从左向右展开，用箭头连接各步。再次是模式图或模型图。模式图就是利用图解的方式来说明在某个过程中各要素之间是如何相互联系的。最后是网络关系图。这种关系图可以解释各种观点是如何相互联系的。做关系图时，首先找出主要观点，然后找出次要的观点或支持主要观点的部分，接着标出这些部分，并将次要的观点和主要的观点联系起来。在关系图中，主要观点位于正中，支持性的观点位于主要观点的周围。

三是利用表格。制作一览表，首先对材料进行全面的综合分析，然后抽取主要信息，并从某一角度出发，将这些信息全部陈列出来，力求反映材料的整体面貌。例如，学习中国历史时，可以时间为轴，将朝代、主要历史人物、历史事件全部展现出来，制成一幅中国历史发展一览图。制作双向表，是从纵横两个维度罗列材料中的主要信息。层次结构图和流程图都可以衍变成双向表。

（三）计划策略

计划策略包括设置学习目标、浏览阅读材料、提出待回答的问题以及分析如何完成学习任务，并对计划的实施进行评估和调整。

首先，给学习制订计划。不论是为了完成作业，还是迎接考试，同学们都应有自己的计划。

其次，在学习过程中，根据计划目标及时评价、反馈学习活动的结果与不足，正确估计自己完成学习目标的程度，并且根据有效性标准评价各种学习行动、策略的效果。如阅读时对材料进行自我提问、考试时监视自己的速度和时间等。

最后，根据对学习活动结果的检查，及时修正、调整计划。例如，在阅读困难或不熟悉的材料时放慢速度，进行反复阅读，测验时暂时跳过某个难题，先做简单的题目等。调节策略能帮助学生矫正学习行为，补救理解上的不足。

（四）学习时间管理策略

时间是最宝贵的资源，每个人都应当根据自己的总体目标，对时间做出总体安排，并通过阶段性的时间表来落实。

第一，应高效利用最佳时间。在不同时间里，人的体力、情绪和智力状态是不一样的，因此，对学习时间的要求也是不同的。要根据自己的生物钟安排学习活动。可以根据一周或一天内学习效率的变化安排学习活动。学习时人的精神状态和注意力会发生变化。一般来说，存在着先高后低、中间高两头低、先低后高三种变化模式。每个人要根据自己的模式，安排学习内容，确保在状态最佳时学习最重要的内容。

第二，应灵活利用零碎时间。大块时间的学习容易积累疲劳，学习效率受到一定影响，零碎时间的学习能使大脑处于兴奋状态，效果良好。而且，利用零碎时间学习一些必须熟记的生词、公式、规则等，有利于反复记忆，加深印象。利用零碎时间的技巧很多，例如：准备一个可随身携带的小本子，记上一些知识点、关键词，有空就读一遍；在起床、洗脸、刷牙、就餐等活动场所的墙上，钉上一个与视线等高的小夹子，夹上卡片，卡片上写上当天要背的单词、公式等；运用录音机，把要记忆的知识内容自己读一遍录下来，吃饭、洗脚的同时放录音；等等。

（五）学习资源的利用策略

学习资源的利用包括学习环境的管理、学习工具的利用以及社会人力资源的利用。大学生应选择干扰较少的场所学习，尽量避免使人分心的环境刺激。保持学习室内的整洁至关重要，在脏乱的环境中人容易心烦意乱。学习时光线的好坏也极为重要。研究发现，照明不好会损伤视力，导致全身紧张、眼胀、头痛、失眠，并且会导致注意力不集中。同学们可以利用的学习工具有图书馆、广播电视以及电脑与网络等；可以利用的社会人力资源主要有教师和同学。

四、培养学习能力

学习能力是直接影响学习活动效率的个性心理特征。它是在一般能力，如观察力、记忆力、思维力等基础上发展起来的。当代大学生应当具备哪些学习能力呢？

（一）信息获取与处理能力

在信息社会，信息是人类的无形资产，谁能抢先占有信息，谁就获得了资产和财富，就能在竞争中立于不败之地。因此大学生应具备信息获取与处理能力。能根据自己的学习目标有效地搜集和选择各种学习信息，能熟练地使用阅读、访问、讨论、参观、实验、检索等获取信息的方法。并能对搜集的信息进行理解、归纳、分类、存储记忆、批判、鉴别、遴选、分析综合、抽象概括和表达。

（二）研究探索能力

研究探索能力是一种综合能力，它是建立在逻辑推理能力、思维能力、空间想象能力、分析问题和解决问题能力等基础上的能力。大学生要努力培养自主思考和自主创新的学术研究能力，要能根据老师给出的大致研究方向，独立发掘若干具有研究价值的科研问题，并完成分析解决问题的后续工作。这也是时代发展对创新型人才的要求。

（三）实际操作能力

实际操作能力就是在实际活动中表现出来的将思想、理论转化为技术和行为的能力。现代社会对实际操作能力要求越来越高，越来越精细。因此，我们应当充分利用大学的各种条件和资源，努力提高自己的实际操作能力。

（四）自省监督能力

自我反省与监督能力是学习中一个不可或缺的组成部分，它是指个体对自己学习或活动过程的自我认识、自我评价和自我调节的能力。现代社会要求人们最有效地使用自己的知识和智慧，这就要求当代大学生必须具有更高水平的自我认识、自我评价和自我调节的能力。未来的社会，一个人的成功与否最重要的不是取决于一个人是否有智慧，而是取决于一个人能否有效地运用自己的智慧，成功属于那些能够最有效地运用自己智慧的人。

（五）竞争与合作能力

竞争与合作能力是现代社会、未来社会必须具备的能力。现代社会是一个充满竞争的社会，因此要求人人都学会竞争。同时，在现代社会，创造性成果的取得往往不是一个人单枪匹马能够实现的。因此，作为一个当代大学生，我们不仅要学会竞争，而且要学会合作。

（六）网络学习能力

网络环境在给教育和教学带来巨大变革的同时，必然也会对我们传统的学习能力提出新的挑战。当代大学生必须具备网络学习能力。首先，大学生应能熟练使用各种网络传播工具。如能使用电子邮件、网上教学、视频会议等因特网上的工具与老师就作业、任务和信息问题进行交流讨论。了解和掌握因特网浏览器、在线图书馆目录、报刊索引、全文电子资源的功用，查找文献，获取信息。利用文字处理、图像处理、电子表格和Web网页制作工具来创建文档、图像、图表、讲演稿和Web网页，等等。其次，要具有信息免疫能力并培养良好的网络道德。

五、开发学习潜能

潜能是代表一个人潜在的、尚未完全表现出来的能力倾向，它是个人发展的一种内在特质，是由智能、个性、兴趣、动机或价值观等多种因素构成的一个有机整体。个人潜能既包括一些天赋又包括一些后天学习的经验，最终形成个人的一种独特风格。大学生要开发学习潜能，最重要的是要在正确认识自己的基础上，培养创造性思维，并塑造创造型人格。

（一）塑造创造型人格

我国学者通过研究，发现那些自信心、责任感、荣誉感、进取心强，有奉献精神，有恒心，有强烈的好奇心和丰富的想象力并具有冒险性和挑战性倾向的学生往往具有较高的创造力。对于大学生而言，创造个性的培养，主要应针对自身个性特点来进行自我完善。它包括如下两方面内容：

一方面，应深刻体验自我，准确评价自我个性。首先，性格是个性或人格的核心。了解自己性格中的长处和短处，有利于准确、客观地把握发展创造个性的起点，做出符合实际的自我选择。其次，通过人格和气质调查，对自己的性格特点和气质特征做初步的综合把握。再次，倾听他人的评估，将自我评估与他人评估相比较，从而全面公正地看待自己。最后，在上述基础上，将自我个性中的消极面和积极面分类列出，并注明哪些需要改善和更新，哪些需要继续保持或强化。

另一方面，应认真调整自我，积极塑造创造个性。首先，要调整心理状态，克服性格弱点。其次，要培养高尚情操，注重个性完善。再次，要保持心境开朗，激发创造欲望。最后，要加强意志锻炼，形成良好习惯。坚强的意志是创造成功的保证，也是改变不良性格，形成良好的学习、工作和生活习惯的保障。

（二）培养创造性思维

创造性思维并不是一种独立的思维形式和方法，作为思维活动中最积极和最有价值的形式，它指的是在感性认识的基础上，综合、统一、协调各种逻辑和非逻辑思维（包括灵感、直觉、顿悟等），从而发挥出思维创新性效率的心理过程。创造性思维是逻辑思维和非逻辑思维的辩证统一。逻辑思维的条理性、准确性和严密性同非逻辑思维的流畅性、灵活性、独创性一起构成创造性思维的互补性结构。对大学生而言，创造性思维能力的具体训练方式多种多样，应根据自身的特点，因时、因地进行选择。但总的来看，可从两个方向把握训练。

一是拓展思路的创造技法的利用。这是从创造性思维形成的客观环境着眼。任何思维都是现实存在的反映，创造性思维亦不例外，表现为任何新观念的产生总是受到环境中某些因素的启发和提示，从而激发创造欲望，形成新的创造技法。归纳科技史上的创造技法主要有如下10 种：综合、移植、杂交、改变、放大、缩小、转化、代替、颠倒和重组。

二是创造性思维能力的具体技巧的训练。这是从创造性思维形成的主体能力着眼。如何进行思维的发散，开发新的创造技法，是创造性思维的根本。何名申曾提出了十多种具体的创造性思维技巧，可以作为大学生训练的借鉴。这些技巧是：认清问题想、跳出框框想、朝四面八方想、倒过来想、换个角度想、拐个弯想、傻乎乎想、抓住机遇想、用形象想、凭直觉想、激发灵感想、梦里想、让两个车轮都转起来想。要求将逻辑思维与非逻辑思维有机结合起来进行创新思考等。

第三节 大学生学习心理障碍的调适

由学习引起的心理障碍，如学习动力不足、学习动机过强、学习疲劳、考试紧张焦虑等，不仅对学生的学业成绩产生直接影响，而且对学生身心健康产生间接的不良效应。因此，了解大学生学习心理障碍产生的原因及危害，学习相应的调适方法，不仅有利于优化大学生的学习心理品质，而且有利于提高大学生的整体心理素质。

一、学习动力不足及调适

我们应在了解学习动力不足的表现及原因的基础上，学习调适的策略。

（一）学习动力不足的表现及原因

1．学习动力缺乏的表现 学习动力缺乏主要表现如下：一是注意力分散。学习动力缺乏会使注意力涣散、兴趣转移，学习易受各种内外因素的干扰。二是没有明确学习目标，学习没有计划，过一天是一天，做一天和尚撞一天钟。三是厌学情绪强烈。学习动力缺乏常会导致说到或想到学习就头痛，甚至不愿上课，千方百计逃课，“必修课选逃，选修课必逃”。四是学习无成就感，无抱负和期望，无求知上进的愿望，没有压力，没有紧迫感。

2．学习动力缺乏的原因 学习动力缺乏的原因是复杂的，归纳起来大概有以下两个方面。

（1）内部的原因：指来自大学生自身的原因。一是对所学专业缺少兴趣。二是学习动机不正确，社会责任感不强。三是不正确的归因。用心理学术语说就是出现了归因偏差。以两个成绩优秀的学生为例，若甲生将自己的成功归因于能力，能使他充满信心；乙生将成功的原因归于运气，可能会心存幻想，希望下次再碰上好运气。四是对自己的能力缺乏正确的判断。

（2）外部的原因：指来自社会、学校、家庭等方面的原因。学校专业设置过细，口径过窄，一定程度上脱离社会需要，导致择业困难；课程设置不合理，教学内容陈旧，方法单一，教学效果不佳；教学管理不严，教学条件跟不上。有的家庭为子女选择专业急功近利，不考虑子女对这些专业是否有兴趣、是否适合学习。外在诱因过强，特别是电子游戏、网上聊天等，当这些诱惑远远大于学习诱惑时，学生的学习兴趣就会大大降低。

（二）学习动力不足的调适策略

1．培养学习兴趣 学习兴趣是学习过程中一种积极的心理倾向。大学生要想在学习中发挥积极性和创造性，就要培养对所学知识的浓厚兴趣。学习兴趣是可以在学习过程中逐步培养的。可以通过多读、多听、多看、多实践来培养学习兴趣。多读专业相关书籍、报刊，把握学术动态；多听学术报告会，了解学术动态和本学科当前最新研究成果；多看一些学术成就展览，以激励兴趣；多参加学校各种科技文化实践活动，在实践中理论联系实际，增长技能，培育科研兴趣等。

2．强化学习动机 学习动机是学生学习活动的主观意图，是推动学生进行学习的内在力量。学习动机虽不是提高学习效果的唯一心理因素，但却是极其重要的因素。强化学习动机可以采取以下方法。一是要明确学习目的，增强社会责任感。一切从集体、社会、国家利益出发的学习目的，都是正确的。在与社会需要相适应的学习动机促使下，才会产生学习的自觉性。二是积极参加校园文化活动，激发起强烈的求知欲。大学中的校园文化活动是丰富多彩的，根据自己的兴趣有选择地参加，对激发求知欲、增强学习动机大有帮助。三是要制订合适的学习计划来强化学习动机。

3．增强自信 可以从比较容易成功的学习任务开始，不断积累小成功，并逐渐增加任务难度，这会强化对自己能力的肯定，增强自信心。有了充分的自信心后，即使遇到一些挑战性的任务或暂时的失败或挫折，也能保持积极进取的学习状态。

4．进行积极归因 归因理论告诉我们，当把一件事情的成功归因为“我非常努力”、把失败归因为“我努力不够”，而不是把成功归因为“我很聪明以及运气很好”、把失败归因为“我不够聪明、运气差”，便可以让学习者相信学习的成败是掌握在自己手中的，取决于个人努力的程度。我们应当多从自己的努力程度、学习方法、学习基础方面找原因，以便及时找到问题的症结所在，有针对性地进行改进，切不可动辄怀疑自己的能力有问题。

二、学习动机过强及调适

大学生在学习中缺乏动机固然不好，但走上另一极端即动机过强同样会影响学习效果。

（一）学习动机过强的表现及原因

1．学习动机过强的表现 动机过强的大学生有的表现为成就动机过强。在学习中总是对自己当前的行为和表现不够满意，经常自责。他们急于取得成就，并想事事超过他人。他们经常给自己设置那些很难达到的目标，施加自己无法承受的压力。所以他们的生活高度紧张，长期处于高负荷运转状态。有的表现为奖惩动机过强。对奖惩考虑过多，以考试为中心，上课小心翼翼记笔记，下课认认真真对笔记，考试前辛辛苦苦背笔记。这类学生往往考分较高，但学得有些呆板，有的表现为过于勤奋。他们的学习强度过大，每天学习时间过长，不能劳逸结合，致使注意力不能集中，记忆力下降，思维迟钝，情绪长期处于高焦虑状态，甚至会经常出现头昏、耳鸣、心悸、肠胃不适、失眠多梦等躯体症状，导致学习成绩下降。

2．学习动机过强的原因　一是不恰当的认知模式。他们认为，“只要我付出了努力，我就一定会成功”。可是现实中的事情并非如此简单。努力只是成功的必要条件，而不是唯一条件。二是对自己能力认识不足，估计过高，抱负与期望超出自己实际水平。三是他人不适当的强化。一些大学生因学习刻苦努力而常常受到家长、老师、同学的赞扬，这种赞扬会促使这些同学更加努力学习。四是某种补偿心理，一些同学业余爱好较少，兴趣比较狭窄，试图通过突出的学习成绩得到他人的承认或认可，因此产生了过于强烈的学习动机。此外，自尊心过强、做事过于认真、追求完美、好强、固执等性格特征，严厉的家庭教育方式和家长的期望值过高，也往往导致学生的学习动机过强。

（二）学习动机过强的调适策略

1．建立正确的认识模式　认识和调整不现实的学习目标，找出自身关于学习的不合理信念，建立正确的认知模式。例如，把“只要我努力了，我就能获得成功”的片面的认知观念调整为“只有努力了才有可能成功”或者“努力 + 能力 + 环境 = 成功”。学会调整观点，学会把关注点聚集在学习活动中，而不是在学习的结果上。

2．遵循耶克斯 - 多德森定律　心理学家耶克斯和多德森研究发现，动机强度与工作效率之间并不是线性关系，而是倒 U 形的曲线关系。中等强度的动机会带来最好的学习效果，因而是最佳动机水平。学习动机强度过低，学生对学习的态度懈怠，学习效果当然不好；反之，学习动机强度过高，学生心情过分紧张，无法集中注意力，会导致知觉范围变窄，思维活动呆板，学习效果也不会好。可见，动机的最佳水平不是固定的，依据任务难度的不同性质会有所改变。我们应遵循耶克斯 - 多德森定律，在完成简单的任务中，保持较高动机强度；在完成难度适中的任务中，保持中等动机强度；在完成复杂和困难的任务中，保持偏低动机强度。这样学习效率才可能最佳。

3．以宽容的心态对待自己　适当调整自己的抱负和期望水平，以宽容的心态对待自己，降低对学习成败的敏感度，保持情绪的稳定，借助放松法克服严重的学习焦虑，同时积极参与各种有益身心健康的校园文化活动，注意培养自己多方面的兴趣爱好。

4．进行恰当的自我评价　学习动机过强的学生应该对自己的能力有正确认识，使自己的抱负和期望符合自己的能力发展水平，既不好高骛远，也不操之过急，制订切实可行的、与自己的远大目标相结合的阶段性目标，脚踏实地、循序渐进地进行学习。

三、学习疲劳及调适

我们应在了解学习疲劳的表现及原因的基础上，学习调适的策略。

（一）学习疲劳的表现及原因

1．学习疲劳的表现　学习疲劳是因长时间持续进行学习，在生理、心理方面产生的劳累，致使学习效率下降，甚至头晕目眩不能继续学习的状态。大学生学习疲劳主要分为生理疲劳和心理疲劳两种。生理疲劳是大学生学习疲劳的指标之一。如头、颈、臂、背等部位的肌肉会产生痉挛、麻木、酸胀、疼痛，四肢动作不准确，眼胀，头晕目眩，无精打采，瞌睡不断等。心理疲劳是学习疲劳的指标之二。主要表现为：感觉器官功能下降、记忆和思维功能下降，失眠、情绪躁动、忧郁、易怒、烦躁，从而导致学习效率下降。在学习疲劳中，生理疲劳和心理疲劳相伴产生，它们相互影响。

2．学习疲劳的原因　造成学习疲劳的主要原因有：学习时间过长，注意力高度集中，学习时过分紧张；持久的积极思维和记忆；学习的内容单调乏味，学习材料安排不当；缺乏学习的兴趣；在异常的气温、湿度、噪声和光线不足等环境下学习；睡眠不足等。当然每个大学生的疲劳指数是有个体差异的。有人可能学习两个小时就疲劳了，有人学习四个小时仍然精力旺盛；有人在单位时间内可以接受很多内容，而有人接受很少的内容就头昏脑涨了。但作为正常人，学习的时间、学习的容量总是有限的，超过了这一范围就会产生疲劳。

（二）学习疲劳的调适策略

克服学习疲劳就应该学会科学用脑。

1．合理安排，注意用脑时间 用脑时间安排应注意个体生物节律的作用。所谓生物节律，是指个体智力、体力、情绪等有规律的周期性波动，从而形成“高潮期”“低潮期”和“临界期”三个阶段的依次交替现象。它是兴奋和抑制相互诱导规律的具体表现。利用生物节律是保持良好精神状态，从而有效地在有限时间内以有限精力获得优异成绩的一个重要因素。反之，如果在“高潮期”去做事务性工作，而在“低潮期”去作创新性工作，实在是一种用脑上的失策。

2．劳逸结合，注意用脑卫生 首先，要注意学习和休息的张弛有度。要知道不懂得休息的人也不懂得学习，连续学习，不仅降低效率，还易导致神经衰弱等心理疾病。其次，注意大脑营养，保持充足睡眠。最后，适当参加文体活动，提高大脑工作效率。

四、考试焦虑及调适

考试焦虑是考生在考试过程中（包括考前复习阶段以及考试进行中）预感考试失利或考试无把握而产生的焦躁不安的情绪状态。适度的焦虑可以避免动机过弱，保持大脑活动适当的紧张度，提高大脑活动的积极性。过度焦虑可能导致考试失败和身心损害。

（一）考试焦虑的表现及原因

1．考试焦虑的表现 过度焦虑状态会产生一系列生理上的反应，如面色苍白，皮肤出汗，呼吸加深、加快，嘴发干等，这一系列的身体反应使人感到不舒服，产生不安，并试图摆脱它们，从而分散了注意力，扰乱了正常的思维。具有高度考试焦虑的学生，有的会在考前出现明显的生理、心理反应，如过分担忧、恐惧、失眠健忘、食欲减退、腹泻；在临考时心慌气短、呼吸急促、手足出汗、发抖、频频上厕所、思维迟滞、判断力下降、大脑一片空白；有的会在考场上出现视觉和动作障碍，如看不清题目、看错题目、丢题落题、动作僵硬、手不听使唤、出现笔误，等等。过度焦虑不但不能保证正常的学习，还会引起一系列的心理问题，甚至会导致焦虑人格。

2．考试焦虑的原因 适当的焦虑是大学生的正常反应，有助于大学生调动生理能量和心理能量，甚至超常发挥自己的能力。但过度焦虑无益于身心，且对考试成绩有害无利。为什么有些大学生会产生过度焦虑呢？

（1）客观因素：首先来自考试本身，考试成绩是大学生学习状况和学习能力的反映，会影响大学生的切身利益、他人评价及自尊自信。其次来自教师、家长和社会的压力。现在整个社会都有些过度关注学生的重大考试，如研究生入学考试、大学英语四六级考试、计算机等级考试等，这会给学生带来很大的心理压力。

（2）主观因素：在于大学生自身。一是过去曾有过失败的经验，产生了失败的自我暗示，进而产生紧张和焦虑。二是夸大了现实的压力。有一定压力是正常的，但夸大现实的威胁，造成心理压力过大，就会产生考试焦虑。三是缺乏自信心。过去的经验也好，现实的压力也好，它们能否造成考生的紧张焦虑，归根结底还是要通过考生的自信心起作用。四是对考试过于看重。五是考前准备不足。

（二）考试焦虑的调适策略

我们可以通过认知矫正、行为矫正和运用恰当的应试策略来克服考试焦虑。

1. 用科学的态度对待考试 现代考试有三个主要功能：一是诊断功能，即运用考试的方式来检查学生对教学或教育内容掌握的程度以便有针对性地进行教学。二是选拔功能，考试是现代社会选拔人才的重要手段；三是甄别功能，根据需要将考生甄别为不同的类型和等级。既然考试无法回避，大学生不妨采取科学的态度加以对待。易考试焦虑的大学生首先应该改变不合理的认知。许多紧张、焦虑都是由于不正确的自我认识和自我评价引起的。大学生应当摆正考试在自己心目中的位置，明白考试只是衡量学业的一项指标，而不是学习生活的全部，尤其要明白考试不是自己命运的决定性因素。其次应该调整抱负水平。一旦发现自己把目标定得太高了，就要及时做出调整保持恰当的学习压力。最后要将精力投入到准备考试的过程中。注重考试的准备过程，降低对考试结果的关注，能够保证考生正常发挥个人潜能。

2. 进行行为矫正 可采用系统脱敏的方法对考试焦虑进行行为矫正。做考试焦虑的系统脱敏训练时，首先要对考试焦虑的程度做一个焦虑等级划分。例如：A. 老师宣布，两周内将进行期中考试，我想考个好成绩；B. 临考前约 10 天，我开始为考试做准备；C. 现在距离考试还有一个星期，我复习得还很不够；D. 明天就要考试了，今晚我觉得准备得还不充分；E. 我走在去考场的路上；F. 我看见其他应试者陆续到来；G. 监考老师到了，我脑子也好像失去了知觉；H. 我拿到了考卷，开始做题之前，我把卷子仔细看了一遍；I. 我中断考试，考虑自己怎样才能比其他人做得更好；J. 我从眼角看监考老师，他就在我附近走动；K. 我被一道试题难住了；L. 我看见有人在我之前答完题，交上卷子；M. 时间几乎到了，我根本做不完了。其次，在治疗时，先要作放松训练，待全部放松程序完成后，要按假定焦虑等级依次想象，若不紧张，肌肉呈松弛状态便可转入下一个场景。若感到紧张就做一次放松训练，以放松的状态对抗想象中的紧张，依次类推，直至不感紧张为止。

3. 学会运用应试策略 考前要做好充分准备。胸有成竹的人就不会对考试产生恐惧。做好充分的考试准备主要包括两个方面：一方面是做好知识上的准备，主要靠平时学习和考前复习。制订适合自己的复习计划，根据自己各科的基础和学习现状制订不同的分数目标，有策略地复习。另一方面是做好心理上的准备，就是学习者在心理上要有备考的倾向性，保持中等程度的动机水平。心理上的准备可以促进知识的准备，提高知识的备用性水平，促进考生在考试中顺利提取知识，还可以帮助考生保持心情的平静，以平常做作业的心态进行考试，就不会产生紧张焦虑。同时考前应对考试心中有数。对考试题型、解题思路、答题要点以及评分标准进行较为全面的了解，这样在考试中才能坦然应对。

考试中要保持平静。不妨在发试卷的前几分钟，闭目做几次深呼吸，排除一切杂念。发下试卷之后，不要提笔就答，而应将试卷大体看一遍，了解题量以及各题的难度等情况，以便分清轻重缓急，掌握好答题时间。可参考“三先三后，一慢一快”的答题原则，即先做易题后做难题，先做熟悉题后做生疏题，先做有把握题后做没把握题；审题要慢，做题要快。

考试后不要过分关心已考科目题目的对错，特别是当后面还有考试时，更应将已考过的课程暂时抛开，全心全意地准备后面的考试。只有这样，才能保持平静的心情，而不至于出现考试焦虑。

【心理自我训练】

提高应试技巧的训练

1. 训练目的

（1）学会调适和控制考试中的情绪。

（2）学会逐渐改进自己的答题技巧。

2．活动过程

（1）热身。

（2）应试情境诊断。

情境：在一次重要的考试中，小明非常紧张，他的身体在颤抖，两手发紧，握不住笔，头脑里一片空白……

你在考试中发生过类似的情况吗？遇到这种情况该如何处理？

（3）问题分享：请学生自己说出考试中经常出现的问题，教师将这些问题逐一写在黑板上，将问题分成两类：解题技巧和情绪控制。

（4）策略分享：师生一起分析上述问题产生的原因，并共同研究对策，既要分享已有的成功经验，吸取失败的教训，又要在现有的基础上做新的探讨。

（5）教师对应试技巧的总结

①解题的两大原则：从易到难，学会放弃。

②情绪控制法：

a. 考前做一些轻松、愉快的运动；

b. 放松和调整呼吸；

c. 用适当的力度按摩头面部穴位；

d. 自我积极暗示；

e. 用“喝断法”阻止自己不良的心理暗示；

（6）考试压力模拟训练：模拟考试的场景。

（7）分享

【案例分析】

勇敢面对“考试之战”

案例回放：李某是某大学大三的学生，学习压力一直让他喘不过气，尤其是每次考试时，总担心自己会不及格，平时表现良好的他每次都因为这种紧张心态影响考试的发挥。大三的学习任务很重，李某的焦虑情况也越发严重，考试前的一个月左右，他就开始紧张，每天都想着考试的事情，拿起书就担心这次会不会不及格，导致学习时注意力无法集中，学习效率严重下降，严重的时候还出现了头痛、失眠的症状。

案例分析：李某在考试前所表现出来的心理状态在心理学上叫做考试焦虑。考试焦虑是指在一定的应试情景下激发个体产生的一种以担忧为基本特征，以防御或逃避为行为方式，通过不同程度的情绪反应所表现出的一种心理状态。李某的状况就是他的主观愿望和自身行为的一种矛盾，渴望成功却又整日担心考试失败，想抓紧时间学习却又学不下去，陷入浮躁不安的状态之中。心理咨询师建议他采取如下措施：

1．增强考试自信心。许多学生的焦虑情绪源于自信心不足，对自己能力的低估。所以，大学生必须学会树立自信心，相信自己能够应付即将到来的考试。当然自信心要建立在掌握一定知识的基础上，盲目自信反而会导致考试失败后更大的失望和焦虑。

2．形成正确的认知评价。一个人对考试的认知评价直接影响其考试的焦虑程度。想要消除考试焦虑，就需要形成对考试正确的认知，不夸大也不缩小其重要性，同时也学会正确评价自己的能力。

3．学习必要的应试技巧。考试主要考查学生对知识的掌握情况，因此，针对考试科目进行专业的训练和准备是非常重要的。不同的学科有不同的答题技巧，在充分准备学科知识后，也应该对考试技能进行相关了解，学会运用考试技巧对消除考试焦虑有良好的效果。

4．掌握放松技术。在考试前，学会放松技术，在考试过程中，一旦发生严重的紧张焦虑，便采用放松技术来应对。

（赵法政）

第4章 自我意识与心理健康

【哲人的忠告】

知人者智，自知者明。胜人者有力，自胜者强。

——老子

世界上最重要的事就是认识自我。

——蒙泰涅

大学阶段是自我意识迅速发展的时期。进入大学的学生经常会思考：“我是谁？”“我为什么是这样一个人？”“我努力奋斗的目标是什么？”“怎样才能更好地完善自我？”等等，通过对这些问题的思考去努力寻找自我，探索自我。在自我辨析的过程中，会经受一系列矛盾、冲突、迷茫和苦恼，也会产生不少心理问题。但正是在解决这些问题的过程中大学生不断认识自我、改善自我、超越自我，形成良好的自我意识，而良好的自我意识是大学生塑造健全人格、自主建构高质量大学生活、成为全面发展的高素质专业人才的必要条件。

第一节　自我意识概述

一、自我意识的概念

自我意识（self consciousness）是指个体对自己以及自己与他人、自己与周围环境关系的多方面、多层次的认知、评价和体验。

自我意识是一个人对自己的认识和评价，包括对自己的生理特点、心理倾向、个性心理特征和心理过程的认识与评价。正是由于人具有自我意识，才能使人对自己的思想和行为进行自我控制和调节，使自己形成完整的个性。此外，自我意识不仅是人脑对主体自身的意识与反映，而且人的发展离不开周围环境，特别是人与人之间关系的制约和影响，所以自我意识也反映了人与周围现实之间的关系。自我意识是人类特有的反映形式，是人的心理区别于动物心理的重要特征。

二、自我意识的构成

自我意识是个体社会化的结果，是人的意识发展的高级形式，是一个多维度、多层次的复杂的心理系统。

（一）从内容上看，自我意识可分为生理自我、社会自我和心理自我

1．生理自我　生理自我是自我意识最原始的形态，是个体对自我的身体状态的认知，如性别、年龄、容貌、仪表、健康状况等。在自我体验上表现为自豪或自卑，在行为上表现为追求外表美、对所有物的占用、支配与爱护等。

2．社会自我　社会自我就是个体对自己在一定的社会关系和人际关系中的角色、地位、名望等方面的认识。随着个体社会化程度的加深，个体获得了一定的社会经验，逐步意识到自己在社会中要担任一定的角色，组织中要有自己的地位和作用，这就产生了社会自我。在自我体验上表现出自豪或自卑，在行为上表现出追求个人的名誉、地位，和他人进行激烈竞争等。

3．心理自我　与社会自我相伴而产生的是心理自我，它是指个体对自己的能力、性格、气质、兴趣、信念、世界观等个性特征的认知。在自我体验上，常表现为自豪、自尊、自信或自卑，在行为上追求个人能力的提升、品格的完善等。

（二）从结构上看，自我意识分为自我认识、自我体验和自我调控

1．自我认识　自我认识是主观自我对客观自我的认识与评价，自我认识是自己对自己身心特征的认识，自我评价是在这个基础上对自己做出的某种判断。正确的自我评价，对个人的心理状态及其行为表现有较大影响。如我是什么类型的人、我的言语举止是否落落大方、我的进取心是否很强等，这些都是自我认识涉及的内容。

2．自我体验　自我体验是由主体对自身的认识而引发的内心情感体验，是主观的我对客观的我所持有的一种态度，如自信、自卑、自尊、自满、内疚、羞耻等都是自我体验。如我对自己的学习成绩很满意、我对自己的社交能力弱而感到失望等，反映了个体的情绪体验。

3．自我调控　自我调控是自己对自身行为与思想言语的控制，具体表现为两个方面：一是发动作用，二是制止作用，也就是支配某一行为，抑制与该行为无关或有碍于该行为进行的行为。如我如何控制自己的不良情绪、我如何改变自己、怎样才能成为一个受欢迎的人等。自我调控的实现受自我认识、自我体验的制约。

（三）从存在方式看，自我意识分为现实自我、投射自我和理想自我

1．现实自我　也称现实我，是个体从自己的立场出发对自己当前总体实际状况的基本看法。包括对自己躯体特点、行为特点、人格特点、角色特点的认识。

2．投射自我　也称镜中我，是指个体想象自己在他人心目中的形象或他人对自己的基本看法。现实自我和投射自我不一定相同，两者之间可能会有距离，当这个距离相差太大时，个人便会感到不被理解而与人产生隔阂。

3．理想自我　也称理想我，是指个体想要达到的比较完美的形象。如个人的生活目标和对将来的期待，理想自我是个人追求的目标，它建立在现实自我基础上，对个人的认知、情绪和行为的影响很大。

以上三个自我如有矛盾，可能会引起个体内心混乱，甚至产生严重的心理问题。

三、自我意识的功能

自我意识具有目的性、社会性、能动性等特点，对个性的形成和发展起着调节、监督、矫正的作用，对个体的身心健康和社会适应具有重要影响。个体的自我意识与个体的成长发展息息相关，自我意识在个体的成长和发展中具有定向作用、控制作用、调节作用等。

1．定向作用　一个人要想成就一番事业，就必须从自身的实际出发，制订明确的目标。只有如此才能调动自身的潜能，激发强大的动力。主体在自我意识的定向性作用下，通过反映选择和进一步评价确定认识对象和认识途径，便产生了对认识对象的注意，形成了认识取向，从而使认识目标得以明确。自我意识健全的个体，在从事一项活动之前，活动的目的和结果就以观念的形式存在于头脑之中了，并以此做出计划，指导自己的活动，从而激发起强大的动力，达到预期的目标。

2．控制作用　自我意识具有控制的功能。认识主体借助于自我意识的这种自我控制功能，通过主体的思维模式、情感等理性和非理性因素的作用，一方面排除来自主体自身的或客体的与认识对象无关或相反的信息，另一方面又促进和加速对认识活动有用信息的吸收、加工和整合。这种阻止和促进作用便使认识活动得到控制，排除了认识活动中的错误因素，提高了认识活动的独立性、深刻性和批判性。可见，自我意识的这种控制作用保证了认识的发展与既定认识目标的一致。

3．调节作用 自我调节作为自我意识的一个主要功能，在认识过程中表现为主体根据一定的要求及时地调节认识活动，修正认识手段，必要时重新调整或改变认识的对象，使认识对象的定向与手段的选择保持动态的平衡，以确保主体的内外反应遵循着有效的程序，不断地趋近预定的认识目标。自我意识的这种调节作用作为认识发展过程的内在驱动力，既保证了认识过程的稳定性，又促使认识过程不断地发展、深化。

这三种能动作用在认识过程中并非各自单独地出现和起作用的，而是同步出现、相互交叉、相互渗透、相互作用，参与同一认识过程，并形成一种内在的"场"力，从而构成推动认识发展的内在动力。

第二节　大学生自我意识的发展

一、个体自我意识的发展与形成

自我意识是人类在与外在世界的相互作用过程中，特别是在同社会的人的相互作用过程中，根据他人对自己的看法和评价发展起来的，这个过程贯穿在人的一生之中。个体自我意识发展一般经过三个阶段，即生理的自我意识、社会的自我意识和心理的自我意识，从发生、发展到相对稳定，大约需要 20 年的时间。

（一）生理的自我意识阶段（自我中心期，1 ~ 3 岁）

在生命降生之初，婴儿是没有自我意识的，他们甚至不能意识到自己和外界事物的区别。大约 8 个月，婴儿的生理自我开始萌生，这就是自我意识的最初形态。到 1 周岁左右，儿童开始能把自己的动作和动作对象区别开来，初步意识到自己是动作的主体。1 周岁以后，儿童逐步认识到自己的身体，也开始能意识到自己身体的感觉。不过，他只是把自己作为客体来认识，他从成人那里学会使用自己的名字，并且像称呼其他东西一样地称呼自己。到 2 周岁左右，儿童逐渐学会用代词"我"来代表自己。3 岁左右的儿童，开始出现羞耻感、占有欲，凡事要求"我自己来"（要求自主性），其自我意识有了新的发展。但处于这一时期的幼儿的行为是一种以自我为中心的行为，他们以自己的身体为中心，从自己的想法和情感出发去认识外部世界，并把自己的情感投射到外部世界。因此，这一时期的自我意识被认为是生理自我时期，也有人称之为"自我中心期"，它是自我意识最原始的形态。

（二）社会的自我意识阶段（客观化时期，3 ~ 13、14 岁）

从 3 岁到青春期（13 ~ 14 岁）这段时期，是个体接受社会文化影响最深的时期，也是学习社会角色的时期。个体在家庭、幼儿园、学校中游戏、学习、劳动，通过模仿、认同、练习等方式，逐渐形成各种角色概念，如性别角色、家庭角色、伙伴角色、学生角色等。这一时期，也是获得社会自我的时期，他们开始能意识到自己在人际关系、社会关系中的作用和地位，能意识到自己所承担的社会义务和享有的社会权利等。虽然青春期的青少年开始积极关注自己的内部世界，但他们主要是根据别人的观点去评价事物、认识他人，对自己的认识也屈从于权威或同伴的评价。因此，这一时期的个体自我意识的发展被称之为"社会自我"发展阶段，也称之为"客观化"时期。

（三）心理的自我意识阶段（主观化时期，14、15 ～ 25 岁）

从青春期到成年的大约十年时间里，是自我意识发展的关键期，个体自我意识趋于成熟，并逐步获得了心理自我。此时个体开始清晰地意识到自己的内心世界，关注自己的内在体验。喜欢用自己的眼光和观点去认识和评价外部世界，开始有明确的价值探索和追求，强烈要求独立，产生了自我塑造、自我教育的紧迫感和实现自我目标的驱动力。这一时期被称之为心理自我发展时期，也被称之为自我意识“主观化”时期。青年人的世界观、人生观、价值观的形成是心理自我成熟的标志。

专栏 4–1

埃里克森自我意识发展阶段理论

埃里克森认为认人的一生发展要经历 8 个阶段，每个阶段都有相应的心理社会任务。

1．婴儿期（0 ～ 2 岁）：基本的信任感对基本的不信任感。主要任务是发展信任感，克服不信任感，体验着希望的实现。

2．儿童早期（2 ～ 4 岁）：基本的自立感对羞耻感和疑虑。主要任务是获得自立感，克服羞耻感和疑虑，体现着意志的实现。

3．学前期（4 ～ 6 岁）：基本的主动感对内疚感。主要任务是获得主动感，克服内疚感，体验着目的实现。

4．学龄期（6 ～ 12 岁）：基本的勤奋感对自卑感。主要任务是获得勤奋感，克服自卑感，体验着能力的实现。

5．青春期（12 ～ 18 岁）：基本的自我同一感对同一感混乱。主要任务是建立自我同一感，避免同一感混乱，体验忠诚的实现。

6．成年早期（18 ～ 25 岁）：亲密感对孤独感。主要任务是获得亲密感，避免孤独感，体验着爱情的实现。

7．成年中期（25 ～ 50 岁）：繁殖感对停滞感。主要任务是获得繁殖感，克服停滞感，体验着关怀的实现。

8．成年晚期（50 ～）：自我完善感对失望和厌倦感。主要任务是获得自我完善感，克服失望和厌倦感，体验着智慧的实现。

埃里克森也认为，上述每一阶段都有相应的重要影响人物，也就是存在着人际关系的焦点。

二、大学生自我意识发展的过程

个体自我认识、自我体验、自我调控的协调一致，是自我意识成熟的标志。大学生自我意识的逐步成熟经历了自我意识的“分化—矛盾—统一”的多次反复过程。在这个过程中，大学生为了解决内心的矛盾进行了不懈的努力，付出了艰苦的代价，同时也不断成长、成熟。

（一）自我意识的分化

自我意识的分化是个体自我意识不断走向成熟的标志。青年期是自我意识不断分化的时期，原来在儿童、少年时期统一不可分割的自我意识一分为二：一是理想自我，它是根据主观的自我和主观感受的社会现实期望自己未来成为什么样的人而达成的自我状态。理想自我是处于观察者的地位，也就是“主体我”（I）。二是现实自我，它是指当前实际所达到的自我状态，即我现在是个什么样的人。现实自我处于被观察者的地位，是理想自我所要观察的对象，也就是“客体我”（me）。

自我意识的明显分化，使大学生主动、迅速地对自己内心世界和行为具有了新的意识，开始意识到自己那些从来没有被注意到“我”的许多方面和细节。在这一时期，大学生的自我沉思、自我分析、自我反省的时候明显增多：对自我新的认识、体验和控制而带来的种种激动、焦虑、喜悦和不安也显著增加：为自己应该怎样做、能怎样做、不应该怎样做等而开始认真地思考，不像中学生那样随心所欲。

此时如果个体的理想自我（主体我）和现实自我（客体我）能保持大致的平衡，也就是说，个体的真正能力、性格、欲望能如实地表现出来，个体便能以自己的本来面目出现在别人面前，既不用掩饰自己的努力，也不怕暴露自己的缺点，从而有利于发挥自己的实际能力，促进个体健康发展。但也常常会出现理想自我和现实自我的失衡感。

现实自我占优势的个体，往往表现出较强的虚荣心和自我陶醉感，特别在乎他人对自己的评价，期望事事处处得到他人的赞赏。他们担心暴露自己的缺点，常常炫耀自己的知识，追新猎奇，哗众取宠，以换取他人的赞赏。

理想自我占优势的大学生，往往将“客体我”萎缩到实际能力之下，总认为自己事事处处不如人。他们往往自卑感较强，因为自己某方面欠缺，如口才不好，个子不高，相貌一般，家境贫寒，能力不强而苦恼，甚至放弃应有的努力，形成自我怜悯或伤感的心理状态。

（二）自我意识的冲突

自我意识的分化，一方面使青年开始意识到自己不曾注意的许多“我”的方面和细节，发现理想我与现实我的差距。另一方面，由于处于发展阶段，自我形象不能很快确立，自我概念不能明确地形成，因而自我冲突加剧，表现为内心冲突，甚至有很大的内心痛苦和强烈的不安感。归纳起来，当代大学生自我意识的矛盾冲突主要表现在以下几个方面：

一是“理想我”与“现实我”的冲突。这可以说是大学生自我意识矛盾最突出、最集中的表现。大学生对未来充满信心，抱负水平较高，成就欲望较强，但由于他们生活范围相对狭窄，社会交往比较单一，缺乏社会阅历，对自我认识的参照点较少，因此，不能很好地将理想与现实结合起来，从而使“理想我”与“现实我”之间产生较大差距。这种差距在给大学生带来苦恼和不满的同时，也会激发大学生奋发进取的积极性，但如果这种矛盾与冲突过于强烈，不能及时加以调适，则会导致自我意识的分裂，从而带来一系列心理问题。

二是独立意向与依附心理的冲突。上大学后，大学生的独立意识迅速发展，他们希望能在经济、生活、学习、思想等方面独立，希望摆脱成人的管束，自主地处理所遇到的一些问题，但他们在心理上又依赖成人，无法真正做到人格上的独立，这种独立意向与依附心理的矛盾也一直困扰着他们。

三是交往需要与自我闭锁的冲突。大学生迫切需要友谊，渴望理解，寻求归属和爱。他们有强烈的交往需要，希望能向知心朋友倾吐对人生和生活的看法，盼望能有人分担痛苦，分享欢乐。但同时他们又存在着自我闭锁的倾向，许多人往往不愿主动敞开自己的心扉，而把自己的心灵深藏起来，在公开场合很少发表个人的真实意见。他们在与他人交往时存有较强的戒备心理，总是有意无意地保持一定距离，正是这种交往需要与自我闭锁的矛盾冲突，使得不少大学生备受“孤独”的煎熬。

四是自信心与自卑感的冲突。大学生刚刚考上大学时，受到老师、家长、亲朋好友的赞赏、同辈人的羡慕，故而优越感和自尊心都很强，对自己的能力、才华和未来都充满了自信。然而进入大学后，群英荟萃，许多大学生发现“山外有山”，尤其是当学习、文体、社交等方面显露出某些不足时，有些大学生就会陷入怀疑自己、否定自己的不良情绪中，于是产生自卑心理。在这些大学生的内心深处，自信心和自卑感常常处于冲突状态。

五是追求上进与自我消沉的冲突。许多大学生都有较强的上进心，他们希望通过努力来实现自身的价值。但在追求上进时，困难、挫折在所难免，不少大学生常常出现情绪波动。在困难面前望而生畏，消极退缩，虽然退缩但又不甘放弃，心中依然想追求、想奋进，内心极为矛盾，困惑、烦躁，不安、焦虑也由此而生。

（三）自我意识的统一

由自我意识的分化带来的种种矛盾冲突是大学生自我意识发展中的正常现象，也是大学生迅速走向成熟的集中表现。自我意识矛盾冲突一方面会使学生感到焦虑苦恼、痛苦不安，可能影响到他们的心理发展和心理健康，另一方面也会促使他们设法解决矛盾，来实现“理想我”与“现实我”的统一。但是由于个人的社会背景，生活经验、智力水平、追求目标等方面的差异，自我意识的统一途径也有所不同，但总的来说其统一途径有三个方面：一是努力改善现实自我，使之逐渐接近理想自我；二是修正理想自我中某些不切实际的过高标准，并改善现实自我，使两者互相趋近；三是放弃理想自我而迁就现实自我。

由于个人的社会背景、生活经验、智力水平、追求目标等方面的差异，大学生自我意识的分化、冲突、统一的途径不同，其结果也不同，统一的类型也不同。一般来说，把理想自我和现实自我的矛盾统一归纳为五种类型：

1．积极型　不断完善现实自我，使之与符合社会发展要求的理想自我达到统一。这是有抱负、有志气的青年所采取的一种统一类型，它最典型地反映了青年人积极向上、努力进取的精神，是值得鼓励和提倡的。

2．现实型　一方面不断完善现实自我，另一方面又根据现实自我的实际状况，修正理想自我，达到两者统一。在这里虽然理想自我也有朝着现实自我“靠拢”的修正，但出于较现实的考虑，仍不失为一种积极的统一。

3．庸碌型　放弃理想自我，以迁就现实自我，达到统一。这是不思进取、安于现状、庸庸碌碌、得过且过的一种统一。例如，有的人原来有良好的理想自我，但在改善现实自我的过程中遇到挫折，便消极处世，作茧自缚，放弃理想自我，听凭自然发展。这是需要教育者促其前进的一类。

4．虚假型　通过对现实自我的过高评价或虚妄的判断，获得与理想自我的统一。这类人往往狂妄自大，自命不凡，以主观臆想代替客观现实，沉浸于自我陶醉之中。这是需要教育者击其猛醒的一类。

5．消极型　理想自我和现实自我在不符合社会发展要求的方向上的统一。这多为自甘堕落、执迷不悟的人所采取的一种统一类型。例如，有的人形成了与社会进步相悖的理想自我，只是由于种种主客观条件的束缚（如主观上的自尊心，客观上的道德舆论），现实自我才滞后于理想自我，一旦束缚被挣脱（如自尊心已挫伤，已无视道德舆论），便破罐破摔，使现实自我一下子滑向消极的理想自我，获得统一。这是有极大危害性的统一，应引起教育者高度警惕。

虚假型和消极型的学生实际上都有不同程度的心理障碍，属于自我意识的变异状态。这类学生人数极少，但表现出来的心理与行为问题波及面较大，是高校学生思想政治教育和心理咨询引导的重点对象之一。

总之，青年中期是理想自我与现实自我矛盾突出的时期，也是使其趋向统一和转化的关键时期。过了青年中期，自我意识就逐渐趋于稳定，再变化发展就没有原来那样急剧了。一般来说，一年级大学生具有一定的依赖性和盲目性，二年级的大学生理想成分较多，容易想入非非，三年级以后就显得沉着稳定了。这表明，大学生的自我意识正处在矛盾、统一、转化并日趋稳定的阶段。

三、大学生自我意识发展的特点

处于青年中期的大学生，经过社会生活和学校教育，自我认识、自我体验、自我调控三方面趋向于协调发展。总的来说，大学生自我意识的发展是随着年级的上升而发展的，并表现出以下几个方面的主要特点。

（一）自我认识的深刻性、客观性、概括性

大学这一特殊的学习、生活环境，为大学生提供了一个博览群书、自由发展、自我实现的新天地。这个新天地为他们的自我认识向广度和深度发展提供了有利条件。大学生的视野更开阔了，关心的社会问题也多了，社会对他们的期望也比较高。这时，他们的自我认识不仅涉及自我的气质、风度和性格等一般问题，而且还涉及自己的社会地位、社会责任、自我价值等问题。通过对这些问题的分析和思考，大学生的自我意识达到新的广度和深度。随着大学生活的继续，大学生的知识增加了、社会经验也丰富了，大多数人对自己的分析、评价逐渐变得全面、客观和主动，对自己的优缺点有了较正确的认识和评价，并能选择自己的长处进行发展，开始具备在自觉基础上的“自知之明”。大学生对自我的评价已从外部的、具体的、偶然的特征，发展到综合自己经常出现的心理特点。与高中学生相比较，大学生的自我概念有了明显的变化，大学生更加重视自己的智力才能、意志品质、气质性格、活动成绩等，对自己倾向于做更抽象的概括和全面的描述，自我形象较少受到偶然情景因素的影响，不太会发生急剧变化。

（二）自我体验的丰富性、波动性、敏感性

大学生丰富多彩的学习生活为他们发展自我体验的丰富性提供了有利条件。例如，由于意识到自己的成熟就产生了成人感；由于意识到自己的能力和品德的高低而产生了自豪、自尊或自卑、自惭等体验；由于意识到自己的社会角色和社会地位而产生了社会责任感和义务感。一般来说，在“自我体验”里面，男生比女生更有自信心，更富于活力，但容易急躁；女生则更热情，内心舒畅感更明显，但容易多愁善感。大学生自我体验的情感基调是积极的、健康的。大学生要注意增强自我意志的指向能力，提高自我认识水平，这将有助于大学生自我体验的丰富性向健康方面发展。

大学生由于对自我的认识还在不断进行中，个性还不够成熟和稳定，意志也缺乏驾驭情感的力量，因此他们的情感体验表现出明显的波动性。他们可能因一时的成功而产生积极的、愉快的情感体验，甚至骄傲自满，忘乎所以；也可能因一时的挫折、失败而低估自我或丧失自信心，甚至悲观失望。到了高年级，当大学生的自我认识和自我控制比较确定后，这种波动性才逐渐减少。

大学生正处在情感活跃的时期，他们对外部世界及自己的内心世界许多方面的自我体验都比较敏感，尤其当涉及与他们相联系的事物时，很快就会引起情绪、情感反应。他们尤为关心自己在他人心目中的形象与地位，关心别人对自己的意见和看法。有时，他人无意中的一句话，会在他们心头掀起轩然大波，他们会对此琢磨半天，正所谓“言者无心，听者有意”。有时，他们会由此及彼，引发一连串的联想，产生“一石激起千层浪”的效果。此外，处于青年中期的大学生，由于认识到自身存在的价值，强烈地要求肯定自己和保护自己，因此他们的自尊心很强烈，对触及自尊心的刺激也十分敏感。

（三）自我控制的自觉性、独立性

随着知识的积累，生活阅历的增加，大学生能够根据别人的评价对自己的行动结果进行反省，及时调整自己的行为以适应实现目标的要求，大学生自我评价的自觉性来源于社会责任感、成就目标、生活的价值定向和意志的努力与锻炼，而外部直接诱因的作用减少了。大学生行为的自觉性和自我控制能力明显增强，盲目性和冲动性逐渐减少。与此同时，大学生自我控制的独立性也在增强，他们的心目中已逐渐确立一个新的自我——成人式的自我，成人感特

别强烈，经常向周围的人，尤其是年长者表明自己独立自主的要求，并表现出他们全新的“成熟”的特点，如激烈地阐述自己的主张，不愿让人们看到他们的依赖性和幼稚性；喜欢独立地观察事物、认识事物、判断事物、思考问题和独立行动，讨厌老师、家长和班干部絮絮叨叨的指点和管教；希望自理自治，乐于自己组织行动，自己动手解决问题，对自己搞的活动十分热心，而不希望别人过多地干预、指责和控制。

第三节　大学生自我意识发展的问题及偏差

大学生由于处在自我统一性成长的关键阶段，真正的社会化过程才刚刚开始，他们缺少做人做事的经验，因此在自我意识成长中往往出现偏差。

一、过分地自我接纳

过分地自我接纳就是指大学生过高地估计自己，不切实际地高估自己的能力和长处，难以看到自己的缺点和不足，却把别人看得一无是处。对现实自我的评价过高，虚假的理想自我占优势，现实自我与理想自我的统一是虚假的统一。一种表现是，在前进的道路上一旦有点成绩就会沾沾自喜，大有“天将降大任于斯人”之感，忘记了现实自我，忘记了客观现实对自己的约束，甚至开始整天埋头于虚无缥缈的自我设计。另一种表现是，用幻想我、理想我代替现实我，自己伪造一个能让人人满意并自我陶醉于其中的典型形象，来充当现实我。这种学生往往过分“悦纳”自我，盲目自信，妄自尊大，虚荣心强，心理防御意识强。日常生活中一旦遇到挫折，如考试不及格、求爱被拒、竞选干部落选等，总是把责任推到老师、同学身上，认为别人对自己不公平，从而疏远集体和他人，很难处理好人际关系。

典型案例

过分“悦纳”自己的大学生

张某，女，某医学院一年级新生，因情绪郁闷而来咨询。述自己是家族中唯一的女孩，是掌上明珠，从小受到家人宠爱。入学后自认为宿舍里所有的同学都对她有排斥情绪，她们在一起说说笑笑，经常一起出去玩，可是唯独不喜欢和她在一起，她感到特别失落和气愤。另外，她报名参加了学生会及其他一些社团组织，比如演讲协会、舞蹈协会，自己觉得挺有优势的，可是除了几个无关紧要的社团组织外都落选了，这让自己感到非常耻辱，觉得丢人现眼。她从小的理想就是要当领导、当伟人，可是现实的大学生活却让自己一点儿都找不到领袖的感觉，反倒觉得处处受排挤。

此同学是过分接纳自己的人，过分夸大自己的价值，把所有的热情都转向自己，而不注意别人，只期望别人认同她，要别人对她非常地尊敬。这种类型的大学生往往盲目乐观，以自我为中心，自以为是，不易被周围环境和他人所接受和认可，容易引起别人的反感和不满。

二、过分地自我拒绝

过分地自我拒绝就是指不喜欢自己，不能容忍自己的缺点和不足，否定、指责、抱怨、苛求自己。对于这种意识状态的大学生，在把理想我与现实我进行比较时，对理想我期望较高，又无法达到，对现实我不满意，又无法改进。他们在心理上的一个特征就是自我排斥。由于在成长过程中，理想我与现实我的距离过大所导致的自我矛盾冲突，使他们往往会产生否定自己、拒绝接纳自我的心理倾向。这类大学生往往降低个人的社会需求水平，对自我过分怀疑，压抑自我的积极性，并可能引起严重的情感损伤和内心冲突。他们的心理体验常伴随较多的自卑感、盲目性、自信心丧失和情绪消沉、意志薄弱、孤僻抑郁等现象，尤其是面对新的环境、挫折和重大的生活事件时，常常会产生过激行为，酿成悲剧。绝大多数大学生自杀事件都是由自我拒绝心理所导致的。

典型案例

过分拒绝自己的大学生

李某，18岁，某大学一年级学生。因坚决退学由家长陪同心理咨询。其在高中时一直是班里的佼佼者，在老师、父母、同学的眼里，他是未来的名牌大学的学生。高考结束后，他以某地市高考状元身份进入某重点大学。入学后发现自己什么都不如其他同学好，如不会洗衣服、不会打牌、不会打篮球，体育课上因不会跳绳受到同学们的耻笑。学期结束，买了票找不着火车站，最后家人从北京把他接回家。假期结束返校后，天天待在图书馆看书，不与同学接触，不去上课。有一次家人去学校，他躲着不见，最后家人在图书馆找到他。后与学校协商将其接回家。但回家后，他再也不愿意去上学，天天待在家里看书、上网，就是不说回学校，一旦劝其返校，便大发雷霆，几天不与家人说话。

此同学是过分拒绝自己的人，理想自我极度缺乏或丧失，对现实自我又极度不满。往往会因理想自我实现过程中遭遇挫折，而自轻、自贱、自怨、自恨、自嘲，孤独沮丧。

三、过分地自我中心

过分自我中心的人，在观察事物或考虑问题时，以自己的经验和标准去认识、评价事物以及自己与他人的行为，从自己的立场出发采取行动，容易出现自我中心倾向。这种倾向与个人主义等不健康的思想意识和心理特征结合时，就会发展为过分的、扭曲的自我中心。一个自私自利、崇尚个人主义又过分自尊的人，其自我中心倾向很容易发展为过度自我中心。这种人极端自私，凡事都要满足自己的欲望，要求人人为己，却置别人的需求于度外，不愿为别人做出半点牺牲。这种人与别人相处总以高人一等的身份出现，总把自己的意志强加于人，做事情总是认为自己是对的，别人都是错的。过分自我中心的人很难赢得他人的好感和信任，人际关系多不和谐，生活中缺少知心朋友，做事难以得到他人帮助，易遭挫折。

典型案例

过分自我中心的大学生

孙某，20岁，女，某大学二年级学生。求助原因：父母不理解她，同学们故意惹她生气，与她的关系不好，这些事情让她很痛苦。最近发现父母与自己不和，总是不能顺着她的想法做事，如1个月前，向父母要钱，想去和同学们一起参加露营，正逢下雨，遭到父母阻止，下雨路滑外面不安全，希望她改天再约同学去。她认为下雨并不会出现什么事故，父母担心多余，认为是父母小气，不愿给钱，为此和父母大吵一架，1个星期没有理睬父母。也因下雨没有去露营，与同学们也大吵一架，认为同学们知道她不喜欢下雨，却故意选择下雨天，不想让她参加。

此同学是过分以自我为中心的人，在观察事物及考虑问题时，以自己的经验和标准去认识、评价事物，评价他人的行为，从自我角度出发采取行动，出现自我中心的倾向。而这种倾向与不健康的思想意识结合时，会发展为过分、扭曲的自我中心。

四、过分地追求完美

目前的教育模式，使许多大学生都会有追求完美的倾向，对自我期望很高。凡事精益求精、尽职尽责、尽善尽美、追求完美，正是一个人有理想、有责任心的表现，在竞争激烈的当今社会，这往往是一个人成功的必备素质。完全可以说，没有个人的追求，就不可能有社会的进步。但是自我完美是相对的，不是绝对的，任何人都是优点与缺点的综合体，过度地追求完美只能成为对自我身心的一种折磨。其表现为两种情况：其一，对自己有过高的不切实际的要求，脱离了自己这个活生生的个体的实际状况，这种状态很容易使自己“完美”的期望受挫，出现不良的情绪体验，导致社会适应困难。同时，对于自己的稍微“不完美”之处过分地关注与看重，乃至将人人都会遇到的问题都归结为是自己“不完美”的表现，严重地干扰了自己的情绪，挫伤了自信心，造成自我认识的歪曲。其二，过分地追求完美还表现为对自己的苛求，不允许自己出现一丝的差错，担心自己因差错而遭到别人的蔑视，侵蚀了自我高大完美的光辉形象。在生活中表现为极力降低出现错误的机会，一旦出现某种错误，反复寻找原因，有些人可能形成强迫思维，导致心理障碍。

典型案例

过分追求完美的大学生

余某，女，22 岁，某校大三学生。因注意力不能集中而咨询。自述在高二看电视时，曾看到过一部关于宫廷争斗的电视剧。当看到剧中的太监时，突然想到太监是被阉割过的。看完了电视剧，仍然想“太监是被阉割过的，为什么被阉割呢？”一旦有这样的想法，就感到自己特别肮脏，局促不安。特别是遇到男孩子后，眼睛不敢看男孩子，并总有想看男孩子下部的想法。上大学后，看见男孩子就紧张，只要男孩子在旁边就分神，无法安静学习。目前，感到问题泛化了。在自习室，一旦看到桌子上有个物品，这个物品就会严重影响自己的学习，越不愿意看到，反而越引起自己的注意。假如换了东西，就会出现别的东西影响自己，为此非常痛苦。

此同学的问题是过分追求完美所导致的。青春期的女性，想到一些关于性的问题，见到男孩子就紧张是正常的反应。但把自己当成一个纯洁高尚的人，苛刻地谴责自己的“肮脏想法”是不现实的，有时候想阻止某些思维，反而适得其反，只能令自己痛苦。

总之，大学生自我意识发展方面存在的问题，是其心理发展还不够成熟的具体表现，但这些矛盾和冲突是大学生自我成长发展过程中必然要出现的问题，也是正常、合理的。应该看到，大学生自我意识发展的走向是积极的、健康向上的。大学生需要重视和正视存在的问题，积极加以自我调节，努力完善自我。因为只有这样，大学生才能促进自我意识的和谐发展，实现自我意识的有机统一。

第四节　大学生完善自我意识的途径和方法

大学生自我意识发展中有许多偏差，所以自我意识的完善是大学生健康成长过程中一个很值得引起注意的问题。自我意识的完善有利于正确的自我认识和定位，有利于良好的人际关系，有利于身心健康和大学生人格的和谐发展，有利于大学生职业生涯的规划。

一、正确认识自我

美国心理学家乔（Joe）和哈里亚（Harrya）提出了关于自我认知的窗口理论，被称为乔 - 哈窗口理论。他们将一个人的自我分为 4 个部分：A 为自己认识到、别人也认识到的公开的我；B 为别人未认识到而自己认识到的秘密的我；C 为别人认识到而自己未认识到的盲目的我；D 为别人和自己均未认识到的潜在的我。一个人 A 的部分愈大，其自我认识就愈正确，自我评价愈全面，心理就愈健康，愈有利于自身发展（图 4-1）。

	自己知道的	自己不知道的
别人知道的	A 自由活动领域（公众我）	C 盲目领域（盲目的我）
别人不知道的	B 逃避或隐藏领域（隐私我）	D 处女地（潜在的我）

图 4-1 乔 - 哈窗口理论

因此大学生应如实地展示自我，并主动征求他人的意见，留心观察和分析他人对自己的态度，力求缩小 C 的部分，力争全面认识自我；同时按照自己的本来面目展示自己，决不有意掩饰自我，以缩小 B 的部分。企图以假象求得别人的好感将造成沉重的心理负担，不利于自我成长。

二、积极悦纳自我

悦纳自我就是要无条件地接受自己的一切，无论是好的或坏的，成功的或失败的，有价值的或无价值的。凡自身现实的一切都应该积极悦纳，要平静而理智地对待自己的长短优劣、得失成败，要乐观开朗，以发展的眼光来看待自己，既不以虚幻的自我表现来补偿内心的空虚，也不消极回避自身的现状，更不能以哀怨、自责甚至厌恶来否定自己。一个人首先自我接纳，才能为他人所接纳。在悦纳自我的基础上，培养自信、自立、自强、自主的心理品质，从而发展自我，更新自我表现。

既然欣然接受自己如此重要，那么大学生应当怎样欣然接受自我呢？

首先，要全面、正确地评价自己。世界上没有一个人是完全拥有长处或短处，即使短处也总有一定的限度。因此，万万不能只看到短处，否定自己，也不能只盯住短处，将它轻易扩大，认为自己一无是处。大学生对自己的评价要恰到好处，既不要盲目自大，也不要妄自菲薄。夸大或缩小自己的优缺点都不利于欣然接受自我。

其次，要正确对待短处。短处有两种，一种是能够改进的，如不良的习惯、坏脾气等；另一种是无法补救的，如先天的身材矮小、其貌不扬等。对前一种短处，要认识到它的危害所在，应理性思考，有则改之。对后一种短处，则要鼓起勇气，面对现实，承认它、接受它，不以此为羞，决不掩饰。掩饰固可遮羞于一时，但带来的心理负担是沉重的。可采用积极的心理防御机制，比如“代偿”“升华”等。其实，随着年龄的增长，心智的成熟、内在的心灵美比相貌美更加重要，大学生应在学问上、修养上下功夫，培养内在的气质。

小故事

各有所长又各有所短

为了和人类一样聪明，森林里的动物们开办了一所学校，开学第一天，来了许多动物，学校开设了 5 门课程：唱歌、跳舞、跑步、爬山和游泳。当老师宣布“今天上跑步课”时，小兔子兴奋地一下在体育场跑了一个来回，并自豪地说：“我能做好我天生就喜欢做的事！”其他小动物，有撅着嘴的，有搭着脸的。第二天老师宣布上游泳课，小鸭子也兴奋地一下跳进了水里。天生怕水的小兔傻了眼，其他小动物更没招。接下来，第三天是唱歌课，第四天是爬山课……学校里每天的课程，小动物们总有做好的和做不好的。

三、努力完善自我

认识自我、接纳自我是为了塑造自我、完善自我，只有自觉塑造自我的大学生才能更好地发挥人所特有的自我教育的功能。人永远是自己的主人，是自己生活的塑造者，是自己命运的建构者。人本身就具有那种转变和重塑的力量，由此他可以使自己成为他愿意成为的那种人。

本杰明•富兰克林曾经奇怪地开始觉察到他正在不断地失去一些朋友。他开始意识到他在不断地与人发生争执，他就是和人相处不好。有一天，大概是快到新年了，大家都在制订新年计划。富兰克林坐下来，开出一张清单，清单上有他所有让人讨厌的性格特点。他把它们一一列出来。他对这些特点进行排序，把最有害的一个放在清单的第一位，然后依次排下来，害处最小的排在最后。他决定要一个一个地改掉这些讨厌的性格特点。每次他发现自己已经成功地改掉了一个坏毛病的时候，他就把这个毛病从清单上划掉，直到清单上所有的坏毛病都划完为止。他成为了全美国人格最为完美的人之一。每个人都尊敬他，崇拜他。当美洲殖民地需要法国帮助的时候，他们将富兰克林派到法国。法国人是那样地喜欢富兰克林，以至于他要什么他们就给什么。今天几乎在所有关于性格塑造的书中，你都会发现富兰克林的名字，他被当作这个方面最杰出的例子来引用。

哲学家托•富勒说过这样一句话：“伟大的抱负造就伟大的人物”。目标是人们在行动开始之前对结果的一种预想状态，对人们的行为具有强烈的导向和激励作用。当代大学生应该确立远大而具体的目标，远大的目标是把自己的人生追求与祖国的发展联系起来，具体的目标要切合自我实际，也要与时俱进、适时调整、完善既定目标。任何一个目标的实现，都需要以坚强的毅力作为保证，还要具有认识目标的自觉性和主动性，克服困难的信心和决心等。因此，大学生在学习和生活中，要有意识地培养自己具有顽强的意志，通过积极的自我暗示、主动争取机会、积累成功经验来增强自己的自制力和挫折耐受力，逐步完善自我。

四、勇敢超越自我

一个人要想成为一个真正的社会人，就必须超越自我，对社会、对他人有所贡献，担当历史的重任。其实，在超越自我，为社会、为他人做贡献的过程，也是超越现实自我而迈向理想自我的过程。“自我”是在超越自我的过程中不断发展和完善的。一个人要想竭尽全力为社会进步、国家富强多做贡献，他就会尽自己所能，克服一切艰难险阻进行创造性的活动，并且为达到目标不断地调控自己的行为，使现实自我与理想自我更加契合。那么，如何塑造自我与超越自我呢？按照社会的需要和个人的特点设计自我，即大学生应将自我设计建立在牢固的现实基础上，根据自己的特点和社会提供的可能性来设计自我，不受虚荣心诱惑，不被嫉妒心所鼓动。大学生应将理想与现实结合起来，从我做起，从现在做起，只要我们遵循社会的需要，从自己的特点着眼发展自己，就一定能施展自己的聪明才智。

大学生应树立远大的理想和抱负，但“齐家、治国、平天下”须从“修身、养性”开始，即从点滴小事开始，从具体行动开始。具体说来，要想健身修身，就需经常参加体育锻炼；要想开阔思路，就须有选择地多读好书；要想提升能力，就须积极参加多种实践活动，并在实践之后反省总结，汲取经验和教训后再度投入行动。如此行动到反思再到行动，自我不断地得到开拓与升华，从而形成一个更好的自我。这个过程可以用“4A”描述：acceptance，接纳，接纳自我与自我所在的现实环境；action，行动，对自己决定的事，付诸行动，并全力以赴；affection，情感，工作学习时情感投入，获得乐趣，乐在其中；achievement，成就，是以上三者完成后的自然结果，是努力奋斗的结晶。如果一个大学生经历了“4A”，可以说就领到了一张健全自我意识的合格证。

在美国一间黑人教堂的墙上，刻着这样一句话：“在这世界上你是独一无二的一个，你生下来是什么，这是别人给你的礼物，你将成为什么，这是你给别人的礼物。”别人给你的礼物，我们无法选择，你给别人的礼物，握在你的手中。珍惜已有的自我，追求更好更高的自我，做一个自如、独特、最好的自我。

【心理训练活动】

1. 20个我是谁

（1）活动目的：认识自己，了解自己，增强自我意识。

（2）活动步骤

①写出20个“我是谁？”“我是什么样的人”请你把头脑里浮现出来的答案一一写出来，要求尽量反映个人特征、风格。由于这是自我分析材料，可以不给别人看，所以想到什么就回答什么，不要有什么顾虑。

②对自己答案进行分析评估。分析的内容包括以下几个方面：

a. 评估一下你对自己的陈述是积极的还是消极的；

b. 在你列出的每句话的后面加上加号（+）或减号（–）；

c. 加号表示“这句话表达了你对自己肯定的、满意的态度”，减号则表示“这句话表达了你对自己不满意、否定的态度”；

d. 看看你的减号与加号的数量各是多少，如果加号数量大于减号，说明你对自我接纳的状况良好；如果你的减号将近一半或超过一半，这显示你不能很好地接受自己。

2. 我的橘子

（1）活动目的：增加对自我的认识，认识到每个人都是与众不同的，并接纳自我。

（2）活动程序

①请成员在地板上坐成一个大圆圈。给每人一个橘子，并解释没有两个橘子是相同的，所以须对手上的橘子有相当的认识。

②让成员花十分钟熟悉他的橘子。第一个五分钟观察橘子的视觉特征，第二个五分钟则闭上眼睛，感受橘子的触觉性特征。

③十分钟后，请成员配成对，每位成员根据所熟悉的特征向他的伙伴介绍自己的橘子。

④请求每对伙伴交换橘子，感觉不同处。

⑤将每对拼成四或六人小组，使新小组的成员形成一个小圈，并将橘子放到中间堆成一堆。然后要他们闭上眼睛去找自己的橘子。

⑥再请所有成员围成一个大圆圈。请求成员闭上眼睛，向右传每一个橘子，使成员感觉认出自己的橘子。当一位成员认出自己的，则将那橘子置于腿上，不用继续传。

⑦团体成员讨论此经验，讨论彼此橘子的不同。

（3）注意事项：除橘子之外的其他水果亦可使用；第五步可省略；第六步可改成将橘子堆于房间中央，成员睁着眼睛发现自己的亦可。

【案例分析】

案例回放：小 A，男，21 岁，医学院三年级学生。某日突然找辅导员，要求退学。说不愿读医学院了，要求回家重新上高中参加高考，准备报考师范院校，因为只有教师才有可能到西部支边。

同学反映：其平时性格内向，较孤僻，有时出去与同学上上网，逛逛街，但很少参加集体活动。上课从不迟到、不早退，课堂纪律良好，学习成绩较差，在班级学习排名几乎倒数，每年都有 1 ~ 2 门课程不及格。

自述高中有个理想，想着考师范院校，准备到西部支边。高考结束后，在家长的强迫下报了医学院，其实自己不喜欢学医。入校后感到医学课程没有意思，好多内容听不明白，考试经常挂科。现在越来越感到自己不适合学医，一上课脑子就想起西部地区的穷孩子，想着去帮助他们，根本听不进去。如果现在再不行动的话，恐怕以后没有机会了，所以想退学重新考大学。

心理检查：学生意识清，定向佳，与之交流，言语流畅，对答切题。未引出感知觉障碍，未有妄想，情绪稍低，记忆力正常，自知力良好。

案例分析：小 A 是富于理想的，自我期望值比较高，想当老师为西部落后地区做出一定贡献。由于家长的原因其选择了医学院。经过三年学习，他认真进行了自我观察、自我分析、自我评价，不情愿地看到“理想我”和“现实我”之间存在差距，而且自我感到这种差距越来越大，因而产生了自我意识矛盾。表现为内心冲突，出现了极大的内心痛苦和强烈的焦虑不安，所以做出退学的决定，重新考师范院校。可见解决大学生的自我意识矛盾冲突对大学生的健康成长是至关重要的。

（张曼华）

第5章 情绪管理

【哲人的忠告】

能控制好自己情绪的人，比能拿下一座城池的将军更伟大。

——拿破仑

每个人都要对自己的情绪负责。

——艾里斯

在生活中，情绪是人的心理状态的晴雨表，它反映着每个人内在的心理状态。无论我们是欣喜若狂，还是悲痛欲绝；是孤独不安，还是热情奔放，我们都在体验着各种各样的情绪。情绪就像空气一样时刻围绕着我们，正因为有了喜、怒、哀、乐、爱、憎等不同的情绪和情感，生活才显得如此丰富多彩，正所谓"感时花溅泪，恨别鸟惊心"。大学阶段是人生的第二个"心理断乳期"。大学生的情绪虽然开始趋于成熟，但是冲动性的特点也很明显，常见的沮丧、失落、焦虑、空虚、自卑、易怒等负面情绪，对大学生的身心、学习、人际关系甚至人格都会造成危害。因此，掌握情绪疏导调节的方法对大学生健康成长具有十分重要的现实意义。

第一节　情绪概述

一、情绪的概念

情绪（emotion）是人根据客观事物是否符合自己已有的需要而产生的态度、体验及其相应的行为反应。正确把握情绪的概念，需要注意以下三点。

（一）情绪的产生是以需要为基础的

客观事物本身并不能直接导致情绪的发生，它对情绪的决定作用是以需要为中介的。和人的需要无关的事物，人对它不可能产生情绪，如某大学生学期成绩单上有一门功课不及格。这份成绩单对管理学生成绩的教师来说，可能未加注意，但该大学生及其家长则将会因这份成绩单而产生较为强烈的情绪反应，因为这个成绩单与他们的切身利益息息相关。

大学阶段是大学生不断追求理想、实现目标的奋斗过程，也是各种需要最旺盛的阶段。如对改善物质生活的需要，对知识、友谊、爱情的需要，对发展自我、获得成功的需要等。这些需要是多层次的，而且满足这些需要会受到各种因素的制约，因而不能满足需要而产生情绪的波动是经常发生的。所以，大学生要正确看待自己的需要，避免极端情绪的反复出现，保持乐观、平和的情绪。

（二）对刺激情境的认知决定情绪的性质

由于个体已有经验的不同和价值取向的差异，对同一刺激情境，不同的人会做出不同的评价，于是，唤起情绪体验的性质也会有所不同。例如，面对患者的情绪发泄，有些医生可能把患者的这种表现视为对医生的无理取闹，就可能会气恼万分；而另外一些医生可能把患者的激动表现看成是患者对疾病的一种情绪反应，就可能会心平气和地去面对患者。因此我们说，对刺激情境的认知决定情绪的性质。

（三）情绪与情感有一定的区别

情绪与情感虽然在定义上相同，但在实际应用中，两者存在着一定的差异，主要表现在：①情绪具有较大的冲动性和暂时性，它往往会随着情境的改变和需要的满足而减弱或消失；而情感则具有较强的稳定性、深刻性和持久性，是对人对事物稳定的态度反映，是个体人格结构和道德品质中的重要成分之一。②情绪是情感的外部表现形式，通常具有明显的冲动性和外部表现，如高兴时手舞足蹈，愤怒时暴跳如雷等，而且情绪一旦爆发往往难以控制；情感常以内心体验的形式而深埋在心底，不轻易外露。③情绪大多与生物性需要满足与否相关；而情感则更多地与社会性需要是否满足相联系。面对某个异性，感到快乐是情绪反应，喜欢对方就变为情感反应了。在现实生活中情绪和情感往往交织在一起，本书中对两者不做明显界定和区分。

二、情绪的表达

情绪发生时，个体将情绪体验，通过行为活动表露出来，从而显现其心理感受，并借以达到与外界沟通的目的，此谓情绪的表达，其形式有很多种。

（一）面部表达

情绪表达以面部的肌肉活动为主。眉飞色舞、眉目传情、愁眉苦脸、横眉竖眼等描述都是指面部的表情，表达了不同的情绪状态。同时，面部表达具有双向沟通的作用。

（二）身体语言

通过身体的各种动作代替语言借以达到表情达意的沟通目的，就是身体语言。广义的身体语言包括面部表情在内，而狭义的身体语言只包括身体与四肢的动作表达。如手舞足蹈、捶胸顿足、坐立不安等描述均表达了不同的情绪状态。

（三）言语表达

言语表达主要是指通过言语的声调、音色、音量、节奏、速度方面的变化表达情绪。如喜悦时语调高昂，语速加快，语音高低差别变大；悲哀时语调低沉，语速缓慢，断断续续。言语表情所传达的情绪信息比言语本身含义更多、更复杂。

三、情绪的类别

（一）四种原始的情绪

快乐、愤怒、恐惧、悲哀，通常被认为是最基本的和最原始的四种情绪。之所以称其为“基本”和“原始”的情绪，是因为它们是其他更加复杂的情绪产生的基础，又因为它是人和动物共有并见之于世界各民族的体验。

快乐是达到所期盼的目的后焦虑解除时个体产生的心理上的愉快和舒适。一个目标越难达到，达到后快乐的体验就越强烈；人们的愿望在意想不到的时机和场合得到满足，也会带给人更大的快乐体验。现代社会中对快乐的追求已经成为生活的重要目标。

愤怒是由于受到干扰而使人不能达到目标时所产生的体验。如年年希望晋升，但终不能如愿时产生的消极体验；面对不公平的事实一次又一次地找管理人员说理，但终不能解决时的消极体验。

恐惧是企图摆脱、逃避某种危险情境时产生的体验，引起恐惧的重要原因是缺乏处理可怕情境的能力。在医疗工作中最常见的就是患者对死亡的恐惧，在这种情境下由于个体缺乏控制疾病的能力而表现出对医务人员的高度依赖性。人类的恐惧具有明显的后天性，正所谓“初生牛犊不怕虎”，伴随个体生活经验的增多，恐惧感会随之增加。

悲哀是在失去心爱的对象或愿望破灭、理想不能实现时所产生的体验，悲哀体验的程度取决于对象、愿望、理想的重要性与价值。在现实生活中，可以有各种程度不等的悲哀，轻度的悲哀可以是微不足道的失望或遗憾的情感。有人说医院是一个悲哀的世界，因为住在医院里的患者都失去了对人生具有重要意义的健康，所以悲哀是住院患者最常见的情绪反应。

由上述四种基本情绪还可派生出许多复杂情绪，如喜欢、悔恨、嫉妒、厌恶、羞耻、同情等。

（二）三种情绪状态

情绪状态是指在某种事件或情境影响下，在一定时间内所产生的激动不安状态。其中典型的情绪状态主要有三种。

1．心境　心境（mood）是比较微弱而持久的情绪状态，通常也叫心情。引起不同心境的因素有许多，可能是对人有重要意义的事件，如考试失败、与恋人分手等；也可能是微不足道，甚至毫无关系的小事；还可由回忆及对身体状态的感觉引起。但是，人们不能完全意识到引起心境的原因，所以经常听到有人这样说“不知道为什么就是觉得今天不高兴”。主导的心境可以变成性格的组成部分。如有的人经常处于朝气蓬勃的心境中，积极乐观；有的人经常处于抑郁忧愁的心境，终日愁眉苦脸。心境对人的生活、工作、学习有很大影响。积极、乐观的心境有助于人发挥自己的能力，提高工作和学习的效率，增强克服困难的信心；消极、悲观的心境使人厌烦，意志消沉，降低效率。因此，学会调节控制自己的心境是非常重要的。

2．激情　激情（intense emotion）是一种迅速爆发的、剧烈而短暂的情绪状态。这种情绪状态通常由对个人有重大意义的事件所引起。巨大成功之后的狂喜，遭到欺辱时的狂怒，失去亲人的大悲，都是激情状态。

激情状态下，人往往出现“意识狭窄”现象，即认识活动的范围缩小，理智分析能力受到限制，自我控制能力减弱，容易使人出现一些过激行为。合理的激情可以诱发个体巨大的潜能，在体育竞技活动中运动员和观众的激情可以极大地提升比赛的热度和竞技水平，但同时，在人际矛盾冲突中大学生也会因过度的激情而丧失理智，出现伤人害己及破坏环境的行为。因此，我们要锻炼自己的情绪自控能力，做情绪的主人。

3．应激　应激（stress）是一种遭遇到突发性事件后自己不知所措的情境下产生的焦虑状态。例如，每个医师第一次独立值夜班、第一次面对患者的死亡、第一次手术中的突发事件都可能使其陷入应激状态。在应激状态，人的意识域变窄，平时习惯了的技巧动作可能会阻碍个体摆脱应激境遇。

应激有积极的作用，也有消极的作用。一般的应激状态能使机体具有特殊防御排险功能，能使人精力旺盛，使思想特别清楚、精确，使人动作敏捷，化险为夷，转危为安，及时摆脱困境。但焦虑而又长期的应激会使人全身兴奋，注意和知觉范围狭小，言语不规则、不连贯，行为、动作紊乱等。

四、大学生的情绪特征

大学生正处在青年初期，处在人生成长过程中波动性较大的阶段，是人生的“多事之秋”。他们虽然在生理上趋向成熟，但心理发展还比较幼稚；由于社会经验不足，独立生活能力不强，对自己缺乏正确而全面的认识，他们容易受到社会上各种各样思潮的影响，而产生种种矛盾心理和冲突，使得大学生的情绪情感生活具有自己的特点。具体表现在以下几个方面。

（一）丰富性与波动性

情绪的丰富性是指随着大学生自我意识的不断发展，其情绪活动呈现出丰富多彩和不断增强的趋势，如对国家民族的热爱、对社会问题的关注、对学习进步的满足、对科学家的崇拜、对明星的狂热喜爱、对爱情的渴望等。情绪的波动性是指与成年人相比，大学生在学习、生活、交往中的一些小事件上，较易引起情绪的波动，情绪时好时坏，不够稳定。情绪好时，精神振奋；情绪坏时，垂头丧气。青年人对刺激情境变化的敏感性是情绪不稳定的主要原因。

（二）强烈性与冲动性

强烈性与冲动性是大学生情绪活动的又一特点。主要表现在对某一种情绪体验特别强烈，富于激情。许多人对符合自己信念、观点和理想的事件迅速产生热烈的肯定情绪；对不符合自己信念、观点和理想的事件，则迅速表现出否定的、反对的情绪。个别人甚至会表现出盲目的狂热与冲动，以致做出一些违反校规校纪的蠢事或坏事。而一旦遇到挫折或失败，又会灰心丧气，消沉厌世。他们的情绪来得快平息得也快，带有明显的两极性。

（三）延续性和心境化

不少大学生情绪一旦被激发出来，即使刺激已经消失，还可能转化为心境，变成一种持久的情绪状态。大学生的许多不良情绪，如抑郁、焦虑、自卑等都具有这种心境化的特点。极个别大学生的自杀行为也与这种情绪状态有关。

（四）想象性

大学生的情绪常常会有一种不理性的表现，他们常会陷入某种主观想象的夸大的忧虑之中，而难以自拔。比如有个学生，一门功课不及格，就认为自己能力不行，学不下去了，毕不了业，将来找不到工作，人生也就没了前途，生命没有价值。这是在自己吓唬自己，自己压迫自己。这是一种不良的认知方式，应该纠正。

（五）可控性

总体来说，大学生具有较高的文化素养，通过学习和训练，可以不断提高反省自身弱点和控制自己情绪变化的能力。一个有理智的大学生面对不良的情绪波动时，应能够主动地寻找引起情绪变化的原因，并积极地调节自己的情绪状态，避免情绪波动造成的不良影响。

专栏 5–1

智商和情商的契合——成功的基础

情商即情绪商数（emotional quotient，EQ），是指个体控制和调节自身情绪体验的能力。情商这一概念是由当代美国耶鲁大学心理学家沙洛维和梅耶（P.Salovery & J.Mayer）于 1990 年提出的。他们认为，情商包括四个方面。

（一）情绪的知觉、评价与表达能力

1．从自己的生理状态、情感体验和思想中辨认自己情绪的能力。

2．通过语言、声音、仪表和行为，从他人艺术作品、各种设计中辨认情绪的能力。

3．准确表达情绪以及表达与这些情绪有关的需要的能力。

4．区分情绪表达中的准确性和真实性的能力。

（二）思维过程中的情绪促进能力

1．情绪思维的引导能力。

2．情绪生动鲜明地对与情绪有关的判断和记忆的过程产生积极作用的能力。

专栏 5-1（续）

3．心境的起伏使个体从积极到消极摆动变化，促使个体从多方面进行思考的能力。

4．情绪状态对特定问题的解决所具有的促进能力。

（三）理解与分析情绪，可获得情绪知识的能力

1．给情绪贴上标签，认识情绪本身与语言表达之间的关系的能力。

2．理解情绪所传送意义的能力。

3．认识和分析情绪产生的原因的能力。

4．理解复杂心情的能力。

（四）对情绪进行成熟调节的能力

1．以开放的心情接受各种情绪的能力。

2．根据所获知的信息与判断成熟地浸入或离开某种情绪的能力。

3．成熟地观察与自己和他人有关的情绪的能力。

智商主要担负个人成长的基础性作用，情商则起到提升和促进作用，并直接影响人的工作、学习与生活的成功与否。简单地说就是智商达到一定水平后，情商的引导控制效果才有可能得到发挥。智商将成功的机会带到人们的面前，情商会从多方面、多角度帮助人们敲开成功之门。既有高的智力水平、又有很高的情商的人最容易取得事业的成功。也需要指出，情商相对于智商具有一定的可塑性和成长性，后天的努力可以提升情商水平，以弥补智商的不足。

第二节　大学生的情绪问题

一、情绪对大学生发展的影响

（一）情绪影响大学生的学习效果

人的学习活动不仅受认知影响，也受情绪影响。情绪既可以提高大学生学习的积极性，提高学习效率，也可以降低大学生学习的积极性，降低学习效率。这一点已为大量的心理学研究所证实。

1．情绪强度与学习　研究表明，各种学习活动有一个最佳的情绪激活水平。较低的情绪激活水平有助于学习较难的代数问题；中等的激活水平有利于训练基本的算术技能；较高的激活水平有利于学习简单的操作。

2．焦虑与学习　焦虑是由不安、焦急、忧虑、担心、恐惧等感受交织而成的情绪状态。焦虑与学习效率之间的关系可用倒 U 形表示，无动于衷或过分焦虑都不能产生高的学习效率，而适中水平的焦虑最有利于学习。

3．心境与学习　积极、乐观的心境能够增强人的自信心，提高学习效率，而消极、悲观的心境使人丧失信心，降低学习效率。实验表明，学习时的情绪状态保持一致，被试回忆或再认的成绩最好，因为学习时的情绪状态在回忆或再认时可以成为信息检索的有效线索。这种现象称为“心境状态一致性效应”。

（二）情绪影响大学生的身心健康

俗话说“笑一笑，十年少；愁一愁，白了头”。大量研究表明，良好的情绪，如快乐、满意等，既是维护心理健康的保证，也是促进生理健康的有效途径。它不仅能保持身心平衡，使人精神振奋，激活神经系统，使之兴奋和协调，调节内分泌系统的平衡，还能提高人体对疾病的抵抗力。反之，不良的情绪，如恐惧、忧郁等，若得不到及时调适或宣泄，就会减弱人的抵抗力，引起心身疾病。

如果大学生不能适应大学里竞争性的环境，或对自己期望和要求过高，精神长期处于焦虑状态，可能导致各种心身疾病或诱发心理障碍。大学生中常见的一些疾病，如失眠、紧张性头痛、神经衰弱、月经不调等，都与情绪变化有关。

（三）情绪影响大学生的行为反应

埃普斯顿的研究表明，大学生的情绪体验对其行为有重要影响。例如，某事如果使大学生体验到高兴、亲切、安全、平静等积极的情绪，大学生的行为目标也因此是积极的、主动的，其社会兴趣，对新事物的接受程度，对周围人的尊重与理解，对目标的确定等，都会明显增强。相反，如果某事使大学生体验到的是痛苦、愤怒、焦虑或受到威胁等消极情绪，一部分大学生的行为将会发生消极的改变，表现为社会兴趣下降，反社会行为增加，自我封闭等；但是也有一部分大学生会向积极的方向转化，在行为上表现得更加坚强，更有勇气去克服困难。

二、大学生常见的情绪困扰

情绪困扰是大学生群体中比较突出和普遍的问题。情绪困扰又称为情绪适应不良，主要表现在以下几点。

（一）焦虑

焦虑（anxiety）是指一种缺乏明显客观原因的内心不安或无根据的恐惧，是由几种情绪混合而成的负性情绪，是一种对未来某种可能发生的可怕情境即时的不愉快情绪体验。是个体预期即将面临不良处境，而又无法采取有效措施加以预防和解决，而产生的不安的情绪体验，表现为持续性精神焦虑（焦虑、担忧、不安全感）或发作性惊恐状态（运动性不安、小动作增多、坐卧不宁或激动哭泣），常伴有自主神经功能失调表现（口干、胸闷、心悸、出冷汗、双手震颤、厌食、便秘等）。和恐惧不同的是，焦虑没有值得害怕的明确对象和内容，但总有大祸临头的感觉和压力，心理上出现焦虑的期待情绪反应，但当事人又说不出究竟害怕、担心什么，不能明确表述最终会发生什么灾难和不幸。

大学生常见的焦虑有自我形象焦虑、学习焦虑与情感焦虑。自我形象焦虑是担心自己不够漂亮，缺乏吸引力，因体重过胖、矮小、青春痘等影响自我形象而引发的焦虑。这类焦虑与自我认知有关，需要通过调整自我认识进行自我接纳，建立新的自我形象。由于大学生的课程压力大、考试科目多，尤其是面临期末考试时，学生会感到巨大的学习焦虑和考试焦虑，这一阶段个体的情绪反应最为强烈。此外，情感焦虑也是这一阶段个体焦虑的重要内容，是否恋爱、如何恋爱、怎样处理情感矛盾都是影响大学生焦虑的重要原因。

焦虑对个体的影响是复杂的，适度的焦虑能够使学生注意力集中，促进学习活动，过高的焦虑则会使个体产生焦虑不安，思维混乱，注意力不集中，甚至记忆力下降等不良反应。

（二）抑郁

抑郁（depression）也是极为复杂的情绪障碍，是一种持续时间长而低落消沉的情绪体验。当个体感到无法面对外界压力时常常会产生这种消极情绪。一般来说，性格内向、敏感猜疑、不爱交际、依赖性强、遭遇丧失性打击、有不良童年经历、长期努力得不到回报的大学生更容易陷入抑郁状态。

抑郁最明显的体验是压抑的心情，表现为仿佛掉入了一个无底的黑洞之中，正被淹没或窒息。其他体验包括容易发火，感到愤怒或负罪感。抑郁常常伴随着焦虑，对所有活动失去兴趣，渴望独居。抑郁也伴随着个体思维方式的转变，这些认知改变可以是一般性的，比如注意力不集中、记忆力减退或者很难做出决定。在思考中可能有更多的心境转变，消极地看待世界、自我和未来。因此，抑郁的人很难回忆起美好的过去，经常不适当地责备自己，对未来感到悲观。与此同时，还伴随身体不适，如常常乏力，起床变得困难，更严重时睡眠方式都将改变，睡得太多或者早晨醒得太早，并且不能再次入睡。也可能出现饮食紊乱，吃得过多或过少，随之而来的是体重激增或剧减。抑郁是一种持续时间较长的低落、消沉的情绪体验，它常常与苦闷、不满、烦恼、困惑等情绪交织在一起。

（三）愤怒

愤怒（anger）是人的基本情绪反应，主要是由于客观事物与主观愿望相违背，或愿望不能实现并一再受挫时产生的激烈的情绪反应。

有研究表明，当愤怒发生时，可能导致心跳加快、心律失常、血压升高等生理变化，同时还会使人的自制力减弱甚至丧失，思维受阻，行为冲动，甚至可能做出一些事后后悔的蠢事或造成不可挽回的损失。

愤怒也是大学生常见的一种消极情绪。他们正处于精力充沛、血气方刚的青年时期，情绪上好激动，易动怒。如有的大学生因一句刺耳的话或一件不顺心的小事而暴跳如雷；有的因与人发生矛盾而怒不可遏，恶语伤人；有的因别人的观点或意见与自己不同而恼羞成怒。大学生伤害他人的事情多与他们不能控制自己的情绪、好激动、易动怒有关。愤怒对大学生的发展是极其有害的，这种情绪需要加以控制。

（四）冷漠

冷漠（apathy）指人对外界刺激缺乏相应的情感反应，对生活中的悲欢离合无动于衷。作为一种消极情绪体验，冷漠具体表现为凡事漠不关心、冷淡、退让。如有的学生对周围的人和事漠不关心，对集体和同学态度冷淡，对自己的前途命运、国家大事等漠然置之，把自己游离于社会群体之外，独来独往，对各种刺激无动于衷。这种冷漠的情绪状态，多是个体对挫折情境的一种自我逃避式的退缩性心理反应，带有一定的自我保护和自我防御性质。具有这种情绪的人从表面上看平静、冷漠，但内心却往往有强烈的痛苦、孤寂和压迫感。如果大学生长时间处于这种情绪状态下，巨大的心理能量无法释放，超过其承受的限度，就会以排山倒海的形式爆发出来，心理平衡遭到破坏，影响身心健康。

冷漠是一种消极情绪的内化而非外显的行为，事实上，冷漠比攻击更可怕。冷漠会带来责任感的降低、生活意义的缺失与自我价值的放弃。冷漠的形成多数与人生重大生活事件及重要丧失有关，也与个体的生活经历有关。

克服冷漠最根本的方法是改变认知，发现生活的意义，找到自我的价值，改变长期以来形成的对人生的消极看法，在行为上，积极投身各种有意义的活动中，融入集体，进行积极的自我暗示与自我提升，正确认识自我与他人、个体与社会的关系，并不断矫正自己的非理性观念。

（五）自卑

自卑感（sense of inferiority）是因对自己评价过低而产生的压抑、羞愧情绪体验，是自我意识中自我情绪体验的形式之一。自卑感的出现可能有真正的生理心理缺陷基础，也可能仅仅是出于想象。自卑的人自我评价过低，评价不符合自身实际情况，因而会轻视自己，或者看不起自己，对自己没有信心，在社会生活中表现出胆怯、退缩，担心不被他人尊重，对他人的评价异常敏感，为了避免受到进一步的心理伤害，尽量不与人接触，把自己封闭起来。

大学生在某方面的实际状态与个人自我期望不相符合时，自卑感最易出现。学习成绩一向很好的学生可能会因一次考试失利而一蹶不振，自认为漂亮的姑娘可能因为别人议论自己的缺陷而饮泣。一个 18 岁的大学生，因自觉与人对视时表情不自然，怕被人发现而瞧不起自己，从此不敢与人对视，最严重时不得不休学，回避一切与熟人，尤其是同龄异性的接触场合，求助于心理医生后问题才得到解决。

大学生自卑感存在着性别差异。大学生女性较男性更易产生自卑感，其原因是由于社会文化更强调男性角色的独立、进取特征，而强调女性角色的依赖、温柔特征，女性大学生的自信心普遍低于同龄男性大学生。

大学生自卑感的产生有其独特的心理背景。从心理发展过程看，儿童主要依靠他人如家长、老师的价值观念来确定自己的价值，成人则主要靠自我价值观念指导约束自我行为。大学阶段处于从儿童到成人的转变时期，大学生对自己的外貌、能力、个性品质非常关注，但尚未形成准确的自我认识，对自我的评价容易被具体情境左右。顺则有天下英雄舍我其谁的气概，逆则易陷入一无是处的自卑消极评价体验之中。

第三节　大学生的情绪管理

情绪是流动、易变的心理过程，所以有文学家把它比喻为水和火。情绪犹如火，太大会烧毁一切，太少会使人间温暖尽失；情绪犹如水，量适当可浮舟，量太大、太凶猛则会覆舟。这也就是说，如果我们能恰当地调控自己或影响别人的情绪，会为我们的生活锦上添花，否则将会成为我们生活的负担。因此，大学生学会管理好情绪，做情绪的主人，对于促进自身的身心健康具有十分重要的意义。

一、认知自我改变策略

（一）自信心的建立

自信（self confidence）代表着一种优秀的心理品质和积极的人生态度。它是一种无形的力量，时刻在充实和完善着自我和人生。自信的人相信自己，相信自己的能力，也相信自己的价值，因而凡事尽力争取，有一种“当仁不让”的主动精神。自信的大学生表现出活泼、开放、幽默、果断等特点。

现实中并不是所有的大学生都具有这一优秀心理品质，大学生要培养这种优秀心理品质，就需要有意识地学习和磨炼。那么自信的大学生是如何维护其自信心的呢？我们该如何汲取他们的经验，使自己也同他们一样充满自信呢？下面就维护自信的方法进行分析和讨论。

1. 培养健康的自我形象　自我形象是一个人对自己的看法。一个人自信的感觉，在很大程度上受自我形象的影响。认为自我形象不好的人，往往具有严重的自卑感，深深地影响到自信心的建立。因此要保持自信心，应充分认识到，归根结底是你自己决定对自己的看法和态度。同时，你也拥有着改变自己的能力。尽管我们的自我概念和认识在某种程度上受到外在因素的影响，但你的自我形象毕竟存在于你的内心之中。

自信程度低的人，往往会受别人评价的影响，陷于种种消极的思维模式中。比如：当他们获得成功时，可能会把它归功于自己的运气；而失败时，则深深责怪自己的无能。要培养自信心，应该采取一种相反的态度，把成功更多地归功于自己的努力，面对失败则要冷静地分析客观因素，而不要过多地责备自己。有这样一个例子，心理学家对毕业求职的大学生做了一次有关自信心的调查。研究结果发现，当求职被拒绝之后，自信程度低的学生，80% 会认为是因为自己“太差了”“自我形象不好”等，从而对他们的自信心产生消极影响。其实，求职被拒绝还有许多客观原因，比如所学专业不对口、用人指标有限等。

2．不要让别人来设定你自己的生活目标 在日常生活中，本来是自己的事情，其标准却往往是由别人设定的。比如“别人”（包括商业广告）不断地告诉我们应该做什么和不该做什么，甚至应该怎样做，不应该怎样做。许多大学生易受周围同学的影响，穿着、饮食，甚至连兴趣爱好都想和别人一致，否则就觉得不自在、不合拍。像“你应该去减肥”“你应该学会跳舞”“你应该穿牛仔裤”等建议，即使别人大都出于好心，甚至所提的建议也并不坏，但是别人的标准，不一定能成为你的标准。自信程度低的人，更容易受别人的影响。要建立自信，就应该经过全面和独立的思考后，为自己设立生活标准，选择符合自己理想和个性特点的标准。

3．认识和调整不现实的生活目标 每个人都有着自己的理想和目标，并且会执着地去实现它们。但是，这些目标现实吗？符合你自己的条件吗？有些人习惯于向自己提出一种“高标准”，这样常常会显得很勉强，并且当愿望不能实现时，就会不断地打击其自信心。比如你根本不具备条件，而硬要强迫自己去做电影明星。这种不切实际的目标，只能使你处于志大才疏的状态，其结果反过来影响你的自信。因此，凡事注意考虑自己的环境和条件，脚踏实地地求发展，每实现一个小目标，就能增加一分自信。

4．优化意志 意志品质可以影响健康情绪的培养。意志薄弱的人是不良情绪的俘虏，意志坚强的人是情绪的主人。有人说“我知道发火不对，可就是控制不住”。其实，如果尝试把发火的时间推迟 15 秒，下一次再要求推迟 30 秒，以后不断向后推延，这样坚持下去，学会自我控制，就能成为情绪的主人。

（二）保持适度紧张

研究表明，保持适度的紧张可以提高人的活动效率，只有那些严重地影响了正常工作和生活的紧张才是需要改变的。这是因为，一方面，适度的紧张激动状态，由于交感神经作用，生理上会有一连串的变化，如血压增高，呼吸加速，血液循环加快。这些变化使身体产生较多的能量来应付当前的问题和情景。这种能量有时是巨大的，它可使人做出超出自身极限的成就。另一方面，适度的紧张，不仅是维持学习效率的有利因素，而且也是健康生活的必备条件。有些人愿意从事冒险活动，有些人喜欢在学习完一天功课后，还要玩桥牌、围棋之类略紧张的智力消遣活动，就是这个原因。个体在适度紧张状态下，思考力、反应速度、动作的敏捷性都得到锻炼，使身心趋于健康全面发展。能够保持适度紧张的大学生往往能够较好地适应大学生活，发展自己，做出正确抉择，并取得较好的学习成绩。

然而，有些大学生存在过度紧张的现象，其表现和原因是多方面的。首先是适应性紧张。生活环境的改变使一些缺乏独立生活能力和来自偏远地区的大学生，不知如何处理人际交往中的矛盾。其次是考试紧张。一些大学生考试前数天就表现得极其紧张，以致不能安心复习，其紧张程度随考期临近而日益严重。那些能力不如他人或对自己能力的主观评价不如别人的大学生，以及那些对获得好成绩有强烈愿望的大学生，容易产生较高的考试紧张。再次是健康紧张。因为对身体健康和生理现象过分关注而产生的紧张，如失眠、疲倦、头痛等，同时还有一部分同学由于缺乏性知识，对遗精和手淫产生紧张。最后是选择性紧张。这是一种面临动机冲突和困难的选择，如因两难选择而产生的紧张，学习、交际、恋爱、择业过程中出现的心理冲突和紧张便是如此。

过度紧张可使人失去信心和希望，在心理上摧垮一个人。因此，我们平时应注意培养积极乐观的生活态度，减少不必要的忧虑，保持适度紧张，使自身健康地发展。

（三）热情乐观

我们热情乐观的时候，神清气爽，身心愉悦，精神焕发，能充分感受世界的美好。俄国心理学家柯克契耶夫研究过人在乐观与悲观的思维中的生理状态。人在乐观的思维中，视觉、味觉、嗅觉和听觉都更灵敏，触觉也更细微。精神医学也证明：在乐观的时候，我们的胃、肝、心脏和所有的内脏会发挥更有效的作用。可见，热情乐观的情绪状态与一个人的潜能密切相关。

1．快乐不在未来而在现在 不能乐观地面对生活的人有一个最普遍的原因，即他们企图按照难以实现的计划而生活。他们现在不是在生活，也不是在享受，而是在等待将来发生的事情。他们以为大学毕业，找到工作以后，完成某个任务或取得某种胜利以后，就会快乐起来。快乐是一种心理习惯，如果不在现在加以了解和实践，将来也体会不到。快乐不是在解决某种矛盾后产生的，一个问题解决了，另一个问题还会出现。生活本身就是解决一系列问题的过程。快乐也就是在解决问题和克服矛盾中获得的心理体验。苏联心理学家巴甫洛夫说："愉快可以使你对生命的每一跳动，对生活的每一印象易于感受，不论躯体和精神上的愉快都是如此，可以使身体发展、健康。"中国俗语说"人逢喜事精神爽""笑一笑，十年少"，就是说愉快乐观的情绪和情感可以延缓衰老、增进健康。

2．培养乐观的习惯 亚伯拉罕·林肯说："只要心里想快乐，绝大部分人都能如愿以偿。"也就是说，只要你相信做的事情一定会成功，你个人的活动就能够发展和实现这些想法。包括圣人在内，没有一个人能随时感到百分之百的顺利。正如萧伯纳所讽刺的那样，如果我们觉得不幸，可能会永远不幸。但是，我们可以凭借头脑和决心来使事情变得愉快起来，以应付日常生活中使我们不痛快的琐碎小事和环境。我们对小的烦恼和挫折的牢骚、不满、懊悔、不安的反应，在很大程度上是出于习惯。我们做出这种反应已经"练习"了很长时间，也就成了一种习惯性反应。这就是那些悲观的人无法自拔的原因。

这种习惯性的悲观大多起因于自尊心受到伤害。如考试成绩不及格，便责怪自己能力差；说话时有人肆意插嘴，便认为自己的话题不被喜欢等。改变这种习惯性反应的最好药方就是提高自尊心。请看在一个电视节目里节目主持人操纵观众的情况。他拿出"鼓掌"的标记，大家就都鼓掌；他又出示"笑"的标记，所有的人就都笑起来。观众的反应像绵羊一样，告诉他们怎样反应，他们就顺从地做出反应。你现在也是这种反应。你让外在事物和其他人来支配你的感觉和反应，在等待某件事向你发出"生气""不痛快""没办法了"的信号。这种方法轻易地使人认识到做悲观的奴隶有多可笑，从而积极乐观地对待事情。请做自己的主人，培养乐观的习惯。

3．在挫折中练习乐观 在遇到不如意和不利的环境时，我们一般都很难冷静，但只要我们不在不幸之中再加上自怜、懊悔的情绪和于事无补的想法就能逐渐找回乐观和热情。美国整形师、心理学家马尔兹在宣布想当一个医生时，有人告诉他这是办不到的，因为他家没有钱，他母亲没有钱，这是事实，但说他永远当不成医生只是一种意见。后来又有人说他永远不能到德国去读研究生，还说一个年轻的整形医生不可能独自在纽约挂牌开业。而这一切他最终都做到了。他常常提醒自己：这些"不可能"只是别人的意见，而不是事实。我不仅要设法达到目标，而且要在奋斗过程中感到快乐，甚至在我典当大衣买医学书、省下饭钱买解剖的尸体的时候。他认为，要说这是"莫大的不幸"或者"人生失去希望"，那仅仅是一种想法。他不仅克服了困难，而且这些遭遇成了他最大的幸事，使他学会了乐观。

（四）认知调控法

认知调控法是指当不适度、不恰当的情绪反应出现时，个人理智地分析和评价所处的情境，正确地分析引起情绪反应的客观现实和主体状况，理清思路，冷静地做出应对。例如，一个人被激怒时，常会做出过激的行为，但如果此时能够先冷静地分析一下引起愤怒情绪的原因、可能解决问题的种种方法，并选择其中较为理智、恰当的方法去解决问题，就可以使过分激动的情绪反应得以适当的平静，避免出现过激的情绪反应和行为。但应该注意的是，使用认知调控法来调节和控制情绪，其前提是对刺激必须要有一个正确的认知与评价，否则，不但不能调节和控制情绪，反而会激化矛盾，导致更为恶劣的情况出现。

认知调控法在实际应用时可分为以下两步：一是分析刺激的性质与程度。冷静地分析问题的症结所在，可以及时调控过度的情绪反应，以避免因情绪反应过于强烈而产生不良的后果。

二是积极地寻找多种解决问题的方案，多方比较后择优而行。情绪引发的即刻反应往往是带有冲动性的本能反应，它反应迅速，强度大，有时可以帮助我们脱离险境，但如果选择不当，则会带来严重的后果。其实，在一般情况下，许多问题的解决都会有多种可行性方案，只要我们能冷静地思考，总能找到最佳的解决途径。

二、行为自我调整策略

有必要指出，凡是有利于身心健康的生活方法和行为习惯，都对调控人类情绪有利，因此，调控情绪的具体方法很多。下面所列的方法主要用于情绪障碍调控，同时也适用于其他心理问题。

（一）合理宣泄

情绪既然是健全心理中不可缺少的一面，我们对正常的情绪就不能过多压抑，而要加以宣泄。正如亚里士多德所言："适时适所表达情绪，不要当众表达自己的不满情绪，在适当的场所以不伤人的方式适度表达内心的不满。"如果我们的情绪表达经常受到压抑或禁止，则易引起心身疾病。情绪上所受的抑制太多或所受的心理压力太大，还能引起心智障碍，影响记忆、思维等心智活动的效率。

情绪的宣泄有直接和间接两种方式。直接的宣泄就是直接针对引发情绪的刺激来表达情绪。与人闹了矛盾，直接与对方交换意见，解开疙瘩，消除误会，千万不要让怒气积压在胸中。当直接发泄对于别人或自己不利时，则可用间接发泄使情绪得到出路。心中有了不平之事，可以将心中的委屈、压抑、担心、焦虑统统说出来，说给那些愿意倾听，并且真心实意愿意帮助我们的人听。甚至可以在亲朋好友面前大哭一场，述说心中的委屈痛苦，得到安慰和同情。痛哭本身作为纯真的感情爆发，是人的一种保护性反应，是释放积聚的能量，用于排出体内毒素、调整机体平衡的一种方式。

（二）活动转移法

活动转移法是指在处于情绪困境时，暂时将问题放下，从事所喜爱的其他活动以转变情绪体验的性质，达到调控情绪的目的。事实证明，音乐是调控情绪的最佳方式之一。欢快有力的节奏使情绪消沉者振奋，轻松优美的旋律让焦虑不安者松弛。大学生应该学习欣赏不同形式的音乐，把内心的体验投射成心灵的曲调，从而换来心理的轻松。

体育活动也是转移调控情绪的良好方法。当情绪状态不佳时，游山玩水、打球、下棋都是极好的情绪调控手段，体育活动既可以松弛焦虑情绪，又可以消耗体力，使消沉者活跃，激愤者平静，实现平衡情绪的目的。

活动转移法按其转移的方向可分为两类：一是消极的转移，二是积极的转移。消极的转移是指情绪不佳时，转而去吸烟、酗酒，自暴自弃。这是大学生必须摒弃的转移方向。积极转移方法是指把时间、精力从消极情绪体验中转向有利于个人和人类幸福和未来发展的方向，如勤奋学习、从事研究。积极转移方法是大学生调控情绪努力的方向。

活动转移法之所以有效，其原因有三：一是新的活动是大学生所喜爱的，从事该类活动，大学生马上可以感受到愉悦；二是新的活动成功有利于帮助大学生寻找自我价值所在，获得自尊；三是每个人的时间、精力有一个限度，用于一件事多些，用于第二件事自然就少些，无暇再深刻体验负性情绪。

（三）积极的自我暗示

心理自我暗示，从心理学角度讲，就是个人通过语言、想象等方式，对自身施加影响的心理过程。这个概念最初由法国医师库埃于 1920 年提出，他的名言是"我每天在各方面都变得越来越好"。自我暗示分消极自我暗示与积极自我暗示。积极自我暗示，在不知不觉之中对自己的心理和生理状态产生影响，令我们保持良好的心情、乐观的情绪和自信心，从而调动人的内在因素，发挥主观能动性。心理学上所讲的“皮格马利翁效应”也称期望效应，就是讲的积极的自我暗示。而消极的自我暗示会强化我们个性中的弱点，唤醒我们潜藏在心灵深处的自卑、怯懦、嫉妒等，从而影响情绪。

与此同时，我们可以利用语言的指导和暗示作用，来调适和缓解焦虑状态。心理学实验表明，当个人静坐时，默默地说“勃然大怒”“暴跳如雷”“气死我了”等语句时心跳会加剧，呼吸也会加快，仿佛真的发起怒来。相反，如果默念“喜笑颜开”“兴高采烈”“把人乐坏了”之类的语句，那么他的内心也会产生一种乐滋滋的体验。由此可见，言语活动既能唤起人们愉快的体验，也能唤起不愉快的体验；既能引起某种情绪反应，也能抑制某种情绪反应。因此，当我们在生活中遇到情绪问题时，我们应当充分利用语言的作用，用内部语言或书面语言对自身进行暗示，缓解不良情绪，保持心理平衡。比如默想或用笔在纸上写出下列词语：“冷静”“三思而后行”“制怒”“镇定”，等等。实践证明，这种暗示对人的不良情绪和行为有奇妙的影响和调控作用，既可以松弛过分焦虑的情绪，又可用来激励自己。

（四）内在的安全岛技术

这是一种用想象法改善自己情绪的心理学技术，能在出现自己不愿面对的负面情绪时，找到一个仿佛是世外桃源的地方暂避一时。

所谓“内在的安全岛”，是指可以在自己的内心深处找到一个使自己感到绝对舒适和惬意的地方，它可以是在地球上的某个地方，也可以是在一个陌生的星球上，或者任何其他可能的地方。如果可能的话，它最好存在于想象的、并非现实世界中真实存在的某个地方。关键是，这个地方只有自己一个人可以进入。当然，如果在进入那个地方时产生强烈的孤独感的话，也可以找一些有用的、友好的物件带着。

这个地方应该是受到良好的保护，并且有一个很好的边界。它应该被设置为一个自己绝对有能力阻止未受邀请的外来物闯入的地方。真实的人，即使是好朋友，也不要被邀请到这个地方来。因为与其他人的关系也包含有可能造成压力的成分。在内在的安全岛上不应该有任何压力存在，只有好的、保护性的、充满爱意的东西存在。

在做这样的练习时，通常需要花上一些时间才能找到自己的安全岛。慢慢找，直到这样的安全岛在自己的内心清晰、明确起来。

（五）保险箱技术

保险箱技术是一种很容易学会的负面情绪处理技术，也是靠想象方法来完成的。它早先被设计为严重的心理创伤的掌控技术，可以用来有意识地对心理创伤进行排挤，从而使自己在比较短的时间内从压抑的念头中解放出来，它通过对心理上的创伤性材料“打包封存”，来实现个体正常心理功能的恢复。

但事实上，这一技术不仅可以用于处理严重的心理创伤，更能有效地缓解我们日常的压力和情绪困扰。在保险箱练习中，可以将引起负面情绪的东西锁进一个保险箱，而钥匙由自己掌管，并且可以自己决定是否愿意以及何时想打开保险箱的门，来重新触及那些带来负面情绪的压力以及探讨相关的事件。在进行该训练时，可以先用深呼吸让自己放松和安静下来，再根据引导词继续下去。

（六）遥控器技术

内在的安全岛技术是靠转移注意的焦点，让自己从负面情绪中摆脱出来而进入平静愉悦的情绪中；保险箱技术帮助个体暂时收藏起压力和负面情绪，能够面对生活；而遥控器技术则是帮助个体既能直接提取自己的积极记忆和情绪，又能尝试直面自己的压力源和负面情绪，并且能将个体从负面情绪切换到积极情绪中去的一种技术。

遥控器技术是一种自己可以单独练习的放松技术，有三个功能：一是帮助个体学习提取、标记并保留记忆中的美好记忆画面，以备需要时快速从个体的记忆中提取出来，从而唤起自己的积极情绪和感觉；二是帮助个体面对会引发自己不舒服感觉的压力源或负面情绪，让自己在这些不舒服的感觉中保持控制，并且能通过相应的心理技术缓解自己的不舒服感觉，从而获得和掌握调节自己负面情绪的方法；三是心理切换功能，即帮助自己从负面情绪快速切换到正面情绪，让自己快速从消极状态调整到积极状态中来。

（七）寻求社会支持

当大学生陷入较严重的情绪障碍时，有必要向社会支持系统寻求帮助。每个大学生都应该建立自己的社会支持系统，有能够在心理方面给予自己支持、帮助的社会网络，如亲人、朋友，或者是专业的社会工作者、心理医生。社会支持系统的存在有多方面的意义：一是可以成为倾诉的对象，苦恼的人将苦恼向他人倾诉之后，会有轻松解脱的感觉，就是所谓的“精神排毒”；二是可以提供新的看待问题的视角和思路，使人摆脱个人习惯的思维模式的束缚，重新评估困境，寻找新的出路；三是社会工作者和心理医生可以提供专业意见、建议，运用心理学手段和方法帮助大学生更有效地解除情绪障碍。

总之，情绪调节的方法多种多样，一种情绪调节方式对有些大学生有效，而对另一些大学生可能无效，大学生应当根据自身的特点和具体情境选择适合自己的情绪调节方法。情绪调节技术更具专业性，当情绪困扰较严重而自己又难以调节时，可在专业的心理咨询师的指导下进行情绪状态的调整。

【心理自我训练】

如何控制愤怒

总有些事会让你感到愤怒，无法自制，而很多时候，愤怒有百害而无一利。这时不妨试试下面的方法。

1. 如果你开始愤怒，你应该：

（1）承认自己的愤怒。

（2）查明愤怒的根源，是哪件具体的事件或行为使你感到愤怒（切记：愤怒的对象不能针对某个人），想出能摆平它的方法。

（3）试着深呼吸，再从一数到十，然后尽可能冷静地做出反应。

（4）先暂时离开，直到你感觉到能够冷静而理性地对待此事时再回来处理。

（5）和与此无关的第三者谈话交流。

（6）把自己的愤怒写下来，但注意不要让他人看到，而是要等到24小时之后再重新浏览自己所写的内容。

2. 如果对方愤怒，你应该：

（1）仔细聆听。

（2）模仿对方的行为，与对方保持一致的姿势，如果对方是坐着的，你也应该坐下，如果对方是站着的，你也应该站起来。

（3）不要在中间打断对方的说话，让他有机会倾吐心中的不安。

（4）承认对方的愤怒是应当的，并表示理解。

（5）承认对方的立场，使他明白你的意见同他一致以及你对这次事件的理解。

（6）避免使用可能导致对方的愤怒升级的语言。

（7）保持冷静而又从容的心态。

（8）使用平静的声调（可以从语言和语速上判断出来）同对方交流。

（9）帮助对方解决困难，以免发生类似情况。

（10）看看对方还有没有更多的难题，限定解决所有这些困难的时间。

【案例分析】

为何一位大学生，会因小事而情绪失控，挥刀捅死同学？

案例回放：某日下午，大二学生小顾自习归来，未带宿舍钥匙便敲门求助，正在打游戏的小韩本想过一会儿开门，听到小顾的不文明骂声后，便不予理睬。小顾以为宿舍没人，取钥匙回来，进宿舍后发现小韩在屋里，于是发生争吵。厮打中，小顾用手扣住了较瘦弱的小韩的头。小韩拿起水果刀吓唬小顾，小顾不理，小韩情绪失控，当下挥刀怒捅，致小顾失血过多而死亡。

案例分析：小韩的同学说他无论是性格还是人品都很好，平时和同学相处十分融洽。这种因行为人"失常和失控"而发生的案子，被犯罪心理学称为"偶发性的应激犯罪"，属于情绪性动机（又称感情冲动型犯罪）犯罪中的一种。其特点是：①应激。当事人在应激状态下（受到出乎意料的挫折或打击——小韩的头被死死摁住），让其极为愤怒、惊恐和无助，蓄积了极为巨大的负面情绪。②爆发。当事人为摆脱这种应激状态，情绪强烈地爆发了，因情绪极为亢奋，出手力量很大，后果十分惨重。③后悔。当事人又称"瞬间犯罪人"。"瞬间犯罪人"情绪性犯罪的过程，是情绪释放的过程。因其平时并不想侵害他人或社会，因此，待情绪平静下来后，立刻痛悔不已。例如，"随后，小韩也吓坏了，赶紧叫来同学，并拨打了"120"。在送校医院治疗未果之后，眼见小顾伤势严重，小韩再次拨打了报警电话，并协助将小顾送往医院。"

个体在应激状态下大脑容易形成一片空白。面对应激事件时，人脑会立刻评估当前刺激，并与过去经验进行比较，一系列应激激素（皮质类固醇激素是其中最主要的一种）随之释放；同时，大脑的边缘系统会与皮质类固醇激素协调行动，调节下丘脑室旁核的活动，并对情绪施加影响；面对压力，杏仁核结构和功能的变化也会导致相应的情绪变化，帮助我们远离应激产生的有害情绪。但是，如果应激事件激发的强烈情绪，超出了其"情绪调节系统"所能承受的阈值，就会让其调节失灵。人在受到外界突发的强烈刺激时，产生情绪上的激烈冲动，失控的情绪造成机体活动受到严重障碍，致使大脑一片空白。如果刺激超过了所能承受的阈限，失控情绪过于强烈，大脑思维难以恢复，令其思维狭窄，自控能力减弱，理智分析受到抑制，情绪就会暂时性地处于失控状态。在应激性犯罪中，因为是情绪失控性地爆发，所以一般是手段简单，方式直接，以杀、打的方式，不计后果地、十分冲动地发泄自己的情绪。为有效预防应激性犯罪，应当重视"挫折教育"，提升"抗挫能力"，从生理心理学的角度讲，抗压阈值高的人，大脑情绪调节系统的功能强，面对应激事件，大脑虽会出现空白，但能很快恢复理智，有效减少冲动行为的发生。此外，情绪控制能力的培养作为大学生人格养成的重要内容对减少冲动行为的发生也具有积极的预防效果。

（赵阿勐）

第6章 人格与心理健康

【哲人的忠告】

同样的火候，使黄油融化，使鸡蛋变硬。

——奥尔波特

人格是个体内部那些决定个人对其环境独特顺应方式的身心系统的动力结构。研究证明，具有不同人格特征的个体在面临同样的压力、打击等精神刺激时，他们表现出的认知模式、应对方式、调适结果等各不相同。人格并非生而不变，而是可以重新塑造的，健康完美人格的培养和造就是关系每个人前途的重大工程，也是大学阶段的重要任务之一。

第一节 人格概述

到过医院产科的人们，很容易看到这样一种情景：同样是新生婴儿，有的酣然安睡，有的大哭大叫，还有的东张西望。如果留心观察周围的人们也会注意到：有些人总是精力充沛、活泼外向，有的人整天愁眉不展，萎靡不振；面对同样的任务，有人视为挑战，充满信心，有人却焦虑不安、踯躅不前……人与人之间的差异如此之大，以致我们经常感叹"人心不同，各如其面"。人格是人的一切心理活动和行为的基础，也是每个人心理面貌的集中反映，它决定了人如何面对外界的刺激、做出什么性质的反应以及速度如何。人格的差异铸就了个体千差万别、千姿百态的心理面貌，成就了每个人的个人魅力。随着社会的发展，人类逐渐认识到，健康而幸福的生活越来越多地取决于人类自身的人格健康状况，而且人格的健康发展也是促进社会健康发展的一种力量。

一、什么是人格

"人格"一词在日常生活中用得很广。我们中国人一说到"人格"，态度往往严肃而认真。我们常常听到"某某人的人格高尚"或者"某某人的人格卑鄙"之类的话，这是从道德的观点给予某人的一种评价。此时的"人格"相当于"品格"或"品德"的意思。而"保护人格尊严"则是将人格视为权利、义务的主体，是法律上的含义。此外，在社会学、哲学等领域，"人格"都有其特殊含义。心理学探究"人格"，则同探讨认知、情绪、智力等心理现象一样，是对于人类自身的研究活动。

人格（personality）一词，最初源于古希腊语 persona，在古希腊语中其原意是戏剧中演员表演时所戴的面具，面具代表这一角色的典型特点，随人物角色的不同而变换。类似于我国京剧中的脸谱。心理学沿用面具的含义，转意为人格，意指个人在人生舞台上扮演的角色。

现代心理学中人格概念的涵义广泛而复杂，不同的研究者从各自角度出发，提出的定义多达 50 种以上。对复杂的人格作出一个公认的定义是件困难的事。国内学者给出的定义是：人格是指一个人整体的精神面貌，即具有一定倾向性的、相对稳定的和独特的心理行为模式。它是个体在遗传素质的基础上，通过与后天环境的相互作用而形成的。

与其他心理过程和心理特征相比，人格具有以下特点：

第一，人格的独特性，是指每个人都是独一无二的个体，个人对环境和个体本身做出的行为反应具有特殊性和个别性。世界上没有两片相同的树叶，更没有完全相同的两个人。每个人的基因、所处环境、与环境的互动方式等方面的不同造就了一个个独特的个体，即人格体现了个体人格倾向性和人格心理特征区别于他人的特点。

第二，人格的整体性，是指人格有多种成分和特质，如气质、能力、性格、需要、动机等，在一个现实的人身上，任何一个方面都不是孤立存在的而是密切联系并整合成为一个有机整体。正常人的心理与行动并不是某一特定成分运作的结果，而是各个成分协调一致活动的结果。一个人从自卑到自信的改变，相应也会引起情绪、认知和行为等全方位的变化，我们感受到的不仅是他自信心的改变而是整个人的改变。人格的内在统一性是人格健康的标准。精神分裂症是一种最常见的精神病，布洛伊勒（Eugen Bleuler）在提出精神分裂症这个术语时便认为，精神分裂症是精神内部的分裂，他将统一性的丧失、精神的内部分裂视为此病的本质。可以将精神分裂症患者的心理与行为比喻为一个失去指挥的管弦乐团。得了这种病，患者的感觉、记忆、思维和习惯这类心理功能虽然不至于丧失，却是乱七八糟的。由此可见，一个正常人的心理是多样性的统一，是有机的整体。

第三，人格的稳定性，是指人的思想情感和行为具有跨情境的一致性与跨时间的连续性。一个害羞的人会在朋友聚会、课堂发言、交友等方方面面都表现出“害羞”的样子来；同样一个现在害羞的人，我们可以猜想他过去也是害羞的，也可以预测他以后遇到类似场合也更容易害羞。一个人的行为模式是成长和经验积累的产物，一旦形成，就会相对稳定地持续一段时间，轻易不会发生改变，但“江山易改，禀性难移”不等于说“不能移”，人格还具有可塑性。人格可以改变，但是速度缓慢，生活中的重大事件，如疾病可能会导致生活态度突然变化，但经过一个时期后其基本行为方式还是会朝原来的样子回复，虽有所改变但仍保持连续性。

第四，人格的社会性，是指社会化把人从动物变成社会的成员，人格是社会的人所特有的。人格是在个体的遗传和生物基础上形成的，受个体生物特性的制约。从这个意义上也可以说，人格是个体的自然性和社会性的综合。但是人的本质并不是所有属性相加的混合物，也不是几种属性相加的混合物。构成人的本质的东西，是那种为人所特有的，失去了它人就不能称其为人的因素，而这种因素就是人的社会性。其实，即使是人的生物性需要和本能，也是受人的社会性制约的。例如，人满足食物需要的内容和方式是受具体的社会历史条件制约的。

第五，功能性。正如人们常说的“什么样的性格决定什么样的人生”。人格决定了一个人的生活方式，甚至会决定一个人的命运。在看待人的言行及事件的原因时人们常常使用人格特征解释。面对挫折与失败，有人总结经验教训，在失败的废墟上重造人生的辉煌；有人却一蹶不振，失去了奋斗的目标。当正常发挥人格功能时，表现为健康而有力、积极乐观；当人格功能失调时，表现出懦弱、无力、失控甚至变态。

专栏 6–1

狼孩——脱离人类生活的实例

1920 年，在印度米德那波尔地区的狼洞发现“狼孩”卡玛拉（约 2 岁）和阿玛拉（约 8 岁），她们具有人类的遗传素质，但不具备正常儿童的心理。她们用四肢爬行，不穿衣服，白天睡觉，夜间活动，用舌头舔食生水和流汁，只吃地板上的生肉。卡玛拉（约 2 岁）很快死去，阿玛拉活到 17 岁。在辛格夫妇的精心训练下，阿玛拉被发现 2 年后能直立，6 年后能直立行走，7 年后学会 40 多个词，智力相当于 4 岁儿童的水平。

在遗传和生理成熟所提供的可能范围内，环境和教育对儿童心理发展的现实水平起着决定性作用。狼孩虽然具备人类一切的生物属性，但是脱离了人类社会和环境，就不能成为真正的人。

二、人格的类型

当代心理学对人格有多种不同的分类方法，常见的有以下几种：

（一）内外向型

瑞士心理学家荣格（Carl G. Jung）认为，人与周围世界发生联系时有两种指向，他称此为定势。一种定势指向个体的内在世界，称内倾；另一种定势指向外部环境，称外倾。据此把人分为两大类型：内向型和外向型。通常内向的人具有安静、富于想象、爱思考、退缩、孤僻、冷漠、害羞、防御性、缺乏自信、自我欣赏、对社会不感兴趣、难以适应环境的变化等特点；而外向的人通常是爱交际、活跃、开朗、自信、冒险、坦率、随和、勇于进取、对周围一切事物都很感兴趣，易适应环境变化。

在实际生活中，绝大多数人都是兼有外向型和内向型的中间型。荣格本人也认为，没有纯粹的内向型或外向型的人，只是在特定的场合下，由于情境的影响，一种态度占了优势。

（二）场独立型和场依存型

美国心理学家威特金（H. A. Witkin）根据信息加工方式的不同，把人的性格分为场独立型（field independence）和场依存型（field dependence）两类。场独立型的人，倾向于利用自身内在的参照标志，具有从复杂整体中区别部分的能力特征，较少受周围背景的干扰，受暗示性较弱，对他人不感兴趣，社会敏感性差，不善于交际，对抽象的内容特别关注，解决问题时不易受定势影响，比较有创造性。场依存型的人，倾向于利用外在参照标志，独立性较少，受暗示性较强，对他人感兴趣，社会敏感性强，善于交际，抗应激能力差。

（三）A、B 型人格

20 世纪 50 年代，美国心理学家弗里德曼（M. Friedman）和罗斯曼根据人们在时间上的匆忙感、紧迫感、好胜心等特点，把人格分为 A 型、B 型人格。A 型人格（A-type personality）的人具有强烈的进取心和成功意识，时间紧迫感强，生活节奏较快。这类人往往智商较高，能力较强。对自己寄予极大的期望，终日忙忙碌碌、紧紧张张，不知道放松自己，极不情愿把时间花在日常琐事上。

B 型人格（B-type personality）的人则表现平静，与世无争。从未感到被时间所迫，凡事逆来顺受，不对别人产生敌意，不易为外界事物所扰乱，很容易使自己放下未完成之事而稍作休息或另觅生活之情趣。

A 型人格的人，由于一系列的紧张积累，极易导致心血管病，甚至可随时发生心肌梗死而猝死。其发病率是 B 型人格的 2 倍。有统计表明，85% 的心血管疾病与 A 型行为有关。同样，有关研究也表明，A 型人格与冠心病的发生密切相关。

（四）人格—职业匹配理论

1959 年霍兰德（John Henry Holland）以自己的职业咨询经验为基础提出了一种关于职业选择的人格类型理论。认为职业选择是个人人格的反映和延伸，人格是决定一个人选择何种职业的重要因素；个人职业选择分为六种“人格性向”，分别为现实型、研究型、艺术型、社会型、企业家型、传统型，这六种人格类型特点是：

1．现实型（realistic） 愿意使用工具从事操作性强的工作；动手能力强，做事手脚灵活，动作协调；往往不善言辞，不善交际。

2．研究型（investigative） 抽象能力强，求知欲强，肯动脑筋，善思考，不愿动手；喜欢独立和富有创造性的工作；知识渊博，有学识才能，不善于领导他人。

3．艺术型（artistic） 喜欢以各种艺术形式的创作来表现自己的才能，实现自身价值；具有特殊艺术才能和个性；乐于创造新颖的、与众不同的艺术成果，渴望表现自己的个性。

4．社会型（social） 具有合作、友善、助人、负责、圆滑、善社交、善言谈、洞察力强等人格特征。喜欢社会交往、关心社会问题、有教导别人的能力。

5．企业家型（enterprising） 精力充沛、自信、善交际，具有领导才能；喜欢竞争，敢冒风险；喜欢权力、地位和物质财富。

6．传统型（conventional） 喜欢按计划办事，习惯接受他人的智慧和领导，自己不谋求领导职位；不喜欢冒险和竞争；工作踏实、忠诚可靠，遵守纪律。

以上人格类型划分都是根据某种原则，把所有的人划分为几大类型。它的特征是整体性和典型性，能使人直观地了解人的人格，目前已得到广泛的应用。不足之处在于将人格概括为少数几个类型，就会忽视中间型，这样有可能导致简单化和片面化，容易将人格固定化、静止化，忽视人格变化发展的一面，特别是容易忽视影响人格形成和发展的环境因素。

另外，尽管人格特征有各种各样的类型，就其总体而言，并无高低优劣之分。那些开朗灵活、好说好笑的人，适合搞文艺及社会活动；而那些文静沉默、谨慎执着的人，就适合搞科学技术及研究。也就是说，每一种类型的人格特点都有其长处和短处。只有扬长避短，才能充分地发挥一个人的能力。

三、人格与健康

生活中我们会碰到诸如此类的疑问，如“有些人会比其他人更容易生病吗？”“有些人生病后会更快地痊愈吗？”“有些人会比其他人更能承受压力吗？”随着对这些问题的解答，心理和行为因素对健康有着重要的影响已经成为一个共识。人格在很多方面都可以帮助每一个个体以独一无二的方式来适应生活的挑战和要求，不同的应对方式决定了我们的健康与否。

1．压力与健康 压力在人格与健康的关系中扮演重要的角色。压力是指由不可控制或威胁事件所导致的主观感受，是个体对知觉到的需求的一种反应。例如，你明天有场重要的考试，但你还没有复习好，是该休息的时候了却难以入睡。想继续看书但是白天的学习已经使你疲劳而无法集中精力。再有几个小时就要考试了，躺在床上，你手心开始出汗，心怦怦地跳，不知道该怎么办。你想学习，也知道睡一觉比较好，但是好像两样都做不到，觉得快要崩溃。这就是压力。产生压力的事件被称为压力源，它具有无法控制、双向对立倾向和让人无法承受的超负荷的感觉等三个特征。压力来源除了大的生活事件外，还与日常琐事有关。在应对压力时个体需要调动身体和情绪资源来适应需求，而太强太长的压力消耗掉个体大量的生理和心理资源，最终痛苦情绪会以愤怒、焦虑、紧张、消沉、头痛、胃痛、高血压、溃疡等方式表现出来。

2．乐观（optimism）与健康 压力与疾病之间的确存在着一定的关联，但是在同等的压力下，并不是所有的人都会产生疾病。个体对压力的反应以及这种反应的后果都会因人而异。个体的归因风格在压力与健康中起着中介作用。所谓归因风格（attributional style）是指以一种倾向性的方式来解释坏事件的原因。那些把坏事件归因于稳定的和内在的因素的人被视为悲观主义者，他们认为出现不好的事情时，个人无能为力，他们的行为和生活结果无关；而将坏事归因为不稳定的和外在的因素者被视为乐观主义者。他们认为生活事件是不稳定的、可操控的，他们所做的事能影响生活的结果。后者在生活中期望未来充满好事而少有坏事，忽视或最小化生活中的风险，对做成一件事充满信心等。相关研究发现，乐观者更少罹患疾病、病情恶化缓慢、康复速度快以及复发的可能性也低。乐观的人也更可能采取积极健康的生活方式，如定期锻炼、低脂肪饮食、有节制的饮酒等。

3．情绪表达（emotional expression）与健康 心理学家认为，不对他人敞开心扉，把什么事都埋在心里是压力的来源，并最终导致心理压力和身体疾病。要抑制与创伤、消极或郁闷事件有关的想法和感受需要消耗身体能量，日积月累，这些压力积压起来会增加与压力有关的问题出现的可能性，如睡眠问题、易怒、胃疼、头疼等，甚至因免疫功能下降而导致疾病。说出心里的秘密，告诉他人自己的隐私及情感表达会让人从这些压力中解脱出来。原因在于表露减少了抑制这些信息所需的精力消耗，而且说出或写下过去的创伤性事件可以让人更好地解释该事件，寻找其中的积极意义，并将之整合到当前的情境中；这也可能是大多数以谈话为主要手段的心理咨询能够成功的最基本因素。

4．A 型人格与健康 关于 A 型人格的早期研究者大多是医生，他们发现曾经患过心脏病的人其行为与其他患者不一样，前者更具有竞争性、更好斗，言行更为积极，精力更充沛，更有野心，研究者将这类行为称为 A 型人格。它是一种症候群，包括竞争性成就动机、时间紧迫感和敌意三个方面特征。有研究发现，对于人格与心脏病的关系，敌意成分具有更强的预测性。具有很强敌意的人面对挫折和麻烦时更可能表现出不友善，比如自动取款机吞了你的银行卡却没有吐出钞票，具有敌意的人更可能用使劲拍打机器、咒骂或者踢开垃圾桶的方式来应对。

强烈的敌意和攻击性能够导致反抗 - 逃避反应，包括血压升高、心跳加速、每次心跳的输血量增加，与压力有关的激素也会释放到血液，这些可能会引起动脉损坏和动脉壁的脂肪堆积，当然也包括心脏上的冠状动脉，最终导致心脏持续供血不足，引起心脏病的发作。

总的来说，众多心理学家对于压力和人的健康之间关系的研究已经证明了人格作为中间因素所起的作用。这些因素中，乐观和情绪表达等积极因素能有效抑制压力的破坏作用从而维护个体的健康，而敌意则起着相反的作用。对于大学生来说，拥有健壮的体格，可以抵御各种躯体致病因素的侵袭；拥有健全的人格，能抵御各种心理致病因素的侵袭。健壮的体格，要靠坚持不懈的锻炼方能获得；而健全的人格，则要靠在生活实践中不断地培养、陶冶和锻炼。一个人，只有在这两方面都下了功夫，才能达到真正的身心健康。

专栏 6-2

“半杯水”测出你的生活态度

假设你现在非常渴，独自一人在找东西喝，忽然间看到桌子上一个透明的玻璃杯里有半杯水你会怎么想、怎么做呢？

A．真是太好啦，在我口渴的时候，这里还会有半杯水，正好解渴。

B．谁放在这儿的？我得问问。

C．真倒霉！本来就够渴的了，好容易看到点儿水，还只剩半杯了。

D．喝完了以后我没准儿会更渴，干脆别喝了。

测试分析

选择 A 的人：对待生活是积极、阳光的，总可以从好的方面来思考问题，在这些人眼中，生活是美好的，人与人之间少有芥蒂，所以往往对外人毫不设防，不分你我。

选择 B 的人：对生活有很客观的评价，做事很讲原则，相信“人不犯我，我不犯人”，并且往往不轻易相信别人，哪怕是受到别人的帮助，也小心地考虑对方的企图，生活缺乏安全感。

选择 C 的人：做出这样的选择，说明这个人总是用一种悲观的视角去看待挫折，忽略逆境也能给人们带来乐趣，总是怨天尤人，闷闷不乐，也许这么想已经成为了一种习惯。

选择 D 的人：有这种想法的人把注意力放在事情的结果上，而忽略过程，在他们眼中只有对错之分，从来不会做没有意义的事情。但有的时候由于目标太高，也会有一些挫败感。

第二节　大学生的人格发展

我国大学生多数处于青年中期（18 ~ 24 岁）这一年龄阶段，而一般来说，直到青年后期，人格的基本特征才大体形成。由此可以说，大学生时期是人格形成的重要时期。

一、大学生所处的人格发展阶段

大学生作为一个身心快速发展的群体，正经历着从青春期到成人的过渡，伴随着其生理的成熟及生活环境的变化，他们需要确认自己的能力，需要把自己对自己的认知与他人的评价进行整合，回答一系列关于“我”的问题。因此大学生的人格发展就是自我的形成与稳定过程。

（一）大学生人格发展的理想状态

从理想层面看，大学生人格发展正处于寻找自我同一性（ego-identity），寻求良好的自我意识，形成一种自尊型人格的层次。根据精神分析理论家埃里克森（Erik. H. Erikson）的观点，人的一生每个时期都有特定的社会发展任务，完成任务会促进积极品质的形成，反之则会产生消极的品质；而在人格发展中，逐渐形成的自我过程在个人及其周围环境的交互作用中起着主导的作用。根据埃里克森的发展理论，大学期间大学生人格发展处于对抗角色混乱寻找自我同一性的时期。也就是说大学生主要人生任务就是确立自我的同一性，形成稳定的自我形象。

人们对自我的认识经历了三个阶段，即“我”与“非我”的分化，“主体的我”与“客体的我”的分化，“理想的我”与“现实的我”的分化。由于发现了自我，因此，“我是谁？”“我会怎么样？”“我该怎么办？”等问题时常困扰着正在成长的青年。而青年也正是在这种询问和追求过程中逐渐寻找到自我的同一性。开始步入成年期的大学生应该且有能力承担诸多社会责任和义务，但是由于受教育期的延长、缺乏经济独立、不参与劳动及父辈的宽容等因素使得个体容易出现各种身心方面的问题。如在承担义务和责任、做出某种决断时往往进入一种“暂停”局面，日本心理学家关忠文认为，青年期可以说是精神社会的缓冲时代。所谓缓冲，是指延缓期，或者说向将来发展的准备时期。青年期在智力方面达到了成人的水平，在体力上又是一生中最旺盛的时期，而且没有生活负担，因而具有很大的自由。对自由的认识，关系到自我的确立，必须把它提高到自己的责任的高度来认识。在确立自己责任的意识方面，一个重要的前提就是要正确地认识自己。自己的身体、能力、性格，可以说是自我的基础，即使主观上没有意识到这一点，但实际上是被自己所接受了的。如果青年和别人相处总感到自卑，或追求不可能实现的幻想，那么，自我确立就难以实现。因此，寻找自我同一性，寻求良好的自我意识，是大学期间发展的主要心理任务。

从大学生人格发展的层次来看，大学生处于寻找自我同一性的时期，他们更关注自我发展的问题，这表明大学生人格发展已经超越了基本的生理需要层次、安全需要层次、归属需要层次，进入到自尊这个层次。而大学生正处于自我同一性的形成和发展时期，他们的自我发展又还没有完全走向成熟，因此还不可能达到自我实现这个层面，所以从总体上说，大学生人格发展处于一种自尊型人格层次。

（二）大学生人格发展的现实状态

从现实层面看，大学生的人格发展总体上向着好的方向发展。体现在：

1．能正确地认识自我 接受一切属于自我的东西，如外貌、家庭、个人能力等，能正确对待成功与挫折；有明确的奋斗目标，明白自己的长处与不足，正视与他人的差距。

2．主体意识明显增强 大学生更具主动性、自觉性，常常较独立评价自己的品行、动机和表现，自觉按照理想的自我去调控现实中的自我。对外界的看法更加深刻而广泛，对社会政治、经济、文化及整个社会生活表现出极大兴趣，参与意识浓厚，并渴望在其中发挥主体作用。而且，他们在学习和实践中，力求个体的需要、才能、素质和价值的自我确证与为社会做贡献之间的和谐统一。他们能容忍别人与自己在价值观念与信念上的差别，并实事求是地看待事物的发展。

3．智能结构较合理，情感意志较适度，富有事业心 大学生非常注重知识的获取和能力的培养，在学习实践中明确社会需要的智能结构，并主动按社会需求调整自己的知识结构。而且，他们情感丰富，情绪多变，重友情、讲义气，愿为朋友两肋插刀，但又能理智地控制自己的情感泛滥。开始认真考虑未来事业，将精力投入在工作中，并争分夺秒地完成有价值的事业与工作；在学习与工作中，大学生既有竞争意识，又重视团队协作精神；喜欢尝试新东西，勇于创造；做事有信心，独立性强。

4．行为取向多样化 随着大学生价值观的变化，他们的行为取向也呈现出多元化的趋势，如听音乐、逛街、看电视录像、玩牌下棋、散步、读专业读物、家教、勤工助学、唱歌跳舞和参加各类社团活动等。业余活动占据了大学生生活的绝大部分时间，业余活动不仅能丰富大学生生活，并且在大学生成长过程中至关重要。

然而，尽管大学生的人格有所发展，但由于其所处的年龄阶段和社会环境的局限性，他们在价值观念的认知水平和行为上尚存在一定的差距，在自我评价和社会定位中有一定的冲突。因此，大学生的人格发展仍然存在不足，具有很强的可塑性。

二、大学生人格特征

人格不是天然生成的，人格是社会化对象也是社会化的结果，大学生人格的形成与其所处特殊环境与教育条件息息相关。多元化的社会背景与校园氛围使大学生有了更大的适应性、灵活性和更大的发展可能，为人格塑造提供了一个广阔的天地；加之其正处于身心急剧发展和自我意识由分化、矛盾逐渐走向统一的特殊时期，因此造就了不同时代大学生多姿多彩的人格画卷。

根据国内外心理学家对人格结构的研究，结合我国当代社会发展的现状，总结我国大学生人格发展中呈现出如下几个方面的特点：

第一，能正确认知自我，独立意识强，但抗压能力以及自我控制能力较弱。首先，能自我认可。由于中学阶段个体基本上被紧张的学习和考试所追逐着，没有余暇充分思考自己的问题，进入大学时代，他们独立意识增强，能够专心探索自我，基本上能自我接纳，从而形成对自己积极的看法；其次，是自我客体化，对自己的优点和缺点都比较清楚和明确，能够理解现实自我与理想自我之间的差别。再次，多数大学生自尊自信，有明确的奋斗目标和愿望，并为之付出努力。但当代大学生生活在物质和精神相对充足的条件下，挫折经历少，使得他们抗压能力和自我控制能力比较弱。其表现有：情绪波动大，常为了小事喜怒无常；行为易冲动，不计后果；遇到挫折容易沮丧。

第二，智能结构健全而合理。他们接受新知能力较强，具有良好的观察力、记忆力、思维力、注意力和想象力，智力发展进入全盛时期，各种认知能力能有机结合并发挥其应有的作用。大学生思维方式以辩证逻辑思维为主，思维的流畅性、变通性、新颖性得到发展，为以后进行创造性活动奠定基础。但是随着科学技术的不断发展，新媒体大量出现，部分大学生过分迷恋网络，对实践活动没有多大兴趣，使得他们在知识结构、生活技能等方面存在不足，从而导致对实际问题的分析和解决能力不足。

第三，适应社会环境的能力较强，不断地进行社会化活动。大学生对外部世界有着浓厚的兴趣，政治新闻、国际关系、体育娱乐、校内社团等多姿多彩的领域吸引着大学生的目光，尤其是互联网的普及为大学生发展个人兴趣爱好提供了极大的便利。除了学校，大学生广泛接触社会，人际交往范围扩大，积极参与各种形式的社会实践活动，为未来职业生涯积极规划筹谋。同时，转变非黑即白的二元思维模式，能接受别人与自己在价值观与信念上存在的差别，能根据实际情况而非自己的主观愿望来看待事物。但现代大学生多是独生子女，比较特立独行，相当多的同学在合作方面存在一定的障碍。

第四，富有事业心，具有一定的创造性和竞争意识。大学生开始将精力投放在工作中，掌握作为社会一员所必须具备的知识和技能并付诸社会实践，把事业看成生活的重要组成部分，在事业上有较强的进取心和责任感；具有竞争意识，具有开放性的思想观念，少有保守思想；乐于创造，勇于创新，甘愿冒险，独立性强，富有幽默感，态度务实。

第五，情感饱满适度。他们在情绪上稳定性与波动性、外显性与内隐性并存；情感丰富，对学习、生活有着积极的情绪情感体验；他们情感丰富强烈，同时也具有不稳定的特点，容易出现疾风暴雨式的激情爆发状态。

第三节 大学生的人格完善

一、人格缺陷及其调适

人格缺陷（personality defect）是相对于人格障碍而言的。人格障碍是一种病态，精神病学及临床心理学上对其研究已较为丰富（详见本书第12章“大学生常见的心理障碍”）。人格发展缺陷是介于健康人格与人格障碍之间的一种边缘状态或亚健康状态，表现为人格发展的不良倾向。当代大学生易出现人际关系紧张、意志薄弱、抗挫能力差、心理压力过大、走极端、心态失衡等方面的人格缺陷。可以肯定地说，几乎所有的人在其人格的某些方面都或多或少存在着缺陷或问题，但这不属于人格障碍。需要强调的是，由于性格是人格的核心，人格发展缺陷绝大多数都表现为性格的偏移，这里介绍的几种人格发展缺陷的类型也是以性格的偏移为代表的，通过了解和掌握相关知识，对于完善大学生的人格、提高心理健康水平有着极其重要的意义。

（一）自卑心理

自卑心理是对自己不满、鄙视和否定的倾向。可以说我们每个人都有一定程度的自卑心理，因为追求理想向往成功是人类的一种天性。人们在追求理想目标的过程中，由于成绩的变化或能力高低而产生胜利或挫败的感觉，这是一种正常的人生体验。但当心里期待的目标实现不了时，特别容易产生失败的体验，对自己的能力和品质评价过低，这就是自卑心理了。现实中很多人进入大学后发现“山外有山”，以往的优势不复存在，尤其是当学习、社交、文体方面显露出某些不足时就会怀疑自己、否定自己，看不到自己优点，忽视过往成功经历，一味突出自己不如别人，从而陷入自卑之中。因此，自卑往往是自尊心受挫的结果，没有自尊心也就不会有自卑心理，过强的自卑心理往往又以过强的自尊心表现出来。有些大学生的敏感脆弱，经不起批评，原因即在于此。

自卑心理严重的人会对自身的生活、学习和人际交往产生巨大的负面影响，尤其是自卑成为习惯时，负面的影响更大。如何才能走出自卑的阴影？对大学生来说，首先要正确认识自己，悦纳自己，人有所长也有所短，不要为自己的所短而自卑。其次要进行自信心磨炼，将目标定得小些，切合实际些，多积累成功的愉悦体验。最后要确立合理的评价参照系和立足点，若以强者为标准则可能自卑，因而寻找适合自己的评价标准就显得很重要。俗话说“人比人，气死人”，理性的比较方式是多与自己作纵向比较而不是一味地与人做横向比较。有了足够的自信心，自卑心理就会悄然而退。

（二）嫉妒心理

嫉妒是对才能、成就、地位以及条件和机遇等方面比自己好的人产生的一种怨恨和愤怒相交织的复合情绪。每个大学生都有要求成功的欲望，有超过别人的冲动。一些大学生对超过自己的同学不服气，对自己的境遇不甘心，但又无能为力，于是时常不加分析地批判、抵制、对抗他人的言行，甚至打击别人，报复别人，以此来缩小相互之间的差距，满足自己的心理需求。因而引起他人的不满和厌恶，使交往变得困难。

有研究发现，嫉妒心在大学生中的表现有七种：一是嫉妒别人政治、思想上的进步；二是嫉妒别人学习上的冒尖；三是嫉妒别人某一方面的专长；四是嫉妒别人生活上的优裕；五是嫉妒别人社交上的活跃；六是嫉妒别人仪表上的出众；七是嫉妒别人恋爱上的成功。这说明引起大学生嫉妒心理的内容是多方面的。而且嫉妒受一定可比性的制约，二者不相上下时最易产生嫉妒，而两者差别越大，产生嫉妒的可能性越小。正所谓“没有比较的地方就没有嫉妒”。

嫉妒是一种消极的、有害大学生身心健康的负性情绪和行为习惯，它伤害同学间的友好感情，有害于自己的身体健康，甚至会由于攻击性情绪的发泄造成悲剧。我们可以尝试以下几种方法调适嫉妒心理，如培养宽阔的胸怀、高尚的情操，勇于面对他人的成绩与自己的不足；主动把注意力引到自己的优势和长处上来，通过注意力的调节产生一种平衡力，以弱化嫉妒心理，达到情绪自我控制和自我调节；应化嫉妒为动力，以欣赏的眼光来对待引发嫉妒的对象，正视自己的弱点，学习他人的长处等。

（三）懒惰心理

懒惰心理是不少大学生为之感到苦恼又难以克服的一种人格发展缺陷，是意志活动无力的表现。大学校园内曾经流行着这样的打油诗："人生本该 HAPPY，何必整天 STUDY，只要考试 PASS，拿到文凭 GO AWAY"。这从一个侧面反映了他们疲疲沓沓、得过且过、做一天和尚撞一天钟、缺乏进取精神的懒惰心理。

懒惰心理是影响大学生积极进取、张扬青春活力的天敌，尤其是在改革开放、日新月异的今天，它与时代格格不入，必须予以改变，否则会有被时代淘汰的危险。

与懒惰心理紧密相连的另一人格缺陷就是拖延。拖延是指可以完成的事情而不及时完成，今天推明天，明天推后天，正是："春天不是读书天，夏日炎炎正好眠，秋多蚊虫冬又冷，一心收拾待明年。"导致拖延的原因，一是试图逃避困难，二是目标不明确，三是惰性作怪。拖延一方面耽误学习、工作，另一方面并没有使人感觉轻松，却往往会导致心理压力，引起焦虑，总觉得事情没有完成，也难以安心干别的事。

要克服懒惰拖延，首先应充分认识到其危害性，振作精神，起而行之，从日常小事做起，并努力做到不给自己找借口，不原谅自己的偷懒，力争今日事今日毕；另外，多与人交往，多关心外部世界，多参加有益身心的社会活动，而做到这一切，有一个坚定而有价值的理想是非常重要的。

（四）自我中心

自我中心是幼儿思维的一种局限性，但在大学生身上稳固下来就成为一种不良的人格特点。所谓的自我中心是指在思考问题时从自我的观点出发，不能从他人的立场考虑问题，而且错误地以为自己的观点就是别人的观点，主体意识特别强烈。具有自我中心特点的人过多考虑自己的需要，忽视他人的需要和存在，对别人缺少关心和谅解，不允许他人对自己的利益构成伤害和威胁，"老虎屁股摸不得"。

自我中心是现在大学生中常表现出的一种人格发展缺陷，特别在独生子女大学生中，这种现象更为常见。我们可以采取以下的方法加以调适，达到自我克服：

第一，树立健康的人生观，自觉地将自己、他人和集体结合起来，走出自己的小天地。

第二，恰当地评价自己，既不低估也不高估，既不妄自菲薄，也不自高自大。

第三，尊重他人，获得友谊。

第四，设身处地地从他人的角度思考问题，将心比心，真诚地关爱他人。

（五）害羞心理

害羞心理在大学生中并不少见，尤其是女大学生更容易害羞，比如不敢在大众场合发表意见，害怕与陌生人打交道，路上见到异性同学会脸红出汗、手足无措，见到老师会难为情，说话感到紧张等。一般说来，自我保护心理过强的大学生容易出现害羞心理，他们往往有以下的人格特点：与人交往过于谨小慎微；过于自我关注，自尊心过强；自信心不足等。

害羞之心人皆有之，但过分的害羞，不该害羞时害羞，尤其害羞成了一种习惯，则是有害的。它容易导致压抑、孤独、焦虑等负性情绪，还会阻碍人际交往，影响个人才能的发挥。

要改善害羞的心理发展缺陷，可以从以下几方面努力：一要增强自信心。正确评价自己在知识才能和仪表等方面的优劣，多看到自己的长处和优势。二是不要过分在意别人的议论和评价。每个人都会说错话、做错事，没有完美的人和事，被人议论也属正常，其实生活中每个人都在议论别人或被议论。三是要有意识地锻炼自己。胆量和能力都是锻炼的结果，要敢于说第一句话，敢于迈第一步。上课、开会时尽量坐到前排，让自己处于易被关注的位置；主动大胆地和别人尤其是陌生人、异性、老师等讲话；与人说话时，正视对方的眼睛；大胆表现情绪，在高兴时，开怀大笑，当然愤怒时也可以“怒发冲冠”。

（六）极端内向

内向是一种正常的人格类型，但是如果内向的程度超过了一定的度就容易形成极端内向的心理，一般视为正常人格的偏移，这种偏移的产生原因是复杂的，既有主观上的成因，也有客观外界的影响，是多种因素综合影响的结果。过分内向的大学生通常沉默寡言，消极悲观，很难适应新的生活环境；他们敏感多疑，凡事思虑过分，不喜欢参加集体活动；紧张抑郁，不善言辞。

大学生应以积极的态度来改变或调整自己的极端内向心理。具体可尝试以下的措施：

第一，循序渐进，逐渐调整。首先要正视这种人格偏移，要敢于面对，要明白“冰冻三尺非一日之寒”的道理。其次要认识到不改变会给自己带来痛苦，然后下决心一点一滴地做。要与周边的同学来往和沟通，多参加社会实践，扩大交往接触的范围，在集体环境中体验温暖和友情。

第二，正视自身不足。遇到问题要敢于剖析自己、分析自己的不足，能够跳到圈外去看事情（即客观看待事情），在人际交往中取长补短，形成健康的交往习惯。

第三，积极培养兴趣。通过兴趣丰富自己的生活，在这个过程中逐渐松解自己，从而增加纠正偏移人格的途径和方法，以便更好地完善自我。

二、大学生完善人格的途径与方法

除了才华与机遇，人格是决定一生成功与否、快乐与否的关键因素。而大学生正处在人格完善与定型的重要时期。塑造健康完美人格是维护大学生身心健康适应社会发展的需要，也是推动社会持续发展的重要动力因素。

（一）认识健康人格的标准

完善大学生人格，首先明确什么样的人格才是健康人格。所谓健康人格是指在各方面都处于优化状态下的理想化人格，是各种良好人格特征在个体身上的集中体现。

自 20 世纪 50 年代以来，西方许多心理学家根据他们的临床经验，利用心理测验对高健康水平者进行研究，提出不少健康人格的模式，如马斯洛（A. H. Maslow）的认为健康人格是“充分发挥作用的人或自我实现者的人格特点”，精神分析心理学家弗洛伊德（Sigmund Freud）认为“健康人格是本我、自我和超我和谐的结果”。而奥尔波特（Gordon. W. Allport）认为具有健康人格的人是成熟的人。

我国沙莲香教授认为：“①人格健康的人是有工作的，而且他能把本身的潜能（智慧和能力）从其工作中发挥出来。②人格健康的人是有朋友的，他们乐于与人交往，而且常能和他人建立良好的关系。③人格健康的人对于自己本身应有适当的了解，进而有悦纳自己的态度。④人格健康的人能和现实环境保持良好的接触，对环境能做正确的、客观的观察，并能做到有效的适应。”高玉祥教授从内部心理和谐发展，能够正确处理人际关系，有效运用自己的智慧和能力等几个方面概括了健康人格的特点。我国著名人格心理学家黄希庭先生认为，自立、自信、自尊、自强这“四自”不仅是颇具我国文化传统的人格特征，也是健全人格的基础。

综合中西方学者对健康人格的描述，我们认为健康人格可以理解为人格和谐、全面、健康的发展，与社会环境相适应，为其他社会成员所接受又充分展现个体个性特征的人格模式，是一种在结构和动力上向崇高人性发展的人格特征。

由此，结合我国学者对大学生人格研究工作及大学生实际情况提出大学生健康人格标准为：

第一，具有远大而稳定的奋斗目标。有科学的世界观、人生观和价值观。

第二，具有强烈的道德责任感。能以社会、集体道德观为核心，正确处理生活和工作中的各种关系，具有正直诚实、谦虚谨慎、尊老爱幼等良好品质。

第三，具有正确的自我意识。能够正确地认识自己，客观地评价自己，自尊、自信、悦纳自我；能够自我监督，自我调节，努力发展身心潜能，能够与环境保持平衡。

第四，具有良好的情绪调节能力。经常保持愉快、开朗、乐观的心境，能合理地宣泄、排解消极情绪，富有幽默感。

第五，具有良好的社会适应能力。能够正确观察和了解社会现象，关心社会发展变化，使自己的理想行为跟上社会发展的主流，对新环境具有较强的适应能力。

第六，具有和谐的人际关系。在人际关系中能够相互沟通理解，尊重信任他人，同时也能受到他人的尊重和接纳。

第七，具有乐观向上的生活态度。对前途和生活充满希望和信心；对学习和工作抱有浓厚的兴趣，并充分发挥自身潜能；勇于面对困难和挫折，并设法克服困难，振作精神。

第八，具有健康、崇高的审美情趣。有正确的审美理想、审美态度和对美的追求；抵制低级趣味的各种腐朽思想的侵蚀。

专栏 6–3

成熟人格的六项标准

奥尔波特认为，成熟的个体就是那些能够摆脱对早期的外周动机过分依赖的人。在此基础上，他提出了健康成熟人格的六项标准：

1．自我扩展能力（self-extension）　健康成熟的人会从事超越他们自己的各种活动。他们不仅关心自己的福利而且也关心他人的幸福。

2．与他人热情交往的能力（warm related to others）　成熟的个体也能够与他人热情地交往。奥尔波特区分了两种不同的热情：其一是亲密，不论对家人和朋友都能表现出爱。第二种是同情，在交往中，他们能与他人保持适当的距离，能尊重并欣赏彼此在思想与行为上的差异。因此他们既不侵犯别人的隐私和权利，也不抱怨、指责、讽刺、贪婪和饶舌。简言之，成熟的人遵循这样的原则：“不污染别人也要呼吸的空气。”

3．自我接纳能力（self-acceptance）　健康成熟的人有安全感，他们不会过分执着于自己能力以外的事情。因为他们能够自我接纳，所以具有较高的挫折容忍力。与之相比，不成熟的人易于冲动行事，把自己的过错归咎于他人，他们不像健康成熟的人们那样善于把握机会或设法绕过前进道路上的障碍。总之，他们缺乏作为健康成熟人格特征的自控能力。

4．实际的现实知觉（ realistic perception of reality）　健康成熟的人能真实地看待各种事物，不歪曲事物。他们拥有必需的知识和技能以做出有效的业绩和生活，有能力忘我地工作。亦即他们以问题为中心，而不是以自我为中心。

5．自我客观化（self-objectification）　自我客观化是指健康成熟的人能够客观地了解自己，洞察自己的能力与不足。与这种洞察相联系的还有幽默感，他们能看出生活中的荒唐之处，但不为之所困。他们能够嘲笑自己的过失，但不会自命不凡。

专栏 6-3（续）

6．统一的人生哲学（unifying philosophy of life） 最后，健康成熟的人会发展出“一套对生命目的的清晰领悟”。他们有方向感，有明确的人生目标。虽然人在青春期也有理想，但那时的理想过于模糊。在青年人追求理想受挫时，他们会感到失望。20岁后，他们学会了与现实妥协。他们发现自己的事业并不如原先想象的那样充满挑战，他们的婚姻或生活境遇也不尽如人意，而且他们也没能力克服自己的某些局限。他们发现自己的目标与价值观在变化，一套经调整的、更为清晰的原则开始形成。成熟的人有清晰的自我意象和行为的准则。

（二）完善大学生人格的途径与方法

1．加强自我修养，培养自信心 自信，是个体对自己的积极肯定和确认程度，是对自身能力、价值等做出正向认知与评价的一种相对稳定的人格特征，历来被人们认为是创造型人才的必备品质。但丁说：“走自己的路，让别人去说吧。”这尤其要求我们有自信心！生活中美好的事物从来只和敢于正视现实、迎接挑战、战胜危机的人结伴而行。自信绝非生来就有，它需要人们去培养。如何培育自信呢?

首先，悦纳自我，发挥优势。每个人都是独特的，人与人在天赋、才能方面存在差异是极其自然的事。每个人都有自己的优势，也有自己的弱点，每个人都有别人无法取代的价值，让优势充分发挥出来，就能成为不可战胜的人。

其次，要正视自身价值，学会正确自我评价。有这样一个故事：一个在孤儿院生活的男孩，觉得自己是个多余的人，没有人喜欢，因为连自己的亲生父母都不要自己了，活着一点意义都没有。院长知道了这件事，没有说什么，给了他一块石头，让他拿到集市上去卖，不过告诉他：“无论对方给多少钱，都不要卖掉。”小男孩拿着石头蹲在集上卖了一天，开始无人问津，后来开始有人出钱买这块石头，可是小男孩坚决不卖，又有一些人出钱买这块石头，价钱也更高，小男孩仍坚持不卖。回到孤儿院，小男孩将这件事告诉了院长，第二天，院长让他拿着这块石头到珠宝市场去卖，有人出价比头一天高出十倍，并且越出越高，小男孩依然不卖。第三天，院长让他拿着这块石头到宝石市场去卖，价格又高出许多，小男孩还是不卖。人们纷纷在猜测着、传说着，认为这是传世珍宝，有人不惜以重金购买。小男孩不明白为什么会出现这样的状况，院长说：“石头还是那块普通的石头，为什么会身价百倍呢？是因为你的珍惜！”其实，世上人与物皆如此，如果你认定自己是一个不起眼的陋石，那么你可能永远只是一块陋石；如果你坚信自己是一块无价的宝石，那么你可能就是一块宝石。每个人的本性中都隐藏着信心，院长其实就是在挖掘孤儿的信心和潜力。人，只有你珍爱自己，相信自己，才会使人们珍爱你，重视你。

最后，记住成功经验，忘却失败。满怀热情地回忆自己过去的成功和勇敢的经历，是重拾自信心极其有益的自我训练。现实中我们可以看到，在体育运动中，通过训练可以改进技巧从而推动成功，其价值并不在动作的“重复”，否则，我们学到的将是失败而不是成功。因为在学会之前，练习最多的是失败。不过，即使失败与成功的比例是十比一，经过练习之后，失败的次数会逐渐减少，成功次数就会越来越多。这是因为我们的大脑记住并强化了成功的尝试而忘掉了失败。过去你失败过多少次无关紧要，重要的是记住、强化和专注于成功的尝试，将错误和过失作为一种学习的方式，然后把它们抛在脑后，同时有意识地记住并向自己描绘过去的成功。

2．学会自我治疗，培养稳定的情绪　大学生所处的人生发展时期素有“疾风暴雨”期之称，足见青年情绪变化的剧烈。心境如何是大学生活快乐与否的关键，同时也是大学生是否拥有完善人格的标志之一。在我们无法摆脱恶劣心境困扰时，许多方法，如合理宣泄、理智控制、注意转移、自我安慰等都可以帮助我们将不良情绪释放出来，避免导致心理疾病的不良后果。稳定情绪其实很简单，一张纸一支笔也可以帮助你进行“自我治疗”。

第一步，拿出纸和笔记录下你的消极思想。可以随意地写，不必写得很有条理，有时用一个词来提示你自己，只要能激发你的联想就行。

第二步，思考你写下的使自己闷闷不乐的事，找出更真实、更符合逻辑的解释。换一种思维方式，不要用自己习惯的思维方式去想，这时也许会发现你的思想是歪曲了事实真相的产物，是自己上了自己当的结果。你也许还会想到，人的脑力是有限的，又何必要为这种愚蠢的想法而闷闷不乐？

最后，你可以松一口气了。你已经把让你深深困扰的抑郁困在纸上了，你完全可以把你写的那几张纸扔到废纸篓里去——它已经完成了使命，而你也感到一种超脱。

3．加强锻炼，提高坚韧不拔的意志力　韧性是一种心理的耐力，即在遭遇身体及精神困难、压力时，坚持而不放弃的忍受力。心理学家罗森・茨威格最初使用“耐力”这一概念，并将它定义为：“能够战胜、驾驭心理适应。也就是说，可以抵抗挫折而没有什么不良适应反应的能力。”可见，韧性就是一种对困难和挫折的巨大心理承受能力，是大学生在实现目标过程中所表现出来的自觉克服人性弱点及不良因素的顽强毅力和坚持精神。它是认知、情感转化为行动的关键点，是人格形成的关键环节。这无疑是完善人格的又一闪光处。

锻炼坚韧意志力可以从以下几个方面进行：

第一，行动有明确的目的性。大学生要根据实际情况，建立符合自身能力的奋斗目标。在采取行动之前，不妨多问自己：你将要做什么？你的选择有足以说服自己的根据吗？你预期的目标是什么？你有为达到目的而不懈努力的心理准备吗？

第二，在日常生活中锻炼韧性。韧性的锻炼还需在日常的行为中进行，一个人如果做什么事都有头无尾，不能善始善终，就说明在他性格中缺少韧性的品质。为了培养自己的韧性，我们可以尝试一些具体的方法：①制订每日体育锻炼计划，每天早上跑 1000 米，或每天睡觉前做 30 个仰卧起坐，坚持半年；②制订学习计划，找一本自己喜欢的字帖，制订一个每天 5 个字，每个字写 20 遍的计划，或者要求自己每天记 5 个外语单词，坚持半年。两个计划都是看起来不难，但真的做起来，却不一定能坚持到底。如果这些计划被落实了，还可以在原来的基础上提高要求、加大难度继续锻炼。你会逐渐发现这种练习对性格完善的作用。

第三，学会灵活变通。锻炼韧性，人们还需要锻炼自己在志向和原则不轻易改变的前提下，通过对具体目标和行为方式的灵活调整来达到目的的能力。

4．建立良好的人际关系，融入集体　我们知道人格发展的过程也是个人社会化的过程。人格在集体中形成，也在集体中展现。集体是个人展现人格的平台，也是认识自我的一面镜子。首先，大学生应该接近他人、关心他人，与他人建立和谐的人际关系，了解他人需求，解决他人的困难，体察他人的喜怒。通过关心他人，培养助人为乐的好品格。其次，真诚与他人交流。真诚友好而有度地开放自己，达到与他人心灵的沟通，是建立良好人际关系的基础。

5．从小事做起，养成良好习惯　生活中的一些小事，同样能体现我们的人格魅力。其实无论是自信心的培养，意志力的锻炼还是情绪的稳定，人际关系的协调都融入在日常事务甚至是微不足道的小事里。因此培养健康的人格，需要从小事做起，养成良好的习惯。

第一，在公众场合、开会、上课的时候在显眼的地方坐下。敢于把自己置于众目睽睽之下。放大自己在众人眼中的比例。记住一句话：“有关成功的一切都是显眼的！”

第二，走路时挺胸抬头，加快速度，拉近与同行者的距离，加强自己与同学、朋友的交往。

第三，主动找那些学历或级别比自己高、阅历或资力比自己丰富的人交谈、讨论，并尝试提出与他们不同的见解。大胆地在众人面前适当地展示自己的成绩，适时赞美自己。

第四，在讨论中，尝试一下第一个打破沉默。当众表达自己的意见或看法，刚开始你可能觉得困难，但只要你开口，就会发现情况并不像你想象的那样，大家一样会认真倾听，而这种被人重视的感觉会使你受到鼓励，狂跳的心平静下来，你对自己的表达能力会有一个全新的认识。

第五，主动与人打招呼，如果你不敢看他的眼睛的话，试着直视他的鼻子。开始你可能怕别人不理你、拒绝你，但如果你这样做，你会发现对方一样会报以微笑，回答你的招呼。久而久之，你不再是一个没人发现的、不被重视的人。

除了以上的大学生自我教育方法之外，在对大学生人格完善的过程中还应坚持学校教育，如加强校园文化建设以及发挥教师人格魅力；坚持以营造和谐的家庭氛围为基础的家庭教育；坚持社会教育，加强大学生道德教育。充分发挥各自的教育功能，共同协作以完善健全人格。

人格的健全是心理健康的根本标志，重视健康人格的培养既是健康的需要，也是发展的需要；既是现实的需要，又是未来的需要。大学生要充分认识到健康人格对自身发展的必要性，既要充分发现自己的长处，又要寻找和承认自己的不足，勇敢地面对挑战，不断地发展自己，促使自身人格的完善。

【心理行为自我训练】

丹田呼吸放松法

所谓的丹田呼吸放松是一种呼气、吸气均产生强腹压的呼吸方式，其重点在于呼气要领的掌握，因为掌握了呼气的要领，也就能自然并充分地进行相应的吸气。

1．呼气的要领

（1）上身放松，力入心窝，以此姿势开始呼气。

（2）将气深长缓缓呼出。呼气训练开始可定为 5 秒、10 秒，以后可增至 20 秒、30 秒、40 秒，甚至 2 分钟。初练时，可能达不到深呼气的要求，只要呼气已尽，即可全身放松，然后将力再次吸入心窝，上体向前弯曲，同时将气呼出。经过一段时间的练习，便可达到深长呼吸的要求，掌握了呼气要领之后，接着可进行屈伸呼吸训练。

2．屈伸呼吸训练的步骤

（1）吸气：双手（可握空拳）沿胸部向上，同时用鼻徐徐吸气，充分扩展胸腔。此时，脊梁伸直，颈部稍向后倾，将气吸足。而后转入呼气。

（2）呼气：徐徐将气放出的同时，力入心窝，双手静静地下落至心窝位置，力入丹田，呈上虚下实姿势，之后进行第二次吸气和长呼气。最后一步，也是最关键的，就是做好丹田气的徐徐呼出。呼气时，应当做到连续而长久，最后把气全部呼尽。同时还应做到意守丹田，上体逐渐向前弯曲。此时，上体应弯曲 90°，使肺内的气全部呼出。

（3）缓气：深长呼气后，再转入下一次的吸气。此时应进行三次轻松呼吸，用以放松和调整全身。放松时要从肩部肌肉至下身肌肉，使全身松弛宽舒。

【案例分析】

大学什么都必须靠自己，没有人会替你着想

案例回放：最近我感觉自己很悲观消极，面对什么事都不自信。其实有这种感觉已经很久了。每逢和大家在一起聚餐、开会、搞一些团体活动的时候都是默默地，不怎么说话；也不是不想说，其实是自己也不知道说些什么好。明明有自己的看法和意见的，看别人讨论得很热烈、发言很积极，说话声音也很大，但是自己想说些什么时又怕别人听了会有什么别的想法，会不会觉得自己的话很蠢？会不会嘲笑自己？当这样想着的时候就错过了发言的机会。我想“欲言又止”大概就是说的我这样子的吧。也可以说是不擅言谈交际吧，一直都是这样。

即使跟室友也总感觉说不过她们，有些事情明明自己很有理，可是在她们你一言我一语的夹击下往往处于下风；有时感觉特委屈，我没有要和别人过不去的想法，可是又成为众矢之的。觉得被宿舍里的人孤立了，不过奇怪的是大家好像也并不在意，明明刚刚还在拌嘴，一会儿就又有说有笑了。真不习惯她们，什么人啊！也许由于中学很优秀，自尊心也特强，习惯了老师的夸奖同学的羡慕；和现在处境比比，反差太大了，所以有时会像小孩似的哭泣。

大一时没好好用功，成绩很一般，甚至有些课差点考试不及格，总体成绩可以说是偏下了；再加上对学习的东西也不感兴趣，本来又很懒，没有很强的自学能力和学习主动性，每天还是感觉什么都不会，没时间去复习，更不用说预习。天天看着也是忙忙碌碌的，但是到底都干些啥自己也不知道。心想着到了周末就不用上课，可以自己看看书了，但总是事与愿违。一到周末总是看不下去，只想玩。即使哪天被刺激了，要用功了，结果室友她们一说我“那么认真学习是不是想得奖学金啊”这类的话时就又不想学了。好像不仅自己不爱学习，也不愿别人知道自己认真学习。看着人家学习，自己只是自责；她们也是谦虚不承认罢了，其实她们一直很努力，却都不愿被别人说。

大学的确不同。想想以前，高中的同学老师都很好，经常督促鼓励，一起学习。到了大学什么都必须靠自己，没有人会好好为你打算，没有人真正为别人着想。听老师和学姐们说，医学校的课程很多的，必须很努力才行。但是一直以来自己自制力又差，又没主见，唉，现在怎么办呢？

案例分析：这是一例以不自信和缺乏自制力为主要特征的性格问题。具体表现为：欠缺人际沟通技巧、自信心不足；自我控制能力差，学习目标不明确，缺乏主见。这类问题也较多地出现在大一新生身上，通常将之归为适应问题。其核心问题是性格发展的不成熟，人格存在缺陷。通过咨询谈话及对临床资料的分析发现，该同学从小一帆风顺，没有遇到过大的挫折，高中以前学习成绩一直很好，感情细腻，生活环境单纯。进入大学后，面对缤纷多彩的世界既新奇又感觉无所适从。针对其主要存在的问题，建议学习必要的人际交往技能，以成功事实鼓励自己，提升信心；明确学习目标，制订有效的学习计划，在计划执行中增强自我控制能力和自主性。同时不断地总结、反思，正视自己的进步，在完成具体任务的同时塑造健康人格。

（许华山）

第7章 人际关系与心理健康

【哲人的忠告】

一个人事业的成功，只有15%靠他的专业技术，另外的85%要靠人际关系和处世的技巧。

——戴尔·卡耐基

约翰·邓恩说过，“没有谁能像一座孤岛，在大海里独踞，每个人都像一块小小的泥土，连接成整个陆地”。现实中，大学生都生活在一定的人际关系中，离不开人际交往，良好的人际关系是促进大学生身心健康发展的重要途径，亦是其成长成才的重要保证。但是部分大学生由于个性、认知的差异，或者缺乏处理人际关系的方法和技巧，产生了人际关系问题，成为困扰大学生的难题之一。通过对人际交往的特点、常见人际交往障碍及调适策略、人际交往原则的学习，大学生能够学会与人友好相处，赢得和谐的人际关系，拥有一段美好的大学时光。

第一节 人际关系概述

一、什么是人际关系

人际关系（interpersonal relationship）是指人们在交往和相互作用过程中形成的人与人之间较为稳定的直接的心理关系，它反映了人与人之间心理距离的远近。大学生人际关系有广义和狭义之分。广义的大学生人际关系是指与大学生有关的一切人的人际联系。狭义的大学生人际关系是指在校期间和周围与之有关的个体或群体的相处及交往的关系。

人际关系反映着个体或群体满足其社会需要的心理状态，其发展变化取决于双方社会需求的满足程度。如果交往双方的需要均能得到满足，则感情融洽，双方就能保持亲密的关系；反之，如果有一方不真诚，或者发生不利于另一方的行为，则双方的友好关系就会疏远、终止甚至变成敌对关系。良好的人际关系能够使人精神愉悦、心情舒畅，提高学习效率和生活质量；而不良的人际关系，则会使人情绪忧郁，影响学习效率和生活质量。因此，大学生应主动建立和保持良好的双赢人际关系，保障心理健康，拓展发展空间。

1973年，奥尔特曼（I. Altman）和泰勒（D. A. Taylor）提出，良好人际关系的建立和发展，从交往由浅入深的角度看，一般要经历四个阶段：

阶段一：定向阶段

此阶段包含着对交往对象的注意、抉择和初步沟通等多方面的心理活动。在熙熙攘攘的人海中，人们并非毫无选择地同任何人都建立良好的人际关系，只有那些具有某种吸引人的特征的人，才能引起我们的特别注意，因此人际关系的对象往往具有高度的选择性。例如，新生入学后大家往往有选择地与部分同学交往，并且大家在这个阶段的沟通只是停留在较表层的自我表露上，如谈谈自己的家乡、聊聊自己的毕业学校等。

阶段二：情感探索阶段

这一阶段是彼此探索双方在哪些方面可以建立真实的情感联系，而不是仅仅停留在一般的正式交往模式。随着双方共同情感领域的发现，沟通越来越广泛，自我暴露的深度与广度逐渐增加。但人们的话题仍避免触及个人的私密领域，自我暴露也不涉及自己根本的方面。例如，在熟识之后同学之间聊聊自己的兴趣、爱好等。

阶段三：情感交流阶段

人际关系发展到情感交流阶段，双方关系的性质开始出现实质性变化。此时双方的人际关系安全感得到确立，因而谈话也开始广泛涉及自我的许多方面，并有较深的情感卷入，相互之间可以诉说自己的喜怒哀乐，寻求理解和支持。如果关系在这一阶段破裂，将会给人带来相当大的心理压力。

阶段四：稳定交往阶段

在这一阶段，人们心理上的相容性会进一步增加，自我暴露也更广泛深刻。此时，人们已经可以允许对方进入自己高度私密性的个人领域，分享自己的生活空间，相互关心、支持。但在实际生活中，很少有人达到这一情感层次的友谊关系，这也就是人们常说的“千金易得，知己难求”。

二、人际交往及其功能

（一）人际交往

人际交往（interpersonal interaction），是指社会中人与人之间传递信息、沟通思想与交流情感的过程。人是社会性动物，交往是人们存在的方式，它普遍存在于人类的社会生活中，正如亚里士多德所言：“能独自生活的人，不是野兽，就是上帝。”

人际交往意味着知识信息的传递、思想的交流和碰撞，它不同于简单的物质产品的交换。英国作家萧伯纳曾经打过这样一个比方，“假如你有一个苹果，我有一个苹果，彼此交换后，还是每人各有一个苹果。但是，如果你有一种思想，我有一种思想，彼此交流后，我们每个人都有两种思想。甚至，两种思想碰撞后，还可以产生新思想”。由此可见，人际交往过程中信息不仅仅被传递，而且还在不断形成和发展。人际交往还意味着情感的交流，人们常说的“忧愁有人分担，痛苦就会减轻；喜悦有人分享，快乐就会加倍；冬天有人惦记，寒冷就会止步；偶尔有人祝福，心情也会晴朗”就是这样一个道理。

人际关系与人际交往有着密切的关系。一方面，人际关系一般是从静态角度看的一种状态，而人际交往一般是从动态角度看的一个过程。另一方面，两者互相依赖，人际交往是人际关系实现的前提基础，人际关系是人际交往的起点和依据，人际关系发展和变化是人际交往的结果，人际关系的好坏又影响和制约人际交往的深度，决定交往内容和性质。

（二）人际交往的功能

一撇一捺写成“人”，茫茫世界中，一人为“个”，孤独凄凉；二人成“从”，结伴而行；多人为“众”，形成大千世界芸芸众生。人们生活在社会群体中，相互依赖、相互支撑，就离不开人际交往。正常的人际交往是心理健康、幸福快乐、良好社会适应能力的必要条件，人际交往对每个人都具有重要意义。

1．实现信息沟通　知识经济时代，信息尤为重要，信息就是知识，信息就是财富，及时把握有用的信息是创新和成功的重要保障。而一个人从书本上所获得的知识和信息总是非常有限的，这就需要大学生们以更有效、更迅速的方式直接沟通获得更多的信息。人际交往是个互动的过程，人与人之间信息的交流、思想的交换能使人思维活跃，提高对知识的理解和掌握能力。有时一个人的“百思不得其解”，只因他人的一句话便可能深受启发、豁然开朗，产生灵感。因此，大学生应该努力拓展自己的交往范围和空间，主动、积极地与他人交往，建立良好的人际关系，以开阔自己的视野，丰富自己的学识。

2. 促进人格发展 个体在人格的自我发展和自我完善过程中，不仅受到遗传和自然环境的影响，同时还受到人际环境的影响。人们在与他人的互动交往过程中“以他人为镜”，通过他人对自己的态度和评价及与他人的关系，来了解自己在他人心目中的形象和社会地位，从而更清楚、深入地了解自己，调控自我、完善自我，促进人格的健康发展。

心理学的研究表明，积极愉悦的人际交往、融洽的人际关系能够满足一个人的归属感，提高宽容性和理解力，同时还能学习社交技巧，获得社会经验，因此，人际交往是个体人格健康发展的必由之路。离开正常的社会交往环境，离开与他人的互动、交往，个体无法成为一个人格健全的合格的社会人。例如，“狼孩”由于从小生活在狼窝里，失去了与人类正常交往的最佳时期和人类的成长环境，因而形成了狼的生活习性，虽然后来经过教育和训练，也难以成为一个正常的“人”，不仅人格发展受到影响，连智力也出现明显的障碍。

3. 增进人际情感 人本主义心理学家马斯洛在其需求层次理论中提出，人都有社会交往的需求，其中主要包括归属和爱的需要。在人与人的交往过程中，人们交流自己的喜怒哀乐，他人欢喜时，与其分享快乐；他人悲伤时，多一份宽慰与理解。人际交往增进人与人之间的情感，交流越多，感情越深；反之，交往越少，感情就会淡漠，距离也会越远。

专栏 7-1

天堂与地狱的区别

一位一生行善无数的基督徒，他临终前有一位天使特地下凡来接引他上天堂。天使说:“大善人，由于你一生行善，成就很大的功德，因此在你临终前我可以答应你完成一个你最想完成的愿望。”

大善人说:“神圣的天使，谢谢你这么仁慈。我一生当中最大的遗憾就是，我信奉主一生，却从来没见过天堂与地狱究竟是什么样子？在我死之前，您可不可以带我到这两个地方参观参观？”

天使说:“没问题，因为你即将上天堂，因此我先带你到地狱去吧。”大善人跟随天使来到了地狱，在他们面前出现一张很大的餐桌，桌上摆满了丰盛佳肴。

“地狱的生活看起来还不错嘛！没有想象中的悲惨嘛！”大善人很疑惑地问天使。

“不用急，你再继续看下去。”

过了一会儿，用餐的时间到了，只见一群骨瘦如柴的饿鬼鱼贯入座。每个人手上拿着一双长十几尺的筷子，用尽了各种方法，尝试用他们手中的筷子去夹菜吃。可是由于筷子实在是太长了，最后每个人都吃不到东西。

“实在是太悲惨了，他们怎么可以这样对待这些人呢？给他们食物的诱惑，却又不给他们吃。”

“你真觉得很悲惨吗？我再带你到天堂看看。”到了天堂，同样的情景，同样的满桌佳肴，每个人同样用一双长十几尺的长筷子。不同的是，围着餐桌吃饭的是一群洋溢欢笑、长得白白胖胖的可爱的人们。他们同样用筷子夹菜，不同的是，他们喂对面的人吃菜，而对方也喂他吃。因此每个人都吃得很愉快。

这个故事说明：天堂与地狱的差别在于与人相处的态度，良好的人际交往和关系，可以使人们更好地生活。

荀子曾评论人说："力不若牛，走不若马，而牛马为用，何也？曰：人能群，彼不能群也。"人类得以生存、发展的一个重要条件就是人与人之间能够通过交往增进感情，建立各种关系，分工合作，互相依存。人际交往是群体的黏合剂，能使群体内部个体之间和群体之间在认知、情感和行为上彼此协调、相互统一，充分发挥群体的效能。一个人的能力是有限的，且各有其擅长的一面，也有其短绌的一面，人们通过相互交往方可以取长补短，形成合力，成就一番事业。

4．促进心理健康　新精神分析学家霍妮认为，神经症是人际关系紊乱的表现，人类的心理病态，主要是由于人际关系失调而来的。我国心理学家丁瓒也曾说过："人类心理的适应，最主要的就是对于人际关系的适应。"对于成长中的大学生来说，人际交往障碍是许多心理问题产生的重要原因，人际交往问题得不到解决，直接影响到生活、学习、情绪和身心健康。

心理学家曾做过一个"交往剥夺"实验：被试在百米深的洞穴中单独生活 156 天后，精神面临崩溃，神情呆滞，冷漠无情，举止失常。结果表明，没有一个人愿意与他人隔绝地生活。有研究者还发现，一个人在孤独的时候，心脏跳动频率极不规则，而与朋友在一起时心律便恢复正常。结果表明，孤独对人的健康有直接的不利影响。因此，人际交往是个体身心健康的重要保证，良好的人际交往不仅能够帮助人们消除紧张和孤独，还能获得安全感和归属感。

三、大学生人际关系的主要类型

人际交往是大学生生活的基本内容之一，按交往对象的不同，可将大学生的人际关系分为以下三种类型：

（一）同学关系

大学生活中，同学是大学生人际交往最基本、最主要的对象，同学关系在大学生人际关系中占主要地位。大学生与同学间的交往最普遍，刚步入大学校门，人际交往便已在班级、宿舍内开启，大学生年龄相仿、经历相似，具有相同的学习起点和学习环境，生活在同一个班集体，学习相同的专业，沟通与交流更快速和直接。

大学同学之间的关系比较紧密的场合主要有三个方面：班级内同学关系、宿舍舍友关系及与老乡、社团等关系。班级同学交往主要以学习与班级集体活动为主；而宿舍同学关系则以情感交流与生活交往为主；老乡关系以情感交往为主，社团关系以兴趣、爱好与工作交往为主。一般情况下，大学校园里的同学关系总体上是友好、和谐的，但是另一方面，大学生由于个性差异、生活习惯、家庭背景、兴趣爱好的不同，也存在一些人际关系矛盾和问题，甚至关系紧张、冲突。例如，宿舍人际关系紧张是大学生群体常见的现象，宿舍是大学生的"家"，舍友之间的接触是最频繁的，因此个体的行为习惯、人格特征在舍友关系中完全呈现出来，在这些方面存在较大差异的大学生之间就容易发生矛盾，如迟睡或早起的学生与入睡困难的学生之间，乱放杂物的学生与很爱整洁的学生之间，习惯午休的学生与不午休的学生之间，喜欢热闹的学生与喜欢安静的学生之间，都有可能相互不悦、反感甚至发生冲突，需要引起同学的特别关注。

俗话说"在家靠父母，出门靠朋友"，良好的同学关系对于提高大学生的人际交往能力、学业的进步、身心健康发展具有重要意义，因此，大学同学之间应该在彼此相互理解和宽容的基础上，培养良好的同学感情，建立深厚的同学情谊。

（二）师生关系

老师是大学生人际交往的重要对象，师生关系也是大学生人际关系的重要内容。"师者，所以传道、授业、解惑也"，大学教师不仅是知识的传授者，也是大学生人格的塑造者，与教师的交往不仅是大学生获取知识的重要途径，也是师生交流感情，共同发展的前提。大学师生关系的好坏，直接影响到学生在学校的健康成长和学习。

良好的师生关系不仅是保证教学工作顺利进行、完成教学任务、提高教学质量的必要条件，而且对大学生思想品德、价值观念、心理健康等全面发展具有重要的影响。大学授课教师与学生的交往不像中小学那样频繁，由于大学授课的流动性较强、班额较大，老师一般除了上课之外，很少会与学生有直接的交流，再加上大学生的独立性较强，所以大学里的师生关系相对显得比较疏远。因此，有学生便形容“大学老师真冷漠，不像中学老师那么关心学生，上完课收拾东西就走人，很少与学生沟通和交流……”这就需要大学生摆正心态，发挥在师生交往过程中的主体作用，尊重老师，积极主动地多与老师联系和沟通。大学里面的辅导员与学生接触最多、感情最深，是大学生思想上的导师、生活上的“保姆”，为大学生成长默默工作，普遍受到学生的尊重。但是，大学生与辅导员之间属于利益相关的人际关系，辅导员对大学生的利益分配具有决定性的作用，所以部分学生有时难免会与辅导员老师产生人际冲突，也需要引起师生的重视。

（三）亲子关系

家长是大学生的情感寄托，家庭是每个人的幸福港湾。大学阶段由于远离父母，且“疾风暴雨”的青春期已过，大学生在家庭中的地位较以往有了明显的变化，父母也从此认为孩子已经长大，不再像以往管理小孩子那样，大学生与家庭成员的关系一般比以前更为融洽。

但是现实中也存在亲子关系紧张和疏远的现象，有的大学生不愿与父母主动联系，每次都是家长打电话来询问在校的情况；还有的大学生因为学习、生活或者恋爱的问题与家长意见不合，搞得关系紧张。俗话说“即使全天下都抛弃了你，唯独你的父母不会离开你”，因此，大学生应该懂得关心、体贴父母，主动与父母沟通交流，建立良好的亲子关系，从而为自己在学校的生活、学习奠定坚实的基础。

除了以上三种主要的人际关系外，网络关系需要引起特别关注。网络拓展了人类交往的空间，在这个虚拟空间里大学生不仅可以获取和发布信息，还可以聊天、交友、娱乐、游戏等，为大学生缓解压力、寻求解脱、满足好奇心、寻求角色转换提供了一个巨大的人际交往空间。网络交往也已经成为大学生一种重要的人际交往方式，但大学生们要理智地把握好网络交往的“度”，以免不当交往给自己带来伤害。

四、影响大学生人际交往的因素

（一）仪表因素

人的仪表，包括相貌、穿着、仪态、风度、姿势、谈吐、面部表情等“外部特征”，是影响人际关系的重要因素。“爱美之心，人皆有之”，一般情况下人们对仪表堂堂、穿着整洁、风度翩翩、言辞幽默、自信优雅的人容易形成良好的印象，这种人具有较高的人际吸引力，容易讨人喜欢；而那种不修边幅、举止粗俗的人则会给人留下不好的印象，这种人往往缺乏人际吸引力，这就构成了人际交往的第一印象，并在很大程度上影响到人们的交往兴趣，从而形成“首因效应”。“良好的开端是成功的一半”，因此大学生在人际交往过程中，要注意自己的仪表风度、言谈举止，给别人留下美好的第一印象，从而增强自身的人际吸引力。

但是值得注意的是，外在形象欠佳的人也不应感到沮丧，随着交往的不断深入，人们之间的认识和理解也在不断地加深，外在因素的作用会越来越小，而人格品质、交际能力等内在因素的作用会更加凸显。

（二）能力与特长

在能力与特长方面，一般而言，在其他条件相等的情况下个人如果有比较突出的能力和特长，便能令人心生仰慕之情，产生一种人际吸引力。因此，大学生要加强学习和锻炼，增强自身的实力，培养兴趣爱好，发展一定的特长，从而为自己的人际交往赢得筹码。

但也有研究结果表明，在一个群体中最有能力，最出类拔萃的人往往不是最受喜爱的人。

现实中我们常常遇到这样的学生，因为他的出类拔萃反而失去了同学的喜欢与信任，正所谓“木秀于林，风必摧之”。这是因为，虽然大家都希望自己周围的人有才能，有一个令人愉快的人际关系圈，但如果别人的才能使人望而却步，感到高不可攀，则会产生心理压力，不敢与之交往。一个聪明能干、很有才华的人，虽然有一些小缺点，反而会使一般人更喜欢接近他。因此，能力、特长与被人喜欢的程度在一定范围内成正比，超出这个范围，可能会产生逃避或拒绝。

（三）交往频率

交往频率是指人们在单位时间内相互接触次数的多少。一般而言，人们彼此间交往的频率越高，越容易形成共同的经验、产生共同的话题和感受，也就越容易形成密切的关系，即交往频率与人际交往的密切程度呈正比例关系。有研究表明，同一寝室的大学生，由于交往频率较高，一般相处得都比较密切，并且在大学毕业后舍友也是最经常联系的对象；尤其对于素不相识或新近结识的人来说，交往的频率在形成人际关系上的作用更为明显。

当然，交往的过程中不能只重视交往的频率而忽略了人们之间交往的内容，否则，交往即使再频繁也难以交到知心朋友。

（四）邻近性

常言道“远亲不如近邻”，人与人在空间位置上接近，交往机会多，相互提供帮助也比较方便，也容易形成密切的关系。如，同一班级、同一寝室、同桌之间的关系更亲密，这就是因为空间位置接近的人，相互之间比较熟悉，从而为良好人际关系的建立打下了基础。

当然，空间位置的邻近性并非形成人际关系的主要因素，而只是影响因素之一。尤其是在信息时代的今天，随着互联网、智能手机、可视电话等高科技产品的普及，在很大程度上拉近了人们的空间距离感。

（五）相似与互补

“物以类聚，人以群分”，人际交往双方在某个特点上如果具有相似性，如相似的理想、信念、价值观、兴趣爱好和态度，共同的语言、种族、国籍、出生地，共同的教育水平、年龄、性别，乃至共同的遭遇、共同的疾病等都能在一定条件下，引起彼此思想上的共鸣、相互吸引，形成密切的人际关系。有一项对住在同一寝室大学生之间友谊与态度的关系调查结果显示：态度相似性对友谊的建立与发展具有增强作用，且彼此形成友谊关系的大学生对于他们的态度的相似性有估计过高的倾向，而对他们之间态度相似性基础上的差异则有回避和掩盖的倾向。

交往双方为互补关系时，也会增加双方的相互吸引程度。大学生群体中，外向型的人经常与内倾性格的人友好相处，成为朋友；独立性强的人往往更愿意与依赖性强的人交朋友；一个看重成绩而自己成绩不是很理想的学生，更看重成绩优秀的学生等。

（六）个性特征

“精诚所至，金石为开”，一般而言，一个性格开朗，待人热情、真诚以及对别人表示出来的热情能做出同样反应的人，通常具有吸引力；而性格孤僻，对别人表示出来的热情反应冷淡的人，则一般缺乏吸引力。良好的个性特征有助于增强个体的人际吸引力，即通常所说的人格魅力，主要包括真诚、责任、进取、热情、宽容、幽默等特征（表 7-1）。

表7-1　影响人际关系的主要个性品质

最积极的品质	真诚、诚实、理解、忠诚、真实、可信、智慧、有思想、体贴、热情、善良、友好、快乐、不自私、幽默、负责、开朗等
最消极的品质	固执己见、嫉妒、敌意、自私、粗鲁、自负、贪婪、不真诚、不善良、不诚信、不尊重、自我中心、冷酷、偏激等

五、大学生人际关系的主要特点

（一）交往愿望强烈

大学生正处于个体生理、心理发展的关键期，他们思想活跃、精力充沛、兴趣广泛、活泼好动，进入大学后人际交往的需求极为强烈。在此阶段，大学生的自我意识也在逐渐成熟，他们关心自己的社会角色以及在朋辈群体中的地位，表现出社会参与意识强，希望开阔视野，迫切需要结交更多新朋友的特点。尤其是进入大学后，与高中相比少了学习的重压，生活空间扩展，社会阅历不断增加，大学生迫切需要走进公共场合结交更多的朋友、交流更多的信息、接受更多的新思想，呈现出前所未有的强烈交往愿望。

（二）交往方式多样化

随着信息时代的到来，高科技产品不断涌现，特别是计算机、智能手机和互联网的迅猛发展、广泛应用，网络备受青睐。因此，大学生人际交往的方式在传统方式的基础上变得更方便、快捷和高效。电话、短信、电子邮件、即时通讯软件等成为大学生联络感情的主要途径。交往途径的多样性给大学生创造了更多相互接触的机会，使得大学生社会交往的可能性增大。新兴的社交方式正逐渐被大学生接受并渗入到他们的生活中，但有调查显示，新兴的社交方式在信息交流上的功能强于情感的交流，在人际交往上，新兴社交方式所起到的作用远不及面对面的传统交往方式更能够增进人际情感。

（三）交往范围扩大化

大学生思维活跃、兴趣广泛、时间充足，他们交往的内容涉及政治、经济、文化、艺术、体育、学习、娱乐和个人情感等诸多领域，因此交往的范围不断扩大，交往对象已不再局限于同班同学或宿舍舍友，而是逐渐扩大到同系、同校的同学，甚至校外的社会人士。尤其是大学里面各类社团活动比较丰富，大学生往往会根据自己的兴趣爱好参与各种社团活动，以此来开拓视野、锻炼能力和扩大人脉。此外，不仅有同性交往，异性交往也是大学生交往的重要内容。

（四）交往目的多元化

以往大学生人际交往目的主要是为了情感和思想上的交流、切磋学问、探讨人生，较少考虑到交际的价值，人际关系相对比较单纯。现在，随着社会的发展变化，大学生在社交目的上也趋于“理性化”，选择什么样的人交朋友，并不纯粹是出于情感和志同道合，交往的动机已变得很复杂。可以说，大学生的人际交往在注重情感交流的同时，越来越注重与自身社会利益相关的务实性，呈现出情感型交往与功利型交往并重的趋势。

第二节　大学生人际交往障碍及其调适

大学生在人际交往过程中，由于存在多种心理障碍，从而带来人际交往的困扰，导致人际关系不良。因此，探讨大学生常见的人际交往心理障碍，并进行针对性的调适，是改善大学生人际关系的重要前提。大学生常见的人际交往障碍主要有以下几个方面：

一、自卑心理及其调适

自卑是个体由于某些生理或心理缺陷及其他原因而产生的轻视自己，认为自己不如他人的情绪体验。

一般而言，具有自卑心理的个体，往往觉得自己低人一等，自己看不起自己，表现出忧郁、悲观、感情脆弱等，在人际交往中缺乏积极性和主动性，常常是畏首畏尾。为了减少挫折和失败，尽量避开人群，人为地把自己孤立起来，因此容易使人孤僻、离群、丧失自信。自卑感强的人还往往过分自尊，在交往中总希望自己的形象理想完美，惧怕受挫或遭到他人的拒绝与耻笑，为了保护自己，常表现得非常强硬，让人难以接近，在人际交往中显得格格不入。

（一）自卑心理产生的原因

自卑心理影响到人际交往的效率或导致交往的失败，个体之所以产生这种心理主要原因在于以下几个方面：

1．客观因素的影响　当个体外表、体质与他人存在较大差异，并被自我意识到，如生理的缺陷、家境的贫寒和生活的拮据等都容易使人产生自卑感，形成心理阴影，影响人际交往。身材的矮小、体型的偏胖、长得不好看；患有脊髓灰质炎后遗症、驼背等残疾；家境贫寒，衣、食、用拮据等都容易使人感到不如别人，产生自卑感。

2．挫折的经历　首先，人际交往过程中的挫折经历会引起个体消极的情绪体验，使个体的情绪处于不安、烦恼等消极状态中，过低估计自己的能力，过高估计各种困难，信心不足，从而影响个体的积极性，导致自卑心理产生。大学生如果在以往的人际交往中曾遭受到重大挫折，失败的情绪记忆往往产生长期影响，挥之不去，就会发生习惯性焦虑，从而抑制交往行为。如果长期得不到正常的人际交往，便又进一步加重个体的自卑心理。其次，由于个体生活中的挫折经历，诸如家庭不和、父母离异、亲人病故、失去朋友等，也会使人情绪低落、压抑、忧伤，如果这种情绪长期笼罩着大学生，也会使得心理活动失去平衡，从而损害身心健康，产生自卑心理。

3．自我认识不足　自卑感强的个体在认识自我时有一种习惯性的倾向，就是在与他人相比较或攀比的情况下总是看到自己的缺点和不足，而看不到自身的优势，总是习惯以己之短比他人之长，由此在人际交往中便会自感矮人三分，不敢与人平等交往，进而经常体验到交往的挫折感，长此以往，便导致自卑心理的产生。

4．个性特征　心理学的相关研究表明，自卑心理的形成与个体的气质、性格有关。抑郁型气质和内向型性格的人往往对事物具有较强的感受性，且对事物的后果有扩散的倾向，而且多表现为沉默寡言、多愁善感，因此不容易将消极的情绪体验及时宣泄和排解，遭遇挫折后更倾向于将失败的原因归结为自身的不足，因此这类个体容易自惭形秽、灰心丧气从而产生自卑心理。

（二）自卑心理的调适

心理学家阿德勒在《自卑与超越》一书中提到：人类的行为源自“自卑感”以及对于“自卑感”超越，因为“我们都发现我们自己所处的地位是我们希望加以改进的”。对于大学生存在的自卑心理，如果能够采取积极的态度去发现、承认和弥补，会促进其成长和进步，但如果不注意加以纠正和克服，势必影响大学生的成才。因此，针对大学生的自卑心理，应采取切实有效的措施帮助其加以调适：

1．正确认识自卑　日本著名心理学家关计夫指出，只有“智力低下的人不感到自卑，他们在客观上能力差，在主观上并不为之苦恼。因此，全然没有自卑感，也就不会成为一个卓越的人”。由此可见，自卑原本是每个个体正常的心理现象，关键看有了自卑感后怎么办。自卑心理就像一把双刃剑，因为自卑而成就伟大事业的人很多，因为自卑而一事无成的人更多，因此自卑并不可怕。自卑者往往谦虚谨慎、稳妥细心，认识到这些优点，便可增强个体的自信心，为消除自卑心理奠定基础。因此，大学生要克服自卑，首先就应该端正对待自卑的态度，认真分析产生的原因，并积极寻求有效途径来调节和消除自卑心理。

2．正确表现自己　自卑感往往是在表现自己的过程中，由于受到挫折，对自己的能力产生怀疑而造成的。因此，有自卑心理的个体不妨多做一些力所能及、把握较大的事情，一举成功后便有一份喜悦，每一次成功都是对自信心的强化。而自信心的恢复是克服自卑的关键。但是应该注意的是，自信心的恢复需要有一个过程，切不可着急。应从一连串小小的成功开始，通过不断的成功来表现自己和确立自信，消除对自己能力的怀疑。表现自己时，期望值不要过高，不要操之过急，要循序渐进地锻炼自己的能力，逐步用自信心取代自卑感。

3．积极自我暗示 对于大学生的自卑心理，一方面要进行积极的自我暗示，自我激励，悦纳自己，坚信自己有克服困难的能力，促使自卑心理的转化。如，可以经常对自己说“我今天很开心”“我是一个受欢迎的人”“不要怕，我错了别人也不会取笑我的，他们也有失败的时候”……另一方面要善于进行正确的心理补偿，通过自身的努力以某一方面的成就来弥补自身的缺陷，如以勤补拙，知道自己哪方面不足，便以最大的决心和努力去克服；扬长避短，如果你“其貌不扬”，可以用“满腹经纶”来补偿；如果你“五音不全”，可以用“潇洒文笔”来补偿等，从而自强自信，消除自卑心理。

4．开放自我，进行实践锻炼 心理学家的研究表明，当人独处时，心理活动就会更多转向内部、朝向自我。自卑者喜欢独处，长此以往心理活动的范围、内容就会变狭窄，加之个人认识的局限性，容易使心理活动走向片面，只看到自己的不足而忽略了优点，从而陷入深深的自卑之中而不能自拔。而与他人交往时，人的注意力便会被他人所吸引，心理活动变得开放，与他人的交往，还能以他人为镜更客观地认识自己，从而提升自信，获得更多的成功体验。

二、孤独心理及其调适

孤独心理又称闭锁心理，是指个体内心有一种感到与世隔绝、无人与之进行情感或思想交流、孤单寂寞的情绪体验。心理孤独者往往表现为少言寡语、封闭自我、待人冷漠，不愿参与群体活动；做事喜欢独来独往，不愿与他人进行交流、沟通，所以其他人很难了解其内心世界，孤独者也不能很好地理解他人。

“床前明月光，人影一双双，唯我独徘徊，心里憋得慌”“寂寞让我如此美丽”，等等。这是流行在大学生中的课桌文化留言。虽然有人高唱“今夜的寂寞让我如此美丽”，但是，孤独感啃蚀着大学生的心，悄无声息地透露着一个信息：孤独的产生与良好和谐的人际关系似乎不是一家人。大学时期是喜欢结交朋友，又是容易产生与世界隔绝的孤独心理的时期。正如德国青年心理学家斯普兰格在他的著作《青年心理》一书中生动地写道：“没有谁比青年从他们的孤独小房里，更加用充满憧憬的目光眺望窗外世界的了。没有谁比青年从他们深沉的寂寞中，更加渴望接触和理解外界世界的了。没有谁比青年更加向远方世界大声呼唤的了。”大学生活虽然多姿多彩，但刚入学时，人生地不熟，如果没有人同他主动交流思想感情，没有人理解体贴他们，便很容易产生孤独心理。

当然，心理上的孤独并不等于一个人独处，心理学家认为，真正的孤独，往往产生于那些虽有表面接触，但没有情感和思想交流的人们身上。事实上，不管你是置身于人群，还是独居一室，只要你对周围的一切缺乏了解，和你身外的世界无法沟通，就会产生孤独感。

那么，究竟是什么原因使得部分大学生产生孤独寂寞感呢?

（一）孤独感产生的原因

1．青年期的心理特点 处于青年期的大学生，心理也日渐成熟，有着交往和被社会及他人认可的需求。但社会和成年人却仍旧把他们看作孩子，因此青年人委屈地感到自己不被社会和成人所了解，常常有莫名其妙的孤独感。同时，残酷的现实又让他们觉得心惊胆战，为了摆脱这种困惑，大多数青年人会积极和同龄人交往，但也有许多大学生在人际交往中频频碰壁后，就采取了蜗牛的态度，躲进自己的壳里，过着一个人惆怅、空虚、孤独的生活。

2．内向型性格 性格内向的人往往“独居高楼，身系井底”，他们往往不关注外面的世界，只会“揽镜自照，顾影自怜”。他们对外界事物和周围的人表现得淡漠寡趣、难于合群，他们的内心深处有比较强烈的抗拒感，往往自尊心很强，担心自己某方面的不足被他人发现而受到别人耻笑，因此喜欢把自己封闭在一个狭小的内心世界的小天地里，小心地锁上自己内心的秘密，不愿与别人诉说，从而产生孤独感。

3．认知因素　认知因素也是大学生孤独心理形成的重要影响因素，部分大学生往往不能正确、客观地评价和认识自己，有些往往对自我评价过低，这样不仅会产生自卑心理，还容易因缺少朋友而产生孤独感；而有些则自我评价过高，从而比较清高、自负，看不起别人，这种类型的人在交往中一般表现为不随和、不合群、不尊重他人，容易引起他人的不满，因此，过高自我评价的人也往往会因为缺少朋友而感到孤独。

4．环境因素　一个从小生活在缺乏爱和交流的环境中，以及从小受过冷淡待遇的人，往往比其他人更易形成孤独的个性。部分大学生进入大学校门以后，一时不能适应新的环境和新的人际关系，对校园的一切感到陌生和不习惯，如果不能及时排解，迟迟不能进入角色，就会变得闷闷不乐，沉默寡言。

（二）孤独心理的调适

消除孤独心理，应该注意做到以下几点：

1．改变封闭状态，主动融入集体　马克思曾说过：“只有在集体中，个人才能获得全面发展的机会！一个拒绝把自己融入集体的人，孤独肯定格外垂青他！”孤独、封闭会让你跟周围的人格格不入，就像突然来到一个语言不通的国度，你无法跟周围的人进行必要的交流，也无法融入那种热烈的氛围，你不由自主地觉得自己很孤单。如果这种情况在心理上已成为定势，就会害怕与人相处。因此，要打破这种局面，唯有做到“忘我”，主动出击，以开放的心态与人交往，体味朋友的可贵；多参与集体活动，为参与而参与，不必希望要求立即获得回报，要明确参与集体活动的主要价值在于学习社会能力，并寻找机会让别人认识和了解你。

2．正确认识自己，优化性格特征　克服孤独心理，首先要能够正确认识自己，做到辩证地看待自己的优劣面，既要克服只看自身不足的自卑心理，又要克服执着于自己长处的自负、自傲心态，积极参加交往。优化性格是消除孤独心理的关键，当你孤独或需要关心时，可以主动接近、关心他人，开放自我、真诚、坦率地把自己交给他人。人际交往的过程中，多数人会对你以诚相待，要知道，别人也和你一样，也需要得到关心和友谊的温暖。当一个人真正地感到与他人心理相融、为他人所理解和接受时，就容易摆脱这种孤独的误区了。

3．掌握交往技巧，与人和谐共处　掌握一定的人际交往技巧，同时多参加交往活动，在交往中逐渐培养自己的开朗性格，从而有利于克服孤独心理。例如，练习自我表达能力，除了朋友之间的感情表达，还包括个人意见与才能的表达；练习倾听能力，善于倾听他人的意见并尊重大家所一致达成的决定，与他人和谐共处。

三、嫉妒心理及其调适

嫉妒是指个体在交往活动中，因自己在才能、学习、名誉、成就或机会等方面不如他人而产生的不悦、自惭、怨恨等复杂的情感体验，甚至是带有破坏性的行为。

当你的同学非常具有管理能力时，你是否想以后不听从他的安排，让他难堪？当别人取得荣誉时，你是不是也在背后议论“那是他的机遇太好？”……凡此种种，只要是别人某一方面超过了自己，你的心里是否有难以名状的烦恼与不快油然而生，严重时是否会产生一种强烈的憎恨情绪，其实，这一系列心理反应就是嫉妒。巴尔扎克说过：“嫉妒者比任何不幸的人更为痛苦，因别人的幸福和他自己的不幸，都将使他痛苦万分。”俗话说“铁生锈则坏，人生妒则败”，嫉妒对大学生的学习、生活、人际关系等都会产生消极的影响，是一种常见的人际交往障碍。

（一）嫉妒心理产生的原因

1．客观因素 作为一种社会心理现象，嫉妒存在的主要社会根源在于私有制基础上的平均主义思想，以自我为核心的意识是嫉妒心理产生的温床。嫉妒是人性的弱点之一，人都有嫉妒别人之心，也难免遭人嫉妒，因为每个人都会对一些人、一些事情产生嫉妒心理。短暂的嫉妒心理是正常的，但如果一个人长期处于嫉妒之中无法自拔，就会转化为一种心理缺陷，从而影响大学生的正常生活和社会交往活动。

2．个性因素 如果一个人生性争强好胜，做任何事情都喜欢争第一、“出风头”，那么一旦遭遇失败就很有可能对比自己强的人产生严重的嫉妒心理。还有一些心地狭隘、极度过敏的人，他们不能容忍别人在大家心目中的好形象，也不能够容忍别人在其他人面前“出尽风头”，这总会挑起他强烈的嫉妒心理，所谓“枪打出头鸟”正是嫉妒心理在人际交往中愚蠢的体现。

（二）嫉妒心理的调适

伯特兰·罗素在其《快乐哲学》一书中谈到嫉妒时说：“嫉妒尽管是一种罪恶，它的作用尽管可怕，但并非完全是一个恶魔。它的一部分是一种英雄式的痛苦表现：人们在黑夜里盲目地摸索，也许走向一个更好的归宿，也许只是走向死亡与毁灭。要摆脱这种绝望，寻找康庄大道，文明人必须像已经扩展了他的大脑一样，扩展他的心胸。他必须学会超越自我，在超越自我的过程中，学得像宇宙万物那样逍遥自在。”

1．正视嫉妒的危害 有研究表明，嫉妒心强的人易患心脏病，而且死亡率也高；而嫉妒心较少的人群，心脏病的发病率和死亡率均明显低于其他人，只有前者的1/3 ~ 1/2，此外，头痛、胃痛、高血压等，易发生于嫉妒心强的人，并且药物的治疗效果也较差。嫉妒心理一方面伤害自己，明显地影响与他人的相处，破坏人际关系；另一方面损害他人，给他人的成长道路设置障碍，影响他人的正常进步和发展；其次损害集体与社会，“自伤”和“他伤”的结果必然是破坏整体利益，造成不必要的摩擦和内耗。大学生如果能够清楚地认识到嫉妒所带来的危害，必然会下定决心在行动上与之决裂。

2．客观看待自己 一般而言，嫉妒有两种表现形式：一是自己不想进步，也不容许别人的进步，一旦周围的人进步了，就会心生嫉妒；另一种是自己积极要求进步，于是就不服气，嫉妒别人的才能。无论是哪种形式的嫉妒，关键都是要客观地看待自己。既要在有自知之明的前提下，找出自身与他人的差距，从而“钝化”嫉妒的锋芒；还要看到自己的长处，化嫉妒为动力。做到“既要服气，又要不服气”，不服气是为了进步，而服气则是为了更好地向别人学习。明白这一道理，便能在一定程度上驱散嫉妒的阴霾。

3．学会“心理位置互换” 俗话说“将心比心”，这在心理学上叫做“心理位置互换”，即当嫉妒的阴影笼罩你的心头时，要设身处地地站在他人的立场上想一想，如果自己处在被嫉妒、被冷落的地位是什么样的感受，从而更能体会“己所不欲，勿施于人”的道理。

专栏 7-2

宽容嫉妒自己的人

在美国一个市场里，有个中国妇人的摊位生意特别好，引起其他摊贩的嫉妒，大家常有意无意地把垃圾扫到她的店门口。

这个中国妇人只是宽厚地笑笑，不予计较，反而把垃圾都清扫到自己的角落。旁边卖菜的墨西哥妇人观察了她好几天，忍不住问道：“大家都把垃圾扫到你这里来，你为什么不生气？”

专栏 7-2（续）

中国妇人笑着说："在我们国家，过年的时候，都会把垃圾往家里扫，垃圾越多就代表会赚很多的钱。现在每天都有人送钱到我这里，我怎么舍得拒绝呢？你看我的生意不是越来越好吗？"

从此以后，那些垃圾就不再出现了。宽容不是迁就，也不是软弱，而是一种充满智慧的处世之道。中国妇人用宽容宽恕了别人，也为自己创造了一个融洽的人际环境，这种化诅咒为祝福的智慧确实令人惊叹。

以一种博大的胸怀和真诚的态度宽容别人，就等于送给了自己一份神奇的礼物。任何担心这样做会引起混乱或被认为是软弱行为或怕丢面子的想法都是不正确的，几乎所有这样的担心都是多余的，没有理由的。

俗话说：吃亏是福。这种吃亏，其实就是一种宽容的智慧。因为上天是公平的，你在这里失去的东西，它会在那里给你加倍的回报。

四、猜疑心理及其调适

猜疑是一种由主观推测而产生的不信任的心理。猜疑心重的人经常进行毫无事实根据和缺乏合理逻辑的判断推理，往往处处神经过敏、事事捕风捉影；整天疑心重重，或是无中生有，情绪上高度敏感、不安，闷闷不乐，凡事都往坏处想，总怀疑某人某事对自己存在威胁而产生巨大的心理压力；人际关系上，常常怀疑他人对自己的名誉、声望存在威胁，把他人的一举一动都与自己相联系并视为自己的障碍，总以为别人在议论自己，瞧不起自己，算计自己，认为人人都不可信，人人都不可交。因此，在与他人相处时不够坦率，隐藏自己，且过分注意自己的得失。

培根曾说过："猜疑之心犹如蝙蝠，它总是在黄昏中起飞。这种心情是迷陷人的，又是乱人心智的，它能使你陷入迷惘，混淆敌友，从而破坏人的事业。"猜疑是人际关系和谐的蛀虫，事实表明，当一个人猜疑心理过重并形成稳定的心理定势时，就会导致人际关系的紧张，影响同学和朋友间的友谊，甚至还会造成人际关系严重冲突。因此，猜疑心理对正常的人际交往和团结有着极大的危害。

（一）猜疑心理产生的原因

1．作茧自缚的封闭思维　猜疑者一般总是从某一假想目标开始，最后又回到假想目标，就像作茧自缚一般，走不出自己给自己所画的圆。"疑人偷斧"的寓言就是最典型的例子了。丢失了斧头，怀疑是邻居的儿子所偷，从这个假想目标出发，观察邻居儿子的言谈举止、神色仪态，无一不是偷斧的样子，思索的结果进一步巩固和强化了原先的假想目标，于是便断定贼非邻子莫属了。现实生活中猜疑心理的产生和发展，几乎都同这种封闭性思路主宰了正常思维密切相关。

2．缺乏信任　俗话说："长相知，不相疑。"反之，不相知，必定长相疑。看见某些人在背后议论，就猜想是说自己的坏话；恋人因故不能赴约，就怀疑对方可能"变心"。这些都是对他人缺乏信任的缘故，正因为信任不足，"他信"缺乏，才会在心理上对他人产生不放心感，才会把他人的行为总是往坏的方面想。实际上，"他信"的缺乏往往又同"自信"的不足相联系，疑神疑鬼的人，看似猜疑别人，实则是对自己的怀疑，至少是信心不足。反之，自信心越足，越容易信任别人，不易产生猜疑心理。因此，缺乏“自信”和“他信”是猜疑心理产生的重要原因。

3．对交往挫折的自我防卫 有些人在以往的人际交往中由于轻信别人上当受骗，甚至遭人造谣生事、恶语中伤，蒙受过巨大的精神损失和情感挫折，便万念俱灰，不再相信任何人，由此便产生强烈的猜疑心理。

（二）猜疑心理的调适

1．优化心理品质，培养自信心 要加强个人道德情操和心理品质的修养，提高精神境界，开阔胸怀。同时，应当看到自己的长处，培养自信心，相信自己能够与他人建立良好的人际关系。充满信心地进行学习和生活时，便不会随便怀疑别人是否会挑剔、为难自己，提高对他人的信任度、排除不良心理的干扰。

2．宽以待人，严以律己 宽人律己是建立良好人际关系的前提条件。猜疑心重的人大多对自己的要求不严，而对别人的要求较高，甚至有些过分。对别人的过高要求，自然会妨碍对对方的信任，而反之，如果对别人的要求不那么高，便不会把别人的言行变化看得那么严重，许多无端的猜疑就从根本上失去了产生的条件。另一方面，如果对自己要求严格，就不会把“自我”看大，去无端猜疑别人是否做了不利于自己的事情。

3．及时沟通，解除疑惑 人与人在交往过程中如果沟通不畅就容易产生误会，而误会得不到及时解除，就会发展为猜疑；猜疑不能及时解除，就可能导致人际关系的恶化。因此，如果可能的话，最好同你“怀疑”的对象推心置腹地及时沟通交谈，以便弄清真相。若是误会，可以及时消除；若是看法不同，通过谈心，达成一致或求同存异；若真的证实了猜疑并非无端，则心平气和地讨论，也有可能使事情解决在冲突之前。

五、自我中心及其调适

自我中心是指在思考问题时从自我的观点出发，不能从他人的立场考虑问题，而且错误地认为自己的观点就是别人的观点。自我中心的人，为人处事总是以自己的需要和兴趣为中心，只关心自己的利益得失，要求人人为自己，却置别人的需求于度外，不愿为别人做半点牺牲。自我中心者往往以自我为核心，想问题、做事情，从“我”出发，不能设身处地进行客观思考，颐指气使，盛气凌人，不允许别人批评，“老虎屁股摸不得”。这种人往往见好就上，见困难就让，有错误就推，总认为对的是自己、错的是别人，因而他们常常不能赢得他人的好感和信任，很难与他人建立和谐的人际关系。

（一）自我中心产生的原因

自我中心并非人的本性，是在身心发展过程中随着个体的发展和不良教育环境逐渐形成的，是自我意识畸形发展的产物。教育环境的影响主要是家庭教育环境，家庭生活环境优越，家长对子女过于溺爱，往往容易使其子女形成任性、骄傲、自我为中心的不良性格，长大以后，孩子就会用“我是上帝”的方式与别人交往。尤其是中国的独生子女一代，自我中心心理倾向的大学生日益增多。

自我中心倾向的个体往往具有以下特征：

1．很少关心别人 自我中心的人很少关心别人，总是与别人很疏远。由于这种人时时事事都从自己的利益出发，从不顾及别人，所以当自己有事求人时，才临时抱佛脚；如果不需求人时，则对人没有丝毫的热情。这种人以自我为中心，把别人都看作为自己服务的。对于自我中心的人，久而久之，可能会成为人际交往中受冷落的对象。

2．固执己见，唯我独尊 自我中心的人总是将自己的意志强加到别人的头上，以自己的态度作为他人态度的“向导”，认为别人都应该和他有一致的看法或意见。同时，他们也不愿意改变自己的态度，即使明知是自己的错误也不愿改正。自我中心的人很难引起别人的共鸣，因而他们的交往只能停留在较低的水平上。

3. 自尊心过分强烈　自我中心的人有很强的自尊心，在别人看来可能很小的一件事，在他们身上都会引起强烈的自尊心受挫的感觉。他们不愿损伤自己的自尊心，于是不择手段地来维护自己的自尊。他们不愿别人超过他们，对别人的成就非常嫉妒，对别人的失败又幸灾乐祸，不向别人提供任何有益的信息。

（二）自我中心心理调适

1. 树立健康的人生观　自觉地将自己和他人、集体结合起来，走出自己的小天地。以一个普通人的心态和身份与别人相处，不过分苛责别人，也不冷眼看人，使人际交往的天平处于平衡的状态。

2. 接纳不同意见　只有能够接受别人正确的意见，承认自己的错误，才有可能通过批评改掉过去固执己见、唯我独尊的形象。

3. 淡化自我　人与人相处中"自我淡化"，设身处地从他人的角度思考问题，将心比心，真诚地关爱他人，从而做到"我爱人人，人人爱我"。

4. 丰富自己　一个人越有知识，越有能力，越有修养，就越不会陷入狭隘的自我中心之中。培根曾说："读书使人明智。"一个人知识多了，立足点就会提高，眼界也会相应开阔。一个人胸怀宽广、豁达大度，就不会为个人的一点小事而斤斤计较了。

第三节　大学生良好人际关系的建立

英国哲学家培根曾说过："得不到友谊的人将是终身的孤独者，没有友情的社会则只是一片繁华的沙漠……"人际交往是一种能力，也是一门艺术，大学生要形成良好的人际关系需要掌握一定的人际交往原则和技巧。

一、建立良好人际关系的原则

（一）平等尊重的原则

现实社会中，人与人之间只有社会分工和职责范围的差别，而没有高低贵贱之分，不论性别、职位高低、能力大小，还是经济状况的不同，人人享有平等的政治、法律、权利和人格尊严。因此，人与人之间的交往要平等相待、一视同仁，平等是人际关系特别是大学生良好人际关系构建的前提和基础。

美国人本主义心理学家马斯洛曾指出：每个人都有尊重的需要，包括自尊和尊重他人两个方面。自尊就是在各种场合要自尊自爱，维护自己的人格；尊重他人意味着尊重他人的人格、生活习惯、文化和价值观，不伤害他人的自尊。尊重能够引发人的信任、坦诚等情感，缩短交往的心理距离。在人际交往中，只有尊重他人，才能得到他人的尊重；尊重自己的同时也体现了对他人的尊重，这两者是相辅相成的，相互尊重是大学生人际关系建立的感情基础和心理需要。

在人际关系中，交往是平等的，尊重是相互的。古人云："爱人者人恒爱之，敬人者人恒敬之。"因此，大学生在交往中必须以平等的姿态，给他人以尊重，才可能形成人与人之间的良好人际关系。

专栏 7-3

萧伯纳的故事

萧伯纳有一次写作休息时，和邻居家的小女孩一起玩耍，当送小女孩回家时，他对小女孩说："知道我是谁吗？回家告诉你妈妈，就说和你一起玩的是萧伯纳。"

小女孩天真地回应说："知道我是谁吗？回家告诉你妈妈，就说和你一起玩的是克里·佩丝莱娅。"大文豪听了，不禁惭然。后来，对朋友谈起此事，感慨道："一个七岁的小女孩给我上了人生中最好最重要的一课。一个人无论有多大的成就，他在人格上与任何人都是平等的，这个教训我一辈子也忘不了。"

（二）真诚热情的原则

美国心理学家安德森 1968 年所做的一项调查显示，人际交往中，受喜爱程度最高的个性品质依次为：真诚、诚实、理解、忠诚、真实、可信，这些品质都直接或间接地与真诚有关。因此，建立同学间良好的人际关系，真诚是必不可少的。"人之相知，贵相知心"，真诚是做人的高贵品质，也是交友成功的基本前提，真诚的心能使交往双方心心相印，彼此肝胆相照，是交往中至关重要的原则。真诚要求在与人交往时要表里如一、言行一致，这样才能给对方一种安全感。现实中，大学生应该要做到尊重朋友、坦诚相见，还要言而有信，从而表达自己的真诚之心。

卡耐基曾在《积极的人生》一书中说："一个人成功的因素很多，而居于这些因素之首的就是热情。没有它，不论你有什么能力，都发挥不出来。"因此，待人真诚、热情是沟通人的情感，促进人际交往的重要心理品质。大学生正处于追求人生与事业发展的关键时刻，学会用一种热情的方式投入到学习、工作、人际交往及生活中去，必将迎来"投之以桃，报之以李"的回报。

（三）理解宽容的原则

每个人都希望他人能认可、喜欢和支持自己，但是由于各自成长环境、价值观念、个性特征以及认知的差异，人们之间经常会出现看法、行为方式的不一致，或因误会、不理解而产生矛盾，这都是在所难免的。大学生要想构建良好的人际关系，必须学会宽容理解他人，做到心胸宽广、包容他人一时的过失和不足，不过分计较个人得失，能听取不同意见，主动与人交往。

理解宽容要做到"有容乃大"，能够求同存异，宽容理解他人，既能容人之长，又能容人之短，还能容人之过。学会换位思考是理解宽容的一种有效方法，遇到分歧和矛盾时，设身处地地站在对方的立场和角度去理解他人的情感、需求和想法，用宽容和大度来消除误会和怨恨，而非"以牙还牙，以眼还眼"。当然。我们提倡理解宽容并不是要失了自己的原则，随波逐流，没有了主见，而应目标明确，原则性强，善于把原则性和灵活性有机地结合起来。

（四）互惠共进的原则

中国自古就有"礼尚往来，来而不往非礼也，往而不来亦非礼""受人滴水之恩，当以涌泉相报"的说法，同样在人际交往过程中也需要遵循互惠共进的原则，主要是指自觉自愿地相互付出、相互支持、互惠互助，满足共同的心理需要，实现共同的进步。

心理学家霍曼斯曾指出，人际交往是一个社会交换的过程，是一种准经济交易，个体期待人际交往对自己是有价值的，是一个正的净收益。只有交往的双方都能从中受益，双方等值、公平的关系才是比较稳定、持久和愉快的关系，而不能只想着索取，不愿意奉献。大学生在交往的过程中要做到相互关心、相互爱护、相互帮助，具备“我好，你也好”的双赢心态，这样的交往才能长久，才能交到知心朋友。

（五）诚实守信的原则

“人而无信，不知其可也；无信不交，无信不立。”诚实守信乃是做人之本，做事之本，也是人际交往的重要原则。诚实就是忠诚老实，言行一致，表里如一，实事求是；守信是指恪守信约，履行诺言，说到做到，言而有信。诚实与守信相辅相成，诚实是守信的基础，而守信则是诚实的外在表现，只有内心诚实的人，做人做事才会守信用。“言必信，行必果”“一言既出，驷马难追”“一诺千金”这些流传了千百年的古话都形象地表达了中华民族诚实守信的优良品质，现代社会是一个讲诚信的社会，我们的人际交往同样需要遵循诚信的原则。

当然，诚实守信并不意味着放弃自己的隐私，同时还要尊重他人的隐私，每个人都有维护自己隐私的权利和尊重他人隐私的义务，张扬他人的隐私是不尊重他人的侵权行为；甚至在某些情况下，出于善意的目的需要对真实加以掩饰，能够让别人快乐、不受伤害的“善意谎言”也是必要的。

专栏 7-4

一诺千金

西汉初年有一个叫季布的人，他特别讲信义。只要是他答应过的事，无论有多么困难，他一定要想方设法办到。当时还流传着一句谚语：“得黄金百（斤），不如得季布一诺（得到一百两黄金，也不如得到季布的一个承诺）。”

后来，刘邦打败项羽当上了皇帝，开始搜捕项羽的部下。季布曾经是项羽的得力干将。所以刘邦下令，只要谁能将季布送到官府，就赏赐他一千两黄金。但是，季布重信义，深得人心。人们宁愿冒着被诛灭三族的危险为他提供藏身之所，也不愿意为赏赐的一千两黄金而出卖他。

有个姓周的人得到了这个消息，秘密地将季布送到鲁地一户姓朱的人家。朱家很欣赏季布对朋友的信义，尽力将季布保护起来。不仅如此，他还专程到洛阳去找汝阴侯夏侯婴，请他解救季布。夏侯婴从小与刘邦很亲近，后来为刘邦建立汉王朝立下了汗马功劳。他也很欣赏季布的信义，在刘邦面前为季布说情，终于使刘邦赦免了季布。不久刘邦还任命他做了河东太守。

后来人们就用“一诺千金”来形容一个人很讲信用，说话算数。

诚信，是中华民族的传统美德，也是全人类共同的道德规范。“人和人相遇靠的是一点缘分，人和人相处靠的是一点诚意，人和人相交靠的是一颗真心。”诚信在我们社会的人际关系中是不可缺少的，也是最重要的，正如德莱塞所言“守信是人际关系的命脉，是一切价值的根基”。

二、建立良好人际关系的艺术

（一）建立良好的第一印象

人际交往中所形成的第一印象会在他人头脑中形成并占据主导地位。如果在初次见面时给人留下良好的印象，这种印象会在很长一段时间内使得人们对他以后的一系列心理与行为特征向着好的方面进行解释。反之，如果给人留下了不良印象，人们更倾向于从消极方面去理解。

因此，初次见面时一定要展示给人一种良好的形象，为以后的交往打下基础。一般而言，在首次交往中最容易引起他人注意的是个人的精神风貌、言谈举止、衣着服饰等，因此，在人际交往中，针对不同的场合、不同的人，应尽量使自己的仪表符合自己的角色身份，给人留下良好的第一印象。

（二）真诚赞美，悦纳他人

不吝啬自己肯定和赞扬的话语，学会真诚地赞美别人。美国心理学家威廉·杰尔士曾说过："人性最深切的需求就是渴望他人的欣赏。"拿破仑也曾说："赞美具有一种不可思议的推动力，对他人的真诚赞美，就像荒漠中的甘泉让人心灵滋润。"任何人的内心深处都渴望被人赞美，而人与人之间的相处，如果懂得适当而真诚地赞美别人，会赢得对方的好感，增进人际交往。

赞美、赏识需要在人际交往中多看他人身上的优点和长处，并且及时、大胆地给予赞美和认可。如你今天气色真好，衣服真适合你……每个人都希望得到他人的赞美和赏识，所以不要吝啬自己的赞美之词，因为赞扬能让人身心愉悦，还能激发自豪感，增强自信，有助于更好地了解自己的优点和长处，认识自身的价值。但赞美是要真诚的、有感而发和恰如其分的，切忌夸大其词、不着边际和虚伪做作，否则将适得其反。

（三）言语沟通的艺术

1．学会交谈 俗话说"一样话，十样说"，一句话能成事儿，一句话也能坏事儿，可见交谈中同样的话可能会由于语气、语调、情境的不同而产生不同的效果。因此，在人际交往中要善用语言，讲究交谈的艺术。

交谈中首先要端正交谈的态度，无论面对什么样的交谈对象，都应该以平等的态度，坦率而诚恳，端庄而不矜持，谦逊而不矫饰；此外还要讲究语言的艺术，能够运用清晰准确、生动、富有感染力的语言表达想法，切忌平淡、含糊；注意交谈中的语气和行为动作；交谈中要注意避免经常打断对方的谈话和滔滔不绝、忽视他人反应的行为；还要避免交谈中的"对人不对事"的争论，以免影响同学之间的感情，破坏人际关系。因此，交谈中要注意"求同存异，异中求融"，讲求交谈的艺术，做到"急事，慢慢地说；大事，清楚地说；小事，幽默地说；没把握的事，谨慎地说；没发生的事，不要胡说；做不到的事，别乱说；伤害人的事，不能说；讨厌的事，对事不对人说；开心的事，看场合说；伤心的事，不要见人就说；别人的事，小心地说；自己的事，听听自己的心怎么说；现在的事，做了再说；未来的事，未来再说"。

2．善于倾听 "上天赐予人以两耳两目，但只有一口，欲使其多闻、多见、少言"，了解他人最好的方式就是倾听，善不善于倾听不仅体现着一个人的道德修养水平，而且关系到能否与他人建立一种和谐的人际关系。

倾听是对他人的尊重，是理解与宽容，是一种修养和美德，更是一种艺术。与人交谈时要专注、积极地倾听他人的谈话，经常进行目光交流，并及时给予适当的反馈，用微笑来表示你很愿意倾听对方的谈话，或者鼓励对方表达自己的观点。倾听还意味着不随意打断别人的谈话，在别人漫无目的地谈话时，礼貌地转换话题或结束话题，交谈中若有疑问，在表达自己的不同看法时，首先要认可当事人的想法，再礼貌地提出自己的看法，既表明了自己的观点又避免了冲突，不伤及彼此的感情。

3．适时幽默 美国一位心理学家曾说过："幽默是一种最有趣的、最有感染力、最具有普遍意义的传递艺术。"幽默的语言能够化干戈为玉帛，消除人们的忧郁，营造轻松、融洽的社交氛围，增添人们的欢乐，利于交流。幽默在人际交往中具有不可低估的作用，人与人之间有时会产生一些误会和冲突，这时就需要用幽默感来化解。据记载，苏格拉底的妻子是一位性情非常急躁的人，往往当众给这位著名的哲学家以难堪。有一次，苏格拉底在同几位学生讨论某个学术问题时，他的妻子不知何故，忽然叫骂起来，震撼了整个课堂。继而，他的妻子又提起一桶凉水冲着苏格拉底泼了出去，致使苏格拉底全身湿透。当学生们感到十分尴尬而又不知所措的时候，只见苏格拉底诙谐地笑了起来，并且幽默地说："我早知道打雷之后一定要跟着下雨的。"这一忍让的幽默虽话语不多，仅仅是一句话而已，却使妻子的怒气出现了"阴转多云"到"多云转晴"的良性变化。大家听了都欣然大笑起来，更敬佩苏格拉底的人格魅力、素质修养和坦荡胸怀。

4. 记住他人的名字　在人际交往过程中，大家都遇到过这样一个问题，当一个面熟的人和你打招呼，你却记不起他的名字，这样会让你感到很尴尬，不利于沟通。换位思考一下，当别人记不起你的名字时，你是不是也会感到有些失落。我们应该注意一个名字里所能包含的奇迹，并且要了解名字是完全属于与我们交往的这个人，无人能够取代。记住对方的名字，并把它叫出来，等于给对方一个很巧妙的赞美，因为一个人的名字，对他而言，是任何语言中最甜蜜、最重要的声音。因此，戴尔·卡耐基曾说过："一种既简单又最重要的获取好感的方法，就是牢记别人的姓名。"

（四）非言语沟通的艺术

1. 善用肢体语言　美国心理学家艾伯特·梅拉比安曾经提出过一个非常著名的公式：人类全部的信息表达 =7% 语言 +38% 声音 +55% 肢体语言。也就是说，在面对面的交流中，55% 的信息内容是由非语言线索提供的，比如人的面部表情、姿势、手势、体态、眼神等。由此可见，肢体语言在人际沟通中的重要作用，因此在人际交往中大家不仅要注意自己的肢体语言所传递的信息，还要善于"察言观色"。

作为面部表情的重要代表——微笑，是人与人之间最直接的表达，也是传达感情最直接的方式。微笑，一个简单的动作，却能给人前进的力量、生活的信心和奋发的勇气。因此，微笑的力量是巨大的，大家在人际交往过程中应该多一份微笑给他人。

2. 优化个人形象　首先，言行举止要文明礼貌，说话要注重语言文明，不能说脏话，在人际交往中根据谈话的内容和场合，正确运用非语言沟通的艺术，巧妙地表达自己的思想，有时能起到"此时无声胜有声"的效果；其次，大学生应恰当地修饰自己的容貌和穿着，注意在不同场合下选择样式和色彩适合自己的服装，在自我个性以及端庄正统之间寻求一个合适的平衡。

3. 把握好人际距离　我们常用"亲密无间"来形容两个要好的朋友，现实中却经常出现因为走得太近而矛盾不断，最后分道扬镳的例子。实际上，人与人在交往过程中是需要保持一定的空间距离的，因为每个人都需要有一个能够掌控的自我空间。当这个空间被他人触犯时，人们都会觉得不舒服、不安全。这也就是我们常说的"刺猬法则"：生物学家为了研究刺猬在寒冷冬天的生活习性，把十几只刺猬放到户外的空地上。这些刺猬被冻得浑身发抖，为了取暖，它们只好紧紧地靠在一起，而相互靠拢后，又因为忍受不了彼此身上的长刺，很快就又各自分开了。可天气实在太冷，它们又靠在一起取暖。然而，靠在一起时的刺痛使它们不得不再度分开。挨得太近，身上会被刺痛；离得太远，又冻得难受。就这样反反复复，最后，刺猬们终于找到了一个适中的距离，既不太远，也不太近。

【心理自我训练】

自信心训练法

美国作家爱默生说："自信是成功的第一秘诀。"可以说，拥有自信就拥有无限机会。那么如何增强自信呢？大家可以尝试以下六步自我训练法。

第一步：寻找缺乏安全感的原因

是脑里有什么声音使你感觉不安吗？你又为何觉得羞愧或浑身不自在？使你感到不安的可

以是对某事的抱憾、学业不佳、学校里的朋友、过去的创伤或有负面影响的经历……确认你觉得让你不自信的原因，并写在纸条上，撕碎这些纸条让自己重拾积极的态度。

第二步：认识自己的长处

每个人都有长处。你需要发掘自身长处并专注于自己的天赋，允许自己以此为豪，给自身长处加分；也可以通过艺术活动，如参加相关的课程或兴趣俱乐部等方法表达自我，发现自己热衷的事物。

如果专注于热爱的事物，就会产生疗效，你会觉得自己独一无二并充满成就感，这些都能帮助你树立自信心。向你的生活注入不同的兴趣，不仅能使你变得更自信，还使你有更多机会认识好朋友。

第三步：回忆自己的过去

找找看在过去的人生中是否有所成就，无论事情的大小自己是否成功地完成过一些任务，尤其是那些你认为对你而言有难度的事情，但你做到了。注意不要把自己的成就与他人做比较，再有成就的人只要一比较也会自卑。

第四步：努力提升自己

努力是为了更加贴近理想中的你，但进步不是一步登天，不要总觉得自己可以付出比别人少的努力而得到和别人一样的结果。要做好付出的比别人更多的准备，这是一场为期一生的持久战，要有充足的耐心。

第五步：小步子进步法

把一个长期大目标细分成很多个短期小目标，把任务解体，细化到你的能力完全可以完成。设定任务的时间跨度不要太大，一项一项地去完成这些小任务。每完成一个任务就在自己的成功清单中记下，你又做成一件“大事”。每一次小的成功，就加强了你必胜的信心，自信是在一次次成功中建立起来的。

第六步：及时认可自我

失落的时候回顾自己的成功清单，从中找到自己的价值感。积累成功清单可以真正帮助自卑者建立起个人自信。

【案例分析】

案例回顾：王某是大三学生，学生干部，学习成绩优秀，但人际关系较紧张，不仅与寝室同学相处不好，就连同寝以外的许多同学也无法正常交往。在同学们心目中，他是一个清高、傲慢的人，实在不好接近，虽然优秀，但对他的其他方面则不敢恭维。王某也为此很头疼，只要是他主持的活动项目，同学们似乎都有意不参加，好像故意和他作对，而他本人长期坚持的做人准则就是：我行我素，万事不求人。他几乎不接受别人的帮助，与此同时，也认为自己没有帮助别人的义务。他成绩好，可每当班上同学向他求教时，他要么说不知道，要么就在给别人讲完之后，将别人奚落一顿，有时还要加上一句：“拜托你上课时认真听讲，下次不要再来问我这么简单的问题。”时间一长，同学们都不愿意与他交往，人际关系越来越差。

王某也对自己的人际关系状况十分不满意，感到孤独、没有归属感，有时孤独感令他窒息，他焦虑甚至恐惧，但不知如何入手改善现状。他自己也纳闷：我究竟有什么问题？

案例分析：王某的人际关系不佳的重要原因就在于他是一个不懂得接受，更不知道给予的人，在他的观念里，每个人只要做好自己的事情就足够了，没有给予与接受的意识，最终将失去支持，生活在自己孤独的世界里，痛苦不堪。不懂接受与给予，不仅影响良好人际关系的建立，而且影响了心理健康的水平。

（崔玉玲）

互联网利用与心理健康

第8章

【哲人的忠告】

自我控制是最强者的本能。

——萧伯纳

中国互联网络信息中心（China Internet Network Information Center，CNNIC）2017 年 8 月 4 日在京发布的《第 40 次中国互联网络发展状况统计报告》显示：截至 2017 年 6 月，我国网民规模达到 7.51 亿，互联网普及率为 54.3%。总结过去 5 年我国网民增长情况，高中和大学及以上学历人群中互联网普及率已达到较高水平，而且学生一直是网民中规模最大的群体，占比为 24.8%。从以上数据可以看出，大学生作为新知识、新科技的学习者，已经融入了滚滚的网络浪潮，成为网络信息社会的弄潮儿。网络以它特有的优势和发展速度正在改变着大学生的生活、学习和思维方式，渗透到了大学日常生活的每一个角落。

第一节　互联网与大学生

一、互联网的发展与特点

（一）互联网的形成与发展

我们通过若干历史时刻，来简要了解一下互联网的形成与发展过程。这些具有里程碑意义的时刻，反映了互联网的诞生、电子邮件的发展、万维网的发展、网络社交的演变、在线多媒体的普及、网络资源等。

1969 年 2 月，ARPANET 创立，该网络一开始仅仅是为美国军方而开发，如今已成了互联网诞生的最主要标志。

1971 年末，程序员雷・汤姆林森（Ray Tomlinson）用自己编写的软件成功发送了第一封 E-mail，成为电子邮件中标志性符号“@”的开创人。

1974 年 5 月，被誉为“互联网之父”的温顿・瑟夫（Vinton Cerf）和罗伯特・卡恩（Robert Kahn）发表管理计算机和因特网之间连接的封包协议，即 TCP/IP 协议，让用户可以在网络上传送各种数据。

1984 年 10 月，互联网先驱乔纳森・波斯戴尔（Jonathan Postel）提出了顶级域名的概念，并推出 .com、.org、.edu 等多个顶级域名。

1990 年 11 月，由于蒂姆・伯纳斯（Tim Berners）的贡献，万维网（World Wide Web）逐渐形成。

1990 年 11 月 28 日，中国的顶级域名 .cn 完成注册，从此中国在互联网上有了自己的身份标识。

1997年11月，中国互联网络信息中心发布第一次《中国互联网络发展状况统计报告》，截至1997年10月31日，我国上网用户数为62万人，其中大学生用户数约为3.5万人。

2005年7月，中国互联网络信息中心发布《第16次中国互联网络发展状况统计报告》，截至2004年6月30日，我国网民首次突破1亿人，其中大学生网民超过1600万人。

2013年7月17日，中国互联网络信息中心发布《第32次中国互联网络发展状况统计报告》，截至2013年6月底，我国网民规模达到5.91亿，大学生成为规模最大的群体。

2015年7月22日，中国互联网络信息中心发布《第36次中国互联网络发展状况统计报告》，截至2015年6月底，我国网民规模达6.68亿，学生群体占比达到最高的24.6%。

2017年8月3日，中国互联网络信息中心发布《第40次中国互联网络发展状况统计报告》，截至2017年6月底，我国在线教育市场迅速发展，网民规模继续提升至7.51亿，学生群体占比仍然持续升高，达最高的24.8%。

（二）互联网的特点

1．快捷性和高效性 互联网24小时全天候“营业”，没有时间限制，不论何时，只要你愿意就可以在网上遨游。不仅如此，你不用走出家门一步，就可以查阅海量的信息，尽知天下事。在网上发表的信息、图像、声音可以立即传到世界各地，几乎是零等待。

2．虚拟性和隐蔽性 美国画家斯坦纳曾经画了一幅画——有两条狗在网络中游走，一只狗得意地对另一只狗说：“在网络中，没人知道你是一条狗。”因为网络的虚拟性，人们可以隐去真实的面貌、年龄、性别、身份、地位等现实特征，也可以忽略现实生活中不尽如人意之处。一个老年男子可以变身成一个青壮年和你交往，一个长相丑陋的人也可以变身成美少女。这种特性既保护了人们的隐私，也带来了一定的安全隐患。

3．开放性和平等性 互联网能跨越地域、时间、文化、政治的限制，使人们能够相互自由交流。任何人都可以自由选择登录的网站、选择交友的对象，享受你的话语权、发表你的观点，还可以选择随时离开。它弱化了因为经济地位的不平等而带来的资源共享不公平的现实。

二、大学生使用网络的心理动因

（一）积极的心理需求

1．强烈的求知欲与好奇求新心理 大学生有强烈的好奇心与求知欲，追求自我实现的人生，对未来有着乐观而美好的期待与向往。大学生在网络环境中，可获得大量对学习、生活有帮助的信息，特别是在大学校园网中，建立了许多教育服务网站，更有着各种各样对大学生教育成长有益的相关信息。网络的这些优势极大地吸引了大学生的好奇心，激发了他们学习和掌握网络知识和应用技能的欲望。

2．自由平等的参与意识与自我实现欲望 网络自由平等的氛围最适合当代社会中对自由和平等呼声最高的大学生群体。在网络的虚拟空间里，种种现实社会的限制都不复存在。在网络的虚拟环境中，大学生可以毫无顾忌地扮演自己喜欢的角色，自由表达和展现自己的思想和情感，张扬现实生活中隐藏的个性，有利于主体性、创造性的发展。通过从虚拟世界中社会角色的认知体验，反思自我现实中社会角色的职责及义务，进而提高自信心，加强社会责任感，提高心理健康水平。

3．追求开放性和多元性 网络允许各种文化、思想、观念的并存，可以百家争鸣，也为大学生追求开放性和多元性提供了平台。在网络时代，文化的多元性得以充分张扬。

（二）消极的心理需求

1．追求感官刺激的猎奇心理 网络虽然是信息宝库，但是其中鱼龙混杂，不免充斥着一些暴力、色情、造谣攻击等信息垃圾。许多大学生上网的目的是猎奇，追求在现实生活中难以了解、通过正当渠道难以获得的事物或信息，并借以获得感官刺激。在这种动机的驱动下，他们往往会出于好奇或冲动的心理去寻找一些暴力或色情信息。

2．逃避现实和自卑心理　在大学生活中，难免会遇到这样或那样的学习、感情或人际交往上的挫折和危机。一些大学生心理发展尚不成熟，现实人际关系不良或性格孤僻，他们害怕在现实中与他人共处和交流，遇到现实挫折时，往往更愿意到虚幻的网络空间去倾诉自己的苦恼、寻求支持和帮助。互联网成为这部分大学生逃避现实、寻求自我解脱的途径。他们借助网络宣泄情感，因此很容易沉溺于虚拟的网络世界不能自拔。

3．虚拟的自我实现心理　虚拟的网络可以成为大学生自我实现的一个理想王国。他们在网络上享受到平等、自由、成功的感觉，学习与就业的压力、家长的期望造成的心理压抑与孤独，在网络上都能一扫而光。然而，虚拟的自我实现心理还会导致一些不道德的行为甚至犯罪行为。如为了显示自己的能力，痴迷于网络游戏、制造网络病毒、盗用他人电脑信息，甚至参与网络诈骗等。

三、互联网对大学生的影响

网络能够提高大学生的学习效率和生活质量、促进人际沟通、提供娱乐休闲、压力释放的渠道，然而因为沉迷于网络的虚幻世界而荒废了学业、影响了人际关系、损害了身体，甚至引发犯罪等报道屡见不鲜。网络到底是天使还是魔鬼？是天堂还是地狱？

（一）积极影响

1．扩大人际交往圈子，有助于建立良好的人际关系　人际关系与个体心理健康有着密切联系，有助于维护个体的心理健康。网络交往通过全方位、多层次的信息传输为大学生提供了更方便且范围更大的社会交往机会，使大学生的社会性得到空前的延伸和发展，有利于良好人际关系的建立和发展。网络的开放性、大众化、虚拟性、直接性等多种特点使得网络人际交往比较容易突破传统交往方式中存在的年龄、性别、地位、身份、外貌等人际交往影响因素的限制，为人际交往提供便利。通过网络，人们可以直接地交往，而免去了彼此的客套、试探、戒备和情感道义责任。同时，由于网络交往所具有的间接性和虚拟性特点，为性格内向、羞于言谈、社会交往能力较弱的大学生进行人际交往打开了方便之门。

2．增强主体意识，促进其个性、能力的发展　网络中各电子网站、校园网的个人主页及个人网站等为大学生提供了一个展示自我、发展个性的角色实践的“虚拟环境”。在这样的环境中，人的主体性、创造性得到充分张扬，个体可以毫无顾忌地扮演自己喜欢的角色，自由地表达和展现自己的思想和情感，张扬其现实生活中隐藏的个性。通过从虚拟世界中社会角色的认知体验引起对现实世界中社会角色职责及义务的思考，体验内心的冲突，深入对社会和他人的认识，通过自我控制和自我教育，来认识自我的社会角色，提高自信心，从而加强对社会的责任感，使心理健康水平不断得到提升。

3．提供丰富的信息环境，激发大学生创造性思维　由于网络的内容丰富、信息量大、影响面广、功能齐全、传递方便快捷、意识观念开放、气氛轻松自由等特点，极大地满足了大学生对新生事物的好奇心，使其认识、了解了更多更广阔的新事物、新知识，开阔其认知视野，激发了想象力、求知欲，为他们提供了一个打破传统线性思维束缚的环境，从而有助于大学生创造性思维的有效培养。

4．提供心理宣泄和寻求专业心理援助的可能　社会的发展要求大学生具备完善的综合素质，而学业、就业等诸多的压力使得大学生容易产生紧张、恐惧、焦虑、抑郁等负性情绪，心理健康受到影响。大学生需要通过适度的情绪表达和宣泄来维护自身的心理健康。网络交往的虚拟性、安全性和广泛性恰恰迎合了大学生渴望交往而内心闭锁、渴望获得真情而又怀疑真情的矛盾心理。大学生们可以通过聊天倾诉等方式，尽情地宣泄内心压抑的不良情绪，缓解心理压力。这些虚拟的网上交流给大学生提供了一个情感表达和不良情绪宣泄的新途径，在一定程度上起到了很好的心理疏导作用。同时，许多面临心理困惑和发展问题的大学生们更愿意通过互联网上一些专业的心理网站，及时地了解心理健康知识、寻求专业的心理援助和互助。由于这些心理学的专题网站或主页既方便快捷又具有较好的保密性，更容易受到大学生的广泛青睐，确实在一定程度上对大学生保持心理健康起到了积极的促进作用。

（二）消极影响

1．人际交往萎缩，交往能力下降 大学阶段是个体人际交往能力和人际关系形成的重要时期。由于网络交往和现实交往大不相同，人与人之间面对面交往的机会大为减少，取而代之的是人与电脑的频繁接触，这种虚拟的网络交往有时难以形成真实可信和安全可靠的人际关系。迷恋上网使大学生参加集体活动、社会实践等社交的机会大为减少。热衷于虚拟交往使得部分学生忽视了现实中的人际交往，对现实生活中的人际沟通缺乏耐心，造成了他们的现实人际关系障碍和角色的错位，人际情感的逐渐萎缩和淡化，趋向于社会分隔化和个人孤立化，其孤独感会越来越强，交往能力也随之下降，继而产生对现实人际交往的逃避和恐惧，严重影响了他们的学业和生活，并诱发心理疾病。

2．易产生不良的情绪体验，情感趋于冷漠 大学生的情感体验极为丰富、强烈、敏感，也极为复杂，表现得很不稳定。如果长时间地上网，沉迷于虚拟世界中，就可能极大地妨碍大学生通过亲身的社会实践生活来形成稳定良好的社会情绪体验。随着上网人群的不断扩大，网恋也逐渐成为大学生上网的一个重要内容，网恋导致情感创伤的情况也呈上升趋势。这些情况都容易使大学生们趋向于孤立、自私、冷漠和非社会化，产生焦虑、紧张、抑郁等不良的情绪体验。

3．沉溺网络，导致自我的分裂 随着互联网的广泛使用，对网络的依赖也越来越强。当大学生从虚拟世界获得比现实世界更多快乐体验时，就可能将更多的时间和精力注入网络交往。每当现实生活受到挫折、困难时，总想在网络中得到回避或安慰。网络掩盖了真实生活，扩大了“现实生活”与“虚拟社会”间的差距，他们渴望在网络上追求虚拟的完美人生，而消极地对待或逃避现实世界，其自我系统中的“真实的我”“现实的我”“网络的我”产生冲突，往往会在网上、网下判若两人，严重的可导致二重或多重性人格问题，分裂自我结构。

4．网络色情的泛滥，易使大学生性心理畸形发展 我国目前性健康教育滞后于现实需要，来自于老师和家长的性知识微乎其微，大学生的性知识主要来源于互联网，而且网络中的一些性知识往往科学性较差，有失偏颇，无法保证性教育的科学性。由于网络传播信息方式的全球性、超地域性，网络信息存在着大量色情、暴力信息。电脑网络的双向性又使这些色情内容更易传播，且手法更为隐蔽、快速。大学生正处在青年期，性意识高涨，对色情内容具有极大的好奇心，且往往自制力较差，相关的性知识匮乏，面对网上不健康的性信息、性观念，很容易引发他们性心理的畸形发展。

四、大学生网络使用情况

（一）信息获取

大学生群体渴望获取新知，而网络拥有丰富的信息资源，其大容量、普及性、开放性的特点，极大满足了追求新鲜事物学生的需要。因此，获取各种信息是大学生上网的主要目的，也是最常用的网络服务功能。

搜索引擎作为互联网的基础应用，是大学生网民获取信息的重要工具，其使用率自 2010 年后始终保持在 80% 左右，使用率在所有应用中稳居第二。此外，网络新闻已成为网民获取新闻的主要渠道之一，使用率一直保持在较高水平，其使用率增长主要得益于以下几个因素：首先，在移动互联网时代，碎片化时间阅读新闻成为网民的主要活动之一；其次，随着微博、微信等应用的兴起，网民接触新闻的渠道增多，例如，微博对主要新闻事件的快速传播，形成热点话题，并联动主流新闻媒体进行传播，极大促进网民对网络新闻的接触度；最后，各类新闻媒体纷纷发力移动互联网，制作了大量用户体验较好的新闻应用程序，极大提高了手机网民对网络新闻的阅读频率。

（二）网络购物

我国网民数量的爆发式增长，为电子商务提供了不竭动力。截至 2017 年 6 月底，我国网络购物网民规模达到 5.14 亿人，网络购物使用率提升至 68.5%。与 2016 年 12 月底相比，2017 年上半年网民增长 4773 万，半年度增长率为 10.2%。

大学生因其时间上的闲暇、好奇心理以及网络购物的便捷性，越来越青睐于网络购物。大学生网购的驱动力来源于几个方面：首先，网络购物不仅方便快捷、可选种类丰富新颖，而且价格往往比一般店面商品的价格更具吸引力。大学生往往愿意尝试网络购物，很大程度上取决于网购商品的低廉价格和网购的便利性。其次，网络上丰富的产品信息，几乎涵盖了各个领域，给消费者提供了更多更全方位的选择。在这种环境下，消费者购物的方便性和乐趣得到极大满足。对于大学生群体而言，在注意产品的外观、品质的同时，也注重产品的功能效用，再加上大学生希望他们所购买的产品更具特色，也更符合年轻人的新潮和时尚，这个时候的网购方式不单单是一种购买行为，而已经成为一种生活和享受的方式。再次，网络促销的常态化，激发消费者的购买欲望。网购市场的激烈竞争导致电商之间频繁的价格战。店庆促销、节假日促销、特卖会、1 元秒杀等营销手段的使用频率越来越高，极大地刺激了消费者的购买欲望。

（三）网络恋情

网络支持的即时通信、微博、个人空间以及社交网站等为网民建立了一张张强大的关系网，方便与自己的亲朋好友、同学同事等进行自我展示或者交流沟通等。伴随网络成为新的恋爱载体，网恋不仅成为“e 时代”校园的时髦话题，而且直接冲击传统“面对面”的恋爱方式，对大学生的生活方式、恋爱观念、道德伦理产生了深刻影响。正值青春烂漫岁月，情感丰富且变化多端，互联网成为大学生课余宣泄情感的良好场所。但互联网的隐蔽性与虚拟性又可能使大学生降低了对自己情感的约束，导致现实情感的迷失。有些大学生把自己的性格、年龄、爱好包装成完美形象之后进入互联网，与异性聊天、谈情说爱，但并不想建立真正的恋爱关系，只是利用互联网来满足自身的情感和心理需要；而有些大学生则把自己的感情完全倾注于互联网，希望能找到心仪的白马王子或白雪公主。

大学生中普遍存在利用互联网与外界交往的现象，而且由于在时间、技术和个体发展中的情感需要等方面的特殊性，较其他社会群体存在更大的“网恋”可能性。大学生网恋的动因：①青春期的憧憬。由于网恋速成性的特点，使大学生网恋者在这一过程中能轻易地找到理想中的恋爱对象，而不必付出艰苦的努力和奋斗。通过网恋这种新的恋爱方式，大学生极易找到一份浪漫的爱情。正是这种感觉才使得越来越多的大学生抛弃传统的面对面的恋爱方式而选择网恋，使他们沉迷于网恋中不能自拔。②特有的心理特点。大学生好奇心强，喜欢刺激，对新事物、新知识有强烈的求知欲、求成欲。网恋作为一种新的恋爱方式，与传统的面对面的恋爱方式完全不同。正是由于它方便和形式简单，又具有时代性，比较时髦，才促使大学生对网恋充满了好奇。③从众心理。据有关学者调查，92.1% 的网恋大学生表示周围人有过网恋的经历，仅有极小部分人是在周围人没有网恋经历的情况下选择这种恋爱方式的。看到周围同学在网恋，虽然主观上告诫自己不要盲目从众，但是网恋早已存在于自己的潜意识中，这使得大学生不知不觉地陷入网恋。即使是反对网恋的大学生，在否定别人网恋的同时也感到网恋的可能性。这也是大学生网恋人数不断蔓延扩大并不断升温的原因之一。

（四）网络游戏

网络游戏类型多样，借助道具对生活、生产和战斗的模仿，在网络世界中虚拟人们的个体或社会活动，实现游戏者之间的互动，对大学生极具诱惑力。

网络游戏行为的心理影响因素包括：①成就体验。由于网络游戏不同于其他的电子游戏，它既没有确定的程序，也不是个人与计算机的对战，而是网络中不同玩家之间的竞争。大学生可以在游戏中取胜或实现现实中所不能的事，不断挑战自我、突破自我，实现所谓虚拟的自我，更大程度地满足了自我实现的需要。②缓解压力，寻求刺激。网络游戏具有自由性、虚拟化、娱乐性、互动性的特点，使游戏者可以在其中发泄情感，还可体验到现实中得不到的快感，尤其是网络游戏的发展更加人性化，更加刺激和有趣，使游戏者可以在虚幻世界中体验着冒险和拼搏的乐趣，在一定程度上缓解了大学生的现实焦虑。③逃避现实。当代大学生多是独生子女，由于受到父母过分溺爱、社会过度关注等不利因素的影响，导致生理与心理发育的不平衡。他们的自我意识非常强，渴求获得社会认同，而又屡尝无法得到满足的迷茫和痛苦，于是网络游戏成为他们平衡自我控制的重要选择，因为网络游戏可以逃避现实的烦恼与压力，按自己的意愿重新塑造一个虚拟的自我。④交往与归属。部分大学生由于缺乏社交技巧，不能通过日常交往中的接触来发展人际关系，于是期望在网络游戏中发展自己的人际关系，而网络游戏的私密性确实可以提供一个较为广阔的天地。客观地说，通过网络游戏与网友进行观念上的沟通和情感上的交流，获得安慰和支持，得到网友的认同感，可以在一定程度上缓解社交压力。但网络世界的关系本身是虚幻的，个体不可能通过这样的交流学会现实生活中人际交往的技巧，也不可能发展在现实中与他人的关系，这必然又导致其在现实生活中的人际关系遭受挫折，从而更加依赖网络世界的人际交往。

专栏 8–1

2016 年 12 月与 2017 年 6 月中国网民对各类网络应用的使用率（CNNIC）比较

	2016 年 12 月		2017 年 6 月		
应用	网民规模（万）	使用率	网民规模（万）	使用率	半年增长率
即时通信	66628	91.10%	69163	92.10%	3.80%
搜索引擎	60238	82.40%	60945	81.10%	1.20%
网络新闻	61390	84.00%	62458	83.10%	1.70%
网络视频	54455	74.50%	56482	75.20%	3.70%
网络音乐	50313	68.80%	52413	69.80%	4.20%
网上支付	47450	64.90%	51104	68.00%	7.70%
网络购物	46670	63.80%	51443	68.50%	10.20%
网络游戏	41704	57.00%	42164	56.10%	1.10%
网上银行	36552	50.00%	38262	50.90%	4.70%
网络文学	33319	45.60%	35255	46.90%	5.80%
旅行预订	29922	40.90%	33363	44.40%	11.50%

专栏 8–1（续）

2016 年 12 月与 2017 年 6 月中国网民对各类网络应用的使用率（CNNIC）比较

	2016 年 12 月		2017 年 6 月		
应用	网民规模（万）	使用率	网民规模（万）	使用率	半年增长率
电子邮件	24815	33.90%	26306	35.00%	6.00%
论坛 /BBS	12079	16.50%	13207	17.60%	9.30%
互联网理财	9890	13.50%	12614	16.80%	27.50%
网上炒股或炒基金	6276	8.60%	6848	9.10%	9.10%
微博	27143	37.10%	29071	38.70%	7.10%
地图查询	46166	63.10%	46998	62.60%	1.80%
网上订外卖	20856	28.50%	29534	39.30%	41.60%
在线教育	13764	18.80%	14426	19.20%	4.80%
网约出租车	22463	30.70%	27792	37.00%	23.70%
网约专车或快车	16799	23.00%	21733	28.90%	29.40%
网络直播	–	–	34259	45.60%	
共享单车	–	–	10612	14.10%	

资料来源：中国互联网络信息中心（CNNIC）《第 40 次中国互联网络发展状况统计报告》

第二节　网络成瘾及矫正

一、网络成瘾概述

北京军区总医院（现中国人民解放军陆军总医院）制定的《网络成瘾临床诊断标准》中是这样定义网络成瘾的：网络成瘾是指个体反复过度使用网络导致的一种精神行为障碍，表现为对网络的再度使用产生强烈欲望，停止或减少网络使用时出现戒断反应，同时可伴有精神及躯体症状。

网络成瘾的诊断标准如下。

（一）症状标准

长期反复使用网络，使用网络的目的不是为了学习和工作或不利于自己的学习和工作，符合如下症状：

（1）对网络的使用有强烈的渴望或冲动感。

（2）减少或停止上网时会出现周身不适、烦躁、易激惹、注意力不集中、睡眠障碍等戒断反应；上述戒断反应可通过使用其他类似的电子媒介（如电视、掌上游戏机等）来缓解。

（3）下述 5 条内至少符合 1 条：

1）为达到满足感而不断增加使用网络的时间和投入的程度；

2）使用网络的开始、结束及持续时间难以控制，经多次努力后均未成功；

3）固执的使用网络而不顾其明显的危害性后果，即使知道网络使用的危害仍难以停止；

4）因使用网络而减少或放弃了其他兴趣、娱乐或社交活动；

5）将使用网络作为一种逃避问题或缓解不良情绪的途径。

（二）严重程度标准

日常生活和社会功能受损（如社交、学习或工作能力方面）。

（三）病程标准

平均每日连续使用网络时间达到或超过6小时，且符合症状标准已达到或超过3个月。

北京交通大学周倩教授则将网络上瘾定义为：由重复的使用网络所导致的一种慢性或周期性的着迷状态，并带来难以抗拒的再度使用欲望，同时产生想要增加使用时间的张力与忍耐、克制、退缩等现象，对于上网带来的快感一直有生理及心理依赖。

需要强调的是，网络成瘾的重点并不在于花费多少时间在网上，而是个人是否沉迷于网络世界而无法自拔，且对现实生活产生不良的影响，其主要特征有：对网络有一种心理上的依赖感，不断增加上网时间；从上网行为中获得愉快和满足，断网后感觉不快；在个人现实生活中花很少的时间参与社会活动及与他人交往；以上网来逃避现实生活中的烦恼与情绪问题；倾向于否认过度上网给自己的学习、工作、生活造成的损害。

网络成瘾的类型可以分为以下三种：

（1）网络游戏成瘾：成瘾者把大量的时间、精力和钱财花在游戏中，并从游戏中获得成就感、发泄攻击欲。游戏设置中的打怪、升级、对决等设置都对大学生有着强大的吸引力，导致大学生越来越迷恋网络游戏。如果在游戏设置中过度纵容和鼓励恶意对决，会使得青年人漠视游戏中的生命，逐渐形成任意欺凌弱小来获得快感的价值观，也会因为游戏里的仇恨而相互谩骂。以“攻击、战斗、竞争”为主要成分的网络游戏，其火爆刺激的内容让长期“飙车”“砍杀”“爆破”“枪战”的大学生们模糊了道德认知，容易引发严重的社会问题。

（2）网络色情成瘾：成瘾者难以控制对成人网站的访问，浏览色情网站、下载色情图片，以获得性的满足。同时还进行网上色情交易，搞网上色情活动。参加成人幻想角色扮演聊天室，以自己所设想的身份与别人或梦中情人进行聊天、调情和性交易活动。尤其是现在可以同时进行视频聊天，边聊天边看裸体表演、色情表演。平时不好意思说的话、不好意思做的事情、动作，在这里可以尽情地说尽情地做。

（3）网络关系成瘾：成瘾者迷恋在线人际关系，沉迷于通过聊天室、讨论组、论坛等方式结识在线朋友。网上的朋友对于他很快变得重要起来，但是却往往以牺牲现实生活、家庭和朋友为代价。他们在现实中的人际关系疏离、冷淡，却沉溺于网络中的感情世界。大学生喜欢交友，却又不好意思主动联系，网上交友、玩游戏从私密性、保护性、开放性方面，都符合他们的需求。

二、网络成瘾的危害

（一）学业荒废

事实上就大学生的网络成瘾者而言，网络对他们最直接的影响是学习成绩的下降。因为在网络上沉迷的时间过久，体力和精力都有很大的消耗，所以网络成瘾者常常在上课时注意力不集中、学习效率低，最后出现厌学、逃课，甚至因此而大量挂科留级。调查中发现，95%的网络成瘾者学习成绩处在班级或年级的中下水平，90%的网络成瘾者承认网络使用对他们的学习成绩有影响。当然，80%的网络成瘾者在使用网络之前其学习成绩就处在班级的下游，这也可以推断，可能是由于网络成瘾者平时对学习没有信心，学习成绩较差，更容易受到网络的影响或迷恋于网络。

（二）身体损害

从生理角度来看，过长时间上网玩游戏可能患上“网络或游戏成瘾症”，即“游戏脑”，属于“冲动控制障碍”，轻者精神依赖，不上网就焦虑、烦躁，坐立不安，注意力不能集中，重者与毒品成瘾相似，完全被游戏和网络控制，难以摆脱，整个人变得不可理喻，没有自尊。由于大脑神经中枢持续处于高度兴奋状态，常常有自主神经紊乱，内分泌失衡，可使免疫功能降低，引发心血管疾病、胃肠神经症、紧张性头疼、焦虑症、抑郁症等，甚至在玩网络游戏时，也有诱发癫痫发作、脑卒中、在网吧猝死的报道。长期敲击键盘对手指、手腕和上肢不利，可造成腕关节局部肿痛，活动受限，甚至手指末端坏死，称为“键盘手”，医学上称之为腕管综合征。

（三）心理问题

上网时在虚拟的环境中无限畅游，时间过得很快，神经高度紧张、兴奋或放松，一旦离开网络，便会出现急躁、压抑和敏感的情绪状态。患网瘾的大学生会变得易激惹，对亲朋好友感情淡漠。如不遂其愿，就大发雷霆，顶撞辅导员和父母；或对他人漠不关心，与人交流减少，出现自我封闭、缄默。另外，虚拟的网络空间和“人机对话”的交流方式长期下去会导致“现实”与“虚拟”自我的冲突和混淆，造成角色混乱，易将网络中的规则带到现实生活中。特别是当成瘾者在现实生活中与人交往受挫时，易转向虚拟的网络寻求慰藉，消极逃避现实，甚至自杀。

三、网络成瘾的原因

（一）网络自身的特点

1. 网络的自由性和随意性　网络上地位平等，每一个独立的个体表达自己的机会都是平等的。网络上不受空间距离的限制，实际的地理空间距离不再成为人们沟通的障碍。网络上时间被延伸与压缩，相对现实生活中面对面的交流方式来说，在网络上可以用更长的时间去考虑如何回应他人。网络上可同时建立多种关系，不论你的志趣爱好、职业类型、学识水平是什么，在网上总能找到许多与你志同道合者，可以同时在不同的群体中和其他网民建立多种关系。

2. 网络的快捷性和便利性　书信联络需要写信—贴邮票—寄出—等回信—再写回信一系列过程，比较复杂，而且花费时间比较多；通过电话联络，虽然交谈直接，不用面对面，但是总免不了有说不出口的话，而且费用较高；唯有网络，通过文字和符号联系，免去了面对面交流的紧张和尴尬，又可实现即时互动。

3. 网络的匿名性和虚拟性　人们在网络里可以隐藏自己的真实身份，扮演他们理想中的，或者与生活中的自我相似，甚至相反的形象。想跟谁聊就跟谁聊，想说什么就说什么，不必担心会被人发现自己的真实身份。因此，用户在网络里可以做任何自己想做的事、说自己想说的话。

（二）大学生的个人因素

通过网络，可以满足大学生的心理需要。如青年人性冲动与性需要、归属感的需要、交往的需要、获取成就感的需要等。

此外，大学生心理发展的特点决定了他们对网络成瘾的易感性。

大学生创造性强，接受新鲜事物速度快。大学生对一些先锋、新奇的事物充满了好奇心，因特网作为一个全新的概念，对大学生具有很强的吸引力。

大学生寻求归属感与亲密关系。在大学时期，人们一般会尝试和异性建立比较亲密的关系，渴望找到志同道合的人，或者加入到某一个群体中，以此找到一种归属感。而在网络上，有由各种志趣爱好、家庭背景、学识水平的人组成的不计其数的虚拟团体和社区，不断吸引着大学生的加入。

大学生处于半独立状态。大学生渴望获得独立，希望不受老师和父母的管束，做自己喜欢做的事情，因特网正好提供了一个比较理想的属于自己的独立空间。

大学生需要消除挫折感。大学生要经受来自学校、家庭、朋友的压力，他们渴望能有一个可以倾诉、发泄挫折感的地方。具有匿名性特点的互联网络正是他们倾诉的极佳场所。

（三）网络成瘾者的人格因素

研究表明，网络成瘾者往往具有某些特殊的人格特征。上网成瘾的易感人群是大学生，是因为如今的大学生多为独生子女，长期生活在一个相对封闭的温室，生活能力、自我控制能力、沟通和社交能力低下，心理脆弱，很容易被网络游戏俘虏。

（四）家庭、学校和社会因素对网络成瘾的影响

心理学专家们认为，导致这一切并非网络的原罪，表象之下有各种各样的问题。

孩子网络成瘾与家庭教育模式密切相关。不良父母管教方式、不良同胞及亲子互动、家庭功能障碍等，带给大学生生活压力，也给了网络迷惑大学生的机会。此外，家长未尽责监督大学生电脑使用情形，家庭的忽视为大学生铺设了一条网络成瘾的道路。

学校是一个高度重视学业成就的地方，学习成绩成为大学生自我价值感的基本来源，致使学业不佳的学生得不到肯定、有其他问题者（如异性关系等问题）得不到适当帮助。这些大学生只得从网络上来满足需要或逃避问题。

大学校园周围网吧林立，校园内随处可以上网，为大学生提供了从网络满足需求的隐秘场所，大学生群聚网吧，彼此交换心得、提供信息、满足人际需要。

四、网络成瘾的矫正

网络成瘾已成为部分大学生不容忽视的心理疾病，严重者不仅影响学习和生活，更影响身心健康。可从三个方面对网络成瘾者进行心理治疗。

（一）认知治疗

1．认知重建 改变网瘾者坚定而又顽固的信念，如“游戏真棒”“上网真好玩”“再没有比上网更刺激的事了”，找到除上网之外的能带来内心愉悦感的健康行为。

2．自我提醒 将上网的好处和坏处分别列在一张对称的纸上，按程度轻重排好顺序，每天做思想斗争 10 ~ 20 次，每次 3 ~ 5 分钟，尤其是在网瘾发作时；也可以将好处和坏处分别贴在显眼的地方，如电脑上、卧室里、门上，每天多次默念或大声对自己念上网的坏处，战胜自己关于上网不合理的观念。

3．自我辩论 想象自己上网成瘾后的种种极端后果，如成绩下降、被大家看不起、被别人羞辱、对不起自己的父母及亲人等，在网瘾发作时让“理想自我”与“现实自我”进行辩论，让内心的道德感、责任感与罪恶感、失败感斗争，从感情上战胜自己，痛下戒除网瘾之决心，增强自己的戒网动机。

4．自我暗示 当又有了想上网的念头时反复自我暗示，如“不行，现在应该学习，等周末再说”“我一定能行”“我一定能戒除”。每当抵制住了诱惑，认真学习，度过了充实的一天后，就进行自我鼓励，如“今天我又赢得了一次胜利，继续坚持，加油”。这样不断强化，形成良性刺激，加强自己的意志，使上网的欲望得到抑制。

（二）行为治疗

1．强化法 自我奖励、自我惩罚，即视当天的进展情况而给自己一些小小的奖励或惩罚，但应注意其使用的内容最好与上网无关。奖励和惩罚既可以由成瘾者自己执行，也可以请老师、同学、家长协助执行。如目标执行无误，就奖励自己吃一样喜欢的零食或买一件喜欢的东西，否则长跑 1000 米或做清洁等。

2．行为契约法　成瘾者与家长共同商定戒网的行为契约，成瘾者签订契约并成为契约的遵守者，家长则担任契约的执行者，从而规范成瘾者的上网行为，培养其自我约束能力。

3．厌恶疗法　想象自己长时间上网后成绩下降、被大家看不起、被别人羞辱或萎靡不振的样子，让其厌恶自己的过度上网行为，从而激励自己找回自我，增强自我效能感，但注意不要泛化到厌恶整个自我。

4．放松训练　为应对戒断过程中出现的紧张、焦虑、不安、愤怒等不良情绪，采用肌肉放松法、深呼吸放松法以稳定情绪，振作精神。

（三）辅助治疗

1．转移注意法　在其他活动中寻找快乐，如欣赏一曲优美抒情的音乐，去运动场跑步、打球，读一些轻松愉快、有趣味的书刊，或与朋友逛街、散步、看电影、郊游等。对于一些因过度上网而产生孤独、忧郁等情绪的学生，应鼓励他们多参加体育锻炼，有助于不良情绪的释放。

2．社会支持法　社会成员尤其是父母应更多地关心成瘾者，理解他们，帮助他们，为他们戒除网瘾营造一个舒适、安全的人际环境，让他们感受到现实生活中的人际温暖，满足他们人际交往和情感沟通的心理需求，从而改变去网络中寻求满足的方式。

第三节　健康网络心理与行为的培养

一、什么是健康上网

目前政府和社会都提倡健康上网，在这一片的呼声中，我们首先要认识到：什么才是健康上网？《全国青少年网络文明公约》这样写道："要善于网上学习，不浏览不良信息；要诚实友好交流，不污辱欺诈他人；要增强自我保护意识，不随意约会网友；要维护网络安全，不破坏网络秩序；要有益身心健康，不沉溺虚拟时空"。根据《全国青少年网络文明公约》，可以把大学生健康上网归纳为以下几点。

（一）遵守国家法律法规

这是最基本的一个条件，遵守法律是每个公民最基本的义务。虽然我们还是学生，但如果违反国家的法律规定，同样会受到法律的追究。具体来说我们应该做到：不浏览或散播有关色情，暴力，恐怖，分裂、颠覆国家，煽动民族分裂等的信息，不制造或散布计算机病毒，不利用网络做出危害国家、群众、他人的行为。

（二）增强自我保护意识

安全上网是健康上网的最重要一环，具体来讲，应当慎重结交网友，不随便约会网友见面，即使约会也要有他人的陪同，对于网友或网上的传言要加以分析，不要盲目相信。在受到网友的骚扰、威胁、恐吓时，要及时与其断交，必要时可以告诉家长和老师或循法律途径解决。

（三）诚实友好、尊重他人

这是道德上的要求。诚实友好一向是中华民族所鼓励的传统美德，在网上也不例外。我们在网上与他人交流时，应当使用友好的语言，不使用粗言秽语。但对于诚实这一方面则要有所区分，诚实不代表把自己所有的真实资料向他人透露，怎样在彼此尊重隐私的前提下，有限度地向他人提供真实的个人资料，这是一个值得研究的问题。

（四）合理分配时间、善用网络资源

这是健康上网最高层次的要求。在网络上虽然有用之不完的资源，但也要合理分配好上网、学习、生活的时间，不要只顾在网上流连，应当把上网作为一种学习方式和娱乐方式而不是消磨时间的方法。同时也要明确上网的目的，正确处理好与学习、生活的关系，做到真正的健康上网。

具体来看，大学生健康上网体现在如下七个方面：

1．抵制不良 不登录黄色、暴力等网站，限制浏览不良网页及信息等。

2．不可沉迷 尤其是不沉迷于游戏、不依赖、不成瘾等。

3．不扰常规 不影响正常学习生活，不带来消极影响，或最起码不要有害。

4．控制时间 对上网的时间有一个限制。

5．放松身心 愉快身心、释放压力、调节自己。

6．辅助学习 利用互联网主要为促进学习、拓展知识等。

7．长远获益 从长期来看有积极影响，给学习、生活和身心带来积极的影响，有益发展。

二、培养健康上网行为

（一）树立远大的理想

大学时光，弥足珍贵，在这短短的几年中，每一位大学生都应该树立远大的理想。有了远大的理想，才会有奋斗的目标和实际的行动。

（二）制订校园学习生活规划

详细地制订出每日学习和生活的列项和时间的记录。通过一周的记录，对比自己在学习、生活和上网所花费的时间，在接下来的一周中，逐步增加学习和其他活动的时间，减少上网的时间和次数。

（三）让图书馆成为给养心灵的场所

课余时间让自己徜徉在图书的海洋，看名人传记领略名人的魅力和风采，为自己树立人生的榜样和楷模；读报刊时事，引发自己对现实社会现象的思考，培养自己思考、分析和解决问题的能力；查阅资料，充实自己的专业知识，为未来的打拼蓄积能量。

（四）积极参加学校的各类集体活动

可以分散自己对网络的专注，同时也可以获得身心的愉悦。在活动中，通过各种感官去感受事物，也可从接触各种人与事中获得知识，开阔视野，增强思考能力，提高实践技能。

（五）学会合理利用网络

需要肯定的是，网络作为行之有效的信息、资讯收集工具和实用的沟通、娱乐工具，既方便了现代人的生活，更推动了社会和科技的进步。作为大学生，要冷静面对网络，多搜集对学习有帮助的资料，理性运用和熟练掌握网络技术，为未来就业培养扎实的计算机操作能力。

（六）如不能自拔，积极求助

当深陷网络无法自拔，网络成瘾综合征等心理障碍就会对身心健康产生危害与威胁。当我们自己不能走出心理误区的时候，就应该积极求助于他人，包括老师、家长、医生、朋友、同学等。通过找同学朋友倾诉、向心理咨询师咨询、请心理医生治疗等手段，释放网络心理压力，缓解痛苦心理，形成健康向上的心理状态。通过对网络心理健康的理解和心理咨询，同学们还必须最终完从“他助”向“自助”的过渡。当面对各种信息泛滥的互联网时能够理性对待，摒弃网瘾，积极调适心理，提高自我心理素质，最终锻炼出从容面对网络的健康心态。

【心理自我训练】

中国现代学者和思想家胡适曾给大学生推荐过一个防身药方的三味药，并为这三味胡家铺子的陈药正式定名为兴趣散、问题丹、信心汤。在这里我们再加两味即目标丸、朋友膏一起送给大学生网民们。

1．目标丸。迷恋网络主要源于空虚，而空虚则主要源于空闲。经常制订切实可行的目标是治疗空虚的一味良药。

2．兴趣散。寻找一定的兴趣，形成一定的爱好是治疗空虚让网虫走出网络阴影的又一良方。

3．问题丹。时时寻一两个值得研究的问题是养成兴趣爱好打发空虚无聊的有效途径。

4．信心汤。树立坚定的信心是大学生网虫们走出网络泥潭的关键。

5．朋友膏。交几个知心的朋友，建立良好的人际关系是避免迷恋网络不能自拔的好方法。

请同学们结合切身实际，谈一谈如何运用这“五味药”做到健康上网?

【案例分析】

案例回放：

小萌经常上网聊天，有一天她在网上遇到一个叫“蓝河”的网友，两人谈得很投机。渐渐地，发现“蓝河”对她格外关注：他会在网上特意等着她，如果一天没上网，第二天就会问她：这两天怎么样？没感冒吧！小萌觉得这个人既风趣又细心，禁不住对他发生了兴趣。于是有了下面的网上对话：

小萌：“你为什么叫‘蓝河’？是蓝色的大河吗？”

蓝河：“我喜欢大河的宽广，更喜欢蓝色的深邃，因此叫‘蓝河’。”

小萌：“你是♀还是♂？”

蓝河：“你猜呢？”

小萌：“听名字好像是个男的，但也说不定，这年头女扮男装的多得是。”

蓝河：“聪明的 girl，狡猾的 girl！”

蓝河：“想见见我吗？我很想见你。明天下午 5 点，肯德基门口，你会看见蓝色的大河！”

小萌对这个蓝河真的很有好感，但尽管说话随便，她做起事来还是挺谨慎的。常常听说某某被网友骗了，但她确实很想见见这个“蓝河”，心里有点好奇、有点期盼……

问题：小萌应该跟网友见面吗？为什么？假如是你，你会怎么做?

案例分析：

当你对一切都很好奇、对一切都充满好感的时候，也是最容易“上当受骗”的时候。因为年轻和单纯，对一切都充满了善意的期盼，少数网上骗子就更容易得手……应该记住，一个人如果真的希望和你做好朋友，他更应该默默地支持你、鼓励你，为你加油、为你喝彩，并且绝不会因你善意的拒绝而生气……

“三不一要一忠告”。“三不”，即不轻易透露个人的资料（不要透露自己的真实姓名和地址、电话号码、学校名称、密友、个人照片等信息）；不轻易约见网友；不轻信网上朋友的信息资料，因为一些别有用心者上网前往往用假信息、资料巧妙地把自己伪装起来。“一要”，即要提高警惕、小心防范。“一忠告”，即匿名交友网上多，切莫单独去赴约，网上人品难区分，小心谨慎没有错。

（张　辉）

第9章 恋爱与性心理健康

【哲人的忠告】

在恋爱中我们需要完成两项重要的心理任务：一是更了解自己。除自我认知概念外，让两性恋爱中的自己更完整、清晰地呈现出来。二是培养我们爱人的能力。从自小习惯被爱开始学会爱人。

——张怡筠

在人类发展的历史长河中，人们追求幸福爱情的脚步从来没有停止过。当童年的天真烂漫和少年的无忧无虑随着岁月的流逝变成了光阴的故事时，青春的脚步已悄然而至，青年期无疑是人生中最为激情澎湃的时期，也是爱情萌发和收获的时期。心理学家认为，男女之间的爱慕之情是身体发育到一定阶段，男女之间在相互交往的基础上萌发出来的。大学阶段是人的一生智慧与才华发展得最快的黄金季节，恋爱与性心理健康与否，将直接关系到成才目标的顺利实现。

第一节　大学生的爱情与婚恋观

从理论上讲，恋爱是一种情感活动，是指男女情侣间依恋、爱慕的情感及行为表现，是择偶、培养爱情的过程。爱情是一定历史条件下人类社会的正常生活现象；是基于客观物质基础的共同生活理想；是双方内心形成的最真挚的相互倾慕，渴望结成终身伴侣，并愿为对方做出牺牲的热烈情感；是性爱、友谊、理解、义务等因素交织的高尚精神生活。

一、大学生恋爱意识的发展阶段

（一）第一印象

人们正确认识事物总是经过由表及里、由浅入深的过程，认识人也是如此，即先获得其外部的、直观的印象，然后逐渐涉入其内心世界，这是认识发展的客观规律。在这里，最初的好感对认识的深入发展起着一定的导向和动力作用。恋爱中的第一印象主要是指男女双方所呈现出来的外表体态、装扮、言行等，即一个人所体现的总体气质和风度。个人的风度各异，有的光彩俊秀、潇洒大方，有的严谨端庄、朴实自然。因而给人的第一印象也就互不相同。

当最初令人心动的异性，在茫茫人海中与你相遇的时候，你会把整个缥缈美丽的梦幻化作令人目眩的五彩光环，敬献给心中的情侣。正是这样，人类感情中最辉煌的爱情猛然萌发了，这就是一见钟情。一见钟情并不是获得真挚爱情的最好方式。第一印象总是一般化的、不深刻的、不全面的，正如黄金并非总是露在地面，碧玉也常常是开采到深层才能获得一样。事实上，大学生进入恋爱阶段，更多的是在第一印象很好的情况下，双方经过较长时间的积极接触而逐步了解，才产生爱情，这是一个循序渐进的过程。因此，第一印象在恋爱过程中很重要，会使男女双方获得好感，产生进一步交往的愿望，从而为爱情的发展铺平道路。

（二）初恋

初恋是美妙的，这不仅表现在内部的心理活动中，也反映在外部的情绪上，矛盾重重，似是而非。朦胧期是初恋过程的必然环节，是双方由泛化好感进入好感而又心照不宣的阶段。

男女青年的关系处于何种状态，才能说爱情已经发生了，这是一个难以把握而又确实重要的问题。爱情的发生只能通过自身的感受和体会来判断。值得注意的是，在这个过程中大学生要把爱情与同情、好感、友谊、尊重等区别开来，要把异性对自己的热情帮助和鼓励同对自己的爱恋区别开来。

初恋需要含蓄，过分外露对爱情不利，但丝毫不动声色也会窒息爱情。理智审查一下双方感情产生的基础，精心培育呵护，才能体味到朦胧的爱情所特有的“含有苦味”的甘甜，如果此时贸然揭开这层面纱，反而会拔苗助长。但是，如果一味地维持这种朦胧状态，又会使对方内心不踏实，时间长了会怀疑对方是否真的对自己有意。当你理智地感受到双方真挚和纯洁的爱慕时，应当非常自信地把勇气和智慧有机地结合起来，在适当的时机以最恰当的方式表达自己的心声。这样，爱情便会推动两颗相印的心进入热恋期。

（三）热恋

要找出从初恋到热恋的分水岭是不容易的，当两个人心理高度相容，能够在深刻的相互接触中彻底表达自己的思想感情时，可以说已步入热恋期。恋爱双方的情感经过朦胧期的有意抑制，此时完全沉浸在奔放情感的满足与欢乐之中，较少去考虑除了感情之外的其他因素。处于此阶段的恋人对对方的评价是最高的，目光炽热、山盟海誓、憧憬未来、心中也只有对方。

热恋是恋爱的收获季节，它是感情与理智的结合，是双方共同提高的过程。车尔尼雪夫斯基曾经说过：“爱情的意义在于帮助对方提高的同时也提高自己。”热恋期双方的感情相当热烈，相当深厚，彼此间双方心理和感情交流的隔阂已较少，都有强烈的责任感，因而能够帮助对方获得更大的提高。爱情之所以鲜艳，在于它使双方都有一种崇高的责任感，对恋人积极帮助，相互鼓励，使双方都变得更加完美。

双方深入的理解是热恋期最重要的心理内容和特征。热恋情人之间深入地了解及双方思想感情的愉快交流，是爱情达到高级境界的体现。相互理解的爱情，是最深刻的爱，是最沁人心脾的爱，因而也是真正的爱。建立在相互信任基础上的爱情是巨大力量的源泉。这种爱情最高尚无私，无论双方是否在一起，相互理解与信任的爱情都会给双方以奋发向上的无穷力量，都会慰藉和温暖两颗赤诚的心。当恋人间的心理水平达到这样的程度时，双方就可以以对方为终身伴侣，共同走过漫长的人生道路。

二、大学生恋爱的动因

（一）生理发育成熟

大学生在校的年龄大概在 18 ~ 24 岁，这个年龄段的青年性生理发育已经完全成熟，性意识增强，渴望与异性交朋友，恋爱欲望强烈，积极构思配偶理想模式并尝试付诸实现。当遇到接近理想的异性时，便会寻找各种机会进行试探和追求。生理发育的完善，带来了大学生心理上的变化，开始产生性意识，萌发出探索异性的强烈愿望，向往爱情，并试图尽快实践爱情理想。

（二）情感需要

大学生经过十年寒窗、奋力拼搏才进入大学校园。中学阶段由于升学压力而被暂时压抑的丰富的青春期情感此时得以爆发，自我形象逐渐清晰，渴望情感的需要随之而来。而恋爱则是其情感满足的一种重要方式。

（三）从众心理

在大学，同学们年龄相同，在一起学习、生活、娱乐的机会增多，交际面扩大，心灵碰撞的机会也就增多。有的同学看见别人恋爱，时常有人约会，自己也就心理不平衡，羡慕不已。在与他人的接触之中，碰见理想中人更好，如若不是理想中人，能过得去也就凑合着谈，以满足自己的心理需要。

（四）心理空虚

在中学时代，为了考大学而努力学习，一旦考入大学，就没有了中学时学习的压力和动力，如果再没有及时树立新的奋斗目标，心中就容易产生失落感。在这种状态下，大学生常常感到空虚。而这个时期又是大学生第一次远离父母，身居异乡，进入人生的“第二次断乳期”，在生活上、学习上、人际交往上出现了诸多的不适应，害怕孤独，渴望温暖。在这种情况下，男女大学生就很容易结成暂时的依赖关系。

（五）环境因素

进入大学后，环境条件发生了巨大变化，父母也不再严厉地禁锢他们的思想与行为，大学也不像中学那样，对学生的情感进行简单的限制，而是采取一种虽不提倡，但也不禁止的态度。加上社会文明的不断进步，某些传统的伦理道德观念已受到强烈的冲击，青年学生处在新思想新观念的前沿，把爱情看作正当的权利和要求。电影、电视、网络、手机等传播媒介中有关爱情的内容也对大学生的情感变化起了推波助澜的作用。

三、大学生恋爱的心理特征

（一）恋爱的特殊性

大学生的恋爱一般只谈爱慕之情，交流对学习、人生的看法，很少讨论结婚、建立家庭等具体问题，这也是由大学生经济上不独立决定的。恋爱本身是择偶的过程，恋爱、婚姻、家庭是个整体。而大学生谈恋爱往往只带有浪漫色彩，这给某些行为不轨的人以可乘之机，也有一些人通过找异性朋友来弥补自己的精神空虚。遇到这种情况，大学生可能遭到严重的精神创伤，影响学习与健康。由于双方的恋爱基础不扎实，遇到就业不在一地等实际问题，便会动摇分手，造成痛苦的结局。

（二）恋爱的公开性

大学生对自己的择偶标准公开化。调查显示，为数不少的男同学择偶标准是：漂亮、贤妻良母型、温柔顺从、有魅力。更多女同学的择偶标准是：学历高于自己，才华出众，有男子风度。可见，大学生择偶较注重外在因素。他们表达自己的感情直率大胆，恋人们或携手漫步校园，或相拥一同自习，饭堂吃饭也出双入对，形影不离。大学生大多经历简单，思想单纯，容易从文艺作品中构思未来的生活、理想与爱情，忽视了现实生活中影响爱情的诸多因素。

（三）自由恋爱

大学生的生活，有人说是青春的诗行。在校园的各个角落，燃烧的是青春的火焰，飘荡的是青春的气息。在这里没有父母的监督，没有世俗的戒律，青年男女，平时学习在一起，可以自由畅谈，自愿交往，自在发展情趣爱好。一块探讨学习，互帮互助。一同交流思想，消除心理的屏障。这是大学生常见的活动形式。加之老乡们的互相关怀，男女生相互帮忙，给爱情的产生创造了肥沃的土壤，想爱谁就向谁发出丘比特之箭，想怎样爱就怎样去表达爱。

（四）动机单纯

大学生的恋爱是为了追求和实现美好的爱情而恋爱。在他们眼里，爱情纯洁如白玉，透明似水晶。有的大学生可能一心只想恋爱，而没有考虑将来的结婚，没有自觉地意识到应选择一个终身伴侣。但是，爱情毕竟不是闲着没事儿才去玩一把的游戏。缺乏对未来生活的考虑，不清楚爱的归宿，使很多大学生的恋爱从一开始就蒙上了一层阴影。似懂非懂的爱，缺乏深度的理解，往往以喜剧开始，以悲剧告终。自由恋爱的结果，最终不一定是走上婚姻的殿堂。

（五）理想浪漫

涉足爱河的大学生，往往会把对方想象得很完美。情人眼里出西施，情人的优点在他们心中锦上添花，恋人的缺点在他们眼中视而不见。恋人集中了所有优良品质，是理想形象的现实化。整天沉浸在美好的幻想中，想象着与心爱的人手牵手共同创造着幸福美好的生活，感觉到自己是世界上最幸福的人。爱的狂热融化了两颗年轻易感的心，使人如痴如醉，似幻似真。所有这些，使大学生的恋爱显得扑朔迷离，极富有神奇浪漫的色彩。

（六）感情强烈

大学生知识渊博、感情丰富、精力旺盛，年轻的心更是多愁善感，热情冲动。因此，恋爱中的大学生不仅寻求爱情中春花秋月式的罗曼蒂克，而且也追求感情上狂风暴雨般的轰轰烈烈，如同决堤的洪水，感情的爆发冲荡着两颗期望紧紧靠拢在一起的心。双方似乎从这喷发出来的感情的火焰中看到了希望，感受到了世界的美好。感情之强烈，达到了狂热的地步，如胶似漆，情意绵绵。

四、大学生恋爱的心理调适

（一）恋爱中的心理问题

1．单恋　单恋是单相思的一种，通常是指一方对另一方的、以一厢情愿的倾慕与热爱为特点的畸形恋爱，是青少年“爱情错觉”的产物。有的大学生一旦爱上某个人，就不管对方是否同意就苦苦追求，完全不顾他人的感受和反应，甚至可以丧失自尊、不顾人格去表达自己的爱，干扰对方的生活和学习，有的还会走向极端做出伤害他人的蠢事。单恋是一种具有臆想性的恋爱情结和幼稚的行为方式，会令人沉浸在幻想的情爱中无法自拔，如果不及时纠正，可能严重影响人的直觉和理性判断，甚至形成精神错乱。

2．暗恋　暗恋是单相思的又一表现形式，常见于性格内向又好幻想的大学生中。具体表现为不表露内心体验，被恋方根本就不知情，甚至对方还不认识自己，而自己执着地恋着对方。暗恋者往往对所恋对象朝思暮想，遇见时又紧张回避，形成痛苦、压抑、焦虑、失望等不良情绪，严重影响生活和学习。

3．消愁解闷心理　结束中学生活，进入大学，第一次离开父母的呵护，生活在陌生的环境，顿感孤独。加之学习压力又大大减轻，一下子放松了自己，空闲时间多起来，心里不免惆怅万分。随着与异性接触机会的增多，不由自主地就希望寻求异性朋友来抚慰惆怅的心灵，消愁解闷，寻求寄托。

4．争面子心理　很多同学因为身边谈恋爱的较多，深感一种莫名的压力，觉得没谈恋爱，没有朋友约会，周围的同学肯定会认为自己没有魅力，感觉自己没有面子。为了证明自己，便匆匆去赶车，大有与人一争高低之气势。伴随而来的责任感减少，轻率行为增加，不断更换恋爱对象，“每周一情哥”“半月一靓妹”，有的甚至脚踏两条船，自我放纵，害人害己。

5．“过把瘾”心理　有的学生谈恋爱，往往不注重结果，只注重恋爱的过程。大有“过把瘾”就可以死去的“豪迈”，这种体验过程的观念在大学生中流行。以这种心态进行的恋爱，其结果定是有情人虽多，但终成眷属者少。它让恋爱者失去了以相随相伴为目标的爱情结果，而让人体验到了过程的空虚。

6．情令智昏心理　大学生情感丰富、血气方刚，有的一发现自己的心仪之人，就会盲目坠入情网，不能自拔，失去自我，甚至不惜牺牲个人学业，投恋人所好以维系自己的爱情，这是肤浅的爱情。还有的大学生心理比较敏感脆弱，爱情之藤经不住风吹草动，稍有波折，感情世界就掀起狂风巨浪，自残心灵，有的甚至转成病态。

（二）恋爱中的行为问题

1．亲昵过度 马克思说过：“真正的爱情是表现在恋人对他们的偶像采取含蓄、谦恭甚至羞涩的态度，而绝不是表现在随意流露热情和过早的亲昵。”处于恋爱中的大学生，由于性生理和心理本能的作用，做出一些手拉手、拥抱、亲吻的亲昵举动是爱的一种表达方式。但是，表达感情一定要注意场合，恋人间的亲昵行为，一定要注意分寸，持之有度，要保持大学生良好的精神风貌。

2．三角恋爱 三角恋爱是指一个人同时与两个异性发展恋爱关系。三角恋爱时有发生。所谓普遍发展，重点培养，是极不道德的恋爱行为，是对纯洁、专一的爱情的亵渎。大学生在恋爱中必须防止三角恋爱的发生。如果得知对方在搞三角恋爱，要冷静分析，帮助对方改正错误或果断地中止与对方的恋爱关系，切勿优柔寡断、痛苦烦恼而影响学习。

3．婚前性行为 热恋中的大学生，往往会在爱的激情促使下产生一种难以抑制的性冲动，使情感突破理智的防线，容易发生性行为，因而对婚前性行为问题应予足够的重视。婚前性行为一旦发生，会给当事人双方造成压力和身心痛苦，尤其对未婚先孕的女性来说，问题更为严重，会影响其今后正常婚姻生活和家庭幸福。因此，谈恋爱的大学生们要在道德上有责任感，在心理上把握住婚前婚后的界限，在言行上要防止挑逗和过分的亲昵。

（三）大学生恋爱心理调适

1．正确对待爱情 爱情是人类高尚的精神体验，是一种独特的心灵历程，是男女双方心灵的互动。爱情是上苍给予人类神圣的礼物，不可以滥用，它不是存在银行里的钱，想取就取。爱情在人生路上固然占有重要地位，但它既不是最重要的，也不是生活的全部内容。正确对待爱情，要求人们把事业放在首位，爱情放在从属地位，事业高于爱情，爱情服从事业。大学生更应珍惜宝贵的学习时光，刻苦学习，早日成才，而不要过早地把时间和精力消磨在爱情生活之中，影响学习，荒废学业。

2．举止文明 在恋爱过程中，双方在感情的表达上要举止文明，行为庄重。爱情绝不仅仅是个人的私人情感，不仅仅是个人的私事，它必然要牵涉他人，牵涉社会。有的同学在教室里谈恋爱，打情骂俏，窃窃私语，丝毫不顾忌别人的学习；有的旁若无人地在主干道上拥抱、接吻，引人注目。这些行为损害到社会的公序良俗，必然会受到人们的谴责。

3．培养爱的能力 爱的能力指和他人建立亲密关系的能力，它对人的一生发展有着重要的意义。爱是美丽的，爱需要能力，大学生应培养爱的能力，让爱散发出它应有的光辉。一个人心中有了爱，应敢于和善于向所爱的人表白，这是施爱的能力。当被别人所爱时，应能对爱作出判断，接受或是谢绝，这也是一种爱的能力。爱情来不得半点勉强和将就，对不希望来到的爱情，要运用一种充满关切、尊重和机智的方法来谢绝，这是对他人的爱护，也是对自己的爱护。在爱的旅途中，要发展爱的能力，培养无私的品格和奉献的精神，因为爱就是给予。

4．树立正确的恋爱观 提倡当代大学生树立科学的恋爱观。一是提倡志同道合的爱情。在恋人的选择上最重要的条件应该是志同道合，思想品德、事业理想和生活情趣大体一致。二是摆正爱情和事业的关系。爱情是人生的重要部分，但不是人生的全部，它应该服从于事业，促进事业的发展。三是责任意识，双方确立了恋爱关系也就同时拥有了彼此应该承担的责任。

5．正确面对爱情挫折 失恋带给你的是情感的悲伤，是心灵的刺痛。不管是你抛弃他还是他嫌弃你，在你情令智昏的时刻，请听劝告，失恋绝不是件什么大不了的事情，作为新时代的你，要拿得起放得下，况且恋爱只是你人生中的一小部分而已，不必为之伤心过度，利用空余时间，做些使自己开心的事情。

第二节　大学生性心理的发展

人类的心理活动奥妙无穷，恋爱心理来源于性，性心理是人类心理活动中重要的组成部分。性心理学的研究先驱弗洛伊德认为性活动从幼儿时就开始了，进入青春期，在激素的作用下，随着生理的成熟，出现了性征、性欲、性活动等有关的生理变化和心理活动，也包括男女的交往、婚恋等问题。

一、大学生性意识的发展

在性心理成熟过程中，青少年逐步意识到两性差别和两性之间的关系，以及对待两性的态度和行为规范。这就是通常所说的性意识。

（一）性的疏远期（12 ~ 14 岁）

少男少女的青春期开始了，他（她）们发现自己的生理发生变化，比如身高体重陡增，骨骼增长比肌肉增长快，四肢增长比躯干增长快，人称“豆芽”；而神经系统的调节则明显滞后，特别是第二性征出现，性成熟开始，由此则产生明显的性不安、羞涩甚至对自身的反感。他（她）们对两性间的接触持敌视态度，认为男女间的接触、亲近、恋爱是耻辱，因而讥笑、辱骂亲近的双方，以示自己的清白。

专栏 9–1

性幻想与性梦

性幻想是指在某种特定因素诱导下，自编、自导、自演与性行为的内容有关的心理活动过程。如幻想在日常生活中不能实现的与异性一起约会、接吻、拥抱、性交等性活动。这是青春期常见的一种自慰行为，是一种正常的普遍的心理反应。当大学生与异性交往强烈的渴求不能径直实现时，性幻想就有可能发生。性幻想又叫性的白日梦。这种白日梦可以导致生理上的性兴奋，偶尔也会出现性高潮，这在一定程度上可以缓解人们的性需求。国外有关研究发现，到了青春期从来不做性幻想的，在调查的男性中只占 1%，女性只占 2%；另有学者调查发现，70% 的男女大学生都曾有过性幻想。但是，性幻想不能过头，如果成天沉溺于其中甚至把幻想当成现实，那就会成为病态，就会有碍于青年的健康成长。

性梦是指在睡眠状态中所做的以性内容为主的梦。性梦的内容十分广泛，包括当众裸阴、乱伦，以及其他种种清醒时在精神和肉体两方面都做不出来的性行为。发生原因是青春期开始前后，人体内的性激素迅速增加，大脑中调节性活动的神经中枢日渐成熟，性梦就是伴随着此时性心理活动的增多而产生的。处于青春期的男女，做性梦是很正常的，人们通过梦的方式部分达到自己白天被社会规范限制的性冲动的满足，从而缓解性紧张。崔以泰等人的调查显示：有 85% 的男生和 51% 的女生做过性梦。有些同学在自己脑子里出现一些与性相关的想法、念头时，会带来很大的自责和焦虑，但事实上无须这样，研究表明，这是正常的生理、心理现象，大部分同学都有过类似的经历，只不过大家都无法说出口罢了。

（二）性的接近期（15 ~ 17 岁）

随着年龄的增长，他们对性别本身感兴趣和好奇，产生了相互探究心理，这样就由疏远转向接近。他们愿意在一起学习、劳动、谈心，表现出一种自然的亲和力。由于老师和家长的监督和劝阻，他们交往不敢公开，因此，不会产生真正的爱情。

（三）性的爱慕期（18 ~ 20 岁）

男女青年开始憧憬爱情，在心中想象和描绘着自己心上人的身材、相貌、才能、性格等，在生活中一旦遇到，就约会、写求爱信，穷追不舍，尤其是男青年表现得更主动、积极、大胆、热烈。这个阶段男女的性爱理想主义、浪漫主义色彩浓厚，现实性不足，往往只开爱情之花，不结婚姻之果。

（四）性的成熟期（20 ~ 25 岁）

二十岁以后是性的成熟期，表现为渴求性欲和精神的融合，对性问题也有了较深刻、全面、稳定的认识，性控制能力增强。因此，在恋爱时一般不会违背社会道德和法律，只有极少数大学生不顾道德、法律，任凭性欲冲动，犯下错误或罪行。

以上四个时期只是粗略划分，是性意识发展、变化的大致历程。一般而言，青少年的性心理大致总要走完这四步。

二、大学生性心理特征

（一）本能性和朦胧性

大学生的性心理尤其是低年级的大学生的性心理，缺乏深刻的社会内容，基本上还是一种生理急剧变化带来的本能作用，但这种萌动披着一层朦胧的轻纱。不少学生不了解性的常识，对性有较浓厚的神秘感。所以那种对异性的兴趣、好感和爱慕主要还是异性的性感吸引。然而正是在此基础上，在朦胧纷乱的心理变化中，性意识逐渐强烈和成熟起来。

（二）强烈性和文饰性

青年期很明显的特征是闭锁性和强烈的求理解性，这就导致了其心理外显方式的文饰性。在对待性问题上也是如此。十分重视自己在异性心目中的印象、评价，但表面上又表现得拘谨、羞涩、冷漠；心里对某一异性很感兴趣，表面上却有意无意表现得无动于衷，不屑一顾，或做出回避的样子；表面上十分讨厌那种亲昵的动作，但实际上很希望亲身体验。

（三）动荡性和压抑性

青年期是人一生中性能量最旺盛的时期，但由于不少大学生的心理还不成熟，尚未形成稳固的、正确的性道德观和恋爱观，自控能力较弱，性心理易受不良影响而动荡不安。现实生活中丰富的性信息，易使大学生的性意识受到错误强化而沉湎于谈情说爱之中，甚至发生性过失、性犯罪。与此相反，另一些人由于性的能量得不到合理的疏导、升华而导致过分的压抑，少数人还可能以扭曲的、不良的，甚至变态的行为表现出来。

（四）抑制与放纵并存

青年期是一生中性能量最旺盛的时期，而大学生健全的性心理结构尚未确立，对各种性现象、性行为的认知评价体系还不完善，大学生性心理发展处于多种矛盾作用之中。部分大学生无法处理这种矛盾，甚至对性持无所谓或放纵的态度，对自己的性心理发展和未来生活造成不良影响；还有一些人对性冲动过多抑制，致使性能量得不到合理的疏导、升华；甚至少数人还可能以扭曲的方式表现出来，如“厕所文化”、“课桌文化”、偷窥、恋物等。

第三节　大学生性心理健康

一、性心理健康的涵义与标准

（一）性心理的内涵

在青春期，由于性功能的迅速发展与成熟，引起了男女青年心理上的重大变化。主体对有关性问题反应比较敏感，体验比较深刻，并且有意识地控制一些与性有关的行为等。性心理指的就是主体对这些有关性问题的反应。主要包括：

1．性感知　性功能的成熟，使主体对性刺激的反应特别敏感，来自异性的刺激，如俊美的容貌、温馨的肌香等，都有可能引起主体的性冲动。主体对这些由视、听及嗅觉所引起的性冲动的反应和由于外部因素刺激外生殖器官所引起的性快感被称为性感知。性感知是性心理的基本过程。

2．性思维　随着性感知的不断积累，主体就会自觉不自觉地思考一些有关性的问题，从而对这些问题有所认识。如少年在思维过程中把过去所得到的一些自我性感知与现实中的异性对象联系起来，因而对两性的关系和意义有所了解；又如青年想象异性对象，考虑如何追求异性对象等。主体对有关性问题的思考就叫性思维。性思维是性心理的核心心理过程。

3．性情绪与情感　在性感知和性思维以及日常与异性的接触中，主体逐渐地认识了两性的差别及关系，对异性开始抱有一定的态度，如对异性的好感、思慕、爱情和性嫉妒等。主体对异性所持有的这些态度和与异性对象接触中所得到的这种态度的体验，就叫性情绪与情感。

4．性意志　性意志是指主体自我意识调节性行为的能力。性意志强的人善于控制自己的性行为，把它约束在正常的、合法的范围内；相反，性意志薄弱的人，易受性冲动左右，以致违反性道德和法律。

（二）性心理健康的标准

1．正常的性需要和性欲望　成熟的个体有正常的性需要和性欲望，性需要和性欲望是能够获得性爱和性生活的前提条件。一个人如果没有性欲望就不会有性爱和和谐的性生活，性心理就无从谈起。但性需要和性欲望并非都是正常的，有的人性需要和性欲望很强烈，但不同于常人，如恋物癖、同性恋等。正常的性需要和性欲望的标志是性需要和性欲望的对象是指向成熟的异性，而不是同性或以物品为替代物。

2．正确认识自我　能够正视自己性心理的发育、性心理的变化，会自觉地融入社会这个大背景下认识自我，能客观地评价自己和他人，并乐于承担相应的性别角色。不仇视自己的性别，能以坦然的心理接受自己，能理解性别是父母给的，不企求改变，而注重在社会变化的过程中优化自己的性别心理。

3．符合性心理发展年龄特征　人在不同年龄发展阶段，其心理特点与性行为特征是不同的。一个正常发展的人，心理特点与行为特征必定符合其年龄发展阶段。在性的成熟过程中，性心理特点与性行为以及性心理发展的年龄特征要求是相符合的。性行为与其心理发展不协调，或严重偏离同龄人的特征，性心理就是不健康的。

4．和谐的人际关系　随着性生理与性心理的发育和成熟，个体自然而正常的性要求就是与异性交往，并能保持良好的关系。性心理健康的个体，能够在日常学习生活中，与异性进行自然的、符合社会规范要求的交往。在彼此的交往过程中，保持独立而完整的人格，有自知之明，做到互相尊重，互相信任，得体大方。

5．符合社会道德规范　具有一定的性知识和性道德修养，能自觉地去分辨性文化中的精华与糟粕、淫秽与纯洁、庸俗与高雅、谬误与真理，自觉抵制腐朽没落性文化的侵蚀，并以自己文明的性行为、性形象去增进社会风尚的文明。

二、大学生性心理的困扰

（一）性认识偏差

据调查，部分青少年对性持有不正确认识，有的视为下流、肮脏、见不得人，难以启齿，无所适从，对性冲动感到羞愧、自责、苦恼和困惑，产生厌恶和恐惧心理等。这种心理如不进行及时的调适，将会造成性心理障碍，表现出性压力和性敏感病态，导致心理疾病。

（二）性焦虑

一般认为，青年男女性心理的矛盾、冲突和各种性适应不良等都可以引起性焦虑。这种性焦虑主要是指对自己形体的焦虑、对自己性角色的焦虑以及对自己性功能的焦虑。一个人随着生理功能的成熟，到青春期往往会对自己的形体过分关注。男青年都希望自己长得魁梧高大，女青年都希望自己长得苗条漂亮。有的甚至产生“自我渺小感”，自我讨厌，自我嫌恶。性焦虑对男女青年学生的性心理发展影响很大，而且常常影响到他们的日常生活以及整个的精神状态。

（三）性淫乱

这是一种不能正确处理生理的性需要与个人成长及社会位置之间的关系，使性本能需要失去理智约束的一种性变态心理，如恋物癖、异装癖、窥阴癖、性乱交、性犯罪。性淫乱对社会危害很大，而且性淫乱者自身也会经常感到害怕、焦虑。当然，持这种变态心理者在大学中极少。大学生的性心理问题常常带有隐蔽性，加之社会的忽视与个体的掩饰常不易被发现，导致发展为性心理障碍和疾病，造成不良后果。

（四）性恐惧

最初的月经和最初的射精，会让一些少男少女极度地惊慌，并且切实体验到自己身体内部发生的变化。他们有的会不安地觉得自己得了什么怪病。男女青少年这种第一次性生理所引起的性心理反应，对他们以后性生理健康与性心理发展将产生深远的影响。不少学生没有从家庭和教师那里及时获得必要的性知识。因此，有的对性生理现象毫无准备，有的则接受一些错误观念。这就会带来忧虑，影响身心健康。

专栏 9-2

性自慰

性自慰，在我国一直叫手淫，是指用手或工具刺激生殖器而获得性快感、获得性满足的行为。我国学者 1994 年对北京高校 1026 名大学生调查表明：男生中有手淫行为的占 89.7%，女生中有手淫行为的占 49.4%。21 世纪初，上海一大学对 693 名大学生性心理和性行为的调查显示，有 85.9% 的大学生有手淫行为，其中，男大学生手淫者占被调查人数的 90.5%，女大学生占被调查人数的 66.3%。可见，手淫在青年男女中为普遍的现象。手淫是一种性冲动的发泄方式，一种性的补偿行为。但大学生中有许多人对手淫持有不正确的认识。调查发现很多大学生认为手淫有伤身体，会导致性功能障碍；有的大学生认为手淫难为情、下流，甚至有罪恶感。受“手淫有害”观念的影响，又由于它的普遍性，手淫成了困扰大学生的主要性心理问题之一，我国曾发生过多起大学生因陷入手淫癖不能自拔，精神负担过重而自杀的事件。事实上，适度手淫并不带来害处。美国著名性医学权威玛斯特斯和约翰逊博士根据实验，证实了手淫与标准的性交对身体的影响完全一致。

专栏 9-2（续）

一般说来，适度手淫不影响性功能，也不影响未来的生育功能。手淫的危害不在于手淫本身，而在于对手淫的担忧、恐惧、羞愧和罪恶感。但是，手淫无罪无害，并不意味着手淫必需，更不是说手淫可无度。纵欲伤身，过度手淫对身体也会造成一些不良影响。如对生殖器的过度刺激可能会习惯性地形成局部的感觉麻痹，使少数人性唤起难度增大。此外，有的大学生手淫时不注意卫生、方法，还容易导致性器官感染或受损，给未来正常的性生活埋下隐患。

三、培养健康的性心理

（一）正确认识理智控制性欲

性欲是人正常的需要，是在性激素的作用和外界刺激下产生的，并不是不纯洁、不道德或可耻的行为。对于青年学生来说，已不是能不能、该不该有性的欲望或冲动，而是如何科学地认识并自觉地调节和升华这种欲望，以人性的尊严对待自己的冲动，以人的社会性来规范和调节已有的欲望。性冲动可以用内心压抑的方法予以排解；也可用积极的、建设性的、能为社会接受的方式来取代，通过学习、工作、娱乐等途径使性能量得到释放，减弱、抑制性冲动，使之得到正常宣泄和代偿升华。

（二）抵制有害刺激的影响

一些色情书刊、影视、录像等，对青年性冲动是一种极为不良的刺激，不仅影响正常的学习和工作，而且容易诱使青少年走上犯罪的歧途。因此青年学生应该严格要求自己，抵制各种不良影像书刊的影响，确保自己健康的精神生活。

（三）培养强烈的事业心

青年期是人生的黄金期。这一时期，他们不仅身体器官的构造与功能迅速成熟发育、渐趋成熟，而且可以通过精心培养、科学锻炼和良好影响及自我努力变得更完美。青年学生应树雄心立大志，这种强大动力，对于疏导、调节青年自身的性冲动有巨大的积极作用。胸无大志、生活无聊者，很容易安逸思淫欲，寻求性的刺激。

（四）坚持异性间的文明交往

人要学习、工作和生活，就不可避免地要与异性交往。男女之间交往要树立正确的交往动机，坚持自然、大方、文明的交往方式，把握情感的分寸，讲究仪表谈吐，努力把自己塑造成具有文明行为和高尚风度的人。

（五）科学疏导性心理

青春期性心理需要科学的方法进行疏导，而不是压抑和放纵。扩大异性交往，适当满足性心理的需求。要保持适当距离，注意交往分寸、场合，尊重对方，保护自己。多做体育运动，多参加集体活动，宣泄过剩的能量。严格区分友谊与爱情，果断勇敢地拒绝与制止性骚扰，必要时寻求社会支持。

（六）积极寻求帮助

心理咨询老师对每一位大学生都敞开温暖的怀抱，性不是羞于启齿的问题，在自己找不到能够解决问题的科学方法时，接受心理咨询是最佳的选择。事实上，高校心理咨询中，有相当一部分是性心理咨询，而且，这类问题的咨询一般会得到圆满解决。

【案例分析】

案例回放：自从上了大三以后，我就觉得我变了，我变得很敏感，别人的语言、语气、眼神、动作都会引起我的不舒服。我变得很固执，经常为小事伤感，经常为寂寞伤心，不能体验轻松快乐。我变得很暴躁，虽然我也想学得温柔一点。

我对学业心烦。看见一本本厚厚的书就心烦，做起一道道难解的题便心烦，看到别人在学习也心烦。上课、上自习总是一会儿瞧这个人一眼，一会儿瞧那个人一眼，自己也不知道是怎么回事。

我对别人心烦。和那些跟我要好的女孩子在一起学习，觉得不自在；跟她们一起走路，也觉得不舒服；别人看我，我也感到不自在，不舒服。

上大一时没有这种现象，到大二就有了，到大三就成了现在这个样子。我谈了一个男朋友，他早我一年毕业了。大一、大二时，他总是陪我上晚自习，周末陪我玩，当时很开心，学习成绩也好，现在他陪我的机会减少了，所以心情总不好，总想他能够天天陪我。有时他答应回来看我，又失约了，我的情绪便又特别低落，甚至想哭。想到旷野上呐喊几声，每每看到班里的其他同学一对一对地在一起，我好羡慕，好嫉妒。

案例分析："不能体验轻松快乐"，这种抑郁情绪是恋爱激活的幽怨心理造成的；你说对学业心烦和"对别人心烦"，这种浮躁的心态是被恋爱激活的排他心理造成的；"我和那些跟我要好的女孩子在一起学习，甚至跟她们在一起走路也觉得不舒服；别人看我，我也感到不自在，不舒服"，这种伤感的人际关系也是恋爱的副产品。弗洛伊德说，青春期的女孩和男孩，常常和同性结成感伤的伴侣，恋爱的女孩很少能与别人分享自己的观念和情绪，总觉得与别人格格不入，只能谈论与恋爱有关的事情。精神的贫困使得她们无视这个世界的富足，恋爱中的女孩总会造成人际关系的紧张和成绩滑坡的紧张，这些紧张反过来会强化性爱需要的紧张，种种紧张不能释放，从而觉得什么都"不舒服"；种种紧张日积月累地堆积起来，从而觉得什么都"不自在"，所以"上大一时没有这种现象，到大二时就有了，到大三时就成了现在这个样子了"。

性爱给人带来的是一种奇特的、诱人的紧张感，心灵深处有一种敏锐的快乐感，只有和男朋友幽会才会满足这种需要，带来平静，所以你总希望和男朋友会面，"总想他能够天天陪我，有时他答应回来看我又失约，我的情绪便特别低落，甚至想哭，想到原野上呐喊几声"。问题是，相爱的对象和恋爱的刺激既能平息又能引起那种需要，所以弗洛伊德说："因为性爱生活受到扰乱而导致其病态的心理症患者，他们表现出来的征兆与那些因为吗啡或其他的东西成瘾的人中毒或突然戒掉发生的情景有着极其相似之处。"要解除性爱诱惑，克服病态心理并不容易。

一旦恋爱关系出现，自己便和自己遭遇。你将面对你平时用理性掩饰的、压抑的、从没有向世界显示的那些情欲，它完全不顾大脑的反对，一股脑地表现自己。你的心理能量便消耗在自己与自己相遇的遭遇之中。因此，美国政府大量拨款强化在校生的爱情"克制"教育，鼓励青年人把恋爱和性行为推到完成学业以后。

对恋爱实施自我克制，这要从三个方面着手。第一是自我认定：恋爱与学业哪一个为先？第二是自我设计：未来与现在哪一个为重？第三是自我克制。

（孟　勇）

第10章 大学生职业生涯规划

【哲人的忠告】

我们生命的过程，就是做自己，成为自己的过程。

——罗杰斯

一个人从踏入大学校门的第一天起，就意味着他的职业教育的开始，预示着终有一天他将面临职业的选择。所以，每个大学生在校期间都要对职业生涯规划、就业心理与调适、求职技巧等知识有所了解。在入学之初就要树立一个科学的职业理想，自觉规划和设计好自我成长发展的道路，建立积极的心态，为日后谋取理想的工作岗位提前做好充分的准备。

第一节　职业生涯规划概述

其实我们每个人都有成功的可能，只是要在适合的时间，把自己放在适合的位置，去做适合的事情。这就是为什么现在我们强调大学生进行职业规划的重要性。

一、职业生涯规划的含义

（一）职业的概念

提到职业生涯规划，就不得不提到职业这一概念。职业是指参与社会分工，用专业的技能和知识创造物质或精神财富，获取合理报酬，丰富社会物质或精神生活的一项工作，也是人们在社会中所从事的作为谋生手段的工作。《中华人民共和国职业分类大典》把我国职业划分为由大到小、由粗到细的四个层次：大类（8个）、中类（66个）、小类（413个）、细类（1838个）。细类为最小类别，亦即职业。

（二）生涯的概念

在西方，“生涯”career一词，来源于罗马语via carraria及拉丁语carrus，二者均指古代的战车。在古希腊，career有疯狂精神的意思，后延伸为“生涯”一词，暗含“生涯”如同在马场上驰骋竞技，需要有冒险、克服困难的精神。

“生涯”在中国人的概念中，往往与“生计”“志业”“命运”等词相通。例如，语本《庄子·养生主》:“吾生也有涯，而知也无涯”，原谓生命有边际、限度，后指生命、人生；元朝高文秀的《襄阳会》第一折:“叠盖层层彻碧霞，织席编履作生涯”有“生计”之意。

由此看来，我们现可将生涯定义为从事某种活动或职业的生活。

（三）职业生涯规划的概念

职业生涯规划理论最早起源于美国。1903年美国有“职业指导之父”之称的心理学家帕森斯提出了“职业指导”概念，并于1909年出版了《选择职业》一书，他首次提出了“职业咨询”的概念以及人职匹配理论与三步范式法。从此，职业指导开始系统化。

1. 职业生涯规划的定义　职业生涯规划（career planning）简称生涯规划，又叫职业生涯设计，是指个人发展与周围组织发展相结合，对决定一个人职业生涯的主客观因素进行分析、总结和测定，确定一个人的事业奋斗目标，并选择实现这一事业目标的职业，编制相应的工作、教育和培训的行动计划，对每一步骤的时间、顺序和方向做出合理的安排。

一个人的职业生涯是一个漫长的过程，是一个人一生连续从事和负担的职业、职务、职位发展的历程。不论职位高低，不论成功与否，每个工作着的人都有自己的职业生涯。有的人也许一生只从事一种职业，有的人也许一生会从事多种职业，但每个人都希望找到一个相对稳定、适合自己的职业。如何选择和科学规划自己的职业生涯，对更好地从事自己的职业、实现确立的人生目标非常重要。

2. 职业生涯规划主要特征

（1）方向性：职业生涯规划是一个人生活中各种事态的连续演进方向。至于这个方向是沿着哪个路径前进，不同的理论有不同的解释。可能是自我实现的意义或价值，可能是追求自身的某种需求，也可能是追求某些兴趣或能力，不同的个体也会有不同的方向。

（2）时间性：生涯的发展是一个人一生当中连续不断的过程，它是纵贯人的一生的发展历程的。

（3）空间性：生涯是以事业的角色为主轴，也包括了其他与工作有关的角色。

在舒波（Super）的生涯发展理论中，他认为在个人的发展历程中，人是随着年龄的增长而扮演不同的角色，他提出了生涯彩虹图及生涯发展的环节的模式（详见本节下文），这些角色不完全是职业角色，但又与职业活动有直接或间接的关系，将角色概念与生涯发展的阶段相联系，由各阶段所扮演的各种角色来理解其生涯发展的状况。例如，大学生的主要生涯角色经验是学生，相关的角色经验可能包括女儿或儿子、姐姐或妹妹、哥哥或弟弟等。

（4）独特性：正如世界上没有两片完全相同的树叶一样，也没有两个完全相同的人，因此每个人的生涯发展是独一无二的。

（5）主动性：人是生涯的主动塑造者。人的职业生涯发展会受到个人的实际条件和所处环境的影响，例如：个人生理心理状况、家庭环境、社会环境、政策法规、突发事件等因素都会影响到个人的职业生涯的发展，个人要全面考虑这些因素，主动规划自己的职业生涯。

3. 职业生涯规划的目标分类 职业生涯规划目标的设定对一个人生涯发展起到关键的作用。目标设定合理，能够发挥自己的长处，会加快个人的发展，有助于实现自己的人生梦想；若目标设定不合理，则会阻碍个人的发展，并可能偏离自己的人生方向。职业生涯规划的目标期限一般划分为近期目标、中期目标、长期目标。

近期目标，是指 5 年以内的短期规划，主要是确定近期需要完成的任务。

中期目标，一般为 5 ～ 10 年，在近期目标的基础上设计中期目标。

长期目标，其规划时间是 10 ～ 20 年或以上，主要设定长远目标。

总体来说，目标的设定要遵循以下原则：

（1）可行性：个人发展要与组织发展相结合，客观地认识周围的环境，正确地评价自己，以科学事实为依据，设定可行的目标。

（2）适时性：规划各项计划时，对何时实施、何时完成都应有时间和时序上的妥善安排，这样不但方便以后对目标实施效果的检查，还可以增加未来行动的动力，有助于将来目标的实施。

（3）适应性：一个人的职业生涯不但受主观因素的影响，客观因素也起着相当重要的作用，因此规划未来的职业生涯目标时应有弹性，对主客观因素进行分析、总结和测定，想到多种可变因素，以增加其适应性。

（4）连续性：确定一个人的事业奋斗目标，对提高个人的生活质量起着重要的作用。生涯规划应该贯穿整个人生，并不仅仅只是职业方面的，人生每个发展阶段应能持续连贯，因此制订的目标应该具有连续性，能够对自己的人生进行统筹规划，形成可持续发展的良性局面。

二、职业生涯规划的目的和意义

职业生涯是人一生中最重要的历程，特别是大学阶段。大学阶段是个体职业发展的起点，追求自我实现的重要人生阶段，对人生价值起着决定性作用。因此大学生进行职业生涯规划有着重要的意义和价值。

（一）认识自我，促进自我实现

“古之欲明明德于天下者，先治其国；欲治其国者，先齐其家；欲齐其家者，先修其身；欲修其身者，先正其心；欲正其心者，先诚其意；欲诚其意者，先致其知。致知在格物。”从《大学》的这段话里我们可以看到要想“修身齐家治国平天下”必先“格物致知”。只有先认清自己，为自己做好职业生涯规划，才能沿着这一套清晰完整的实践路线发展自我的事业，实现自我的人生价值。认识自我不但能帮助我们认识自己与外界环境，也能更好地认识自己和统一自我。这种认识是个体通过观察、分析外部活动及社会比较等途径获得的，是一个多维度、多层次的心理系统。认识自我的途径主要包括以下三种：

1．自我观察　在生活中，没有谁比我们更加熟悉我们自己，因此认识自我首先要从自我观察开始，我们要经常反省自我，留心观察自我。自我观察主要包括：自身外表，如外貌、体质、气质等方面的观察；对自己在所生活的集体中的位置和作用及社会适应能力等自我价值的观察；对自己精神世界的关注，包括对自己的性格、兴趣、爱好、特长等方面的观察。

2．通过他人了解自己　“不识庐山真面目，只缘身在此山中”。通过他人对我们的评价，可以从不同方面了解到我们自己，可以发现陌生的自我，这对提高自我、全面认识自己有很大的帮助。

3．通过专业测评了解自我　可以通过可靠的量表测量和评估我们的职业倾向、能力倾向和职业价值观。例如，我们可以通过艾森克人格测验或 MBTI 职业人格评估工具来辅助我们了解自己的人格。

（二）明确的职业发展目标与职业理想，合理的职业定位

在了解自我的基础上，科学地对自我进行职业生涯规划，发现自身的职业兴趣与爱好，探索职业世界，看看自己到底喜欢什么样的职业，适合什么样职业。然后，采取切实可行的措施，确定和探索职业定位，实现自己的职业目标与理想，增加成功的机会。进行了职业生涯决策训练与一些社会实践之后，你肯定会发现自己的职业兴趣，这时你就要通过查找相关职业的资料、浏览相关单位的网站了解职业信息，进一步探索和发现你是否真的热爱并且有能力胜任相关的职业。如果答案是肯定的，就可以进行下一步的专业与技能准备，如果还不能确定的话，你就需要进一步探索你的职业兴趣。

（三）职业生涯规划可以提升应对竞争的能力

在当今的社会变革中，到处充满着激烈的竞争，如何提升自己的竞争力变得尤为重要。只有自己的能力提升，才能游刃有余，以不变应万变。职业生涯规划能够使学生学会如何运用科学的方法，增强自己的职业竞争力。

一方面，职业生涯规划能够帮助你更好地认识自我，学会独立地、科学地进行职业生涯决策，提高自己的选择能力和辨认能力，关注自己真正的内在需要，发扬优点，改正缺点，提升自我，从而提高社会竞争力。另一方面，通过职业探索，可以帮助你认识职业世界，把握职业世界的相关信息，发现自己真正的职业兴趣，更好地进行职业的选择和机会的评估，以确立自己的“目标职业”与个人发展方向。最后，通过对职业的探索、自我的认识、个人条件的评估、职业的选择之后，自己的人际交往能力、对职业世界的认识能力必定会有很大提高。发展你的职业专长，不断积累胜任该职业的能力，通过专业学习、培训、社会实践等等，积累特定职业的专业知识，这样才能做到心中有数，不打无准备之仗。

三、职业生涯规划内容

（一）职业生涯规划的基本理论

1．霍兰德择业类型理论 约翰·霍兰德（John Henry Holland）是美国霍普金斯大学心理学教授，美国著名的职业指导专家。他于 1959 年提出了具有广泛社会影响的人业互择理论，并于 1973 年提出了著名的六角形理论，这一理论首先根据劳动者的心理素质和择业倾向，将美国社会中的职业归纳成六大类型（详见本书第 6 章“人格与心理健康”）。

他认为，绝大多数人都可以被归于六种类型中的一种，人的职业满意度、职业稳定性与职业成就，取决于个人的人格与工作环境之间的适配性，人的行为由人格与周围环境的交互作用所决定的，人在追求某类工作环境时，这种环境能施展个人的技术与能力，能展示个人的态度与价值，能胜任问题的解决和角色的扮演。

霍兰德认为，大多数人的职业兴趣都并非只有一种类型（比如，一个人的性向中很可能是同时包含着社会型、研究型两种），这些性向越相似，相容性越强，内部一致性就越高，则一个人在选择职业时所面临的内在冲突和犹豫就会越少。为了帮助解释这一现象，霍兰德将这六大类型的第一个字母按照固定的顺序排成了一个正六边形（图 10-1）。霍兰德所划分的六大类型，并非是并列的，彼此有着明晰的边界。

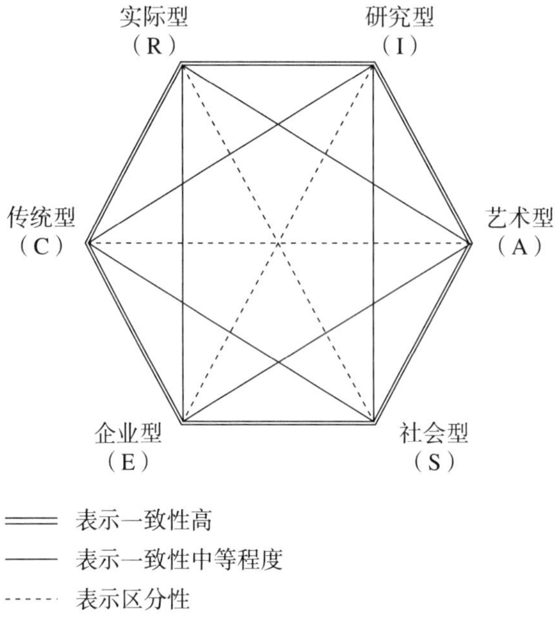

图 10-1 Holland 的六角模型

从图中可以看出，每一种类型与其他类型之间存在不同程度的关系，大体可描述为三类：

（1）相邻关系：如 RI、IR、IA、AI、AS、SA、SE、ES、EC、CE、RC 及 CR。在六角形上相距的位置相邻，距离越近表示心理上相似的程度越高，属于这种关系的两种类型的个体之间共同点越多。例如：某个学生得分最高的前两个兴趣是社会型（S）与艺术型（A），这两个类型在位置上是相邻的，因此内在类型的一致性很高。

（2）相隔关系：如 RA、RE、IC、IS、AR、AE、SI、SC、EA、ER、CI 及 CS，属于这种关系的两种类型个体之间共同点较相邻关系的少。

（3）相对关系：如 RS、IE、AC、SR、EI、及 CA 是相对关系，即在六边形上处于对角位置的类型，相对关系的人格类型的共同点较少，因此，很少有人处于对相对关系的两种职业环境都很感兴趣的情况。

霍兰德的职业选择理论，实质在于追求劳动者与职业的相互适应，因此，在霍兰德的理论中，个人类型与环境特征的适配性是极为重要的。个人与工作配合得当，如 I 型的人在 I 型的工作环境，其适配性就高，反之 I 型的人选择了 E 型的工作环境，其适配程度最低。

2．舒波的生涯发展理论　20 世纪 50 年代，舒波系统地提出了有关生涯发展的观点，让生涯发展的概念取代了职业辅导的模式，开启了职业生涯规划的崭新局面。

（1）舒波早期的自我概念理论：舒波通过多年对生涯发展进行全面的研究，于 1990 年发表了 14 项命题假设，这 14 项命题假设，基本涵盖了他有关生涯发展理论的主要理念，如自我概念、生涯发展阶段、生涯角色等理论，其中生涯发展理论的核心是“自我概念”。舒波认为职业选择的历程，即自我概念实践的历程，他还认为“自我概念”就是自我分化、角色扮演、探索和接受考验的过程，是一个有结构的，多维度的自我发展系统。

（2）舒波的生涯发展阶段理论：舒波将生涯发展阶段划分为成长、探索、建立、维持与衰退五个主要的人生发展阶段，这五个阶段反映了各个阶段的生涯发展的任务。

第一阶段：成长阶段（0 ~ 14 岁）。该阶段儿童在他人的认同过程中，逐渐开始发展自我概念，开始以各种不同的方式来表达自己的需要，对现实世界不断地尝试，修饰自己的角色。这个阶段发展的任务：一是发展自我图像；二是发展对工作世界的正确态度，并开始了解工作的意义。

第二阶段：探索阶段（15 ~ 24 岁）。该阶段的青少年通过在学校、社团等活动中的体验，逐渐对自我能力及角色、职业进行探索，考虑可能的职业领域和工作层次。这个阶段发展的主要任务是：使职业偏好逐渐具体化、特定化并实现职业偏好，生涯目标初步确定并试验其成为长期职业生活的可能性。

第三阶段：建立阶段（25 ~ 44 岁）。经过上一阶段的尝试，不合适者会谋求变迁或做其他探索，逐步建立稳固的地位，初步确定在整个事业生涯中属于自己的“位子”，大部分人在这个阶段处于事业创造力的巅峰阶段，业绩优良。这个阶段发展的任务是选择自己胜任的职位，学习与他人建立关系，统整、稳固并求上进。

第四阶段：维持阶段（45 ~ 65 岁）。在职场上崭露头角，全力稳固现有的成就与地位，个体仍希望继续维持属于他的工作“位子”，面对新的人员的挑战，全力应战。这一阶段发展的主要任务是接受自身条件的限制，专注于本职，维持既有成就与地位。

第五阶段：衰退阶段（65 岁以上）。由于个体生理及心理功能日渐衰退，工作速率减慢，不得不面对现实，从积极参与工作到逐渐隐退。这一阶段往往注重发展新的角色，例如：有的人退休后找到兼职工作，来寻求不同方式以替代和满足自身的需求。主要任务是减少工作时数，适应工作角色的转变，发展非职业性质的角色，做以前想做却没有时间做的事情。

（3）舒波的生涯彩虹图理论：生命 / 生涯彩虹图是舒波描绘出的一个多重角色生涯发展综合图形，这个生活广度、生活空间的生涯发展图形，舒波将它命名为“生涯彩虹图（life-career rainbow）”（图 10-2）。

这个生涯发展观，除了原有的发展阶段理论之外，较为特殊的是舒波加入了角色理论，在一生生涯的彩虹图中，横向层面代表的是横跨一生的生活广度。彩虹的外层显示人生主要的发展阶段和估算的大致年龄：成长期（0 ~ 14 岁，约相当于儿童期），探索期（15 ~ 24 岁，约相当于青春期），建立期（25 ~ 44 岁，约相当于成人前期），维持期（45 ~ 65 岁，约相当于中年期）以及退出期（65 岁以上，约相当于老年期）。在这五个主要的人生发展阶段内，各个阶段还有若干小的阶段，舒波特别强调各个时期年龄划分有相当大的弹性，应依据个体的生

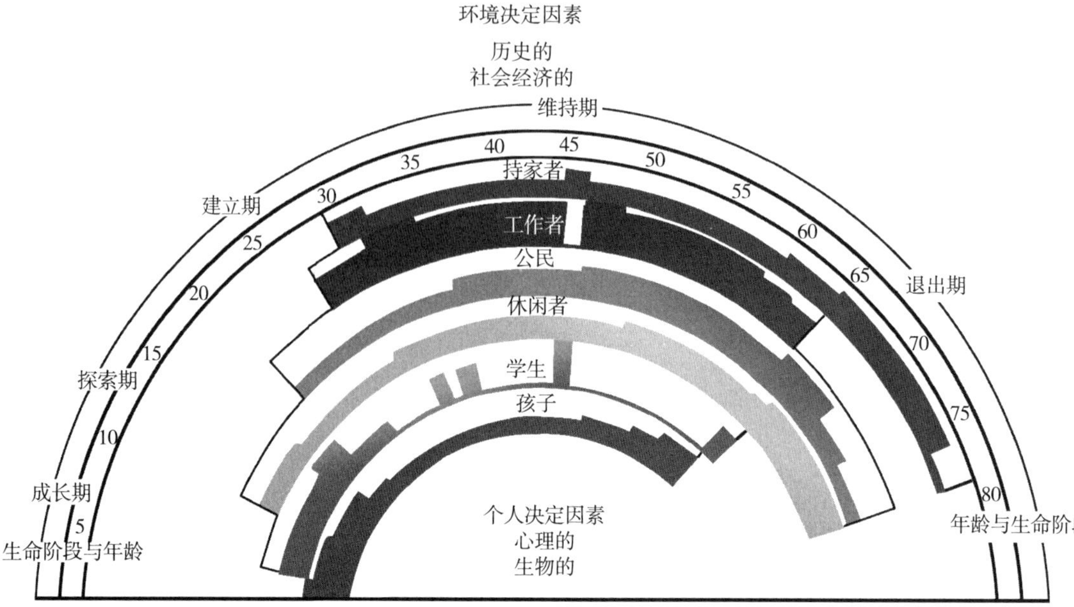

图 10-2　绘制的生涯彩虹图

理、心理和发展的不同的情况而定。

在一生生涯的彩虹图中，其中的纵向层面代表的是纵贯上下的生活空间，是由一组职位和人物的角色所组成。舒波认为人在一生当中不同的阶段所扮演的角色是不同的，其中必须扮演的角色主要有九种，依序是：儿童、学生、休闲者、公民、工作者、夫妻、家长、父母和退休者。角色之间是相互关联的，某一个角色上的成功，可能带动其他角色的成功；反之，某一个角色的失败，也可能导致其他角色的失败。舒波同时还指出，某一角色付出的比例太大，也有可能导致其他角色的失败。

在舒波的彩虹图中，他还引出了一个"显著角色"的概念，例如：成长阶段最显著的角色是儿童；探索阶段的显著角色是学生；建立阶段的是家长和工作者；在维持阶段中，我们可以看到 45 岁左右，彩虹图中的工作者的角色突然中断，又恢复了学生角色，同时公民与休闲的角色逐渐增加，这正如现在我们所说的"中年危机"，暗示这时我们应该再学习、再调适，处理好职业与家庭生活中所面临的困境，使得未来显著的角色能得到充分的发挥。

通过舒波彩虹图中的显著角色的概念，我们可以看出一生中，一个人各种不同角色在各个不同时期的重要程度，以及对个体不同的发展阶段所具有的特殊意义。

（二）职业生涯规划的基本步骤

职业生涯规划的基本步骤概括起来，主要有以下六个方面：

1．自我评估　正确评价自己，进行自我剖析，正确全面认识自己，只有这样才能避免设计中的盲目性，并合理地进行职业生涯的规划。

2．职业环境的评价　充分认识、了解分析周围的环境，评估环境因素对自己职业生涯发展可能产生的影响。

3．职业定位　依据客观现实，考虑个人与社会、单位的关系，扬长避短，选择条件更合适的职业。

4．职业生涯目标　合理规划自己的职业生涯目标，为自己提出奋斗的方向，为以后谋求工作和职业的发展打下良好的基础。

5．职业生涯策略的制订与实施　现职业生涯目标一定要有具体的行为措施来保证。

6．评估与反馈　审时度势，根据情况的变化及时调整我们的实施方案，这样才能使职业生涯规划行之有效，达到理想的结果。

第二节　大学生素质能力发展目标与生涯规划制订

我们不得不承认，步入社会需要我们具备一定的素质能力，包括思想素质、文化素质、专业素质和身体素质几个方面。那么，在大学期间我们又应该怎样去确定好自己的能力，并制订好适合自己的生涯规划呢？

一、大学生素质能力发展目标

（一）思想素质

大学生的思想教育是运用中国优秀传统文化等内容，提升大学生群体的思想品德素质水平，培养大学生形成正确人生观、价值观的基础教育。思想意识的核心是要有一个科学的世界观，一个符合社会发展、进步要求的人生观和一个从人民利益出发的价值观。其思想道德素质体现在以下几个方面：

1．较高的政治素质　政治素质不仅表现在政治立场、观念方面的远见和洞察力，还表现为对社会发展趋势的敏锐性，对国家宏观政策的预测把握能力及有一定的政治理论修养。作为一个社会主义国家的大学生，应该有明确的政治方向，追求崇高的理想，树立科学的信念。

2．事业心和责任感　许多用人单位在人才的要求上强调要有事业心、责任感，要爱岗敬业、乐于奉献，希望并要求毕业生把工作当做长期追求、投入的事业，要与单位同甘苦，共患难，荣辱与共。唯有敬业的大学生才能积极进取、胸怀大志，才能开发出蕴藏在自己身上潜在的创造性，为社会做出贡献，实现自己的人生价值。

3．艰苦奋斗精神和务实作风　在改革开放和现代化建设中，会遇到无数的艰难险阻，也难免有这样那样的曲折和坎坷，这就需要我们始终保持昂扬的斗志和务实的作风，坚定不移地朝着既定的奋斗目标前进。用人单位需要的是有才干、能踏踏实实工作、有吃苦精神的、肯努力学习进步的人。

大学阶段是大学生道德学习和道德建设的重要时期，是培养思想行为的关键时期。正确健康的思想素质是成就事业的基础。“厚德”方能“载物”。

（二）文化素质

文化素质是指人们在文化方面所具有的、较稳定的、内在的基本品质。在现代科学技术突飞猛进、生产发展越来越多地依靠人的智力和知识的今天，劳动者的文化素质的高低，对生产发展、社会的进步有决定性的影响。作为大学生的我们，更应该提高自身的科学文化素质，为以后的发展打好基础。

1．要有广博精深的知识储备　现代社会对职业人员的知识构成要求越来越高，要求职业人员不仅要具备扎实的基础知识，还要求他们有必要的知识广度和深度。

2．要建立合理的知识结构　要做到对知识的统筹理解，合理组合、恰当调配，形成知识系统，形成规律性知识。

3．有更新知识的能力　即学习能力。在我们前进的过程中，要始终有持续学习、终身学习的能力，只有不断接受新的知识、新的技能，才有可能成为一只可以不断挖掘的潜力股。

4．一定的创新能力　可根据一定的目的和任务，以创造性思维为核心，产出具有独特性并对社会有利的价值。要求我们善于发现新事物，总结新经验，分析新情况，提出新思路，创造性地开展工作。

任何知识和技能的深入学习都离不开基础的文化素养作为基础，只有具备了一定的文化知识才能够具备正确的认知和对于学习内容的辨识能力，进而进入更深层次的学习。

（三）专业素质

专业素质是个体在职业活动中，运用专业知识和技术，努力把工作做好的素质和能力。

专业素质，于个人来说，是取得成果的必要条件；于企业来说，拥有较高素质的人员才有可能在日益激烈的竞争中生存下去；于国家来说，国民专业素质的高低影响着国家经济的发展。

对专业素质的养成，无外乎三种情况，一是有一定的基础先天素质，二是后天的环境培养，三是个人主动的创新社会实践。很显然，第一条我们已经不能改变，那么后天的培养与实践必然不可或缺。接受教育培养专业素质可以使我们的能力不断提高和发展，积极参与社会创新实践让我们的能力更上一层。

在大学期间，培养专业素质，要从两方面努力：①系统地学习专业理论并有针对性地加以拓展。系统地学习专业理论和方法，一方面要在公共基础课打牢基础，另一方面要把专业基础知识熟记于心，努力掌握专业技能。除此之外合理利用学校图书馆、讲座等资源拓展学习。②通过丰富多彩的专业实践将专业知识技能内化为自己的专业素质。

面临新世纪世界范围的各种竞争，大学生应时刻准备迎接挑战，随时代变化而时刻准备着，在大学时代就要打好专业素质基础。

（四）身体、心理素质

1．身体素质 身体素质一般指人体在活动中所表现出来的力量、速度、耐力、灵敏、柔韧等。健康的体魄、良好的身体素质已成为人才竞争的物质资本。人们普遍认为，德、才、学、识是人才的内在因素，而体是最基本的东西，是成长的物质基础。我们可以付出的是努力和智慧，不能出卖的是身体的健康。任何时候都要善待自己，爱惜自己，让自己拥有一个健康的身体，身体是个体从事一切活动的“本钱”。

2．心理素质 在多种文化思想激荡冲突中生活的我们，心理素质已然成为了关键。大学生必须加强心性修养，提高心理素质：正确评价自我，正确对待挫折，积极乐观、胸襟开阔、豁达大度，有坚韧不拔的毅力，克服自卑感，增强自信心，悦纳自己、别人以及周围的世界观，对世俗和而不同，要自觉加强情商的培养，以良好的心理素质去迎接挑战。

除此之外，我们还要注意培养自己的团队合作能力和组织管理能力。崇尚团队精神、具有合作意识的人将会得到组织的更多肯定。

二、大学生生涯规划制订

（一）影响生涯规划制订的因素

1．心理因素 大学生在择业过程中，由于各自家庭环境、社会背景、个人经历、专业基础的差异，个人就业期望值也不尽相同。可能在求职过程中普遍出现烦躁不安心理，也可能会出现一定的就业恐惧心理。这种时候，我们需要自我肯定、树立信心，多给自己积极暗示，同时要学会适度放松。

2．观念因素 现在的学生处于择业观念转型时期，存在着因循守旧、认识不全、功利化、短浅化等不合理的就业观念。我们不能因为自身观念不合理而失去许多绝佳时机，不能过分注重职业的功利价值，更不能只顾眼前的福利而选择不适合自己的职业，要充分地认识到职业对个人发展、社会进步的意义。

3．信息因素 作为理想职业的桥梁，信息因素，时时刻刻影响着我们的生活。一般大学生可通过以下渠道求职：①学校就业指导机构，是专门负责毕业生就业工作的常设机构，具有较强的针对性、可靠性，成功概率较大；②人才招聘会，是人力资源服务机构、用人单位和人才之间的双向服务中介活动；③由于计算机网络的普遍应用，媒体、互联网已逐渐成为大学生求职的首选方式，时效性强，成本低，针对性强；④社会关系网，即通过亲友关系网来寻找工作。

4．判断质量　科学合理的生涯规划需要对各种因素进行充分分析、科学判断。合理地使用信息，有效地判断各种因素，让我们的生涯规划更加完善，更加全面。

（二）生涯规划制订

根据以上内容的介绍，我们已经对生涯规划的制订有了大体了解，生涯规划的详细过程主要包括以下几个方面。

1．自我评估　俗话说“知己知彼，百战不殆”，自我评估就是认清自己，正确评价自己，进行自我剖析。自我评价是职业生涯规划的第一步，也是职业生涯规划的重要步骤，一个有效的职业生涯设计必须是在正确全面认识自己的基础上进行的。充分了解自己的兴趣、特长、性格、技能等，准确衡量自我在价值观、兴趣等方面的特性，合理地进行职业生涯的规划。

自我评估需要把握好以下几点：①评价要适当，对自己的评价不能过于自负，更不能妄自菲薄；②评价要全面，清楚自己的兴趣、性格，了解自己的学识、技能、智商、情商，明白自己的思维方式、道德修养等；③评价要客观，以客观事实为依据，可以采用别人的意见、自我的内省、自我与他人比较、量表的评估等做出更客观真实的评价；④评价要与时俱进，自身总是在发展，着眼于未来，以发展的眼光看待、评价自己。

心理学家马斯洛曾对“希望自我实现者”提出七点建议，可供参考：

（1）把自己的感情出口放宽，莫使心胸像个瓶颈。

（2）在任何情境中，都尝试从积极乐观的角度看问题，从长远的利害做决定。

（3）对生活环境中的一切，多欣赏，少抱怨；有不如意之处，设法改善；坐而空谈，不如起而实行。

（4）设定积极而有可行性的生活目标，然后全力以赴求其实现；但却不能期望未来的结果一定不会失败。

（5）对是非之争辩，只要自己认清正义之所在，纵使违反众议，也应挺身而出，站在正义一边，坚持到底。

（6）莫使自己的生活僵化，为自己思想和行动上留一点弹性空间；偶尔放松一下身心，将有助于自己潜力的发挥。

（7）与人坦率相处，让别人看见你的长处和短处，也让别人分享你的快乐和痛苦。

正确的自我评估可以让你认识自己，审视自己，不随波逐流也不被轻易煽动，给自己一个准确的定位，明确人生的目标，给予正确的行动，获得最后的成功。

2．职业定位　职业定位是职业生涯规划的首要环节，它决定着个人职业生涯的方向，也决定着职业生涯规划的成败。职业定位就是明确自己要从事一个什么样的职业，自己的职业目标要与自己的主客观条件达到最佳的匹配。

在科学发展观指导下，注重生涯规划与社会实际的结合：①个人与国家社会。在进行自我规划时，把个人的志向与国家利益及社会的进步发展联系在一起，统筹规划。②个人与兴趣。根据自己兴趣爱好选择职业，由兴趣驱动积极性，促进事业成功。一生从事自己并不喜欢的工作是人生的一大痛苦。③个人与现实。在自身素质和社会环境允许情况下量力而为，从实际出发。④共性与个性。在共性的基础上，进行个性化设计，发挥出自己的鲜明优势。⑤动态发展性。把握住大方向，随时间的发展，规划也要随时变化适应发展。

职业定位要实事求是，弄清自己想要干什么、能干什么，自己的兴趣、才能、学识适合干什么，要考虑到性格与职业、兴趣与职业、特长与职业、价值观与职业的匹配。

依据客观现实，考虑个人与社会、单位的关系，选择条件更合适、更符合自己特长、能胜任、有发展前途的职业，找到人岗匹配的匹配点，也叫职位切入点。同时还要注意扬长避短，把自身的优势整合在一起，作为职场上打拼的核心竞争力。

3．职业环境的评价 职业环境的评价也是职业生涯机会的评估，一个人的职业生涯除了受自我主观因素的影响外，还会受到客观环境的重要影响。因此，在进行职业生涯规划时，还要充分认识并了解周围的环境，分析环境条件的特点、发展变化情况，看看周围的环境会对自己产生什么样的影响，以更好的寻求各种发展机会。

探索职业的环境对象包括：①生活环境，一方面指家庭生活环境，另一方面指大学生活的学习环境，包括所处的团体、社区。②社会环境，区域或国家的资源与条件和科技发展水平不均衡，关注经济发展水平和发展前景，注意科学技术发展对经济发展的推动作用。③政治环境，在国家政策要求和法治建设的指引下，了解国家对某一行业是支持、鼓励和引导，还是限制、控制和制约，选择更有发展前景和空间的行业。④经济环境，经济发展水平高、速度快的地区更有利于个人的发展，分析企业实力、领导人及文化制度，选择能够互相协调的条件。

做自己的人生规划时，不能只求高经济、高发展地区，也要记得自己对国家、社会的责任，当需要我们时，去偏远地区、落后地区贡献自己的一份力量，实现人生价值。结合本专业、本行业的地位、形势以及发展趋势，评估环境因素对自己职业生涯发展可能产生的影响。

4．职业生涯目标 明确职业生涯目标是大学生职业生涯发展的关键，可以让我们明白大学学习生活的重点所在，让我们更有针对性地开展准备工作并随时保持前进的动力。目标通常有短期目标、中期目标、长期目标和人生目标之分，有了目标才会有追求事业和个人发展的方向与动力。

目标的确立需要我们综合各种影响因素深思熟虑。首先，符合自我特质的最终职业要求和发展方向；然后，划定好自己想要发展的地点区域，不可一时冲动，要经过多方面考量，深思熟虑，围绕一个地方长期发展；最后，根据自己的情况，客观地给自己定个位，有从基础做起的心态，循序渐进，谋求发展。

除此之外，我们的目标要具有以下特征：①明确性，明确的目标可以给我们一个明确的方向，确定好具体的工作。②时限性，确立的目标要规定时限，在目标方向的急迫感下，行动会更有效率。③实际性，目标是可以通过一定的努力实现的，在清晰的自我认知下，建立切实可行的目标。④微调性，当客观事物变化时，我们的目标也要相应地调整，从而使目标趋于合理。

目标是本，一个人只有明确了目标，才有前进的方向，才有成功的可能。设立目标，你会清楚地明白你想要什么，不断驱使你前进，给你一个明确的集中点，让你拥有使命感，去成为一个你想成为的人。

“凡事预则立，不预则废”。在大学期间合理规划自己的职业生涯目标，特别是短期和中期的目标，为自己提出奋斗的方向，这样才不会虚度大学的时光，才能度过一段充实的大学生活，为以后谋求工作和职业的发展打下良好的基础。

5．职业生涯策略的制订与实施 在确立了正确的职业生涯目标之后，就要开始付诸相应的行动。策略的实施是一个非常重要的实践环节，主要包括考虑该采取什么措施以提高效率，采取什么计划更有力，如何选择正确的求职渠道等落实目标的具体措施。

要付诸相应的行动，一方面是要靠自己的毅力，对自己有一个控制力，尽力去切断身边的诱惑源，对自己狠一点，培养并训练自己的意志力。随时保持自己的良好精神状态，最好能保持良好循环“面临诱惑与压力—正面激励反馈—认知更加理性，增强自控力—再度面临诱惑与压力”，从而不断丰富成就体验。另一方面，借助外界环境的支持，去各种实践基地、参加各种实践活动、参与学习小组，从环境中汲取力量，监督激励自己，了解内容，以便更好地实施自己的生涯规划。

要制订实现职业生涯目标的行动方案，更要有具体的行为措施来保证。没有行动，职业目标只能是一种梦想。要制订周详的行动方案，更要注意去落实这一行动方案，最好能定时检查。

6．评估与反馈　影响职业生涯规划的因素很多，实施计划也并不是一成不变的。在大学学习期间综合设定的计划可能会因为学校与社会之间的差异而出现偏差。我们要审时度势，根据情况的变化及时调整我们的实施方案，及时对规划的目标和行动方案进行调整，进入再认识、再发现的计划变更过程。这样才能使职业生涯规划行之有效，达到理想的结果。

美国的成功学大师安东尼•罗宾斯曾经提出过一个成功的万能公式：成功 = 了解自我 + 明确目标 + 详细计划 + 马上行动 + 检查修正 + 坚持到底。从这个公式我们可以看出，我们在进行职业生涯规划时以上六个步骤，每一步都很重要。我们首先要先了解自我，选择一个最适合我们发展的工作，然后确定我们的目标，接着进行职业生涯规划，之后付诸行动，并且经常对自己的目标和计划进行检查修正，调整方案，最后坚持到底，就能获得职业生涯的成功。

第三节　学会时间管理

随着社会竞争的加剧，很多人出现了无事忙、瞎忙的现象以及熬夜等低效活动，甚至越忙越穷、越穷越忙，不知如何掌握时间。“能掌握每一天，就能掌握一生。”为了更好地面对自己将来的工作，做到井然有序、切中重点，我们要建立良好的时间管理概念及策略。

一、时间管理的概念及其意义

一说到时间管理，有些人会想到永远完不成的计划表、任务表，也有些人想起自己忙上忙下的生活，还有些人总感觉自己没有时间。那么，什么是时间管理呢？时间管理（time management）就是通过事先规划并利用技巧、技术和工具帮助人们更有效地运用时间，降低变动性，引导并安排人们生活的一种自我管理。比如说，首先我们可以制订一天的计划，确定实现计划的具体手段和方法，预定出目标的进程及步骤；然后，可以将一些工作分派给他人完成，以提高工作效率；接着，整理任务，依据轻重缓急来进行安排和处理；除此之外，还要为计划预留时间，以应对一定意外事件或干扰。

时间管理的目的是决定什么事该做、什么事不该做；它的本质就是自我管理，其最重要的功能就是通过事先的规划，做一种提醒与指引，完成任务。

很多业绩卓越的成功人士都具有高效的时间管理观念。时间管理意义不仅在于帮助自己达到任务目标，可以让个人的能力得到最大限度的开发，还使工作学习和个人生活之间得到平衡，在繁忙的工作学习中游刃有余，在巨大的压力下依旧奋力前行。

学会时间管理，可以减轻工作压力，在有限的时间达成目标；学会时间管理，提高完成任务的质量和组织能效；学会时间管理，为自己的人生规划打好基础；学会时间管理，为自己的梦想做出努力。

李开复说过一段话：“人的一生两个最大的财富是：你的才华和你的时间。才华越来越多，但是时间越来越少，我们的一生可以说是用时间来换取才华。如果一天天过去了，我们的时间少了，而才华没有增加，那就是虚度了时光。所以我们必须节省时间，有效率的使用时间。”从中，我们不难看出，我们需要学会时间管理，需要学会掌控自己的时间，去做自己想做的事，成为自己想成为的人，妥善利用自己的时间，努力实现我们最终的目标。

二、时间管理的基本原则

很多人说，一分耕耘，一分收获，可收获的前提是要有效率的管理时间。时间管理方法并不是要把所有事情做完，而是更有效地运用时间。如何有效率地利用时间呢？下面是几点建议。

（一）树立正确的心态

“一种积极的心态，比一百种智慧都更有力量。”身为大学生的我们就像正午的太阳，正是激情无限、活力四射的时候。每一天睁开眼，你都要相信，今天是美好的一天，你要努力活好美好的今天，逢山开路、遇水架桥，自己不想倒下就没什么可以打倒你。如果你想要变得优秀，拥有满腔的热忱，愿意去努力，愿意为自己的思想和态度负责，无疑是非常重要的。摆正心态，确立目标，充满阳光地去面对自己的目标，并一步步努力达到它。

在向目标前进的过程中，也需要我们拥有正确的心态。求职过程中，残酷的竞争不可避免，需要我们以平和的心态，认清竞争的实质。竞争不是和其他人的竞争，而是自身能力与岗位能力需求的竞争，将自己的主要精力放在发展个人能力中去。将自己的优势发挥到极限，用最佳的心态本着公平竞争的原则展现出自己的最佳状态。

获取求职结果时，也要做好心理准备。当获得成功时，再接再厉，系统地梳理求职成功的经验，全面分析工作，争取更上一层楼；当经历失败时，不要气馁，分析失败的根源，避免失误再度出现，拾取信心，重新再来。

（二）明确目标

关于明确目标，就是在前一天晚上或每天早起来决定崭新的一天要做什么，根据轻重缓急分好优先次序，更有效地去完成最重要的事，按照计划脚踏实地，一步步完成。

每天决定的计划我们称它为日计划，日计划大致可分为两种，一种是全天的计划，另一种是重点时段的重点记录。将你每日要做的一些事先列出一份清单，排出优先次序，确认完成时间，以突出重点，完成一项任务划掉一项，并且要为应付紧急情况预留出时间。最重要的就是四个字：每天坚持。

同理，每周周末做出下周任务计划；每月月末做出下月任务计划；每季季末做出下季末任务规划；每年年末做出下一年度任务规划。这样长时间坚持下去，你会感觉到自己对生活激情的提高，你会找到自己的生存意义和价值，让你在人生的路上不断完善、永不停步，到达心中的彼岸。

（三）严格规定完成时间

从两个角度来讲，一是对自己任务的目标要规定具体时间，必须在规定时间内严格完成，绝不对自己心软，坚决要在规定时间内完成；二是“逼”自己一把，时间是具有伸缩性的，把自己的最大潜能发挥出来，将完成时间缩短到自己可能的极限，以便更有效率地达到自己的目标。

（四）评估捡漏

所谓评估就是评价时间安排是否合理有效，活动主次是否分明，有无时间浪费的情况，给自己一个合理的评价，有浪费时间的行为要注意改正，有效的行动要继续保持。捡漏，就是检查并完善今天的任务，更好地继续新一天的工作。

（五）结果导向，控制过程

在时间管理的过程中，计划远远赶不上变化。这时候，需要及时了解情况的变化，对实际情况做好分析，以结果为导向，在完成目标的过程中不断调整方向，通过预留时间、利用零碎时间等手段，确保可行性，朝着当初的目标结果前进。

任务是无限的，但时间是有限的。时间是如此宝贵，它可以一瞬即逝，也可以发挥最大的效力，时间就是潜在的资本。充分合理地利用每段可利用的时间，学会时间管理，使时间价值最大化，便是我们每个人最大的财富。

三、怎样进行科学的时间管理

（一）掌握时间管理的基本方法

我们已经清楚时间管理的重要性，为了避免更多的时间浪费，更好地把握时间与机会，我们不得不再对时间管理做一些深入的了解。

1. 时间“四象限”法　时间“四象限”（图 10-3）法是美国管理学家科维提出的一个时间管理理论，它把任务按照重要和紧急两个不同的维度进行了划分，基本上可以分为四个“象限”：既紧急又重要（如救火、抢险等）、重要但不紧急（如学习、体验等）、紧急但不重要（如电话铃声、不速之客、有人打麻将“三缺一”紧急约你等）、既不紧急也不重要（如客套的闲谈、无聊的信件、个人的爱好等）。

重要又紧急的第一象限是需要我们事前准备好首先完成的任务，需要我们进行有效的工作计划及时完成；重要却不紧急的第二象限体现的是我们的生活品质，未雨绸缪，做好事先的计划与准备；紧急但不重要的第三象限实际上不过是花费时间满足他人期望的紧急错觉；沉溺于既不重要也不紧急的第四象限就是浪费生命，简单的休闲很有价值，但长此以往沉溺留下的只有空虚的内心。

在日常生活中，我们往往很多时候有机会去很好地计划和完成一件事，但常常因为没有及时地去做，随着时间的推移，第二象限的事情转入了第一象限，不得已完成时，其任务完成质量也随之下降。故此，时间管理理论的一个重要观点便是有重点地把主要的精力和时间集中在那些重要但不紧急的任务上，这样可以做到未雨绸缪，防患于未然。

同时，学会建立预约时间，这样自己的时间才不会被别人所占据，从而可以有效地开展活动。

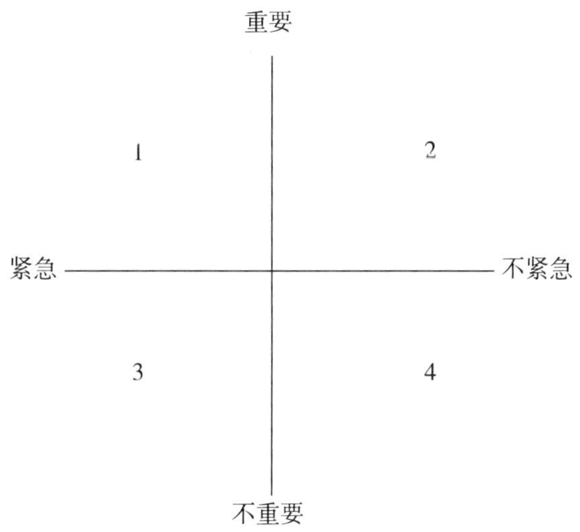

图 10-3　时间“四象限”

图 10-3 告诉我们：

（1）重要和紧急的事情妥善安排，立即就做；

（2）平时多做重要但不紧急的事情，未雨绸缪；

（3）紧急而不重要的事情有主见、有自控力地选择性做；

(4) 学会放松却不沉溺于既不紧急也不重要的事情。

2. 8020定律 8020定律是19世纪末和20世纪初意大利经济学家及社会学家帕雷托率先提出，又名“帕雷托法则”，也有人称它为“犹太法则”。

从字面上理解，你所完成的工作里80%的成果只来自于你20%的付出。对应来看，将自己80%的精力放在时间安排表上的20%是完成的关键，在正确的事情上巧工作。

时间对每个人来说都是平等的，真正的成功者往往就是把自己付出的20%用在了关键，最终收获了80%的结果。在不断的努力和竞争中，把精力放在主要问题、关键点上，才能走在前面。

（二）学会利用空闲时间

一个人成就怎样，往往就看他怎样利用他的闲暇时间。每天的生活中，总有许许多多零碎的小时间，千万别忽视这些小时间，它们的集合绝对是一笔巨大的财富。大的收获都是用一件件小事、一天天的积累换来的：洗漱时放音频资料，走路时简单的做好计划，排队时记些东西……

当然，还要重视劳逸结合。现在生活压力大，生活节奏快，能简单的放松一下，劳逸结合，再好不过了。我们活着需要工作以谋生，可是我们活着并不仅仅是为了工作。一味地追求工作成功，导致精力透支，显然不是可取的做法，规律的体育运动能使你保持良好的精神状态，让你更好地投入下一轮进程。

（三）拒绝自己的欲望

我们身边总是存在着各种各样的诱惑，我们都知道过分沉溺其中的危害，也有想抵御它的想法，却往往输在实际行动上，不能控制住自己。这种时候可以靠外部的提醒，比如朋友或家长的告诫，闹钟提醒等。当然最关键的，还是得靠你自己，对自己狠一点，控制住自己，提前给自己打好“预防针”，专注于自己的事，拒绝身边的诱惑，控制住自己的欲望。

（四）其他注意事项

1. 目标和自己的价值观相吻合 你一定要确立个人的价值观，以便分配时间。你永远没有时间做所有的事，但你永远有时间做对你来说最重要的事。

2. 安排“不被干扰”时间 每天至少要有半小时到一小时的“不被干扰”时间完全不受任何人干扰，这段时间的效率会相当高。

3. 做好时间日志 把每天花的时间一一记录下来，你会清晰地发现浪费了哪些时间。只有当你找到浪费时间的根源，你才有办法改变。

4. 理解时间大于金钱 用你的金钱去换取别人的成功经验，抓住一切机会向顶尖人士学习。

5. 同一类的事情最好一次做完 当你重复做一件事情时，你会熟能生巧，效率一定会提高。

6. 预防不确定性因素的发生 习惯留有多余的预备时间以便从容应付计划外事件发生。

时间管理最后要管理的是自己的一生，想要成功，就要先学会控制自己，管理自己。这些时间管理的方法简单而有效，我们将这些方法变成自己的习惯，自觉遵守，必定对我们今后的职业生涯大有裨益。

【心理自我训练】

我的生涯度假计划

假设你正坐在开往国外的飞机上，在途中，突然乘务员向飞机上的人宣布由于飞机故障，需要紧急降落到一个岛上，这里面一共有六个岛屿，每一个岛屿都有不同的特色，这个岛屿由你来选择，而且你还需要在你选择的岛上，呆上至少 1 年的时间，他们分别是：

A 岛——美丽浪漫岛：这个岛上到处是美术馆、音乐厅，弥漫着浓厚的艺术文化气息。岛民们保留着传统的舞蹈、音乐与绘画，许多文艺界人士都喜欢来到这里，沙龙派对，寻找灵感。

C 岛——现代井然岛：岛上处处耸立着现代建筑，标志着这是一个进步的、都市形态的岛屿。岛上的户政管理、物业管理及金融管理都十分完善。岛民们个性冷静保守，办事井井有条。

E 岛——显赫富庶岛：岛上的居民热情豪爽，善于企业经营和贸易。岛上的经济高度发达，处处是高级饭店、俱乐部、高尔夫球场。岛上往来者多是企业家、经理人、政治家、律师等等，这些商界名流与上等阶层人士在岛上享受着高品质的生活。

I 岛——深思冥想岛：这个岛平畴沃野，人少僻静，适合夜观星象。岛上有很多天文馆、科技博物馆、科学图书馆。岛上居民喜好沉思、钻研学问、探究真知，喜欢和来自各地的哲学家、科学家讨论学术问题，交流思想。

R 岛——自然原始岛：岛上保留有热带的原始植物，自然生态保持得很好，也有相当规模的动物园、植物园、水族馆。岛上居民以手工见长，自己种植花果蔬菜、修缮房屋、打造器物、制作工具。

S 岛——温暖友善岛：岛上居民性情温和、十分友善、乐于助人，社区均自成一个密切互动的服务网络，人们多互助合作，重视教育，弦歌不辍，处处充满着人文关怀气息。

了解了六座岛屿后，你觉得哪个岛屿是你最想去的，若再让你选择两个你可以去的岛，你会选择哪个？你会在岛上停留多长时间？

我想去的是：________ 岛________ 年

其次是：________ 岛________ 年

再次是：________ 岛________ 年

本活动主要是在霍兰德（Holland）职业兴趣理论基础上设计的，测试目的是通过选择岛屿，发现自己所喜欢和不喜欢的职业内容，探索自己的职业兴趣，帮助自己思考职业方向。请根据自己的选择结果到表 10-1 中判断自己更适合做哪种工作。

表10-1　性格与职业匹配

类型	喜欢的活动	重视	职业环境要求	典型职业
实用型 R（realistic）	用手、工具、机器制造或修理东西。愿意从事实物性的工作、体力活动，喜欢户外活动或操作机器，而不喜欢在办公室工作	具体实际的事物、诚实、有常识	使用手工或机械技能对物体、工具、机器、动物等进行操作，与“事物”工作的能力比与“人”打交道的能力更为重要	园艺师、木匠、汽车修理工、工程师、军官、兽医、足球教练员
研究型 I（investigative）	喜欢探索和理解事物，喜欢学习研究那些需要分析、思考的抽象问题，喜欢阅读和讨论有关科学性的论题，喜欢独立工作，对未知问题的挑战充满兴趣	知识、学习、成就、独立	分析研究问题、运用复杂和抽象的思考创造性地解决问题的能力，谨慎缜密，能运用智慧独立地工作，一定的写作能力	实验室工作人员、生物学家、化学家、心理学家、工程设计师、大学教授

续表

类型	喜欢的活动	重视	职业环境要求	典型职业
艺术型A (artistic)	喜欢自我表达，喜欢文学、音乐、艺术和表演等具有创造性、变化性的工作，重视作品的原创性和创意	有创意的想法、自我表达、自由、美	创造力，对情感的表现能力，以非传统的方式来表现自己；相当自由、开放	作家、编辑、音乐家、摄影师、厨师、漫画家、导演、室内装潢设计师
社会型S (social)	喜欢与人合作，热情关心他人的幸福，愿意帮助别人成长或解决困难、为他人提供服务	服务社会与他人、公正、理解、平等、理想	人际交往能力，教导、医治、帮助他人等方面的技能，对他人表现出精神上的关爱，愿意担负社会责任	教师、社会工作者、牧师、心理咨询师、护士
企业型E (enterprising)	喜欢领导和支配别人，通过领导、劝说他人或推销自己的观念、产品而达到个人或组织的目标，希望成就一番事业	经济和社会地位上的成功、忠诚、冒险精神、责任	说服他人或支配他人的能力、敢于承担风险、目标导向	律师、政治运动领袖、营销商、市场部经理、电视制片人、保险代理
事物型C (conventional)	喜欢固定的、有秩序的工作或活动，希望确切地知道工作的要求和标准，愿意在一个大的机构中处于从属地位，对文字、数据和事物进行细致有序的系统处理以达到特定的标准	准确、有条理、节俭、盈利	文书技巧、组织能力、听取并遵从指示的能力、能够按时完成工作并达到严格的标准、有组织有计划	文字编辑、会计师、银行家、簿记员、办事员、税务员和计算机操作员

【案例分析】

案例回放：

张丽（化名），女，22岁，临床医学专业大四学生，家里还有一个弟弟，父母都是农民。来访时面容憔悴，愁眉不展，自述这一段时间，一直在犹豫，明年毕业，是现在准备深造考研，还是就业？她的父母希望她毕业后参加工作，家里也托人给她在乡镇上找了一个不错的工作，虽然是文秘工作，但也是政府的机关单位的正式编制，也可以缓解一下家里的经济状况。而她本人英语较好，所以想考研继续深造，这样她可以继续所学的专业，毕业后也能从事本专业工作，但考虑到现在的就业形势很严峻，家里的经济条件也并不是很好，自己的弟弟今年刚上大学，使家里的经济状况更加拮据，参加工作可以缓解家里的经济困难。但若参加工作，就必须放弃五年来废寝忘食学下来的医学专业，因此非常矛盾痛苦，不知道如何是好，所以前来求助。

案例分析：

这是一个职业生涯决策问题，考研还是就业？

辅导员老师进行了以下指导：

1．了解到张丽同学这一段时间，一直被这个问题困扰，处于焦虑的状态，先缓解她焦虑的心理，树立自信，让她相信，这个问题是可以解决的，相信自己会有一个明确的选择。

2．帮助张丽明确自己的兴趣、特长、性格、能力、价值观等，明确自己的能力优势和劣势。可以采用职业测量来辅助进行自我认知。例如，张丽的霍兰德职业兴趣测验表中职业兴趣明显呈现I型——研究型，其次是R型——实用型，在霍兰德职业兴趣测验表中对应的职业分别是实验室工作人员、生物学家、化学家、心理学家、工程设计师、大学教师，其次是园艺师、木匠、汽车修理工、工程师、军官、兽医、足球教练员。

3．进一步探索她的职业兴趣、职业技能和职业价值观。例如，我们采用非正式评估——职业分类卡，帮助张丽找出了擅长的职业技能，并通过对她价值观的测评，找出她生命中最看重的是什么。对感兴趣的职业进行全方位的分析，最后选出自己既喜欢又适合的职业。

4．引导她探索职业世界，分析她周围的职业环境，启发她对于自己未来的思考，澄清她职业生活中最重要的和她最想要的，促成职业方向的决策。我们可以采用职业平衡单法把考研和就业的利弊进行罗列，从而选出一个清晰、明了、更为直观的判断，为制订出一个适宜她的职业生涯规划做准备。

（赵　阳）

第11章 心理压力管理与挫折应对

【哲人的忠告】

面对压力真正快乐的人，会在自己觉得有意义的生活方式里，享受它的点点滴滴。

——哈佛公开课讲义

压力是现代社会人们最普遍的情绪体验。所谓“人生不如意十之八九”，谁的人生，都不可能总是一帆风顺，挫折时有发生，面对种种不如意，人们常常会焦虑不安，内心体验到巨大的压力。压力存在于社会生活的各个方面，人人都经历过，尤其是大学时期，面对生活与学习环境的改变、参加重要的考试、第一次上台演讲、第一次求职面试、亲人患病或死亡等，都会让我们感到压力。承受压力是生活中不可避免的，但是过度的压力总是与紧张、焦虑、挫折联系在一起，久而久之会破坏人的身心平衡，造成情绪困扰，损害身心健康。

第一节　大学生心理压力分析

一、大学生压力产生的理论分析

（一）反应理论——生理医学的压力观

反应理论认为，压力是人或动物有机体对环境刺激的一种生物学反应现象，是由机体的许多不同需求而引起，并且具有非特异性。该理论提出应激的“一般适应综合征”模型简称GAS（general adaptation syndrome），包括警戒反应阶段、抗拒阶段、衰竭阶段。提出用生理参数（肌肉紧张度、皮肤电反应等）作为应激反应的客观指标，比心理变量或其他的躯体状况在应激的评估和测量上更具有信度和效度。GAS 理论的提出促进了从生理系统的变化来揭示压力与心理健康关系。

GAS 模型把人看作对不良环境做被动反应的生命体。在强调生理指标的同时，忽视了人心理和行为的反作用。

（二）压力刺激理论——生物物理学的压力观

该理论模型把压力定义为能够引起个体产生紧张反应的外部环境刺激，如择业、失恋、天灾、贫困等。其关注的核心在于何种环境能够使人产生紧张反应。该模型的主要贡献在于：通过推动压力源（生活事件）的定量化研究，促进了人们对社会心理刺激和疾病之间关系的认识。在该模型基础上开展的一系列研究对于揭示生活事件和躯体疾病及精神病症状的关系，具有重要的现实意义。该模型将活生生的人物理化了，忽视了人的主观能动性和心理行为的复杂性。

（三）认知 - 现象学 - 交互作用——心理学的压力观

压力的认知 - 现象学 - 交互作用（cognitive phenomenological transactional，CPT）模型的

核心点是，“压力既不是环境刺激，不是人的性格，也不是一个反应，而是需求以及理性地应对这些需求之间的联系”。该理论模型包含如下三个基本要点：

1．认知的观点　认为认知是决定压力反应的主要中介和直接动因，换言之，压力感能否产生，以什么形式出现，均取决于个体对其与环境间关系的评估。

2．现象学的观点　强调与压力有关的时间、地点、事件、环境以及人物的具体特性。

3．相互作用的观点　包含两大要点：一是在压力过程中，存在许多中介因素，压力源与中介因素的交互作用将直接或间接的影响个体最后的反应方式和结果。二是压力产生与个体和环境间的特定关系，若个体认为自己无力对付环境需求则会产生压力体验。

该模型包含了四个要素：压力源、中介变量、生理或心理的反应结果。拉扎罗斯（Lazarus）和劳尼尔（Launier）认为：任何一个事件，只要是环境或内在要求超出了个体的适应性资源，压力就会产生。

与刺激模型理论和 GAS 模型相比，CPT 模型具有下述特点：①更注重中间过程的研究，尤其强调了个体心理和行为的作用，对于全面理解压力具有重要意义；②克服了前两种理论中对人的机械生物化的看法，不再将人看作只受压力情景摆布的消极有机体，而是认可和强调了人的主观能动性的重要作用。

二、大学生心理压力产生的因素

（一）内在因素

1．社交困难造成心理压力　“踏着铃声进出课堂，宿舍里面不声不响，互联网上述说衷肠”。这句顺口溜实际上反映了相当一部分大学生的交际现状。现代大学生的交际困难主要表现为不会独立生活，不知道如何与人沟通，不懂交往的技巧与原则。有的同学有自闭倾向，不愿与人交往；有的同学为交际而交际，不惜牺牲原则随波逐流。

2．对网络产生过于强烈的依赖性　有些大学生一方面因交际困难而在网络的虚拟世界里寻找心理满足，另一方面也被网络本身的精彩深深吸引。所以，有些大学生对网络的依赖性越来越强，有的甚至染上了网瘾，每天花大量时间泡在网上，沉湎于虚拟世界，自我封闭，与现实生活产生隔阂，不愿与人面对面交往。

3．角色转换与适应障碍　大学新生都有一个角色转换与适应的过程，每年刚入学的大学生往往会出现各种各样的心理问题，心理学上将这一时期称之为“大学新生心理失衡期”。导致新生心理失衡的原因首先是现实中的大学与他们心目中的大学不统一，由此产生心理落差；其次是新生对新的环境、新的人际关系、新的教学和学习方式不适应，由此产生困惑而造成心理失调；另外，新生作为大学中普通的一员，与其以前在中学里作为佼佼者的感觉大相径庭，这也是导致心理问题的诱因之一。

4．情感困惑和危机　当前，大学生对情感方面的问题能否正确认识与处理，已直接影响到大学生的心理健康。影响因素主要有以下几点：首先是性困惑问题，在性意识与自我道德规范的冲突中产生心理矛盾。其次是因恋爱所造成的情感危机，这是诱发大学生心理障碍，致使个别同学因此走向极端，甚至是造成悲剧的原因所在。

5．独生子女教育不当的后遗症　独生子女群体已成为当前大学生的主体。对独生子女的教育不当而造成的后遗症，是导致大学生心理问题频发的一大诱因。在某些独生子女身上存在任性、自私、不善交际等问题，这些问题多源于独生子女从小就备受家人的溺爱，缺乏集体合作精神。在溺爱环境中长大的孩子，常会养成许多不良习性，而这些习性则成为诱发心理问题的原因，使人产生暴力倾向和行为。

6．家庭及外界环境的不利影响　家庭及外界环境的不利影响也会成为诱发大学生心理问题的因素，比如不当的家教方式、单亲家庭环境及学校环境的负面影响、消费上的浪费攀比、对贫困生的歧视、学习节奏过于紧张等。

（二）外在因素

1．社会的压力 随着大学生人数的增多及就业岗位相对减少，毕业后的出路是大学生大学期间一直考虑的问题，他们从入校到毕业前，都有一种潜在的危机感。社会上激烈的职业竞争，使学生产生了较大的心理压力，尤其是一些所学专业社会需求小、本人技能平平、缺乏可利用的社会资源、家境一般的学生则压力更大。

2．家庭的压力 由于父母的期望值过高或父母工作变动造成压力，有些学生对父母工作变动带来的家庭经济危机，整日忧心忡忡；但大学生的压力更多的来自成人感受，希望自己能早日帮助家庭分担困难，但又力不从心。再有，许多家长对孩子无微不至的关爱，希望子女早日成才，而家长的期望与孩子的实际情况则有一定差距，于是一种学生怕自己成绩不符合家长的要求，会受责备产生压力；另一种学生则怕因此辜负了父母的一片苦心，这些学生的心理压力则更大。

3．来自学校的压力 首先，大学生心目中的大学与现实大学有较大差距，无论学校的硬件或软件，现实中的大学和他们所想的不一样，产生心理落差；从高中到大学，课程设置有很大区别，专业性相对突出，专业课占据重要的地位，致使许多学生无法适应这一变化，觉得学习负担加重，感到了压力。

4．学习的压力 大学生的学习压力相当一部分来自于对所学专业不感兴趣，这使他们长期处于冲突与痛苦之中；课程负担过重、学习方法有问题、精神长期过度紧张也会带来压力；还有参加各类证书考试及考研所带来的应试压力等。精神长期处于高度紧张的状态下，可能诱发心理障碍。

5．竞争带来的压力 大学生要面临各种各样的竞争，包括学习竞争、各种社会工作所要求的能力高低的竞争、班干部竞选、学生会、团干部等各种繁多的竞争，会使每位同学感到压力就在身边。

学校、家庭、社会的压力毕竟是外来因素，不同的人面对同样的压力，感受程度不同，这与个体个性有关。如同样的环境，有人能适应，有人则格格不入。有人能合作，有人则独来独往。个性决定了人的心理承受能力，决定了一个人待人接物的方式，好胜心强、期望值过高的人或自卑感严重的人，所受的心理压力更大一些。

第二节　心理压力的危害及其调节

一、心理压力对大学生的影响

不同的人，对于压力的观点不同。有些人会希望有压力，认为有压力才会有动力，才会有进步，生活才会更精彩；而有些人则认为压力意味着挫折，让人烦恼。日常生活中，每个人都会在不同程度上感受到压力的存在。压力与生活同在，没有人可以“免疫”。如果完全没有压力，个体身心就会处于一种松散和不紧张状态，个人的潜能就无法发挥。很多人都有这样的体验，当压力特别大的时候，就会特别容易生病，情绪特别容易激怒；此时心理压力会对个体带来许多负面影响。可见，完全没有心理压力和心理压力过大都不利于个体的身心发展。相反，适度的心理压力可以使人的情绪处于兴奋状态，活跃思维，提高反应速度，能够起到积极的作用。进化论观点认为，有限的资源导致竞争，而竞争就必然有压力，发展越快的地区，人们的压力也越大。调查发现心理压力是造成心身疾病的主要原因之一，是影响人们心理健康的最主要的因素（表 11-1）。大量的研究表明，心理压力的消极作用甚于积极作用，主要表现为出现一系列心理的、生理的和行为的应激症状，主要负面反应为：

表11-1　压力对身心健康危害的征兆

心理信号
● 焦虑
● 淡漠
● 易怒
● 精神疲惫
行为信号
● 回避责任、回避与人交往
● 出现极端行为或自我伤害行为
● 忽视自己
● 判断力差
生理信号
● 对疾病过度担心
● 经常生病
● 疲惫
● 过量用药
● 病痛及抱怨

1. 生理反应　新陈代谢活动发生紊乱、呼吸急促、心跳加快加强、消化液分泌减少、头晕头痛、食欲减退、腹痛腹泻、疲惫不堪，致使个体逐渐患上各种慢性疾病甚至诱发潜在的心身疾病，比如胃溃疡、癌症。像感冒这样的常见病也会偏爱精神紧张、神情沮丧的人。据调查，心理压力大的人精神上负担较重，或悲观孤僻，或忧郁沮丧，或逃避现实，他们的感冒发病率是正常人的 3 ～ 5 倍。疾病反过来又会导致消极的行为表现和心理方面的种种不适。

2. 心理反应　具体表现为情绪不稳定、对周围环境不满意、疲劳无力感、不安、易激怒、反应过敏。可能会因为心理压力承受能力差而导致产生神经质似的心理障碍，严重者甚至会出现情感淡漠、幻觉、妄想、自杀意念等病态心理表现。

3. 行为反应　消极怠工、工作效率下降、逃避责任、频繁跳槽；生活习惯改变；常与他人发生冲突，人际关系恶化；不良嗜好增多，嗜烟、酗酒、药物滥用；更有甚者表现为自杀、杀人等破坏性的病态行为。

生理、心理、行为方面的压力症状不是独立存在的，而是相互联系、相互影响的。当事情一件接一件到来时，而个体又没有能力及时解决，长此以往就会感觉到没有办法集中精神、疲劳乏力、睡眠不好、烦躁不安，工作学习效率下降。持续的心理压力更可能让个体常感到浑身不适，经常感冒以及无名低热，使个体的躯体功能减弱、生理健康指数下降。

从上述三种负面反应可以总结出：心理压力涉及我们的日常生活，影响我们的内在状态和内心体验，破坏我们的健康水平和生活质量，也威胁我们生命的自我意识和自我保护。因此，当感受到心理压力时，要及时寻找到造成压力的影响因素，要找出原因对症下药，这样才能快速有效地消除心理压力，保持和维护身心健康状态。

二、缓解压力的对策

心理压力是每个大学生都会遭遇到的，适度的压力能使人的情绪处于兴奋而产生动力，使个性潜力良好发挥；但压力过大，问题解决不了则会形成障碍，如果不及时疏导则会酿成疾病，甚至导致严重后果。那么大学生如何减轻过大的心理压力呢？除了找心理医生咨询、疏导和治疗外，大学生自身也应积极地进行自我减压，可以从以下几个方面入手。

（一）面对现实合理规划

对自己的优势和不足有客观评价，真诚接纳自我，给自己以良好的人生定位，扬长避短。对自己所上的大学和未来的工作要培养“既来之，则安之”“干一行，爱一行”的意识。对社会以及他人的期望值不能太高，凡事量力而行，立足现实。在求学期间，要常问自己“来大学干什么？”“我应该在大学学什么？”“今后要成为怎样的人？”等，要及早进行人生规划，以不断适应新的环境。从心理学的角度看，一个人有了明确的人生规划，会使心理指向集中于一处，无形中会转移注意力，削弱心理压力的不利影响。有了明确目标，就有了内在驱动力，容易使人变得积极向上，从而更有利于克服各种心理压力。

（二）学会学习

大学教学体制、学习方法与中学有着明显的不同，自学能力的高低成为影响学业成绩的最重要因素。对于大学生而言，要根据自己的学习能力，合理确定自己的学习目标。制订好学习计划，提高注意力，强化时间观念，循序渐进，充分利用图书馆，这些努力将为自己赢得良好成绩奠定基础。当然，学习计划必须有足够的弹性，里面要预留出参加社团活动、体育运动、社会实践、读书以及休息娱乐的时间。实践表明，有规律、有节奏的生活对保养身心、消除疾病大有益处。此外，大学生应学会记笔记，“好脑子不如烂笔头”这句话对于大学生提纲挈领地掌握繁杂的大学知识有莫大好处。

（三）积极参加社团与社会实践活动

通过参加社团与社会实践活动转移注意力，学会自我宣泄。通过参加学校的集体活动和社会活动培养人际交往、社会协作精神，获得自信心，增加自身人格、道德、成才与发展的心理教育经验。琴棋书画、唱歌跳舞、摄影等活动不仅能丰富大学生的业余生活、陶冶情操，还可以使脑力劳动与体力劳动相互协调，有利于培养健康的认知与交往模式，使之体验到美与进步。孙思邈在《备急千金要方》中曾指出：“弹琴瑟，调心神，和性情，节嗜欲”。可见音乐等美育教育具有调节情绪的功能。另外，健康的校园活动也可以转移学生的注意力。如抑郁时，可积极进行户外活动，如打打球、散散步、找知心朋友谈谈心等。此外，应学会自我宣泄，对一些经常产生的不满、愤怒与痛苦应积极加以宣泄释放，如进行快跑、爬山等较激烈的体育运动，或找知己加以倾诉等，以减轻心理压力，不断优化自身的心理品质，以乐观、坚强的积极态度去面对所遇到的困境，使自身的心态保持平衡。

（四）正确对待情感问题

应树立健康的恋爱观，精心呵护爱情成长，不可游戏感情。面对恋爱中产生的压力，应学会理智地应对。特别是失恋者应及时地树立起自信心，重新规划未来的生活，调整自己的爱情诉求，结合自身的条件，合理的定位自己的爱情目标，走出失恋的心理阴影。

（五）良好的自我暗示及自我激励

在紧张与压力面前，要学会放松。放松神经和肌肉，轻松对自己微笑一下，在内心构想美好的画面，给自己一个良好的自我暗示。例如在遭遇人际关系压力时，你可以想“我为人是正直的，想法是真诚的，是不怕别人说三道四的”；在学习产生压力时，你可以想“没什么大不了的，下次我会努力做得更好”或是“我已经尽心了，没有什么可以埋怨的”；在就业遇到挫折时，要适当调整自己的就业期望，要做好从基层做起的心理准备，另一方面可以想“最起码，我的耐挫能力又得到了提升，这也是我的进步”等；诸如此类的暗示将给心理一个良好的缓冲，减轻心理压力。相反，当取得成绩时，一方面要自己告诫自己保持平常心，另一方面可以通过小小的物质满足等来奖励自己，激励自己更上一层楼。

（六）积极的阅读

大学生通过广泛阅读各类书籍，不断汲取知识，提高自身人文素质，是减轻自己心理压力最好的“良药”。中国传统文化蕴含着对生命意义的思考，如古人所说，“读书可以使人免得失之患”，积极的阅读是提高自身修养最好的途径。有了丰富的知识，受到较高层次的教育，人的修养会进一步得到提高，对问题的看法、事情的处理方式等各个方面都会有全方位的思考和把握。长期的读书还可以完善一个人的性格，正如培根所说：“读诗使人聪慧，读史使人明智，伦理学使人有修养，逻辑修辞使人善辩，数学使人缜密，总之知识可以塑造一个人的性格”。而良好的性格，可以培养一个人的幽默感，让人更好地保持心态的平衡，遇到问题时，能够始终以乐观、坚强、自信的态度应付周围的一切。从心理学角度来说，一个人以一种自信、坚强、乐观的精神面貌面对生活，有助于及时调整心态，走出心理困境。

（七）学会交流

大学生需要朋友，但不能完全依赖朋友，不能对朋友有过高的期望值，保持合适的距离，才能自悦与悦人，才便于真正的交流。有句俗话说，“当你快乐时与朋友分享，快乐就变成两个；当你痛苦时与朋友交流，痛苦就变成半个”。由此可以看出与朋友交流的重要性。心理学研究表明，在友情支持下产生的良好情绪，能够增强人免疫系统的功能。大学生通过朋友之间的聊天或交流，可以调整自己的精神、情感状态，使不良的情绪得以纠正，压力得以宣泄，便于自身找到情感的平衡点，培养积极的生活态度和承受挫折的能力。

（八）寻求社会支持

社会支持（social support）指人们之间建立的亲密的、积极的相互支持关系。这种关系有利于人们的健康。产生这种效果的原因之一，就是家人和朋友的支持会成为一个阻挡压力事件的缓冲器。当你把问题说给他们听之后，压力就被表达出来，这会产生令人难以置信的帮助。如果你认为自己确实出现了心理障碍，可以寻求心理医生、心理咨询专家或你最信赖的人的帮助。请记住：借酒浇愁是不可取的！

（九）把自己的感觉写下来

如果你找不到人听你倾诉压力事件，你可以试着把你的想法和感觉写下来。一些研究发现，那些把自己烦恼时的体验、想法和感觉写下来的人能够更好地适应压力，这类人中较少出现心身疾病，他们的学习成绩也更为出色。

（十）换一个方式想问题

假设你要参加一次考试，但忽然意识到自己没有充分的时间复习准备，此时，你也许会对自己说：“麻烦大了，我完了。”但是，你也可以换一个方式想，比如对自己说：“早些开始复习就好了，但现在干着急无济于事，尽量准备吧，争取最好的结果就是了。”如果用第一种方式想问题，你的身体反应很可能是马上开始出汗、紧张和胃疼；如果采用第二种方式，你的压力水平就会相对降低。

把自己的身体放在一个舒服的位置上，身边没有其他人。重要的是，你一定要把这种场面想象得尽量真实，试着去感觉、品尝、呼吸或倾听，找到真正处于这个场景中的感觉。你可以每天试着想象几次，每次大约 5 分钟。当这些场景对你变得熟悉和具体的时候，就可以达到帮助你减轻焦虑和使你放松的效果。

（十一）矫正无效行为

1．放慢节奏　压力好像会自我繁殖，这是因为人们对压力的仓促反应常常会给自己增加压力。因此，我们需要有意放慢反应的节奏。如果你近年来始终在匆匆忙忙中做事，就更需要注意自己的节奏。你可以对自己说：“关键是我与目标之间的距离有多远，一时的进展速度是次要的。最重要的是达到目标，欲速则不达。”

2．计划　生活没有计划就会产生压力。因此，计划性是克服压力的有效武器。你可以重新审视一下自己面前那些要做的事情，并重新计划一下，排一个先后顺序。你可以问问自己：哪些事是真正重要的？要把精力集中在那些值得做的事情上，学会把那些杂七杂八的琐事撇在一边。更重要的是，每当你感到有压力时，要记住：简单化，越简单越好！

3．维持平衡 在正常的生活中，需要顾及方方面面，包括工作、学习、家庭、朋友、兴趣、爱好、娱乐、邻里和信仰等，无一不重要。严重的心理压力常常是由于你让其中某个因素（如工作或学习）占了过大的比重。其实，当你认为自在“虚度光阴”时，也许正在做着一些非常重要的事情，比如在街上闲逛、在家里休闲、看闲书、玩游戏或打瞌睡，这些都是你自己生活中的事，需要时间去做。我们追求的是生活质量，而不是数量。因此，我们需要尽量在“必要的压力”和“放松”之间保持一种平衡。

（十二）承认自己能力有限

许多人都要求自己达到十全十美的目标，但这并不实际。有史以来，从没有一个人是完美的，不管他们的实际表现如何，那种过高的追求使一些人总感到自己不够好。因此，我们需要为自己设定渐进的、可能达到的目标，要实事求是地为自己设定一天可能完成的工作量，还要学会拒绝接受自己不可能完成的附加任务。

第三节　大学生挫折及其应对

一、挫折产生的原因

（一）客观原因

由客观原因引起的挫折，叫做环境起因的挫折，即外因。环境因素可以分为以下两种：

1．自然环境因素 自然界中的一切事物，都按照自己的固有规律发展变化着。因此，作为每一个在自然环境中生存发展的人，必然会遇到自然因素引起的种种挫折。俗话说：“天有不测风云，人有旦夕祸福。”例如，自然灾害（地震、洪水）以及由于自然因素影响而引起的疾病、事故等，这些都是人们无法克服的客观因素。

2．社会环境因素 大学生生活在社会之中，社会的政治、经济、道德甚至风俗习惯等，都可能是引起挫折的因素。例如，由于各地风俗习惯不同，造成的人际关系紧张；因家庭贫困而难以完成学业；大学生对就读的大学不满意。如一位大学生这样写道：“高中毕业了，我以高出录取分数线的成绩考入 ×× 大学，看到别的不如我的同学去了比我更好的学校，我感到委屈与愤懑。”这些都可能成为挫折的原因。社会环境造成的挫折对于人行为产生的影响，远比自然环境因素造成的影响要大。

（二）挫折产生的主观因素

相当大的部分是由于大学生自身的能力与认识等方面的缺陷引起的，属于主观因素的范畴。

1．生理因素 指个体的身材、外貌等生理方面的原因。由于这样的限制，使自己追求的目标不能达到而造成挫折。

2．心理因素 由于个体心理方面的原因而引起挫折的情况更为复杂。例如，需要的冲突、动机的矛盾、能力和期望之间的差距、人际关系障碍、学习上的不适应、生活上的创伤都是造成挫折的原因。

二、挫折的表现形式

（一）积极的行为反应

一般而言，挫折容易使人陷入痛苦、焦虑、沮丧、愤怒等情绪状态。应对挫折积极的行为反应，可以使心理挫折得到一定缓冲，有助于不良情绪得到缓解，恢复心理平衡，维护自身的身心健康。

1．表同　这是个体在遭遇挫折时自觉地效仿他人的优良品质和获得成功的经验和方法，使自己的思想、目标和行为更加适应环境、社会的要求，从而在主观上增强获得成功的信念和勇气。大学生在学习、生活中常常把一些历史名人、科学家，或者某些明星甚至自己身边的同学，作为自己表同的对象。尤其是那些与自己家境条件、经济状况、社会经历相似或者相近的名人，更是他们表同的对象。大学生从表同对象的人生经历、奋斗或成功过程中获得信心、力量和战胜挫折的勇气。

2．升华　升华指个体因种种原因无法达到原定目标，或者个体的动机和行为不为社会所认可，于是将其转变为符合社会需要的动机，表现出富有建设性、有利于自身发展的较高层次的境界和行为。升华能使原有的动机冲突得到合理宣泄、消除焦虑情绪，弥补因挫折而丧失的自尊和自信，保持心理平衡，减轻挫折造成的痛苦。

3．补偿　在生活中由于主客观条件的限制，使个人的某一个目标无法实现时，行为主体会以新的目标代替原有目标，从而以现实取得的成功体验去弥补原有失败的痛苦，这就是人们受挫的补偿行为反应，所谓“失之东隅，收之桑榆”。

补偿行为有积极和消极之分。如果补偿选择的新目标符合社会规范和人的发展需要，这时的补偿行为是积极的。如果补偿选择的新目标不符合社会规范或者有害于身心，只是为了获得暂时的心理平衡和心理满足，则无益于心理健康发展，有时还会导致自暴自弃，甚至堕落犯罪，危害他人与社会。例如，某些大学生在学习上遇到困难和挫折时，就以学习以外的活动来补偿。提出：人生本是 happy，何必整日 study，找个漂亮的 lady，天天都去 happy。遇到挫折时，应该采取积极的补偿行为，通过其他的途径达到目标，东方不亮西方亮，相信条条大路通罗马。只要目标明确，行动正确，一定会实现自己的理想。

4．幽默　当处境困难或尴尬时，心理比较成熟的大学生，会以幽默来化险为夷，在无伤大雅的情景下巧妙地处理问题，摆脱困境，维护自己的心理平衡。我们在生活和学习中，时常幽默一下，不仅可以缓解紧张情绪，还有利于解除人际关系的僵局，促进人际交往，也有利于自己的身心健康。

林肯是美国历届总统中最富幽默感的人，被人誉为一代幽默大师。有一次在演讲时，有人递给他一张纸条，上面只写了两个字“笨蛋。”他举着这张纸条镇静地说：“本总统收到过许多匿名信，全都是只有正文，不见署名，而刚才那位先生正好相反，他只署上了自己的名字，而忘了写内容。”

德国空军将领乌戴特将军患有谢顶之疾。在一次宴会上，一位年轻的士兵不慎将酒泼洒到了将军头上，顿时全场鸦雀无声，士兵惊骇而立，不知所措。倒是这位将军打破了僵局，他拍着士兵的肩膀说：“兄弟，你以为这种治疗会有作用吗？”全场顿时爆发出笑声。人们心中紧绷的弦松弛下来，而将军的大度和幽默博得了人们的尊敬与爱戴。

（二）消极的行为反应

消极的行为反应在一定时期，一定程度上可能暂时缓解受挫者的紧张心理和消极情绪，但这种行为反应缺乏积极的意义，其后果一方面对大学生自身身心发展不利；另一方面还可能危害他人和社会。所以要避免受挫后采取消极的行为反应。

1．攻击　人们在受挫以后，在非理智情况下把愤怒或者某些消极情绪指向造成其受挫的对象——人或者事物，表现为对他人讥讽、漫骂、殴打甚至伤害，以及损坏物品等行为，这是一种破坏性的行为。例如，1991 年 11 月 1 日，中国留学生卢刚在美国艾奥瓦大学学习期间，由于未获得该大学 D.C. 斯普顿特 1000 美元的论文奖，开枪打死与该论文奖评比有关的 6 人后，开枪自杀。大学里发生的一些打架斗殴、损坏公物等现象，一般都和大学生受挫后的攻击行为有关。攻击行为往往发生在那些缺乏生活经验，比较简单、鲁莽、冲动的学生身上。通过攻击行为虽然可以暂时发泄心中的愤懑与不快，但并不能消除原有的挫折感，还会引起新的挫折，同时危害他人与社会。

2．倒退 倒退行为，指受挫者在受到挫折后，表现出与自己的年龄不相称的诸如幼稚等反常行为，一般称为“装小”。当人们受到挫折以后，如果以成人的行为方式面对，就会产生心理上的焦虑、不安，于是，受挫者放弃已经习得的、成熟的、成人的正常行为方式，而恢复使用早期幼儿幼稚的方式加以应付，从而减轻内心的心理压力。如遇到困难时，像孩子般的号啕大哭，因不愿承认错误而耍赖或喋喋不休，做事没主见，盲目相信他人等。因为大学生在心理上尚未完全成熟，在遇到困难或不开心时，偶尔哭闹一下，显得正常且容易被他人接受。但如果经常使用，或借此来博得他人的同情和关注，以避免面对现实，则是一种不健康的心态。

3．固执 一些大学生受到挫折后，往往不分析失败的原因，反而盲目地重复导致其受挫的无效行为，这就是固执的行为反应。认准了准确的道路奋力前行，不达成目标不松懈是执着；一意孤行，沿着错误的方向不撞南墙不回头，是为固执。

4．反向 一般来说，个人的行为方向和他的动机方向是一致的，即动机发动行为促使行为向满足动机的方向前进。但是，有些大学生受挫后，采取一种与原意相反的态度或行为，其目的在于避免或减轻自尊心受损。这种把自己一些不符合社会规范、不被允许的愿望和行为，以一种相反的态度和行为表现出来，以掩盖自己的本意，避免或减轻心理压力的行为反应，称为反向。例如，自卑者有时会表现的反常自负；有的大学生对某异性非常倾慕，由于害怕遭到拒绝而装出一副不屑一顾的样子。长期运用反向行为会从根本上扭曲自我意识，使动机与行为脱节，造成心理失常。

5．压抑 压抑指个体把自己意识不能接受的观念、欲望、冲动、情感和痛苦经验，压抑到潜意识中，使之不能进入意识而被遗忘，从而避免痛苦。压抑是行为主体的一种“主动遗忘”，那些被压抑的东西并没有消失，它在日常生活中往往不知不觉影响人们日常心理和行为，并且一旦出现相近的场景，被压抑的东西就会冒出来，对个体造成更大的威胁和伤害。它不仅影响个体的正常活动，而且会引起心理异常和心理疾病。

6．文饰 即文过饰非的行为反应。当个体达不到追求的目标时，为避免或减轻因挫折而产生的焦虑和维护自尊，总是要在外部寻找某种理由或托辞对自己的行为给予某种合理的解释。文饰的行为表现有两种形式。一是“酸葡萄”反应行为。吃不到葡萄说葡萄酸。这种反应是一种借着减少或否定他难以达到的目标，而夸大目标的缺点来维持心理平衡的一种手段。二是“甜柠檬”行为反应。伊索寓言中的故事，有只狐狸原想找一些可口的食物，但遍寻不着，只找到一只酸柠檬，这实在是一种不得已而为之的事，但它却说：“柠檬味甜，正我所欲也。”甜柠檬反应是夸大既得利益的好处，缩小或者否定它的不足之处。文饰起着自我欺骗和自我麻痹的作用，影响了实事求是地面对现实和做出积极的改变。长期使用，会使自己不去认真吸取教训，放弃对自我的认识和改造，以至于降低积极适应环境的能力。

7．投射 投射又称推诿，是受挫者把自己内心不被允许的愿望、冲动、思想观念、态度和行为，转嫁于他人或其他事物上，以摆脱自己内心的紧张心理，从而保护自己，并为自己的行为辩护。例如，上学迟到了，老师批评，这样回答老师：“我们的班长还在后面！”以此减轻内心的紧张和压力。

8．轻生 轻生是受挫者受挫以后表现出的一种极端消极的行为反应。在现实中，由于受挫者反复受挫，周围缺乏帮助，又找不到摆脱挫折的方法和途径，受挫后失去理智，而采取以自杀方式消除内心紧张。某些大学生无法适应大学的学习生活，在无助之中选择了轻生这种不该选择的消除内心紧张的方式。轻生给家庭带来无尽的灾难，给父母带来五雷轰顶的打击，给学校带来严重的负面影响。

三、挫折的应对

既然挫折是不可避免的，那么就有必要学会如何应对挫折，提高挫折承受力。

（一）正确认识挫折

要提高承受挫折的能力，首先要正确认识挫折，建立一个正确的挫折观。在现实生活中，考试不理想、人际关系困难、生活不适应等挫折几乎每个人都曾遇到过。挫折对任何人来说都是不可避免的，任何人都有可能遇到挫折，俗话说："家家都有难唱曲。"有的人总认为生活中的挫折、困境、失败都是消极、可怕的，受挫后往往悲观抑郁，甚至丧失了生活的勇气。事实上，挫折并不都是坏事，处理得好的话，它也可以成为自强不息、奋起拼搏、争取成功的动力和精神催化剂。生活中许多优秀人物就是在挫折磨炼中成熟，在困境中崛起。相反，过于一帆风顺的生活反而会使人耽于安逸、丧失斗志，在挑战到来时措手不及。因此可以说，挫折也是一种机会。只要能坦然面对挫折，树立战胜挫折的勇气和信心，就可以适应任何变化中的环境。

（二）积极应对挫折

在正确认识挫折的基础上，大学生要采取科学、理智、积极的方式应对挫折。遭受挫折时，要避免愤怒、生气和自暴自弃。有很多时候，是愤怒导致了情绪失控，最终酿成悲剧。

（三）提高挫折承受力

首先，大学生应该具有挫折心理准备。生活不会总是一帆风顺的，要有挫折心理准备。将挫折的出现视为正常的大学生，比对挫折毫无准备的大学生更能接受挫折和正确应对挫折。

其次，保持适当的自我期望水平。个人的期望水平应该符合自己的实际情况，如果期望过高，脱离自己的实际情况，在现实生活中肯定会碰壁，使自己总是处于失败折磨中，不仅有损自尊，还可能因为严重的情绪冲突而有碍于身心健康。然而，期望也不能过低，这样只能泯灭自己的斗志，使自己陷入饱食终日的无聊之中。

（四）改变不合理观念

心理学研究表明，引起强烈挫折感的与其说是挫折、冲突，不如说是受挫者对所受挫折的看法，以及所采取的态度。常见的不合理观念有以下几种。

1. 此事不该发生　有些人把生活中的不顺利，学习、交往中的挫折、失败看作不应该发生的。他们认为，生活应该是愉快的、丰富的，人际关系应该是和谐的、互助的。一旦生活中出现诸如人际冲突、成绩滑坡、好友负心、评不上优秀等事件，就认为它不应该发生，而变得烦躁易怒、束手无策、痛苦不堪、失去信心。

2. 以偏概全　有些人常常以片面的思维方式看待事物，简单地以个别事件来断言全部生活，一叶障目不见泰山。例如，有人对自己不友好，就得出结论说自己人缘不好或缺乏交往能力；一次考试不如意，就认为自己彻底失败，不是读书的材料；一次失恋就认为自己对异性没有吸引力等，从而导致自责自怨、自卑自弃的心理而焦虑、抑郁。以偏概全不仅表现在对自己的认识上，也表现在对他人、对社会的认识中。例如，因一事有错而对他人全盘否定；因社会有缺陷，存在阴暗面，就看不到光明，而彻底丧失信心。

3. 无限夸大后果　有些人遇到的是一些小挫折，却把后果想象得非常糟糕、可怕。夸大后果的结果是使人越想越消沉，情绪越来越恶劣，最后难以自拔。例如，一门功课考试不及格，就认为自己能力不行，学不下去，毕不了业，找不到工作，人生没前途，生命没价值。这实际上是一种自己吓唬自己，给自己施加压力的做法。只有改变不良的认知方式、纠正错误的观念，才能实事求是地评价挫折带来的后果，从困难中看到希望。

（五）加强修养，勇于实践

为了提高挫折承受力，就应该主动地、自觉地将自己置身于充满矛盾的、复杂的社会环境中去磨炼，向生活学习，而不是逃避社会。同时，必须提高自身的思想修养、道德修养、知识素养，养成冷静思考的习惯，经常自我分析，自我反省，自我激励，积极主动的适应，勇敢顽强的拼搏，反复不懈的磨炼。通过如此努力，使自己的个性更趋成熟，增强承受挫折、化解冲突的能力，促进心理朝着阳光健康、积极向上的方向发展。

（六）优化自身人格品质

挫折承受力与人格特征有关。以下几种人格类型的人常常容易引起挫折感。

1．性情急躁的人 情绪变化大，易动怒，火爆脾气，一点就着，常常因为一点芝麻绿豆的事而引起挫折感。

2．心胸狭窄的人 气量小、好猜疑，喜欢斤斤计较，容易体验消极的情感。

3．意志薄弱的人 做事缺乏耐力和持久性，患得患失，害怕困难，只看眼前利益，经不起打击和挫折。

4．自我偏颇的人 缺乏自知之明，或者自高自大、目空一切，或者自卑自贱、畏首畏尾。

为了提高挫折承受能力，每个人都应主动地培养自己良好的人格品质，改变那些不适应发展的不良人格特质。应培养自信乐观、自强不息、理解包容、宽容豁达等品质。自信才能乐观，乐观才能自信，两者相辅相成。当遇到挫折、困境时，如果相信自己一定能取胜，那就会积极去改变现实，克服困难，战胜挫折，这是自信的作用。乐观者在面临挫折、困境时，不会被眼前的困难吓倒，而是能够透过表面的不利看到蕴藏在背后的希望，相信明天是美好的，从而信心十足地去战胜困难。

自强不息是良好的意志品质，是一切成功者的共同特征。通向成功的道路从来就不是平坦的，常常会出现挫折、逆境，只有坚强不屈、顽强拼搏，才能实现人生的目标。而那些一遇挫折就怨天尤人者只能半途而废，永远不可能体验到成功。

宽容豁达的人，对挫折不是被动适应，一味忍耐，而是面向未来，积极进取，勇于创造新生活。

因此，提高承受挫折的能力应从培养良好的人格品质入手，从细微小事中严格要求自己，努力在实践中磨砺，使自己的心理得到充分、有效的发展，心理达到高水平的健康状态。

希望大学生在生活中慢慢习惯于经常使用如下三句话：

1．“算了！” 指对于一个无法改变的事实的最好办法就是接受这个事实。

2．“不要紧！” 不管发生什么事情，哪怕是天大的事情，也要对自己说：“不要紧！”记住，积极乐观的态度是解决任何问题和战胜任何困难的第一步。

3．“会过去的！” 不管雨下得多么大，连续下了多少天也不停，你都要对天会放晴充满信心，因为天不会总是阴的。自然界是这样，生活也是如此。

四、如何更有效地解决心理冲突

前面对克服挫折感提出的大部分方法也适用于对付心理冲突，当你面临冲突时，或必须做出一个艰难的决定时，要切记以下几点：

1．不要仓促做出重要决定，要花时间收集信息，权衡利弊。匆忙的决定常常使人后悔。

2．在可能的情况下，执行某种决定之前要先做一下尝试。比如，如果你决定把家搬到另一个城镇，不妨先到那里试住几天；如果你想选修一门课程，不妨先旁听几节课再做决定；如果你想学习潜水，不妨先租用设备练习一段时间，之后再决定是否自己购买设备。

3．寻求可行的折中方案，但在此之前，最重要的是要尽可能获得所有的信息。如果你只有一两个选择，并且都不是你所愿意接受的，你应向你的老师、心理咨询专家或有关社会服务机构求助。可能还有更好的选择，你自己没有看到，但别人却可能知道。

4．如果还是找不到理想的解决方案，那么一旦做出决定，就不再后悔。在心理冲突中总是犹豫不决，只会让你付出更高的代价。有时，你只能不得已而求其次，但做出选择后就应坚持下去，在没有发现明显的错误以前不要再改变。

在学习了以上内容后，你可以与同学和朋友一道，交流自己体验过的挫折与冲突，以及你们是如何处理的。你们也许有一些处理得特别好的经验，或有一些没能够处理好的教训，大家分享这些经验和教训，一定能够得到更多的启发。

【自我心理训练】

大学生心理压力的控制技术

一、肌体反应控制技术

许多情况下，面对压力，人的肌体就会产生紧张反应。为了控制这种反应，我们需要学会一些有效的、不使用药物的放松技术。

1．体育运动　例如，游泳、打篮球、跳绳、瑜伽或其他各种体育运动。

2．静思　静思可以有不同形式，包括听音乐、自己演奏乐器或静心去做自己爱好的事情。

3．逐步放松　这是一种系统的、全面的和有选择的放松技术，基本方法是让你身体某一部分（如胳膊）的肌肉先绷紧，然后再有意地使它放松。

二、引导想象

你可以为自己选择几个你觉得安全、宁静和惬意的场景（海滨、湖泊、树林等），想象自己真的置身于这些环境中可以使你放松。要达到这样的视觉效果，首先要把自己的身体放在一个舒服的位置上，身边没有其他人，想象得尽量真实，试着去感觉、品尝、呼吸或倾听，找到真正处于这个场景中的感觉。每天想几次，每次大约 5 分钟，当这些场景对你变得熟悉和具体的时候，就可以达到帮助你减轻焦虑和使你放松的效果。

【案例分析】

案例回放：

来访者，女，2010 级学生。自述看不进书，坐在教室里总是东想西想，精神不能集中，对自己的行为很不满意，很烦，非常担心自己就一直这样下去。近来尝试着改变自己，但不知从何做起，效果也不好。心情越来越坏，对任何事情都提不起兴趣。吃饭经常没有胃口，去医院检查过，医生说没什么问题。当想到毕业后找工作的事情，有点茫然。对自己的期望比较高，大学毕业后唯一的目标就是考研究生。父母均为刚下岗的工人，家庭经济收入锐减，生活水平大幅度降低，尤其是为了供给来访者昂贵的读书费用，父母亲平时总是省吃俭用，生活十分拮据。父母把未来的希望全寄托在来访者身上，对来访者期望值很高。同时父母对来访者的要求非常严格，有时严厉到伤害来访者的自尊。来访者压力很大，平时不愿回家，心里总有一个疙瘩。来访者自认为性格趋于内向。

案例分析：

来访者的心理问题显然也是由压力造成的。首先，家庭变故是来访者的主要压力来源；根据西方有关家庭应激（压力）的理论，家庭薄弱性与事件威胁性是与家庭应激相关的两个主要因素，家庭应激增加了家庭成员的易受伤害性。家庭成员感受到的压力取决于她对变化含义的个体意识，同时也将依赖于个体能够影响（帮助）改变应激源事件过程的程度或其能减少改变冲击的程度。在本案例中，来访者父母双双下岗，家庭经济收入骤减，而且还必须供养来访者上大学，可见家庭应激（压力）是非常大的。来访者作为一名学生，对事件的冲击无能为力，只能消极地承受威胁。其次，持续的家庭压力，直接影响了来访者在日常生活和学习中的行为方式，甚至影响到来访者的某种生理功能。例如吃饭时没有胃口，很有可能是该事件使来访者联想到了父母省吃俭用的情景；父母稍微言语过重，来访者便觉得很受伤害；在学习过程中，一旦想起父母和家庭状况，便心烦意乱，再也看不进书了。再次，来访者采取的应对方式是摇摆于积极和消极二者之间的。一方面，来访者确立了考研究生的目标，希望通过自己的努力，在将来能够提高自己应对家庭危机的能力，这是积极的应对；另一方面，来访者由于害怕面对来自家庭的压力，在受到父母批评后，不敢回家，也不想回家，以图回避来自家庭的压力，这又是消极的应对。

（周郁秋）

第12章 大学生常见的心理障碍

【哲人的忠告】

这世界除了心理上的失败，实际上并不存在什么失败。只要不是一败涂地，你一定会取得胜利的。

——亨·奥斯汀

由于心理障碍具有发展缓慢、容易复发、迁延难愈等特征，因此，心理障碍重在预防，早期发现、早期诊断、早期治疗尤为重要。大学生应该像珍视身体健康一样，对自己的心理健康状况保持警觉，及时发现心态的变化，及时求助，力图防患于未然，把心理障碍消灭在萌芽状态，以健康、饱满、积极、乐观的心态度过美好的大学时代。

第一节　大学生心理障碍概述

一、心理健康水平的划分和心理障碍的概念

（一）心理健康水平的划分

对于心理健康水平的界定，目前学术界没有统一的标准。精神医学通常把心理健康水平分为两类，即正常心理和不正常心理，其中不正常心理主要指各类心理障碍。正常心理状态又可分为“健康”和“不健康”，即它们虽然都在“正常”范围内，但是程度不一样。心理健康是一种心理形式协调、内容与现实一致和人格相对稳定的状态。而心理不健康是指人们平常所说的“心理问题”。因此，心理问题并不是心理障碍。总的来说，我们可以将人的心理活动分为“心理健康”“心理不健康（心理问题）”和“心理异常（心理障碍）”三类（图 12-1）。

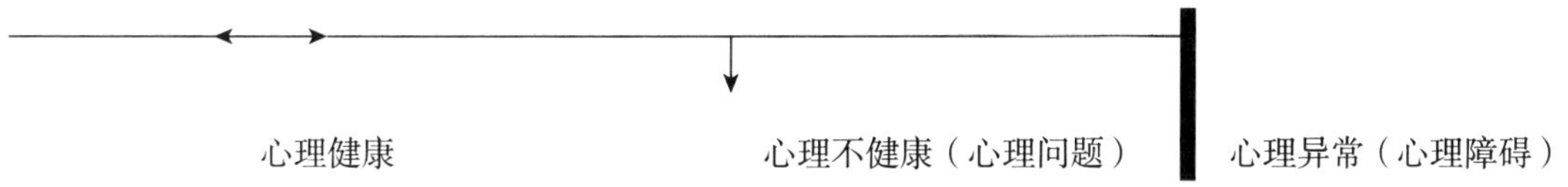

图 12-1　心理健康水平的划分

（二）心理障碍的概念

心理障碍（psychological disorder），指一个人由于生理、心理或社会原因而导致的各种心理异常。广义上将所有心理异常或行为异常统称为“心理障碍”。狭义的“心理障碍”是指心理状态的变异或心理能量的丧失以及心理能力的下降。

据资料显示，目前全世界共有约 4.5 亿各类精神和脑部疾病患者，每 4 个人中就有 1 人在其一生中的某个时段产生某种精神障碍。而我国各类精神病的患病率已达 13.47‰，共有

精神病患者1600万。心理障碍是当今大学生身心健康的最大威胁。调查显示，大学生的抑郁、焦虑、强迫、人际关系和适应不良、人格障碍和精神病等问题或心理障碍的发生率在16% ~ 30%。

二、大学生心理障碍产生的原因分析

精神医学和心理学对于心理障碍产生原因的探讨，往往从生物学因素、心理学因素和社会文化因素等多方面、多维度去思考。大学生心理障碍的形成，则需要从个人、家庭、学校和社会几个方面来探究。

（一）个人因素

1. 个体生理因素 影响大学生心理健康的生理因素主要有两种：一是躯体疾病，通常一个身体健康状态良好的人能正确地感觉和应付周围环境中人和事的刺激，而体弱多病的人往往情绪低沉、敏感多疑，容易歪曲或误解信息刺激所反映的事实，行为控制能力也减弱，更易导致心理障碍；二是遗传因素的影响，人的高级神经活动类型主要受制于神经组织特点，与先天因素关系密切。神经活动类型属于弱而不均衡型的人往往容易受到刺激而产生心理失衡。

2. 个体心理因素 大学生正处于“心理断乳”阶段，生理发育已基本趋于成熟，但部分大学生心理发展却落后于生理的发育。他们正处在迅速走向成熟而又未真正完全成熟的阶段，心理发展不平衡，所以往往造成各种各样的内心矛盾。如独立性与依赖性交织、情绪与理智同在、理想与现实脱节等，这种不稳定的心理状态很容易受各种外界因素的干扰和影响，并由此导致其心理偏差和行为怪癖。另一方面，很多大学生在中学阶段出类拔萃，在一片赞誉声中走进大学校门，但许多人意志力十分脆弱，心理承受能力较差，在高手如林、竞争激烈的大学里，一旦遇到学习、生活上的困难、挫折，则容易产生失落、自卑、抑郁等心理问题。

（二）家庭因素

1. 家庭氛围的影响 人们的世界观、价值观、人生观的形成是以其幼年时期的思想、观念为基础的。少儿时期，父母的认知不统一、观念行为不一致，往往会使子女产生心理困惑。事实证明，父母感情和谐、兄弟姐妹相亲相爱的家庭氛围，往往使个体形成谦虚、礼貌、随和、诚恳、乐观、大方等良好的人格特征。反之，家庭成员之间如果经常吵闹打骂，则易使个体形成粗暴、蛮横、孤僻、冷漠等不良的人格特征。有的大学生父母婚姻不幸也会给他们造成心理上的阴影。

2. 家庭教育方式的影响 许多研究表明：父母的教养方式影响孩子的心理发展和心理健康状况。部分家长对子女溺爱、包办过多，但对他们的考试成绩、升学、成才期望又过高。这样一方面使他们养成了任性、依赖、骄横的心理，适应生活能力差、社会交际能力弱；另一方面，又使他们面对父母“望子成龙”的目光容易产生恐慌、焦虑、内疚的心理，唯恐考试成绩不好、不能升学、不能成才而愧对父母。

（三）社会文化环境因素

中国的改革开放给当代大学生带来的最重要的影响之一就是价值观念的变迁。传统的文化价值观不断地与西方传入的现代价值观相碰撞，发生着冲突。大学生一方面接受传统的价值观念，另一方面还要对新的价值体系进行整合。由于大学生处于自我意识尚未完全成熟，价值选择和判断仍缺乏稳定的发展阶段，因而在处理价值冲突问题上就容易困惑，从而产生较多的适应障碍。此外，文化移入也是大学生心理障碍的外部原因之一。文化移入让大学生的价值体系重新认知和整合。西方的享乐主义和个人主义被接纳和吸收，却与当代文化主流形成了矛盾。随着改革开放的进一步深化，影响大学生心理平衡的因素不断增多，如毕业分配的市场化，就业市场不景气等，也给大部分大学生心理上带来了不小的压力。

（四）学校培养因素

长期以来，教育在相当程度上仅仅被看作培养为经济建设服务的工具，却忽视了造就全面发展的有理想、有道德、有文化、有纪律的青年人，进而提高整个民族素质这一根本任务。这种教育模式对培养大学生的专业知识、专业技能发挥了重要作用，但在这种教育体制下，大学生的全面发展、心理道德素质培养提高则常常被忽视、冷落，培养出来的大学生往往专业知识扎实而个性心理却不太健康，意志品质脆弱。

三、心理障碍的判断标准

明确正常和异常的指标对于理解心理和行为异常的发生、发展、变化的过程极为重要。首先，心理活动的正常和异常之间的差别是相对的，很难找到一条截然的分界线。其次，心理异常表现受许多因素的影响，包括客观环境条件、大脑神经活动过程、主观经验、当时的心理状态以及不同的社会文化背景、时代变迁的影响等。因此，想找出一个统一的、被大家公认的判别标准很难。但这并不代表我们就无法认识把握或找不到任何原则和方法来确定心理异常现象。

心理症状的判断必须将当事人的过去、现在进行比较，并结合其处境、症状频度、持续时间、严重程度进行综合评估。判断某个精神活动是否为正常时，必须进行对比分析：①纵向对比，即与其过去的一贯表现相比较，精神状态的改变是否明显；②横向对比，即与周围大多数正常人的精神状态相比较，差别是否明显，持续时间是否超出了一般限度；③具体情况具体分析，即要结合当事人的心理背景和当时的处境具体分析和判断。下面介绍两种判断心理和行为异常的标准。

（一）标准化区分正常与异常心理状态

标准化区分正常与异常个体的心理状态，包括个人经验标准、统计学标准、社会适应标准和以客观检查结果为标准四个方面。

1．个人经验标准　有心理问题者自身的生活与内省经验是我们判断其心理健康状况的一个重要依据，如神经症患者常有自觉焦虑、抑郁等许多情绪障碍的体验，对疾病有自知力，求治心切等，根据其主观经验可以对精神病、神经症和一般的心理障碍做出初步的鉴别。人们把自己对于正常心理的体验和经验作为出发点或参照点，来判别各种心理活动是属正常还是异常，这是以个人经验为标准的方法。精神医学工作者在这方面具有比一般人更丰富和精确的个人经验，在其临床工作过程中经常采用这一指标。

2．统计学标准　有许多心理异常现象在常人身上也会或多或少有所表现，但不如精神病患者身上那样特别明显。因为正常的、健康的心理活动总是和大多数人的心理是一致的，所以，判别一个人的心理是否正常，最明显的标志就是拿他的心理活动与大多数人进行比较和对照，看一看在某种情况下是否一致。

如果把极少数异常情况和大多数正常情况进行统计学处理，其统计分布呈正态曲线，符合正态分布，即大多数人是居中的，接近平均数，只有较少数人是偏于两个极端的。次数分布居中者，即接近于平均数为常态，居于两端者为变态。例如，人的精神运动性活动水平是会有差别的，一切常人都同时具有精神运动性兴奋和精神运动性抑制这两个相反的状态。某些人兴奋较为占优势，所以表现活跃、好动、爱说、与人交往频繁等；而另一些人则抑制占优势，所以表现安静、沉默、话少、与人交往也少等。这些都是正常的。但如果一个人的精神运动兴奋表现超出了一定的范围，如见人就打招呼，不管是生人或熟人都要跟人家来往，整天说个没完，做这做那，一刻不停；或者相反，精神运动性抑制超出了一定的范围，整天缄默不语，只是向隅而坐或独自卧床，不与任何人交往，什么事也不想干等。这两种“超常”的表现就应考虑是异常的了。

3．社会适应标准 人是社会的动物，每一个人都不能离开他生活的社会集体。群体生活和人际交往是人类“天性”的表现。而且，人都只能在特定的社会环境中生活。在正常情况下，每一个人都能通过家庭、学校和社会的教育与培养，通过自己的生活实践把社会的客观需要和要求经过社会内化作用而变为自身内在的、主观的需求。因此，人与社会是一个统一的整体，本质上是可以协调一致的，即能够按照其具体的社会生活环境要求来适应它、改造它，而不会发生问题。如果一个人内在的价值观念体系、伦理道德标准以及外在的行为表现与社会环境的客观要求格格不入，甚至相互抵触，那就不可能协调一致。在这种情况下，他就不能很好地和他人进行沟通和交往，不能为别人所理解，自己也不能理解别人，不能为集体和他人所接纳，成为集体中一个不受信任、不受欢迎的“多余者”，不能正确认识和处理各种人际关系，这就应该考虑其心理和行为是否属于异常。

不过，人的社会适应性及其评价指标往往受到不同社会文化背景和不同社会历史条件的影响，因而这样的判别指标也不是绝对的。例如，我国历史上在民国以前，女人的裹脚称为“三寸金莲”，被认为是美的表现。但如果今天还有女人裹脚，那就是异常行为了。

4．以客观检查结果为标准 客观检查指标要求能够数量化，并且要能够重复。因而，这个指标比较客观、可靠。它主要包括以下两方面的内容。人脑是心理的器官，大脑的生理功能和组织结构有损害必然会造成心理活动的异常。许多因素，如物理损伤、感染、中毒、遗传、代谢和内分泌紊乱等都能使大脑的生理功能或组织结构受到损害。这时各种物理、化学检查以及心理生理测定等有重要意义。如果检查结果确实存在某方面的“超标”，同时又发现有相应的心理异常表现，即使是轻微的表现，通过病因与其相应心理异常症状存在的一致性，就可确定其心理异常的存在。

各种心理测验工具或实验仪器确实能给人们提供比较客观的数据，且作为一种规范的方法也容易为大家所掌握，可以大大减少不同研究者的差异度。心理测验和实验的指标在某些心理活动方面已显示了它的使用价值，提供了一些为大家能接受、都能使用的测查方法。例如，在判断人的记忆能力是否有异常方面，可用各种记忆测验量表或仪器；在判定人的智力正常与否方面，可用各种智力测验工具；在判定一个人的人格是否属于常态方面，可用各种人格测查表；等等。

（二）心理学标准区分正常与异常心理状态

区分心理的正常与异常，可以根据心理学对心理活动的定义，即“心理是脑对客观事物的主观反映”，提出如下三条原则，作为确定心理正常与异常的依据。

1．主观世界与客观世界的统一性原则 因为心理是客观现实的反映，所以任何正常心理活动或行为，在形式和内容上必须与客观环境保持一致。我们称它为同一性或统一性标准。人的精神或行为只要与外界环境失去统一，必然不能被人理解。例如，一个人听到不存在的声音，看到不存在的事物，就是主观世界与客观世界的不统一，因为他听到了客观世界不存在的声音和看到了客观世界不存在的事物。若要以客观现实来检验自己的感知和观念，必须以认知与客观现实的一致性为前提。

2．心理活动的内在协调性原则 个体的精神活动主要包括知、情、意三个部分，它自身是一个完整的统一体。各种心理过程之间具有协调一致的关系，这种协调一致性，保证人在反映客观世界过程中的高度准确和有效。

如果一个人遇到一件令人愉快的事，会产生愉快的情绪，手舞足蹈，欢快地向别人述说自己内心的体验。这样就可以认为他有正常的精神与行为。如果不是这样，用低沉的语调，向别人述说令人愉快的事；或者对痛苦的事做出快乐的反应，则表明他的心理过程失去了协调一致性，称为异常状态。

3. 人格的相对稳定性原则 在长期的生活道路上，每个人都会形成自己独特的人格心理特征。这种人格心理特征一旦形成，便有相对的稳定性；在没有重大外界变革的情况下，一般是不易改变的。

如果在没有明显外部原因的情况下，一个人的人格相对稳定性出现问题，需要怀疑这个人的心理活动是否出现了异常。如一个用钱很仔细的人，突然挥金如土；或者一个待人接物很热情的人，突然变得很冷漠。如果我们在他的生活环境中找不到足以促使他发生改变的原因，那么，我们就可以说，他的精神活动已经偏离了正常轨道。

典型案例

一位内向而又追求完美、好胜心很强的大学生，因刚刚失恋导致近期心情不好，并因此影响睡眠和学习效率，自认为这样下去是“没出息”的表现，请求心理咨询师帮助自己早日摆脱不良情绪的困扰。

请思考：用上面谈到的心理学的判断标准来分析，这位大学生的心理状况是正常还是异常呢？

解析：这位大学生是在客观存在的事件刺激下导致的主观上的情绪紊乱。因为情绪是一切心理活动的背景，所以该大学生所表现的学习效率下降是可以理解的，表现了心理活动的协调一致，其表现也符合内向、追求完美、好胜心强的个性特点。其本人对症状及其产生的因果关系有很好的自知和理解，并主动求治。因此，该求助者的情绪变化是主导性症状，按“三原则”判断应属于正常人的心理活动变化。

专栏 12-1

精神科医生的尴尬

心理学家大卫·罗森汉曾经做过这样一个研究：他让一些正常人，包括他自己去十二家不同的精神病院，看医院的工作人员是否会把眼前的正常人从不正常人中辨别出来。

为得到进入精神病院的许可，罗森汉和他的合作者们（儿科医生、精神病学家、画家、家庭主妇、心理学研究生各一名，其余都是心理学家）的自诉都相同：他们总听到一些声音。他们诉述这些声音不怎么明确，但似乎是“空”“空”“砰”的声音。除了这些声音，所有假患者都如实讲述自己过去和现在的情况（只是没有说出真实姓名和职业）。

经过医生们的“认真检查”，几乎所有假患者都被诊断为精神分裂症，并都被允许住院。一住进医院，他们就完全正常地生活，并终止一切假装出来的变态行为。按理，正常人应该很容易被从不正常的人中识别出来。实际上，假患者最初还担心他们的骗局会立即被揭穿。但是，入院后不久，他们的担心变成了指望出院，因此他们努力表现出正常行为的动机很强，同医院工作人员也极为合作……遗憾的是，他们最终没有被发现！某些人在医院竟然呆了 52 天之久，而只是由于医院以外有人干预他们才得以出院。医院工作人员并没有认识到他们做了错误的诊断。所有假患者出院时都有一个“精神分裂症缓解”的诊断，其意思是他们仍然是不正常的，但他们的症状暂时减轻了。

专栏 12-1（续）

罗森汉还做了另外一个研究，来考察已料到会碰到假患者的医院工作人员是否能将心智健全者从心智不健全的人中区分出来。被研究医院的工作人员已经知道罗森汉第一个研究的结果，并且不相信这种错误会在自己的医院里发生。罗森汉告诉这些工作人员，在以后的3个月中，会有一个或几个假患者在某个时间来医院试着争取住院。在3个月的时间里，被接受住院的人共有193人。这些人当中，41名被判断为是假患者的可能性很大。然而，十分遗憾，这3个月里，罗森汉没有派任何假患者去这家精神病院。

第二节　大学生常见的心理障碍及其防治

这一节主要介绍大学生常见的五种心理障碍（即抑郁症、神经症、躯体形式障碍、精神分裂症、人格障碍）的主要特点及其防治原则。

一、常见心理障碍

（一）抑郁症

典型案例

李某，女，大二学生。李某自述近一个多月来情绪低落，心情苦闷，觉得自己的思维很迟钝，记忆力下降十分明显，经常忘掉一些近来发生的事情。她经常思考自己活着的意义，发现自己的存在没有任何价值，没有给周围的世界带来任何积极的东西，只给周围的人带来了痛苦，进而想结束自己的生命。她总是思考如果自己死了，家里人会怎样想，周围的同学会怎么看，自己生命的结束会给这个世界带来什么样的后果。近来李某这种想法越来越频繁和严重，每周会想两三次，有时要思考半个小时以上。她觉得自己很没用，想想过去，一事无成；想到将来，又没有任何目标和方向，不知道自己在这个世界上还有什么事情可干。李某对任何事都没有兴趣，也不愿跟别人交往，觉得跟别人没有什么话说，就想一个人独处，而且上课经常睡觉，晚自习也不能坚持学习。

上面这个案例主要的表现是情绪低落、思维迟缓、意志行为减退，而且有自杀意念，是比较典型的抑郁症的症状，下面介绍关于抑郁症的定义及其临床表现。

1．抑郁症的概念　抑郁症（depressive disorder）是一种常见的情绪障碍，以情感或心境显著而持久的低落为主要临床特征，伴有相应的思维与行为的改变。抑郁状态的主要特点是抑郁心境、思维迟缓、言语动作减少。

2．抑郁症的临床表现

（1）情绪低落：这是抑郁症最核心的症状，抑郁心境程度不同，可从轻度心境不佳到忧伤、悲观、绝望，患者感到心情沉重，高兴不起来，郁郁寡欢，度日如年，痛苦难熬，不能自拔。有些患者也可出现焦虑、易激惹、紧张不安。

（2）思维迟缓：患者表现为思维联想速度减慢，语量少，语速慢，注意困难、记忆减退、反应迟钝、思路闭塞，经常主诉“脑子变空了”“很多事情想不起来了”。

（3）意志行为减退：患者感到疲乏无力，甚至对洗漱、穿衣等生活小事都感到困难，力不从心。抑郁的大学生常表现“不愿去上课”“不愿说话”“不愿做事”“不愿参加社交活动”等行为。

（4）兴趣减退、体验不到愉快感：患者既往对生活、工作的热忱和乐趣减退，甚至对任何事都兴趣索然，常闭门独居，疏远亲友，回避社交。患者常主诉“没有感情了”“情感麻木了”“高兴不起来了”。

（5）自我评价过低：患者往往过分贬低自己的能力、才智，以批判、消极和否定的态度看待自己的现在、过去和将来，这也不行，那也不对，把自己说得一无是处，前途一片黑暗。强烈的自责、内疚、无用感、无价值感、无助感，严重时可出现自罪、疑病观念。

（6）消极悲观：内心十分痛苦、悲观、绝望，感到生活是负担，不值得留恋，以死求解脱，可产生强烈的自杀观念和行为。据统计，因抑郁所致自杀占所有自杀的 1/2 ～ 2/3，长期追踪抑郁症患者自杀身亡者为 15% ～ 25%。

（7）躯体或生物学症状：抑郁症患者常有食欲减退、体重减轻、睡眠障碍、性功能低下和心境昼夜波动等生物学症状，常见但并非每例都出现。典型的睡眠障碍是早醒，比平时早 2 ～ 3 个小时，醒后不复入睡；患者心境有“昼重夜轻”的变化，清晨或上午陷入心境低潮，下午或傍晚逐渐好转。

3．抑郁情绪与抑郁症的区别　很多大学生看到上面关于抑郁症表现的文字，往往对号入座，觉得自己好像符合上面说的很多症状，于是怀疑自己是否也有抑郁症。其实，抑郁情绪是人们一种非常普遍的情绪，几乎所有人都曾有抑郁情绪的体验，如某一段时间经常闷闷不乐、唉声叹气等。因此，学会区分抑郁症与抑郁情绪是必要的，因为两者的处理方式差异很大。

（1）促发因素不同：正常的抑郁情绪一般是应激性的。正常人的抑郁情绪一般基于一定的客观原因，如某一大学生失恋后出现明显的抑郁情绪，在失恋之前情绪很稳定；而抑郁症则是病理性情绪抑郁，通常缺乏客观精神应激的条件，或者虽有不良因素，但是“小题大做”，不足以真正解释病理性抑郁征象。抑郁症患者的家族中常有精神病史或类似的情感障碍发作史。

（2）持续时间不同：一般人情绪变化有一定的时限性，通常是短期的，人们通过自我调适，充分发挥自我心理防卫功能，能恢复心理平稳。如上面谈到失恋的大学生产生的抑郁情绪，随着时间的流逝以及他把精力投入到学习和其他社会活动中，2 周左右抑郁情绪越来越淡化；而抑郁症患者的抑郁症状常持续存在，甚至不经治疗难以自行缓解，症状还会逐渐恶化。精神医学诊断一般抑郁不应超过 2 周，如果超过 1 个月，甚至持续数月或半年以上，则可以认为是病理性抑郁。

（3）严重程度不同：正常人的抑郁情绪程度一般较轻，虽有抑郁情绪，但绝大多数人还是能够坚持正常的学习、工作和生活。抑郁症患者程度严重，并且影响患者的工作、学习和生活，无法适应社会，影响其社会功能的发挥，甚至产生严重的消极、自杀言行。

（4）症状转化的规律不同：当生活事件解决时，正常人的抑郁情绪会自然缓解，如某大学生由于母亲重病，自己陷入抑郁情绪状态，当得知母亲病情好转，转危为安时，抑郁情绪即刻得以缓解；而抑郁症可以反复发作，每次发作的基本症状大致相似，而且典型抑郁症有生物节律性变化的特征，表现为“晨重夜轻”的变化规律。

（5）伴随的躯体症状不同：抑郁症患者有持续性顽固性失眠，尤其是早醒，多种心理行为同时受到阻滞抑制，生理功能低下，本能活动能力下降，体重、食欲和性欲下降，全身多处出现难以定位和定性的功能性不适，检查又无异常。而正常的抑郁情绪较少出现上述症状，即使有也是轻微短暂的。

（二）神经症

典型案例

王某，女，大学三年级学生。王某自述四年前（当时她读高二），在一次男老师讲课时突然莫名其妙地感到脸红、心慌、紧张，当时她对老师突然有种异样的感觉，似乎有一种冲动，想依偎在老师怀抱里与老师亲近，感觉脸红、心跳快、手心出汗，生怕这种“肮脏”的念头被别人窥见。此后每当这位老师上课时，王某即感到紧张不安，怕自己再出现那种“不应该”的想法，但是越害怕则越往那方面想。王某明知紧张没道理但又无法控制，越害怕紧张则紧张程度越重。因担心被别人看见，王某上课时总是最后进教室，坐最后一排，下课时最后离开教室，渐渐地病情越来越重，在所有男老师上课时她都紧张，到现在几乎见到任何异性都紧张，症状越来越泛化且固定。

此案例是典型的社交恐怖症，是神经症的一种类型，这类患者对自己的问题有清晰的认识，但是，却苦于自己无法进行自我调节。下面介绍神经症的特点及其表现。

1．神经症的概念 神经症（neurosis）是对一组心理障碍的总称，主要表现为焦虑、烦恼、抑郁、恐怖、强迫、疑病症状或各种躯体不适感，患者深感痛苦且妨碍心理功能或社会功能，但没有任何可证实的器质性病理基础。病程大多持续迁延或呈发作性。

2．神经症的特点

（1）神经症的发病通常与不良的社会心理因素有关，不健康的素质和人格特性常构成发病的基础。

（2）症状复杂多样，其典型体验是患者感到不能控制其自认为应该加以控制的心理活动，如焦虑、持续的紧张、恐惧、缠人的烦恼、自认毫无意义的胡思乱想、强迫观念等。患者虽有多种躯体的自觉不适感，但临床检查未能发现器质性病变。

（3）患者一般能适应社会，其行为一般保持在社会规范允许的范围内，可以为他人理解和接受，但其症状妨碍了患者的心理功能或社会功能。

（4）患者对存在的症状感到痛苦和无能为力，常迫切要求治疗，知道自己有病。

（5）神经症患者有持久的、无力自拔的心理冲突现象，或不能自控的毫无意义的强迫行为。他们总是纠缠于过去的某次失败，或者总是自己跟自己过不去，无法摆脱两难的思维矛盾。这种思维模式不能随环境的变化而调整，因而大多数神经症患者有人际关系障碍和社会适应功能不良。

3．常见神经症的定义及临床表现

神经症包括以下几种常见的类型：恐怖症、焦虑症、强迫症、神经衰弱等。

（1）恐怖症：恐怖症（phobia）是指接触到特定事物或处境时具有的强烈恐惧情绪，患者采取回避行为，并有焦虑症状和植物性神经功能障碍的一类心理障碍。患者所害怕的物体或处境是外在的（患者身体以外的），尽管当时并无真正危险，但患者仍然极力回避所害怕的物体或处境。患者知道自己的害怕是过分的、不应该或不合理的，但这种认知并不能阻止恐怖发作。

引起恐惧的物体或情境非常多，多年来人们对恐惧的对象一一给予命名。近来多数专家建议将形形色色的恐怖症简化为三种类型——广场恐怖症、社交恐怖症和特殊恐怖症。

1）广场恐怖症（agoraphobia）：又称场所恐怖症，最初用来描述对聚会的场所感到恐惧的综合征，目前已不限于广场。它不仅包括害怕开放的空间或害怕离家（或独自在家），也包括害怕置身于人群拥挤场合以及难以逃回安全处所（多为家）的其他地方，如商店、剧院、车厢或机舱等。

2）社交恐怖症（social phobia）：主要表现为对一种或多种人际处境持久的强烈恐惧和回避行为。恐惧的对象可以是某个人或某些人，也可以相当泛化，包括除了某些特别熟悉的亲友之外所有的人。具体可表现为：恐惧被别人注视，恐惧自己会做出丢脸的言谈举止或尴尬表情；或者怕自己在别人面前张口咋舌，怕吃饭时由于有人注视而丑态百出，在公共厕所里因恐惧而解不出小便；或者由于旁边有人而恐惧得手发抖以致无法写字；害怕在公共场所呕吐等。由于害怕，他们拒绝参加各类聚会，也尽可能回避所有公众场合，如餐厅、剧场和公共车辆等。在极端的情况下，可引起完全的社会隔离。除害怕外，还有面红、心慌、震颤、出汗、恶心、尿急等症状。

3）特殊恐怖症（specific phobia）：又称简单恐怖症，是指对存在或预期的某种特殊物体或情境而出现的不合理恐惧。最常见的恐惧对象有某些动物（如狗、猫、蛇、老鼠）、昆虫（如蜜蜂、蜘蛛）、登高、雷电、黑暗、坐飞机、外伤或出血、锐器以及特定的疾病（如放射性疾病、性病、艾滋病）。特殊恐怖症以儿童常见。

（2）焦虑症：焦虑症有以下两种类型。

1）惊恐障碍（panic disorder）：指的是极度焦虑状态的突然出现，并通常伴有一些躯体症状和灾难临头的想法，以反复出现的惊恐发作为原发的和主要临床特征，并伴有持续地担心再次发作或发生严重后果的一种急性焦虑障碍。

惊恐发作常突然产生，在 10 分钟左右症状达到高峰。最主要的精神症状是极度的恐惧，好像即将死去或失去理智，且患者不知道自己恐惧的由来。同时伴有许多急性发作的躯体症状，如突然感到心悸，好像心脏要从口腔里跳出来；胸闷、呼吸困难，好像透不过气来，即将窒息；面部潮红或苍白、步态不稳、震颤、出汗、恶心等自主神经过度兴奋症状。发作通常持续 20 ~ 30 分钟，极少有超过 1 小时者。

2）广泛性焦虑障碍（generalized anxiety disorder）：主要表现为经常和持续的无明确对象或具体内容的紧张不安，或对现实生活中的某些问题过分担心或烦恼，伴有显著的自主神经功能兴奋和过分警觉为特征的一种慢性焦虑障碍。患者总担心未来有什么不测的事情将要降临在自己或亲人的头上，终日心烦意乱，这称为期待性焦虑，是本病的核心症状。患者的症状与现实生活似乎有些联系，然而其担忧的内容及严重程度跟日常生活中的琐碎事件相比是很不相称的。焦虑的内容完全取决于日常生活环境中的变动，没有中心主题，也没有明确的社会倾向性。

焦虑同时常伴有易激惹、注意力集中困难、难以做决定以及害怕犯错误表现。患者常述记忆力减退，实际上是因注意力不能集中导致的识记困难。由于焦虑妨害了工作效率和生活，反过来加重了患者的焦虑，甚至害怕自己会完全失控而发疯。

（3）强迫症：强迫症（obsessive-compulsive disorder）是以不能为主观意志所克制，反复出现的观念、意向和行为为临床特征。患者认识到这些观念和行为是毫无意义的、不合理的，以致引起显著的焦虑或痛苦的一种心理障碍。此病大多于青春期前后或成年早期起病，也有些病例起病年龄更早，在儿童中也不少见。

临床上根据其表现，强迫症状分为强迫观念（obsessions）和强迫行为（compulsion）两类。如患者对日常生活中的一些事情或自然现象，寻根究底，反复思考，明知缺乏现实意义，没有必要，但又不能自我控制，如“到底是先有鸡还是先有蛋？”“秋天叶子为什么会变黄？”患者对自己言行的正确性反复产生怀疑，明知毫无必要，但又不能摆脱。如出门时怀疑煤气是否关紧，门和抽屉是否锁好等。

强迫症状常常迁延发展，随着时间推移常常影响与其他人尤其是与患者的家属之间的人际关系，妨害正常的工作和生活。

（4）神经衰弱：神经衰弱（neurasthenia）是指一种以精神易兴奋又易疲劳为特征的神经症，常伴有紧张、烦恼、易激惹等情感症状，精神易兴奋的主要表现是联想和回忆增多而且杂乱。这是一种主观体验，患者感到分心而且控制不住，联想和回忆的内容多是过去不愉快的经历、现在使人苦恼的事以及将来可能发生的风险、失败或意外。

神经衰弱患者伴随各种躯体不适感和睡眠障碍，如紧张性头痛、头昏、耳鸣、心慌、胸闷、腹胀、消化不良、尿频、多汗、阳痿、早泄或月经紊乱等。这些症状不是继发于躯体疾病、脑器质性病变或其他心理障碍，但病前可存在长期的情绪紧张和疲劳的应激因素。神经衰弱的症状繁多，几乎涉及所有的器官和系统。

4．神经症性表现与神经症的区别 很多大学生看了上面介绍的神经症的各种表现后，内心非常紧张，怀疑自己是否已经罹患神经症。其实，我们正常人有时也会有神经症的症状，如担心门没锁好而检查两遍，在一次重要的考试来临之前情绪紧张焦虑等，这些一过性的表现均属正常。那么，神经症性表现与神经症之间究竟有什么区别呢？如何来鉴别自己的表现到了什么程度？下面就这一问题进行归纳总结。

（1）促发因素不同：各种神经症最基本最核心的症状表现是焦虑症状。正常人的焦虑反应与客观威胁密切相关，如面临一次严峻的考验和重大考试之前，紧张、焦虑是非常正常的，没有任何紧张和焦虑的个体，考试时不能充分调动自己的心理能量，反而成绩不佳；而神经症性的焦虑往往没有明显的客观威胁，如某一大学生恐高、恐电梯，其实，高楼、电梯本身并不会威胁到他的生命安全，他自己也非常知道这一点，但就是控制不了自己，每到要登高、乘电梯时，就表现得惶恐不安。

（2）症状产生的原因和转化规律不同：神经症性症状与现实刺激的影响密切相关，当生活事件解决时，如严峻考验过去，或者重大考试结束，正常人的神经症性症状会自然缓解，情绪恢复到原来轻松愉快的状态；而神经症患者症状的产生与个性特征和早年经历等密切相关，症状可能持续存在，迁延难愈，如果个性不发生改变，不经过长程系统的心理治疗或者药物治疗，神经症的症状很难治愈。

（3）持续时间不同：一般人的神经症性表现有一定时限性，通常是非常短暂的，人们通过自我调适，充分发挥自我心理防卫功能，能恢复心理平稳。如大学生在某段时间内，头脑里反复思考某一问题，或者洗手次数增多，但如果只持续一两周或者偶尔有这些症状，则属于正常的神经症性症状；而真正确诊的神经症患者的症状常持续存在，少则几个月，很多长达数年或者数十年，甚至不经治疗难以自行缓解，症状还会逐渐恶化。

（4）严重程度不同：正常人的神经症性症状程度一般较轻，自己能够控制，如感到紧张、恐惧时，通过向人倾诉、参加体育锻炼，转移注意力后，症状很快消失，或者虽有神经症的症状，但能够坚持正常的学习、工作和生活，对社会功能的影响不大。神经症患者程度较为严重，并且影响患者的工作、学习和生活，自己很难控制症状，无法适应社会，严重影响其社会功能。

（三）躯体形式障碍

典型案例

刘某，女，大二学生。刘某自诉3个月前去妇产科实习时，老师讲解如何早期发现是否患有乳腺癌，并讲到早期发现、早期治疗的重要性。刘某当晚回到宿舍洗澡后，按照白天听课的方法进行自我检查，结果好像感到左侧的乳房上有小包块，当时怀疑自己是否有乳腺癌，又反复检查几次，结果发现没有包块。第二天晚上，刘某洗澡的时候又忍不住去检查。就这样，她每天晚上都要检查几次，否则就睡不着，入睡比较困难，睡眠质量下降。刘某上课时不能集中精神，反应减慢，感觉非常疲劳，食欲下降，工作效率下降。上周她每天都去医院，要求医生进行检查并给予明确诊断。经过医生体检和辅助检查，如B超、CT、脑电图检查，没有发现任何异常，但刘某就是打消不了可能患有乳腺癌的想法，心里非常苦恼担心。

这个案例具有典型的疑病症临床表现，总是觉得自己罹患了身体疾病，但是各种检查均为阴性。下面介绍躯体形式障碍的概念及其表现。

1．躯体形式障碍的概念 躯体形式障碍（somatoform disorder）是一类以各种躯体症状为其主要临床表现，不能证实有器质性损害或明确的病理生理机制存在，但有证据表明或者至少有理由怀疑与心理因素密切相关的精神障碍。这类患者常反复陈述躯体不适，四处求医不断要求给予医学检查，但检查结果阴性和医生的解释却难以打消其顾虑。本障碍通常女性居多，为慢性波动性病程。

2．躯体形式障碍的临床表现

（1）躯体化障碍：躯体化障碍是一种以多种多样、经常变化的躯体症状为主的心理障碍。症状可涉及身体的任何系统或器官，最常见的是胃肠道不适（如疼痛、呃逆、反酸、呕吐、恶心等），异常的皮肤感觉（如瘙痒、烧灼感、刺痛、麻木感等），疼痛不适、性及月经方面的主诉也很常见。患者反复求医，但各种医学检查不能证实任何器质性病变足以解释其躯体症状。诊断为此症，病程须在两年以上，长期的病程往往导致患者社会、人际及家庭方面的严重障碍。

（2）疑病症：疑病症是一种对自己身体健康状况过分关注，担心或相信患有一种或多种严重躯体疾病，经常述说躯体不适，反复就医，经各种医疗检查均不能证实疾病存在的心理障碍。它的核心表现是对自己患有一种严重疾病可能性的焦虑或恐惧，但其担忧的严重程度与患者实际健康状况很不相称。这类患者对自己身体的变化十分敏感，身体功能任何微小变动如心跳、腹胀等都会引起患者注意。

（3）持续性躯体形式疼痛障碍：又称心因性疼痛，主要表现为各种部位的持久性疼痛，患者感到痛苦或影响社会功能，但对其不能用生理过程或躯体疾病做出合理解释，经检查也未发现与主诉相应的躯体病变。主诉疼痛常见的是头痛、腰背痛、慢性盆腔痛，其他任何部位均可发生。临床上有证据表明，心理因素或情绪冲突直接导致了疼痛的发生。患者常以慢性疼痛作为其突出症状反复求医，往往使用过多种药物治疗或其他治疗，未能有确切疗效。患者发病高峰年龄在30～50岁，女性是男性的2倍，病程迁延常持续6个月以上。

（4）躯体形式自主神经紊乱：躯体形式自主神经紊乱是一种主要受自主神经支配的器官系统，如心血管、胃肠道、呼吸、泌尿生殖系统，发生躯体障碍所致的神经症样综合征。患者在自主神经兴奋症状（如心悸、出汗、口干、脸部潮红）基础上，又发生了非特异的，但更有个体特征和主观性的症状，如部位不定的疼痛、心前区不适、呼吸困难、上腹部不适或烧灼感、尿频或排尿困难、沉重感等，经检查这些症状都不能证明有关器官和系统发生了躯体障碍。

（四）精神分裂症

典型案例

冯某，男，大二学生。刚入学时，冯某行为表现与其他同学没有差别。但是大学军训结束后不久，冯某开始出现经常半夜唱歌吵得同寝室的同学不得安眠，有时在网上聊天彻夜不眠的表现。同学提醒后会表现稍好，但过不了多久又是老样子。一次英语考试时，别人都在认真答题，而他却突然哈哈大笑、大声叫喊，使得在场的老师和同学面面相觑莫名其妙。一次在运动场上跑步时，冯某突然停下并对旁边的同学说："宿舍有人在叫我，我得回去一趟。"10 分钟后，他回来显得很沮丧的样子，说宿舍没有人。冯某经常自言自语，有时无故发笑，同学问及他为什么笑，自述想到好笑的事情就会自己笑。冯某行为举止明显幼稚化，称 40 岁左右的男老师为老爷爷，20 几岁的老师为阿姨、叔叔。他认为自己是别人关注的中心，无论走到哪里都有人在欣赏自己，一举一动都得到关注。冯某还跟同学说，他的头脑有时特别奇怪，有好多思想不由自主地产生，就像水龙头里的水一样，大量涌入脑内，内容杂乱无章，有各种伟大人物，也有生活中的琐事。同学们认为他有些问题，劝其去心理咨询，他反而说同学才是不正常的。

冯某的表现最明显的特点是出现了正常人不会有的精神病性症状，如幻觉、妄想、思维联想障碍等，是典型的精神分裂症的表现。

1．精神分裂症的概念 精神分裂症（schizophrenia）是一种最常见的重性精神病。一般认为，其患病率在世界范围内，不管哪个国家或地区一般在 0.3% ～ 0.7%；国内在 20 世纪 80 年代精神病流调结果，精神分裂症的总患病率为 0.57%，在精神病院住院患者中本病患者占一半以上；而在慢性精神病疗养院里则可占患者总数的 70% 左右。发病年龄多在青壮年。

2．精神分裂症的临床表现 精神分裂症的心理异常表现十分复杂、多样。其基本特点则是患者的精神活动与现实环境相脱离；思维、情感和意志行为互不协调，甚至互相分裂。

（1）感知觉障碍：幻觉是精神分裂症的常见症状之一，但不是特征性症状；因为其他许多精神病都可有幻觉出现。但精神分裂症的幻觉具有某些特点，例如：幻觉常在病人意识完全清醒的状态下出现；听幻觉，特别是言语性幻觉最多见，而触幻觉和嗅幻觉、视幻觉和内脏幻觉也能见到；幻觉的内容比较单调、缺乏变化，结构也简单或不完整，与现实生活缺乏联系或内容怪异。听幻觉的内容可能是对患者下达某一指令，或对患者的行为加以评论；也可能是讥笑、谩骂或威胁。

（2）思维障碍：这是精神分裂症最具有特征性的症状之一。主要表现在以下几方面。

1）联想障碍：最初可表现为联想松散，严重时出现思维破裂。患者谈话或写东西缺乏中心思想，缺乏逻辑联系，如不仔细分析，不一定认为是病态。但随着病情加重，联想可以变得更加支离破碎，甚至从患者的书信和谈话里找不出一个上下关联的完整概念，令人不知所云。例如一患者在信中写道："×× 同志：当你接到我的信的时候，就是我得到最高奖赏的时候，请你不要灰心，他是一个杀人的刽子手，正向你求婚，想盗窃国家机密，请你放心，是用钢笔写的，我没有见过这样忘恩负义的人。"从信中难以判断这位患者写信的目的，因为整个内容是无法理解的。显然，患者的思维过程没有明确的指向。

2）逻辑障碍：患者在思维过程中，不能按照正常的思维逻辑规律来分析问题，而往往表现出概念混乱和一些奇怪的逻辑推理。一患者诉说自己想到"人是由动物进化的，所以人不应当吃猪肉；又想到动物是由植物进化的，吃植物也不应该；植物是由土里长出来的，所以觉得人不该站在地上”。这是逻辑倒错的表现。

有一些患者在思维过程中，常常把一些抽象概念具体化，表现为象征性思维，并成为关系妄想与某些难以理解的行为的原因。例如，一患者看见一块抹布，便认为这块抹布是说明自己思想很“脏”，于是就去打扫庭院，说是要通过实际行动去改正自己的错误。显然患者把抹布的“不清洁”（具体的“脏”）与思想上的“错误”（抽象的“脏”）混淆起来了。这种概念的混乱，出现在思维过程中，必然会导致逻辑的谬误。

3）妄想：精神分裂症另一个有特征性的思维障碍是原发性妄想。这是一种突如其来的病理体验或直接感受。也就是说，这类妄想并不是由感知觉障碍或其他歪曲的观念所引申而来，而是一些凭空出现，与患者以前的思想和情感毫无联系的病理性观念。例如，一位患者在日记中写道：“我总觉得有穿隐身衣的人在监视我”“好像人人都在说我”。

（3）情感障碍：这是精神分裂症的常见症状之一。在疾病的急剧发作期，患者的情感可出现不明原因的剧烈变化，多为由幻觉和妄想产生的强烈反应。表现为兴奋、激动、紧张、恐惧、焦虑、忧郁或突然情感爆发；可能伴有伤人、毁物或自杀行为。有的患者出现情感倒错，往往以无所谓的心情叙述自己最痛苦的遭遇；或者谈到高兴的事情时，反而伤心落泪。有的患者有矛盾情感，即爱和憎两种对立的情感同时出现。如有的患者痛斥医生是凶手而同时却要求医生留下来陪伴，免得自己害怕。随着病情逐渐发展，情感迟钝和情感淡漠往往成为患者长期的主要症状。一些细致的高级情感常最先受损，表现为对亲友缺乏热情，对家人态度冷淡，对是非善恶漠不关心，与别人的情感不发生共鸣，只对外界刺激产生迟缓而浮浅的反应。严重时，可对欢乐、愤怒、恐惧等情境均无明显反应，甚至对任何刺激均无动于衷。

（4）意志行为障碍：精神分裂症患者多表现为明显的意志活动减退，对外界事物缺乏兴趣，不主动参加活动，经常处于沉思之中；不与周围人接触，整日闭门幽居或蒙头而卧，生活懒散，不修边幅，不注意整洁，孤僻、退缩，完全脱离现实。有的患者发生矛盾意向，不能果断选择应该做什么，总是犹豫不决。如欲睡觉，走到床边以后又退出寝室，如此反复不能决定。有的患者在妄想的支配下，可反复提出控诉或坚持进行某种赎罪活动，表现为病理性的意志增强，但这一现象并不能持久，随着病情的进展，意志行为活动的减退便日益明显。有的患者意志行为活动障碍可表现为刻板动作、模仿动作、机械性被动服从或违拗症等紧张性综合征。精神分裂症患者还常有一些不易为人所理解的动作和姿势，如做鬼脸、努嘴、吮唇、蜷缩状态等；或以某种特殊的声调说话；有的患者似喃喃自语，可见其嘴动而听不见声音。

（5）其他异常表现：注意力涣散常在本病的早期便已出现。患者表现出对日常生活漫不经心，工作粗枝大叶，丢三落四；与之交谈，常心不在焉；一般以随意注意障碍较为明显。由于患者注意力涣散，同时情感淡漠，对外界事物缺乏兴趣，因而常眼神呆滞，面部缺乏表情。

（五）人格障碍

典型案例

陈某，女，大二学生。陈某性格一向争强好胜，自尊心强。入学后，同学就逐渐发现陈某非常难以相处，动辄大怒，她总是觉得别人对她不大友好，对人很有敌意。在一次优秀班干部的评选中，陈某因为一票之差落选，情绪非常激动，当着全班同学的面大吵大闹，认为是班委作弊，让她落选。同学们当众查选票，发现选票没问题。陈某仍旧不依不饶，认为是对手贿赂了班里同学，投票不公平，并当众辱骂对手。颁发获奖证书那天，陈某又一次当众羞辱对手并去找辅导员及学校领导申诉。身边的人规劝她，她不但不听劝，还质问身边的人收了对方什么好处，声称一定要和对方斗到底。

陈某的表现最明显的特点是人际交往出现问题，难以与同学友好相处，敏感多疑、敌对攻击。而且，这样的与人处事方式是她一贯的作风。此类案例往往被称为人格障碍，下面介绍人格障碍的概念及其表现。

1．人格障碍的概念 患有此病的患者人格特征明显偏离正常，具有一贯的反映个人生活风格和人际关系的异常行为模式，但这种模式显著偏离特定的文化背景和一般认知方式，尤其在待人接物方面，明显影响其社会功能与职业功能，造成对社会环境的适应不良，有些患者对此感到痛苦不已，虽然无智能障碍，但适应不良的行为模式难以矫正。仅少数患者成年后，通过社会学习，不良行为模式在某种程度上可有部分改善。人格障碍通常开始于童年期或青少年期，并长期持续发展至成年或终生。

2．常见人格障碍的表现 对于人格障碍的分类，常见的有9种，分别为偏执性人格障碍、分裂性人格障碍、反社会性人格障碍、冲动性人格障碍（攻击性人格障碍）、表演性（癔症性）人格障碍、强迫性人格障碍、焦虑性人格障碍、依赖性人格障碍和其他或待分类的人格障碍。

（1）偏执性人格障碍：以猜疑和过度敏感为特征，患者的心理语言是这样的：他人是不可信的；他人是狡诈的、欺骗的、危险的；他人总想算计我、贬低我、嘲笑我、背后议论我的长短；他们对我好是想利用我；我不能相信任何人，“他人即地狱”。因此在生活和工作中容易与别人发生摩擦，难与领导相处，也易与同事不和，别人常对其敬而远之。这类病态人格患者多见于男性。

（2）分裂性人格障碍：分裂性人格障碍患者性格孤僻，行为怪异，不能适应环境。人们是自私残酷的、不可信任的，世界也是敌对的。患者不想与其他人保持什么关系，十分冷漠，别人难以走近。

（3）反社会性人格障碍：反社会性人格也称精神病态或社会病态、悖德性人格等。在人格障碍的各种类型中，反社会性人格障碍是心理学家和精神病学家最为重视的。此类人格障碍患者引起的违法犯罪行为最多。其共同心理特征是：具有情绪的爆发性，行为的冲动性；对社会对他人冷酷、仇视、缺乏好感和同情心；缺乏责任感，缺乏羞愧悔改之心；不顾社会道德法律准则和一般公认的行为规范，经常发生反社会言行；不能从挫折与惩罚中吸取教训，缺乏焦虑感和罪恶感。

（4）冲动性人格障碍：又称爆发性或攻击性人格障碍，是青少年和中青年人中常见的一种人格障碍。主要表现为情绪不稳定，常因微小的精神刺激，突然爆发非常强烈的愤怒情绪和冲动行为，且自己完全不能克制。患者在情绪爆发的间歇期是正常的，而且对发作时的所作所为感到懊悔，但不能防止再次发生。冲动性人格障碍患者的心理语言是这样的：我可不是好惹的；我控制不了自己的情绪；我一冲动起来就失去了自控力，做事丝毫不计后果，有时就酿成大祸。

（5）表演性（癔症性）人格障碍：又称癔症性、戏剧化人格障碍，各种年龄层都可能发生。该病较多发生于少年期后半阶段，随着年龄的增长，人格逐渐趋向成熟，到中年期可以明显缓解。表现特征：情绪带有戏剧化色彩；具有高度的暗示性和幻想性；情感易变化；通过玩弄他人以达到自我目的，高度的自我中心。这类人喜欢得到别人的注意和夸奖，只有投其所好才满足自己的心意，并表现出欣喜若狂，否则会不遗余力地攻击他人。

（6）强迫性人格障碍：指因刻意追求完美而自我常有不完善感的人格障碍。强迫性人格障碍患者的心理语言是这样的：我追求完美；我需要秩序、规则；我必须按照规则做事，每一个环节都十分重要；我十分重视细节，每件事我都必须做得十分完美；如果我哪次失败了，我就完蛋了；我对别人十分苛刻，总是挑剔他人；我告诉别人，你们必须做得更好些，哪怕一点点的失误我都不允许！你们应该做得十分完美，你们不应该出现任何失误。

（7）焦虑性人格障碍：以一贯感到紧张、提心吊胆、不安全及自卑为特征，总是需要被别人表现出喜欢和接纳，对拒绝和批评过分敏感，因习惯性地夸大日常处境中的潜在危险，而表现出回避某些活动的倾向。

（8）依赖性人格障碍：是一种过分顺从别人的意志、严重缺乏独立性的人格障碍。主要临床表现是自感无能、极端顺从和缺乏活力。

二、心理障碍的防治

现代医学非常强调“上医治未病”这个中医理念，该思想贯穿于大学生的心理健康教育中，关键是要在“防”字上下功夫，由被动应对向主动应对转变。把“防”与“治”放到同等重要的地位，甚至更加注重预防的重要作用。

（一）大学生心理问题和心理障碍的早期预防

早期发现和早期治疗是大学生心理问题和心理障碍的治疗和疾病转归的关键因素，要想达到这个目的，需要多方面的共同努力。

1．构建心理危机的识别、预防与干预系统　高校在针对心理危机干预时，可采用四级模式：第一级，心理健康中心（或心理咨询室）；第二级，各院（系）的辅导员；第三级，学生心理委员及宿舍心理观察员；第四级，学生个体。这种模式是以心理健康为核心，面向所有人群，以健康的正常人群为主要服务对象，不以消除症状为首要目标，而以尽早识别心理问题，促进大学生的成长、发展和潜能开发为宗旨，强调预防、发展和教育相结合。

辅导员和学生的生活密切相关，因此要多注意学生的精神状况，如在存在心理问题学生的班级选择几个学生作为信息联络员或心理委员进行有指导的监控和报告等。联络员最好选择班委干部（含寝室长），对他们进行短期培训，做到一有异常情况可以第一时间告诉辅导员。辅导员在日常工作中应制订并实施一套应对危机事件的处理流程，在第一时间采取果断措施，以化解危机，防止事态恶化。与此同时，也要加强对周围人群的心理疏导，化解紧张氛围，防止连锁反应。

2．开展心理健康测评，建立心理档案　通过心理健康测评、建立学生心理健康档案可以及时了解学生的心理健康状况，有助于识别存在心理问题的学生，对这些可能发生或正处于心理危机的学生进行主动的重点帮助。从心理发展的角度来说，大多数的心理危机是逐步形成的，有其过去的根源，或在某个过程中已经潜伏着心理危机。因此，建立心理健康档案是大学生心理危机干预的基础工作。

3．普及心理卫生知识，发现问题及时寻求解决方法　心理疾病的早期预防离不开对于各类心理问题的学习和了解。只有了解各类心理疾病的常见发病原因、发病表现及治疗方式，才能在出现问题或可能出现问题时更加警觉，采取有效的措施。心理疾病与身体疾病不同，身体疾病的发生往往很快有临床表现，而心理疾病潜伏期长，发现时可能已经较为严重。因此，在大学校园里，开展多种形式的心理卫生宣传教育活动非常必要，使学生可以在心理活动、心理讲座中学习一些心理疾病的防护或心理疾病的治疗新进展等方面的知识。对于心理问题，做到早发现、早报告、早解决，避免延误最佳治疗时机；当发现心理障碍时，要及时的寻求解决方法；找朋友、同学、亲人、辅导员、心理咨询老师或者去医院找专家寻求帮助，都是很好的解决办法；积极配合咨询和治疗，如需服药要按时定量，为解决心理疾病营造一个舒适的环境和制订合理的方案。

4．积极倡导大学生参与体育锻炼　有关资料显示，身体锻炼是治疗抑郁症的有效手段之一，国内外均有报道提示身体锻炼是一种有效的心理治疗方式。美国南加利福尼亚大学医学院赫伯特博士，曾做过这样的实验：将患有神经过敏性紧张、失眠的 30 位老年人分为三组。甲组服用 400 mg 氨基甲酸酯镇静药；乙组不服药，但愉快地参加身体锻炼；丙组不服药，但被迫参加一些不喜欢的身体锻炼。结果表明乙组的效果最好，轻松的身体锻炼胜于服药；而丙组效果最差，不如吃镇静药的效果好。这说明：身体锻炼中心理因素对健身效果和医疗效果都会产生明显影响。由此可见体育锻炼对于心理健康的积极作用。进行体育锻炼时，要注意培养自己锻炼身体的热情，尽量使心情放松，选择自己感兴趣的身体锻炼方式并掌握和运用心理调节方法。

5．培养良好的生活方式 心理健康需要科学的生活方式提供载体，生活方式对于心理健康的影响已经被众多科学研究结果证实，而现在大学生的生活方式绝大部分不健康，因此通过培养大学生科学的生活方式来防止大学生心理问题，是一条有效途径。所谓科学的生活方式，具体表现为以下三点。

（1）早起早睡，生活规律：良好的睡眠质量是保证人们顺利进行各种工作和学习的前提，而不良的睡眠习惯，不仅可导致情绪逐渐恶化，而且随着睡眠时间减少，疲惫、惰性、焦虑、困惑、迷茫等消极情绪呈线性增加，乐观等积极情绪则呈线性减少，还会导致记忆力下降，严重影响大学生心理健康。已有研究表明，作息时间不规律是影响学生睡眠质量的重要因素，因此协调生活学习规律，早睡早起对防止心理问题至关重要。

（2）一日三餐，饮食结构合理：大学生正处在青春期向成熟期转变的阶段，此时身体、生理功能都将发育成熟，同时又肩负着繁重的学业，不科学的饮食习惯也将造成心理上的负担，但当代大学生普遍缺乏营养学知识，饮食消费行为基本处于盲目状态，随意性较大，能按科学方式对待饮食的人为数不多。有研究表示，一天中最重要的早餐，不吃的大学生占 10% 左右。饮食结构的不合理，导致大学生体力不足、记忆力减退、身体气血虚损、冲动易激怒等一系列心理问题频频发生。因此，利用多种形式宣传健康与保健知识，杜绝不科学的饮食习惯，从饮食调理中来提高身体素质和调整心理状态至关重要。

（3）养成良好的上网习惯：网络是把双刃剑，对于在校大学生而言，一方面我们通过网络学习各种专业知识，寻求各种疑难问题的答案，但是另一方面，我们也要看到，上网时间过长给在校大学生带来了一些不利甚至负面影响。有研究表明，21% 的大学生对网络有不同程度的依赖，而这种依赖不仅会对身体健康造成影响，更会影响睡眠、人际交往等，从而对心理健康产生不良影响。合理规划上网时间，提高自控能力有利于维护心理健康。

6．建立良好的人际关系，优化社会支持系统 大学生正处于人生成长的重要阶段，人际交往是其学习和生活过程中必不可少的行为之一。大学生通过人际交往，可以交流情感、寻求理解、建立友谊、增加社会支持系统，可以直接影响大学生的心理健康，具有重要的意义。建立良好的人际关系可以从以下几个方面入手。

（1）掌握大学生成功交往的原则：尊重原则、真诚原则、宽容原则、互利原则、诚信原则。

（2）尽量避免人际关系的破裂：认清人际冲突或分歧的本质，采取积极的措施，学会建设性地处理分歧或冲突，能有效地避免人际关系的破裂。首先，遇事冷静，尽量避免争吵；其次，学会批评、不要直接责怪和抱怨别人；再次，勇于承认自己的错误，主动道歉。勇于认错是人际关系的润滑剂，当人际关系出现分歧时，勇于认错、接纳指正、不推卸责任、主动道歉是明智之举，它可以打破双方的僵局，避免人际关系的破裂。

（3）学会利用人际关系减压：心理学研究表明，一个人与他人一起承受挫折压力时，可以降低消极情绪体验。大学生在面对挫折时，除了积极改变自我之外，还应学会利用与他人建立的良好人际关系，对压力进行缓解。

（4）建立自己的社会支持系统：根据对大学生心理危机的四级社会支持系统的研究表明，心理咨询师、心理委员、朋友或同学、家庭成员、学生辅导员处于大学生社会支持的核心层。建立良好的人际关系使得核心层的成员与危机个体始终保持紧密的联系，能够及时发现危机个体的危机状况，这对于处于危机中的大学生来说具有非常重要的意义。

（二）大学生心理问题和心理障碍的处理原则

1．心理问题的处理原则　大学生在校生活过程中，遇到各种生活事件的打击和刺激之后，容易出现心理问题。心理问题的严重程度一般较轻，而且，随着时间的流逝和个体主动寻求各种帮助，会很快好转。大学生遇到心理问题后，如果经过自我调节不能奏效时，则应该首选专业的心理咨询。

（1）个体心理咨询方法：个体心理咨询通常采用咨询师和求助者面对面交谈，通过在咨询师和求助者之间建立起良好的咨询关系来促进求助者问题的改善和康复。大学生的心理问题相对比较单纯，往往在咨询师的倾听、理解、共情等帮助下，心理的烦恼和痛苦会很快得以缓解。心理咨询的方法很多，包括精神分析、存在主义疗法、以人为中心疗法、行为治疗、理性情绪疗法等等。对于不同类型的心理问题，可以使用不同的方法有针对性地进行心理咨询。

（2）团体心理咨询方法：目前，在国内的大学校园中，团体心理咨询已经成为解决大学生心理困惑的主要方法之一，如大学生新生适应团体、贫困生团体、考试焦虑团体、恋爱挫折团体、宿舍人际交往团体等。在团体心理辅导中，大学生会认识跟自己有相似经历或者相似心理困扰的人，通过观察、互动和支持，心理问题比较容易得以缓解。大学生可以根据自己的需要选择加入相对应的团体接受团体心理咨询与辅导。

2．心理障碍的处理原则　心理障碍的预防固然重要，但是一旦问题出现，积极的治疗更是十分重要并且是解决心理障碍的基本手段。治疗的方法包括药物治疗和心理治疗。

（1）急性症状期用药治疗的必要性及其规律：目前，对于重型心理障碍，如精神分裂症、重症抑郁症、双相情感障碍等，药物治疗是最主要的治疗措施。药物治疗简便易行，还可用于院外治疗，对于迅速控制精神症状，促进病情缓解，帮助患者易于接受其他治疗措施都是很有益处的。需要用药治疗的大学生，必须在医疗机构的专科医生明确诊断后，开具处方，并在医生的指导下用药。对于轻型心理障碍，如神经症、躯体形式障碍的大学生，则需要根据具体情况选择治疗手段。对于严重情况的个体，亦需要在专科医生的指导下用药治疗；程度较轻者，也可首选心理治疗，当心理治疗无效时，再考虑药物治疗；或者采取心理治疗结合药物治疗一起实施。

（2）康复期心理咨询的指导：对于重型心理障碍，如精神分裂症，经过药物治疗，大多数患者的症状能够比较好地得到控制。当患病的大学生精神症状得到控制后，则需要进行康复期的心理咨询。因为重型精神障碍有一个特点是：随着病情的进展，越来越内向化，不愿意与人交往。因此，到了康复期，应该尽快增加心理咨询的指导，帮助大学生尽早恢复社会功能，融入到现实的大学生活中。对于患病大学生康复期的心理咨询也可以采取个体和团体心理咨询两种方式。团体心理咨询包括：经常组织安排娱乐、讨论、劳动等各种活动性团体；采取课堂讲课形式的支持性团体；由学生自由结组、互助的领悟性团体以及在咨询师指导下，有同学、朋友参与的，帮助求助者加入社会公务活动，以改善求助者与社会环境关系的教育、社会性团体。

【心理自我训练】

1．观看一部有关心理障碍的电影，如《美丽心灵》，并写下观后感。

2．根据案例判断正常与否

实例 1：某男，大学二年级学生。自诉：我永远忘不了第一次那种体验——一种快要死的感觉！那天，我正忙于准备即将到来的期末考试。为了使自己注意力集中，喝了不少咖啡，没有吃晚饭，一直干到很晚。然后，匆匆忙忙赶往英语角。路上不时地出现塞车。坐在出租车上的我逐渐紧张起来，遂感到有些发热和头晕，呼吸也感到困难。下车付费时基本还能挺住。可是到了英语角门口时，我几乎失去了控制。当时我全身冒汗，胸闷不适，心慌。我想肯定是心脏病发作了，就赶快去了医院。到了医院，我的感觉好了许多，但感到浑身无力，医生检查没有发现问题，心电图也正常。医生说我可能是白天学习太紧张引起的。医生的话消除了我的顾虑。可这仅维持了一两天，以后又反复多次发作。尽管我知道这不是心脏病发作，也不会造成伤害，可仍然对所经历的情景感到恐惧，变得不敢坐车了。

实例 2：某女，大学四年级学生。自诉：我有两种症状，一是担心被细菌污染，因此必须反复多次洗手；二是担心家中某个人死亡，故不能看可能引起这种担忧的文章和电视。出现担忧时，我的脑子里充满了有关死的最最可怕的念头，接着想到每一个我所喜欢的人，同时说："您好！"如果不这样做，或其顺序搞错了，我就无法摆脱忧虑。这些观念充满了我的大脑，真是痛苦极了，简直无法忍受。

请判断以上两位同学的表现是否异常。这种表现如果异常，应该是何种问题？面对这种问题，应该怎么办？

【案例分析】

为什么我总是开心不起来？

案例回放：

雨欣（化名），女，19 岁，大学一年级学生，现就读于一所重点医科大学。自入学 2 个多月来，总是开心不起来，几乎每日以泪洗面，心里觉得十分痛苦。她能按时上课，也能参加一些学生社团活动，而闲下来就开始伤心难过，感叹命运对自己不公平。她的悲伤、难过、抑郁的情绪在早上非常明显，到了晚上却会轻松很多。

雨欣的老家在西北的某城市，而她目前身处祖国的最南端，从来未离开过家的她对于大学生活显得手足无措，心里忐忑不安。由于第一次高考分数不理想，她第二次参加高考考入这所高校。雨欣十分开心接到这所重点大学的录取通知书，但短暂的开心很快被专业不理想而导致的忧虑、不甘心而取代了。到了大学她完全没有别的同学那种开心、好奇的感觉，心里总觉得有什么东西堵着透不过气来。

雨欣出生于普通的知识分子家庭，童年生活快乐幸福，家庭气氛比较融洽。父亲是高中老师，母亲是一般的职员，还有一个小她一岁的妹妹。父亲性格比较内向、沉稳，遇事喜欢自己思考、独自承受。母亲比较焦虑，总是忧虑很多，对孩子关心备至。她的妹妹今年也考上了另一座城市的某重点师范大学，虽然妹妹所在大学同样离家很远，但妹妹适应得很好，并常常劝慰雨欣。妹妹在大学里很快交上了好朋友，生活得十分开心。雨欣觉得妹妹非常聪明灵活、性格活泼开朗，而她自己的性格比较内向、多思而少言。旁人都说姐妹俩是动静结合，一个文静活泼，一个秀美乖巧。可她总是觉得自己很笨、很蠢，不如妹妹，妹妹很轻松学会的事自己要费双倍的时间才能掌握。

案例分析：

根据雨欣的表现可初步诊断为：抑郁障碍。理由如下。

（1）她的主要症状是情绪方面的问题，而且以悲伤、难过、抑郁为主。

（2）她的症状在早上非常明显，到了晚上就会轻松很多，呈现"晨重夜轻"的特点。

（3）两次参加高考的经历，使她觉得自己的实力不足，而妹妹一年就考上了重点大学，所以她自我评价比较低。

（4）首次离家在外就读大学，在生活环境、气候和人文环境等方面都有些不适应。

雨欣心理问题的成因主要有两个方面：

（1）消极的认知图式。图式是指个体看待自己的世界，自己对人、事件和环境的一些重要的信念和假设。早期儿童经验引起对自己和世界的基本的信念。个体的信念在儿童期开始形成，在一生中发展。雨欣在儿童早期，由于有妹妹做对比，总是觉得不如妹妹，没有形成“我很可爱”“我有价值”的信念，却因为觉得自己很笨很蠢而形成了“我不可爱”“我无能”等消极信念。这些经验与创伤性经验（如第一次高考的失利）一起，影响了个体的信念系统。这些信念会成为个体基本的消极信念图式。

（2）对目前的大学生活和她自己的负性认知评价。雨欣的认知过程中存在较多常见的认知歪曲，对自己目前的大学生活、过去均是消极、负性的评价。同宿舍的一个同学对雨欣不是很热情，她认为人家对自己有成见、不友好，整日为此心情不好。第一次高考没有考好，对她是一个较大的打击，她总认为自己不聪明、不优秀，没有能力。雨欣总是倾向于夸大自己的失误、缺陷的重要性，而贬抑自己的成绩或优点。雨欣认为自己很失败，考了两年大学，最后却读了一个自己不喜欢的专业，进而觉得自己的整个人生都是失败的。正是这样错误的思维认知，让一个处在花样年华的女大学生在面临新的环境时，产生了种种不适应，从而怀疑自己并陷入深深的抑郁情绪之中。

（赵静波）

第13章 大学生心理求助

【哲人的忠告】

你的责任就是创造欢乐。

——米尔顿·伊莱克森

心理咨询之妙，就在于他帮助了一个人，却让那个人感到，好像他自己帮助了自己似的。

——岳晓东

第一节　心理求助概述

一、心理求助的意义

当面临认知、情绪、人际关系、行为等心理困惑、心理问题的时候，我们有意识地通过自我或他人的协助寻求知识、探索问题的解决办法，追求自我成长和发展的过程，称为心理求助。

首先，心理求助是一个广义的概念，对所有的学生具有普遍的意义，既包括私下的读书思考、彼此的交流，也包括公开的专业心理咨询；其次，它是有意识、积极、主动的行为，是对陌生领域的探索，具有一定的风险性和挑战性；最后，心理求助与大学生的自我成长紧密联系在一起，求助的对象不仅是外在的同学、老师与心理咨询工作者，也包括求助者内在的自我。

人的心理就像身体一样，也会发热、感冒，也会得病。当出现心理问题时，你可以选择自己扛着，也可以进行积极的求助。

“争取才能得到；寻找才能发现；伸手敲门才能有人开门。”有求才有助，有助方有得。

1．心理求助有利于人格完善，促进大学生成长、成才　性格决定心态，心态决定命运。有人对320位诺贝尔奖获得者的内在素质特征进行了研究，发现这320位诺贝尔奖获得者，尽管出身背景、成长的经历有很大差异，但在人格特征、处事方式和态度等方面却有极高的相似性：高瞻远瞩，把握时机；选准目标，坚持不懈；勤奋努力，注重实践；富于幻想，大胆探索；排除干扰，勇往直前；情趣浓厚，好奇心强等。这六方面的相同之处，大多讲的是人的意志力、想象力以及态度、兴趣等心理特征。

美国心理学家推孟也曾对1500名智力超常学生进行了长达50年的研究，发现最成功的前50名与最不成功的后50名，其差异不在智力上，而是在毅力、自信心、情感和社会适应能力以及实现目标的内驱力等方面。

著名的心理学家荣格总结说：“一切的财富和成就，都源于杰出的智慧与健康的心理。”

心理求助有利于完善自己的性格，对个别人来说，可能是唯一的途径。

2．心理求助是一个人心灵成长的需要　在古希腊神庙的石柱上刻着一句话："人啊，认识你自己！"这句话说明人的复杂性，也说明自我认识、成长的重要性、艰难性和长期性。通过他人的帮助认识自我会更加客观，也更便捷。

每一个正常个体都是充满智慧的，都可以依靠自己的力量解决我们面临的问题。方法总比问题多，但是大部分人输在不自信，输在不敢上。蒸汽机的发明和发达的制造业解放了人类的双手，计算机、互联网和人工智能的崛起将解放我们的大脑，很多人的工作将被机器人所取代。那么，人的价值和意义何在？这是值得所有人思考的问题。心灵成长方面的不断学习和充实自己，就是要从内在去激活我们的潜能，打破外在种种思想上的束缚，获得心灵的自由、宁静和安详，获得巨大的思想力、创新创造能力，这也是新时代对人才发展的要求。

3．心理求助是一个人自我发展、自我实现的过程　首先，求助者学习与尝试面对自己的心理问题。心理问题本身不是问题，对待问题的态度才是问题。我们无法面对的，正是需要我们面对的。面对内在的脆弱、伤痛需要勇气、自信，更锤炼了我们的坚毅、果敢与淡定的个性。其次，问题的提出与确认，是求助者自我提升的开始。提出问题是高手，解决问题是英才。心理问题的解决过程，实际上是一个人从被动的、无意识的状态，到主动的提出问题，探索与自我思考和选择的有意识的过程。

我们的意识（包括意识与潜意识），就像我们的身体一样，具有自我康复能力。所以美国心理学界流行一句话：最好的医生是自己，最好的药物是时间。提出和确认问题，就是这位医生医治自己的过程。苦难与煎熬，是自我成长的良药。

4．心理求助有利于求助者对有效信息、资源的检索与利用　一个人的成长、成功，离不开环境，环境也在某种程度上决定着人的一生。但是，人并不是只能被动接受环境影响的。著名作家毛姆曾说过："一个人坚持要最好的，他往往会得到。"爱因斯坦说过："一个人所看到的，正是他内在所拥有的。"一个人的观念，对信息、资源的利用能力决定了结果的巨大差异。

5．心理求助让我们的学习和实践更上一层楼　读万卷书不如行万里路，行万里路不如阅人无数，阅人无数不如名师指路。心理咨询是解决心理问题获得个人发展的一种重要途径，是现代社会文明进步的体现。在这样的过程中，求助者的自我认识、自我控制、自我实现等能力得到提升，当事人会在不知不觉中超越问题、超越自我。

名师指路不如当下顿悟。心理咨询的过程，常常是提升认识，转变观念，自我突破的过程。顿悟让我们的学习和成长插上了腾飞的翅膀。

6．心理求助真正体现了生存的智慧　生活就像一场游戏，为了参与游戏并取得胜利，学习规则是必不可少的。按照规则来行事，你的生活才会一帆风顺。为了学习游戏规则，你要付出一定努力，承认自己的不足，在安静的地方静静地思考。

一个人的智慧、力量与生机来自于他的内在，是当下所呈现的一种状态，是一种由内向外的一种通达、无碍、圆融的存在。不压抑、不抗拒、不评价、不做作，专注、自然、开放、坦荡。

美国心理学家弗罗伦斯·希恩认为，所有的问题源自紧张与阻碍，解决之道就是放松与循环。

当觉得自己撑不下去的时候，就应该向他人求助。不要觉得这样做是脆弱与无能，我们这样做，刚好证明了自己的勇敢和成熟。遇到困难的时候，我们善于利用周围人的支持，通过和朋友、亲人的交流能让我们获得温暖，获得解决困难的勇气和力量。

7．心理求助是实现理性与感性和谐统一的过程　如何处理理性与感性的关系问题，是人生要面临的重大课题。没有理性，心灵将脆弱得不堪一击；然而，受负性情绪影响的理智思维也常常让我们变得越来越渺小。心灵和情感是真正的革命者，推动我们踏上征程，找到生命的价值和意义，争取成为伟大的人。它们创造了兴奋和激情，并邀请我们以最真实的自我走上舞台，与之共舞。

心理求助是理性与感性之间平衡协调，内在和谐统一的过程。

8．心理求助是保有健康和幸福的基础 世界卫生组织（WHO）前总干事长马勒博士认为，对于我们每一个人来说，生命中的健康是“1”，而名誉、地位、金钱、智慧不过是“1”之后的“0”，失去了前面的“1”，即使后面有再多的“0”，生命也将变得毫无意义。由此可见，心理健康既是健康的重要组成部分，也是我们人生幸福的基础和源泉，而心理求助帮助我们提升心理健康的水平。

二、心理求助的途径

1．反求诸己 唯物辩证法的学习告诉我们，内因是基础，外因是条件，外因通过内因而起作用。那么，在一个人的心理问题解决过程中，内因是什么？在心理健康教育中，我们常进行这样一个心理测试，假设在你的生命中遇到一个重大的挑战，凭借你以往的经验和认识，你很难战胜它，对别人来讲这也是件难以做到的事，现在给你一分钟时间，找到四个帮助你的人写在一张纸上。测试的结果显示，求助的对象大部分人都没有“我”——自我意识（有的人称其为真我、超我、大我）。

解决我们心理困惑、心理问题的内因就是“我”——自我意识。“我”是最重要的他人。

发现和提出问题，敢于面对并相信自己能够解决，是心理求助的核心，也是自我意识发展最重要的途径。

我们每天需要留出一段时间来询问自己，为什么我们在这里？我们应该怎样生活？我们是否已经有效地利用了生活给予我们的各种恩赐？我的梦想是什么？

如果我们不能和自己交流，我们如何认识自己？我们只有深刻了解自己，才可能做出内心真正的选择。了解你自己，你将了解整个世界。

反思乃是智慧之源。简单的问题立刻付诸行动，复杂的问题交给时间来解决，那么你在人生的道路上将无往而不胜。

2．读书学习 书籍，是历史的长老，智慧的使者；它传播了知识、积淀了文化，启悟了智慧；也容纳了峥嵘岁月、沧海桑田的变迁与无限的情绪。我们可以借助阅读心理学的书籍，一些名人传记，心理励志的书籍等来认识和了解自我、获得心理成长。一种比较有趣，也很有挑战的读书解决自己问题的方法是，明确提出自己的问题，然后随机翻开一页，就自己的问题与书上的内容进行研究探讨。这样的读书方法，往往会让我们有惊喜和发现，甚至会有当下顿悟的感觉。顿悟后可以总结成一句话，当成座右铭，经常去读、去体验、去践行。一句坚定的话可以改变我们的感觉。

学习其他人的思想可以帮助我们真正明白自己的思想。西方有句谚语说：愚笨的人，熬过痛苦，忘却经验；平庸之人，以自己的痛苦换取经验；聪明的人，借他人经验以自用。但是，一定要警惕，其他人的思想不一定是你的思想。要有选择地接受他人的思想，挑选出与你最深的内心发生共鸣的那些思想。吸收他人的智慧，铸造自己真实的规范和原则，并依此来指导自己的生活。

3．朋辈、老师 他人是我们的镜子，朋辈之间的探讨和交流是我们学习和成长的一条最简单、最有效的途径。教师丰富的人生阅历也是我们的活教材。所需的，就是自我求助的意愿。目前我国高校班级中，普遍设有心理委员，他们是朋辈心理辅导的基本力量。

4．心理咨询 心理咨询就是在专业的心理咨询师的帮助下，通过营造一个全新的人际环境，帮助来访者认识自己与社会，处理好各种关系，逐渐改变与外界不合理的思维、情感和反应方式，并学会与外界相适应的方法。美国《哲学百科全书》认为心理咨询主要有以下几个方面的特征：主要针对正常人；为人的一生提供有效的帮助；强调个人的力量与价值；强调认知因素，尤其是理性在选择和决定中的作用；研究个人在制订总目标、计划以及扮演社会角色方面的个性差异；充分考虑情景和环境的因素，强调人对于环境资源的利用以及必要时的改变。

心理问题的解决有赖于心理咨询。对于心理问题，人们的行为惯性是：调动一切手段去应对感觉，消灭症状。常常好了伤疤忘了疼，问题表现的随时性让我们最终放弃了对问题本质原因的探索。比如，有的大学生因失恋正陷入烦恼之中，此时有一份恋情又乘虚而入，而这段新的恋情，既埋没了失恋的感觉，又掩盖了前面情感挫败的实质原因，于是，新的失恋又将被复制。由于我们为应对感觉而掩盖了问题，于是，当我们再次行动时，问题又将乘虚而入，制造了新的循环，迫使人们为应对问题及感觉而不断地复制错误，空耗人生。对他人而言失败是成功之母，对自己而言失败却在叠加与倍增。

一个心理问题的存在会涉及人生的各个方面，它将使挫折循环增进，使你付出时间、经济、精神等多重代价。比如当一个大学生陷入情感困境时，思维不清，情绪紊乱，生活杂乱，于是，学业被耽误，择业也失败……如此一来整个人生的发展就被制约了。

因此，及时有效地遏制、解除心理问题，促进心灵成长、心理成熟，将最大限度地降低一个人的成长代价，节省发展成本，实现人生价值。可以说，心理咨询是解决心理问题的非常好的一个途径。

第二节　大学生心理危机

一、生命的意义

人是从哪里来？又到哪里去？人活着的意义是什么？

其实你可以认为生命是一堆烂泥、一棵枯草、一簇荆棘，也可以把生命视为一潭碧水、一束鲜花、一片绿地。一切都是你在赋予，你在创造！

1．爱让生命充满生机和活力　从生命诞生的那一刻起，父母就给予我们无限的爱和希望。生命，不仅仅是自己的，还是父母生命的组成部分，是家庭的一部分。正是因为有爱，对每一段生命来说，存在已是最大的意义。

尼克・胡哲（Nick Vujicic）1982 年生于澳大利亚，他天生没有双臂和双腿，面对这个重度残疾的生命，他的父母一度心生绝望，他也曾想到自杀。但是，凭着对生命的无限热爱，在父母的爱心和坚持下，他坚强地活了下来，不仅如此，他还为自己、为他人、为社会、为世界做出了伟大的贡献。如今，这位残疾青年已经创办了演讲公司，并担任国际公益组织的总裁。2008 年中国汶川大地震后，他曾来到地震灾区，以自己的经历鼓励人们不要放弃，要更好地生活下去。尼克・胡哲曾经说过：“我感觉自己和别人太不一样，对我来说，将来必定是没有希望的。如果当时我就放弃，认为生命就此终结的话，那我就要错失这么多东西。生活就是生活，有成功也有失败，如此周而复始。难道每次我们经历所谓的失败就要心生绝望吗？”他说：“我告诉人们失败时不要灰心，要始终爱自己。如果我能鼓励到哪怕只是一个人，那么这就是我这辈子的工作！”

2．奋斗创造生命的奇迹　举世闻名的德国音乐家贝多芬，一生备受疾病、贫困的折磨，却从未停止与命运的抗争，谱写出一首又一首令人称颂的生命乐章。美国残疾教育家海伦・凯勒，在黑暗与孤寂的世界里写就了数部著作，并建起了数个慈善机构。我国残疾人作家张海迪曾经说“我最大的快乐是死亡”，但是，她却活了下来。不仅如此，她创作和翻译的作品超过 100 万字，她用自己的言行，激励着广大青年和残疾人。这一段传奇的奋斗经历，无不诠释着生命的终极意义——奋斗。

贝多芬、海伦·凯勒、张海迪等等是不幸的，正当年少却过早承受生活的磨砺。但他们又是幸运的，因为逆境，他们学会了承担，学会了生存，学会了生活，更加懂得生命的可贵，谁说这不是生命的一大馈赠呢？

为了自己的生命而奋斗，为了自己的理想而奋斗，为了实现自己的价值而奋斗，是每个人为自己生命故事所能做到的最好的事情。

3．奉献是生命价值的核心 裴多菲说过，生命的多少用时间计算，生命的价值用贡献计算。人之所以区别于动物，就在于人类有着高贵的思想，懂道理，明事理，有无私奉献精神，会向往美好未来并为此而不懈努力。在这个世界上，我们的生命只有一次。但是我们却可以通过奉献，使自己的生命得以延续和发展。

日本著名企业家、两个世界五百强企业的缔造者稻盛和夫认为，生命的价值就在于我们离开这个世界时，与来到这个世界时相比，心灵境界更高了。

正是因为有了爱和奉献，我们的世界才充满了温暖，每一个生命才得以浸润和感动。

4．生命的意义在于创造价值 对于每个人来说，生命的意义并不仅仅是为了活着，而是为了成为自己，更好地活着。我们要利用生活的每一个瞬间，创造生命的价值。医生靠治病救人实现自己的价值，教师以教书育人实现自己的价值，农民和工人用辛勤的劳动实现自己的价值，而各领域的名人专家，用才智和胆识为世界创造了无限价值。歌德说："你若要喜爱自己的价值，就得给世界创造价值。"

5．生命的意义在生命的过程中显现 生命赐给了我们一双眼睛，去看五彩斑斓、春夏秋冬和悲欢离合；

生命赐给了我们一双耳朵，去聆听世界上美妙的声音，听从师长的教诲，从而学会知书达理；

生命赐给了我们一张嘴巴，可以表达内心，传递温情；

生命赐给了我们一颗大脑，可以感受爱，体悟爱，付出爱；

生命赐给了我们一双手，可以去触摸柔嫩的花儿，也可以用双手创造价值；

生命赐给了我们一双脚，可以走遍天下，走出通往幸福的路……

生活其实是自己最好的导师。我们要学会用心生活的艺术，跟随生活的方向而充分享受此时此刻。

对于大学生来讲，应找到自己的目标，为之努力和奋斗；应寻找生活的乐趣，充满好奇地探索未知的人生；应给自己一个快乐的理由，努力开创属于自己的生活。这就是对生命最大的尊重，是生命价值最大的体现。

6．面对死亡凸显生命的珍贵、庄严、敬畏与幸福感 西方的一位哲学家说过，一个人只有面对死亡的时候，才真正地出生了。罗丝说："死如同生一样，是人类存在、成长及发展的一部分，它赋予人类存在的意义，它给我们今生的时间规定界限，催迫我们在我们能够使用的那段时间里，做一番创造性的事业。"

我们应该学会把死亡当成生命的导师。由于死亡将每个人的生命从头到尾都做了限定，所以我们才能更好地了解生命的意义。认识到每个人都要面对死亡，我们才能摆脱盲目生活的想法，积极地筹划人生。因此，我们每个人都应该更多地考虑过好"生"的问题，要明确知道创造人生的幸福，这是此生的根本责任。每个人不是为了事业或者其他什么到这个世界上来的，而是为了得到幸福和创造幸福来到这个世界上的。

只有珍惜生命，才有竞争和拼搏；只有珍惜生命，才有理想与希望；只有珍惜生命，才有快乐与成功；只有珍惜生命，我们才能去爱我们的父母，爱我们的老师，爱我们的同学，爱我们的亲人；只有珍惜生命，才能去享受他们的爱；只有珍惜生命，才能去珍爱生命，才能去享受生活。

在大众创新，万众创业的时代，在激烈的商场竞争中，以一种向死而生的精神，一种在艰难困苦中打拼的毅力，一种为了理想而全力以赴的状态投入创新创业大潮，是时代给予大学生淬炼自己的机会，更是一个快速自我成长的路径。

二、大学生心理危机的表现

心理危机是指个体面临突然或重大生活事件，如亲人亡故、突发威胁生命的疾病、灾难等，个体既不能回避又无法用常用的方法来解决问题时所出现的心理失衡状态。心理危机具有突发性、紧急性、痛苦性、无助性和危险性的特点。

心理危机是一把双刃剑。可能导致严重的病态或过激行为，包括杀人和自杀；同时，心理危机中潜藏着机会，它带来的痛苦会迫使我们积极寻求帮助，带给我们成长的机遇。可以说，心理危机与成长相伴而生。没有心理危机，就没有成长。

心理危机发生后，个体会在躯体、认知、情绪、行为等方面发生各种变化。在躯体方面，会产生疲劳、失眠、头痛、做噩梦、容易惊吓等；在认知方面，在危机状态时注意力集中于突如其来的悲痛之中，并导致记忆和知觉的改变；在情绪方面，常出现害怕、焦虑、忧郁、伤心、易怒、绝望、否认与不安等情绪。在行为方面，当事人不能完成职业功能，不能专心学习和从事家务活动，与人隔绝，回避人，变得令人生厌或具有黏着性；与社会的联系被破坏，当事人感到与人脱离或相距甚远，可能发生对自己和对周围的破坏行为，并以此作为解决问题的最后努力；拒绝他人帮忙，认为接受帮助是自己软弱无力的表现，其行为和思维、情感是不一致的；还会出现一些平时不多见的行为。

三、大学生心理危机的预防与干预

心理危机干预是指对处在心理危机状态的个体采取明确有效的措施，使之最终战胜心理危机，重新适应生活的过程。

（一）心理危机的识别

1．正确识别心理危机的信号　大学生若出现下列几种情境、表现，则陷入心理危机的可能性较大：

（1）重大丧失（如亲人死亡、重要人际关系破裂、重要考试失败、失恋、遭受拒绝等）后出现反常表现。

（2）遭受严重突发事件的刺激后有异常反应。

（3）明确或间接表露自己感到痛苦、抑郁、无望、无价值甚至流露出死亡的意图。

（4）孤僻、人际关系恶化。

（5）物质滥用量加大。

（6）易激惹、与人敌对。

（7）持续不断的悲伤或焦虑。

（8）依赖性加大。

（9）出现自毁性或攻击性行为。

（10）日常学习、工作、生活状况出现明显的负性改变。

2．自杀征兆　自杀之前往往会有一些先兆。

（1）言语上的征兆：①直接向人说，“我想死。我不想活了。”②间接向人说，“我所有的问题马上就要结束了。”“现在没有人可以帮助我。”③说与自杀有关的事或开自杀方面的玩笑，如跟同学开玩笑：“我死了你会伤心不？”④有自杀计划，包括自杀方法、日期和地点。⑤流露出无助或无望的心情。⑥谈论一些可行的自杀方法。⑦突然与亲朋告别。

（2）行为上的征兆：①出现突然的、明显的行为改变，如中断与他人的交往或出现很危险的行为；②退缩和独处明显增加，减少与其生活中的重要人物的交流；③抑郁的表现；④无故送东西、送礼物给亲人或同学，无理由地向他人道谢或致歉；⑤有条理地安排后事；⑥频繁出现意外事故；⑦饮酒或吸烟的量大增；⑧躯体症状，如进食障碍、失眠或睡眠过多、慢性头痛或胃痛、月经不调等；⑨对学习失去兴趣，上课无故缺席，迟到早退，工作或学习成绩下降；⑩自卑感和羞耻感等。

（二）自杀干预与处理

1．如何帮助有自杀征兆的同学 可以采用以下措施。

（1）如何安慰自杀者：保持冷静和耐心倾听，让他（她）倾诉自己的感受。认可他（她）表露出自己的情感，也不试图说服他（她）改变自己。

询问他（她）是否想自杀："你是否觉得太痛苦、绝望，以至于想结束自己的生命？"相信他（她）说的话，当他说要自杀时，应认真对待。

如他（她）要你对其想自杀事情予以保密，不要答应。

让他（她）相信他人的帮助能缓解面临的困境，并鼓励他（她）寻求帮助。

说服其他相关人员共同承担帮助他（她）的责任。如你认为他（她）当时自杀的危险性很高，不要让他（她）独处，要立即陪他（她）去心理咨询机构或医院接受评估和治疗。

对刚刚出现自杀行为（服毒、割腕等）的人，要立即送到最近的急诊室进行抢救。

（2）如何劝解自杀者：遇到有人要跳楼、跳桥、跳河等突然情况，要以关心、尊重的口气劝说他（她）先从高处下来，除了告诉他（她）有事好商量外，对其提出的合理要求可以暂时答应下来。

劝说时，尽量让他（她）开口将自己的难题讲出来，并尽量把对话进行下去，此时可以找些能触动他（她）的话题，比如"你现在最割舍不下的是什么""父母多大年纪了"等，注意不要说教，不要评价他（她）的行为，要着重强调他（她）自身存在的价值。

应该迅速拨打"110""120"等紧急电话，并在他（她）可能跳下来的地方做好张网、铺垫等工作，以防万一。

进行劝解时要让他（她）有这样一个牢固的观念：自杀获救还可以抚平对亲友的伤害，弥补错失，如果真的自杀身亡，那才真的是不可原谅。

（3）面对要自杀的人时常用的话：你有权利自杀（含义：尊重、接纳他，明确是否自杀是你自己的事，你要对自己的行为负责）。

自杀是每个人一生中都曾经出现过的想法（含义：你不是世界上唯一一个有自杀想法的人，你自己不必为有这样的想法而恐惧或自责）。

自杀是一个人遇到困难还没有找到解决办法时的一种想法（含义：其实强调自杀是摆脱痛苦的手段而不是目的）。

你遇到了什么困难让你痛苦得想到要自杀？这些困难具体是什么？（把话题引向深入，发现他的具体困难和痛苦是什么，他遇到了什么问题，为下一步提供心理援助打下基础。）

2．学生自杀的五级防护 学生自杀防护分为以下五级。

（1）一级防护：学生自我调节。自觉地认识自己、独立地调节各种心理问题。平时注意学会和他人交流与沟通（会聆听也会倾诉）；培养参与体育运动或文娱活动的习惯，在一定程度上有助于不良情绪的释放和宣泄；提高自我觉察力，一旦发现产生自杀意念，便及时实施自我救助（如转移注意、避开刺激物等）必要时可以向心理辅导员等专业人士咨询或寻求帮助。

（2）二级防护：学生的朋辈互助。有互帮互助意识和能力，通过互帮互助解决某些心理问题。指导班级心理委员、班级干部、学生心理协会同学有针对性地开展心理援助活动，培训志愿者开展朋辈互助活动。

（3）三级防护：辅导员、班主任、教师的工作。有发现学生心理问题、保护帮助学生解决某些心理问题的能力，能及时推荐某些学生去咨询。建立院系心理健康联系人制度，培训心理辅导员，合作开展重点学生的心理援助工作。

（4）四级防护：大学心理咨询中心的工作。负责对大学生提供心理咨询、心理测试、心理训练、心理健康教育等服务。

（5）五级防护：医院治疗与家庭护理工作。医院能对问题学生心理疾病实施门诊药物治疗或住院治疗，家庭能协助配合做好当事人心理问题的防护和心理危机干预工作。与校医院及校外医疗机构保持紧密联系。

3．给自杀幸存者的建议 法国哲学家德里达说："幸存，就是超越生命的生命，多出生命的生命。因为，幸存，不只是留下来的东西，而是充满张力的生命本身。"每个人都要超越幸存。

（1）你能够生存下去，尽管你可能不这样想，但你一定能做到。

（2）你会一直纠缠于自杀发生的原因，直到最后你不再需要知道原因或你已经知道了一部分原因。

（3）你内心强烈的感受会压得你喘不过气来，但所有这些感受都是正常的。

（4）愤怒、内疚、混乱、健忘是常见的反应，你并没有发疯，只是处于悲伤之中。

（5）意识到你可以面对死亡、这个世界，以及你自己感到愤怒，把这种愤怒的情绪表达出来，没问题。

（6）你可能为你自己做过的或没有做过的事情感到内疚，宽恕自己，让内疚转化成遗憾。

（7）有自杀的想法很正常，有想法并不代表你一定会采取行动。

（8）记住自己需要时间慢慢度过这段日子，给自己一段时间恢复。

（9）找一个可以分享你心声的倾听者，如果需要倾诉就给他（她）打电话。

（10）不要害怕哭泣，眼泪有助于治愈心理创伤。

（11）记住选择自杀不是你的决定，没有人可以对一个人的生命产生唯一的有决定性的影响。

（12）尽量拖延做出重大决定的时间。

（13）允许自己寻求专业帮助。

（14）意识到你的家人和朋友承受的痛苦。

（15）对自己和其他还不能理解的人保持耐心。

（16）给自己设定一些限制，学会说不。

（17）避开那些告诉你应有什么感受或感觉如何的人。

（18）树立信心可以帮助你度过悲伤。

（19）悲伤过程中会出现一些常见的躯体反应，如头痛、食欲缺乏、无法入睡等。

（20）常与他人一起说笑或对着自己笑都是恢复的好方法。

（21）发泄自己内心的质疑、愤怒、内疚或其他感觉，直到完全清理干净。

（22）你已经不再是原来的你了，但你能够生存下去，并且可以活得更精彩。

（23）料到情绪会有波动，如果内心的情绪如潮水般返回，这说明你的悲伤反应可能还未过去，还有一些残留。

第三节　心理咨询

一、心理咨询的概念

所谓心理咨询，是由受过专门训练的心理咨询师，运用心理学的理论和技术，通过语言及非语言的交流，给来访者以帮助、启发和教育，使来访者改变认知、情绪和态度，帮助解决其在学习、工作、生活等方面出现的问题，促进来访者人格的发展和社会适应能力改善的助人活动。心理咨询是一种专业的助人自助的过程，在我国已经成为一种新兴的行业，越来越受到国家和社会的重视。

心理咨询具有如下特点：助人自助，帮助来访者全面了解自己，找到自己潜在的力量，学会克服成长中的障碍；是心理咨询师与来访者平等交流互动的过程，没有批评和指责；按照心理规律进行辅导；中立的态度和保密原则等职业规范，为心理咨询建立了一个独特的、安全的心理空间；心理咨询是一个过程，短则数次，长则数月，甚至更长的时间。

二、心理咨询的对象与任务

心理咨询的主要对象是正常人，可分为三大类：一是精神正常，但遇到了与心理有关的现实问题并请求帮助的人群；二是精神正常，但心理健康出现问题并请求帮助的人群；三是特殊对象，即临床治愈的精神疾病来访者。心理咨询最一般、最主要的对象，是健康人群，或者是存在心理问题的亚健康群，而不是人们常误会的“病态人群”。

心理咨询的任务，从总体上说，是帮助正常人群在生活中化解各类心理问题，克服种种心理障碍，矫治不良行为，理顺人格结构，纠正不合理的认知模式和非逻辑思维，学会调整人际关系，深化自我认知，端正处事态度，构建健康的生活方式，强化适应能力等等。心理咨询完成上述任务，皆为达到一个目的，即提高个人心理素质，使人健康、愉快、有意义地生活下去。

三、心理咨询的分类

依据心理学的主要理论，可分为分析型、认知型、支持型、行为型、人际关系型等心理咨询；按咨询的时程，则可分为长期、中期和短期心理咨询；根据咨询的性质，可分为发展咨询和健康咨询；根据咨询的规模，可分为个体咨询与团体咨询；根据咨询的方式，可分为门诊咨询、书信咨询、电话咨询、现场咨询和互联网咨询等等。

四、心理咨询的基本原则

1. 保密性原则　咨询人员保守来访者的内心秘密，妥善保管心理咨询材料、不得公开来访者的真实姓名、单位或住址。

2. 理解支持原则　咨询人员对来访者的语言、行动和情绪等要充分理解，不得以道德的眼光评判对错，要帮助来访者分析原因并寻找出路。

3. 积极心态培养原则　咨询人员的主要目的是帮助来访者分析问题的所在，培养来访者积极的心态，树立自信心，让来访者的心理得到成长，自己找出解决问题的方法。

4. 时间限定的原则　心理咨询必须遵守一定的时间限制。咨询时间一般规定为每次 60 ~ 90 分钟（初次受理咨询时可以适当延长）。心理咨询师和来访者都要遵守预定的时间。

5．“来者不拒，去者不留”的原则　到心理咨询室求助的来访者必须出于完全自愿，没有咨询愿望和要求的人，咨询师不会去主动找他（她）并为其心理咨询。

6．感情限定的原则　来自来访者的劝诱和要求，即便是好意的，在终止咨询之前也是应该予以拒绝的。

7．重大决定不轻易做出的原则　心理咨询期间，由于来访者情绪过于不稳和动摇，原则上应规劝其不要轻易做出诸如退休、调换工作、退学、转学、离婚等重大决定。

五、心理咨询的一般过程

大学生心理咨询一般可分为六个有层次、前后互相关联的阶段，即收集信息、界定问题、确定目标、规划方案、实施行动和评估结束。

1．收集信息　了解来访者的问题，咨询师确定来访者的问题是否符合心理咨询的范围，以及咨询师自己能否帮助求助者解决问题。如果不属于心理咨询范围，或者不是自己心理咨询领域，咨询师建议来访者到其他相应机构，或者转介绍给其他心理咨询师那里寻求心理帮助。

2．界定问题　咨询师需要对求助者的问题和相关方面的情况有一个全面的了解，对求助者的问题类型和严重程度有一个诊断，需要对造成求助者问题的原因进行分析和判断。心理诊断主要通过与求助者的谈话、与求助者关系密切人士的谈话、咨询师的观察、心理测验等方式进行。

3．确定目标　咨询师与来访者共同确定其应向什么方向改变，经过改变后可以达到一个什么样的状态。

4．规划方案　在咨询师对来访者的问题类型和严重程度，对造成问题的原因有一个初步诊断以后，咨询师会和来访者协商心理咨询解决问题的先后顺序，首先解决哪个问题，然后再解决哪个问题，与来访者介绍采用的心理咨询技术和方法，协商心理咨询的时间、周期等问题。

5．实施行动　在咨询师与来访者就咨询问题和使用方案取得一致的情况下，咨询师对来访者的问题进行咨询性谈话，咨询师可能使用的技术有认知矫正、行为疗法、心理分析等。根据使用方法的不同，有可能咨询师会给来访者布置家庭作业，或者对来访者进行训练等。本阶段所需要的时间往往和来访者问题的类型、问题的多少，咨询技术，以及求助者配合情况有关。

6．评估结束　一是评估目标收获，二是为学习迁移做准备，利用在咨询中获得的积极经验和收获，去面对生活中的问题，从而增强咨询效果，促进来访者更快发展。

【心理自我训练】

设想“死了”并重生

个别大学生因为学业、交友、恋爱等方面受到挫折而引发轻生之念。为强化对生命的珍惜，可以进行“死亡”“重生”训练：我们可以想象一下死，之后再设想自己死后的重生。设想体会一下一切都归零之后的样子，环境、社会、亲朋好友、家人……注意在这个过程中不要带有任何的情绪，因为你已经“死了”，只是静静地看就可以。

这是一种非常有效的心灵转换法。

著名的心理学家罗洛·梅在著作《人寻找自己》中记录了这样一个故事：一位妇女坚信，除非某个男人爱她，否则她无法活下去，当她得不到，就想到了自杀。她对这一问题想了好几天，突然动起一念：“假如我自杀了……”猛然想到：“我自杀以后，太阳依旧照耀，水照样给身体带来凉意，人们仍然工作忙碌……”于是心中豁然开朗，她决定活下去。主人公采取这种设想死去并重生的方法，最终放弃了自杀的念头。我们也可以采用这种方法，让自己的心灵得到一种释放，不良情绪得到一种排遣，从而获得心理的平静。

【案例分析】

风华正茂的大学生为何选择自杀?

案例回放：

晓丽是大一新生，军训时流露出自杀的念头，被送至学校心理咨询中心。在面谈中晓丽的情绪一直十分低落，低声哭泣，不愿说话。经咨询老师情绪处理后，她告诉咨询老师，父母常年在外打工，由奶奶带大。奶奶有重男轻女的思想，对自己缺乏疼爱。晓丽与奶奶很少交流，与父母联系也很少。即使在和父母团聚的日子里，晓丽也感觉不到亲情。她说同学都很自私，经常欺负和孤立她。她很孤独，认为活着没有意思。在军训中由于训练强度较大，条件比较艰苦，她感到很不适应，经常受到教官的批评。因为这些原因，她的情绪抑郁，整天不说一句话，经常晚上12点还不能入睡。早晨恋床，起床非常困难，浑身疼痛。白天无法集中注意力训练，心情糟糕透了。与晓丽面谈之后，咨询老师给晓丽进行了抑郁量表测试，测试结果显示重度抑郁。经医院进一步诊断、治疗，晓丽开始服用抗抑郁的药物。3个月后的一天，晓丽将积攒的抗抑郁药物一次性服下，后经过医院洗胃脱离生命危险。

案例分析：

1. 晓丽患的是典型的抑郁症。晓丽的生活经历使得她缺乏安全感、缺少家庭温暖和社会支持，缺少倾诉对象，形成了抑郁、孤僻的性格。

2. 晓丽的自杀行为是抑郁症的症状表现。在抑郁症患者中，有75%的人有自杀倾向，25%的人实施自杀。因此，对于抑郁症患者，除了进行药物和心理治疗外，还要由监护人进行全天监护，以避免自杀行为的发生。

（鹿凤山）

大学生心理自我测试

附录一 大学生心理测试的基本要求

心理测试是心理学服务于社会的一个重要手段。目前它已广泛应用于医疗、教育、人事、军事等相关领域，并且其应用范围还在不断地扩大。在大学生心理健康教育和心理咨询领域，我们经常要借助心理测试来获得较为严谨而可靠的依据，心理测验在大学生心理健康教育的实践中发挥着越来越重要的作用。

一、大学生心理测试的目的

心理测试在鉴别智力、因材施教、人才选拔、就业指导、临床诊断等方面具有咨询、鉴定和预测功能，其最根本的功用是测量个体心理行为的个别差异。只有了解了测验目的，才能选择合适的测试。

大学生进行心理测试的目的，一方面是为了更好地了解自己，如了解自己的智力水平、能力倾向、人格特征、健康状况、有无心理疾患等情况，以便更好地发展自己，提高心理素质，更好地学习、生活等。另一方面是为了使大学生心理卫生工作者或心理咨询师能更科学地调查大学生心理卫生状况，从而有的放矢地实施健康教育或心理咨询，对于典型案例亦可进行研究。因此，对大学生进行心理测试很有必要。

二、大学生心理测试的要求

首先，要正确地对待心理测试，纠正错误的心理测试观。有人认为心理测试可以解决一切问题，不管需不需要都采用；相反，有人则认为心理测试有害无益，不安全，不可信，应当排斥。这两种观点都是错误的，大学生必须加以摒弃，应辩证、客观地看待心理测验。标准的心理测试是一种较科学的研究和决策的辅助工具，测试结果在我们的实际应用和科研中有重要的参考价值，但我们又不能绝对相信和完全依赖它，更不能滥用它。

其次，接受心理测试时心情应自然放松，不紧张、不多疑，根据主试者的要求及测试要求认真如实地回答，持合作态度。当然主试者也应是熟悉测试并接受过一定专业训练的专业人员，并按规定标准化地操作测试，时刻注意与被试者建立和谐的关系。

最后，对于测试结果应请主试者进行解释，不要胡乱猜疑。测试后，主试者一般会根据测试性质来决定是否直接告知结果，并且对测试结果保密。由于心理测试在某些方面的不完善性，因此，测试结果也不是非常准确可靠的，且结果也不是一成不变的，所以不要一味迷信测试结果。但由于科学的心理测试具有一定的信度和效度，所以我们可以利用测试结果作为参考去调整和发展自己。主试者在对测试结果进行解释时，必须谨慎，测试评语尽量正面引导，消除被试者的一些不正确看法。

附录二 大学生心理自我测试的常用量表

一、大学生心理成熟度测试量表

【指导语】请你根据自己的实际情况，在测试题的 A，B，C 答案中认真地选择其中一个。

【测试题】

1．对悬而未决的事情，你的态度是：(　　)

A．当机立断　　B．等待顾盼　　C．任其拖延

2．对自己喜欢的物件如画、光盘、书及装饰品等，你采取的行动是：(　　)

A．买回家好好欣赏　　B．买时犹豫不决　　C. 从来不买

3．对自己目前的处境，你的态度是：(　　)

A．积极的学习、工作，相信自己是命运的创造者

B．学习中怨天尤人，常感叹命运不公

C．认为自己是失败者，反感一切

4．对各种刺激诱惑，你的反应是：(　　)

A．对我无益的不要　　B．不管什么都跃跃欲试

C. 盲目投入，难以自拔

5．每天是否有十分钟的时间做自我反省？(　　)

A．经常超过　　B．偶尔想想　　C．从来不想

6．你对自己能力的评估是：(　　)

A．自信自己是有能力的，并且已作出某方面的业绩

B．有能力只是还没有发挥出来

C．也许有能力吧

7．如果你感到不快和烦躁，你采取的态度是：(　　)

A．尽快想办法自我发泄掉　B. 迁怒于人或事　　C. 闷在心里

8．对待比你富有、职位高、学习好的人你的心态是：(　　)

A．不卑不亢，平等对待　　B．总觉得自己低人一等

C．敌视或过度自卑

9．对大自然的美景和生活中的乐趣，你的反应是：(　　)

A．积极投入参加　　B．兴致不高　　C．无心欣赏

10．当别人需要你的爱心和帮助时，你的态度是：(　　)

A．毫不迟疑地献出　　B．考虑利害得失而定　　C．冷漠，逃避

【计分与评价】

1．你的答案中有 8 个 A 说明你是一个心理非常成熟，能够在不同的环境中保持心态平衡的人。

2．你的答案中有 7 个 B 说明你的心理平衡能力有待加强，需要加强修养和磨炼。

3．如果你的答案中有 6 个 C 说明你心理有缺陷，建议看心理医生。

注：本测验的结果仅供参考。

二、大学生 A、B 型性格测试

【指导语】

本测试共 25 个题目，请对每一个题目做出判断。如果该项题目反应的内容符合你的情况，请回答“是”，否则回答“否”。

【测试题】

1．你说话时会刻意加重关键字的语气吗？	是	否
2．你吃饭和走路时都很急促吗？	是	否
3．你认为孩子自幼就该养成与人竞争的习惯吗？	是	否
4．当别人慢条斯理做事时你会感到不耐烦吗？	是	否
5．当别人向你解说事情时你会催他赶快说完吗？	是	否
6．在路上挤车或餐馆排队时你会被激怒吗？	是	否
7．聆听别人谈话时你会一直想你自己的问题吗？	是	否
8．你会一边吃饭一边写笔记或一边开车一边刮胡子吗？	是	否
9．你会在休假之前赶完预定的一切工作吗？	是	否
10．与别人闲谈时你总是提到自己关心的事吗？	是	否
11．让你停下工作休息一会儿时你会觉得浪费了时间吗？	是	否
12．你是否觉得全心投入工作而无暇欣赏周围的美景？	是	否
13．你是否觉得宁可务实而不愿从事创新或改革的事？	是	否
14．你是否尝试在有限的时间内做出更多的事？	是	否
15．与别人有约时你是否绝对守时？	是	否
16．表达意见时你是否握紧拳头以加强语气？	是	否
17．你是否有信心再提升你的工作绩效？	是	否
18．你是否觉得有些事等着你立刻去完成？	是	否
19．你是否觉得对自己的工作效率一直不满意？	是	否
20．你是否觉得与人竞争时非赢不可？	是	否
21．你是否经常打断别人的话？	是	否
22．看见别人迟到时你是否会生气？	是	否
23．用餐时你是否一吃完就立刻离席？	是	否
24．你是否经常有匆匆忙忙的感觉？	是	否
25．你是否对自己近来的表现不满意？	是	否

【计分与评价】

计分说明：如果你有一半以上的题目回答“是”，那么你就有 A 型倾向了，题目越多，倾向越明显。反之则是 B 型倾向。

背景知识：心理学家用大量的研究证明，性格特点与疾病之间有着紧密的联系。

A 型性格的特点是：性格急躁，没有耐心；争强好胜，求胜心切，追求成就，有很强的事业心；动作敏捷；时间观念强；情绪容易波动；对人有戒心；缺少运动。

B 型性格的特点是：性情随和，不喜欢与人争斗；生活方式悠闲自在，不争名利，对成败得失看得较淡，不太在意成就的大小，对工作生活较容易满足；工作生活从容不迫，有条不紊；时间观念不是特别强。

医学研究发现 A 型性格是患心脏病的主要原因之一，A 型性格者心脏病的发病率是 B 型性格的2倍。尽管对健康有些不利影响，但A型性格的人大可不必“杞人忧天”，只要对自己的生活做出一些调整，如在时间计划中多给自己留有余地，以便处理突发事件；休息前尽量完成所有的工作，以便轻松自在地游玩；尽量避免排队或做日常琐事等。这样，尽量使自己的行为变成适应性强、压力较小的方式，就可以有效地保护自己的健康。

三、学习动力自我诊断测试问卷

【指导语】

这是一份关于大学生学习动力的自我诊断量表，一共有20个问题，请你根据自己的实际情况，逐一对每个问题做“是”或“否”的回答。为了保证测验的准确性，请你认真作答。

【测试题】

1．如果别人不督促你，你极少主动地学习。

2．你一读书就觉得疲劳与厌烦，直想睡觉。

3．当你读书时，需要很长的时间才能提起精神。

4．除了老师指定的作业外，你不想再多看书。

5．在学习中遇到不懂的知识，你根本不想设法弄懂它。

6．你常想：自己不用花太多的时间，成绩也会超过别人。

7．你迫切希望自己在短时间内就能大幅度提高自己的学习成绩。

8．你常为短时间内成绩没能提高而烦恼不已。

9．为了及时完成某项作业，你宁愿废寝忘食、通宵达旦。

10．为了把功课学好，你放弃了许多你感兴趣的活动，如体育锻炼、看电影与郊游等。

11．你觉得读书没意思，想去找个工作做。

12．你常认为课本上的基础知识没啥好学的，只有看高深的理论、读大部头作品才带劲。

13．你平时只在喜欢的科目上狠下功夫，对不喜欢的科目则放任自流。

14．你花在课外读物上的时间比花在教科书上的时间要多得多。

15．你把自己的时间平均分配在各科上。

16．你给自己定下的学习目标，多数因做不到而不得不放弃。

17．你几乎毫不费力就实现了你的学习目标。

18．你总是同时为实现好几个学习目标而忙得焦头烂额。

19．为了应付每天的学习任务，你已经感到力不从心。

20．为了实现一个大目标，你不再给自己制订循序渐进的小目标。

【计分与评价】

上述20道题目可分成4组，它们分别测查你在四个方面的困扰程度：1～5题测查你的学习动机是不是太弱；6～10题测查你的学习动机是不是太强；11～15题测查你的学习兴趣是否存在困扰；16～20题测查你在学习目标上是否存在困扰。

假如你对某组（每组5题）中大多数题目持认同的态度，则一般说明你在相应的学习欲望上存在一些不够正确的认识，或存在一定程度的困扰。

从总体上讲，假设选“是”计1分，选“否”计0分，将各题得分相加，算出总分。

总分在0～5分，说明学习动机上有少许问题，必要时可调整。

总分在6～10分，说明学习动机上有一定的问题和困扰，可调整。

总分在14～20分，说明学习动机上有严重的问题和困扰，需调整。

注：本测试的结果仅供参考。

四、大学生时间管理自我诊断量表

【指导语】

以下选择不存在正确与错误之分，主要用于了解你在日常学习与生活中对待时间的方式与态度。请根据自己的实际情况，选择最适合你的一种答案。

【测试题】

1. 星期天，你早晨醒来时发现外面正在下雨，而且天气阴沉，你会怎么办？（　　）

A. 接着再睡　　B. 仍在床上逗留

C. 按照一贯的生活规律，穿衣起床

2. 吃完早饭后，在上课前，你还有一段自由时间，你怎样利用？（　　）

A. 无所事事，根本没考虑学习点什么，不知不觉地过去了

B. 准备学点什么，可是不知道学什么好

C. 按照预先定好的学习计划进行，充分利用这一段自由时间

3. 除了每天上课外，对所学的各门课程，在课余时间里怎样安排？（　　）

A. 没有任何学习计划，高兴学什么就学什么

B. 按照自己最大的能量来安排复习、作业、预习，并紧张地学习

C. 按照当天所学的课程和明天要学习的内容制订计划，严格有序地学习

4. 你每天晚上怎样安排第二天的学习时间？（　　）

A. 不考虑　　B. 心中和口头上做些安排

C. 书面写出第二天的学习计划

5. 我为自己拟定了“每日学习计划表”，并严格执行。（　　）

A. 很少如此　　B. 有时如此　　C. 经常如此

6. 我每天的休息时间表有一定的灵活性，以使自己拥有一定时间去应付预想不到的事情。（　　）

A. 很少如此　　B. 有时如此　　C. 经常如此

7. 当你发现自己近来浪费时间比较严重时，你有何感受？（　　）

A. 无所谓　　B. 感到很痛心

C. 感到应该从现在起尽量抓紧时间

8. 当你学习忙得不可开交，而又感到有点力不从心时，你怎样处理？（　　）

A. 开始有些泄气，认为自己脑袋笨，自暴自弃

B. 有干劲，有用不完的精力，但又感到时间太少，仍然拼命学习

C. 开始分析检查自己的学习时间分配是否合理，找出合理安排学习时间的方法，提高学习效率

9. 在学习时，常常被人干扰打断，你怎么办？（　　）

A. 听之任之　　B. 抱怨，但又毫无办法　C. 采取措施防止外界干扰

10. 当你学习效率不高时，你怎么办？（　　）

A. 强打精神，坚持学习

B. 休息一下，活动活动，以利再战

C. 把学习暂时停下，转换一下兴奋中心，待效率最佳时刻到来，再高效率学习

11. 阅读课外书籍，你怎样进行？（　　）

A. 无明确目的，见什么看什么，并常读出声来

B. 能一面阅读一面选择

C. 有明确目的地进行阅读，运用快速阅读法，加强自己的阅读能力

12．你喜欢什么样的生活？（　　）

A．按部就班、平静如水的生活

B．急急忙忙、精神紧张的生活

C．轻松愉快、节奏明显的生活

13．你的手表或书房的闹钟经常处于什么状态？（　　）

A．常常慢　　B．比较准确　　C．经常比标准时间快一些

14．你的书桌井然有序吗？（　　）

A．很少如此　　B．偶尔如此　　C．常常如此

15．你经常反省自己处理时间的方法吗？（　　）

A．很少如此　　B．偶尔如此　　C．常常如此

【计分与评价】

选择 A 得 1 分，选择 B 得 2 分，选择 C 得 3 分。将自己各题的得分加起来，然后根据下面的评析判断出自己的时间管理能力和水平。

35 ~ 45 分，有很强的时间管理能力。在时间管理上，你是一个成功者，不仅时间观念强，而且还能有目的、有计划、合理有效地安排学习和生活时间，时间利用率高，学习效果良好。

25 ~ 34 分，比较善于对时间进行自我管理，时间管理能力较强，有较强的时间观念，但是，在时间安排和使用方法上还有待进一步提高。

15 ~ 24 分，时间自我管理能力一般，在时间的安排上和使用上缺乏明确的目的性，计划性也较差，时间观念较淡薄。

14 分以下，不善于时间管理，时间自我管理的能力很差，在时间的自我管理上是一个失败者，不仅时间观念淡薄，而且也不能合理地安排和支配自己的学习、生活时间。你需要好好地训练自己，逐步掌握时间管理的技巧。

注：本测验的结果仅供参考。

五、大学生在校心理适应能力测试问卷

【指导语】

为了帮助大学生了解自己的心理适应情况，下面我们为大家提供一份具体的心理小测验，每道题有 3 个答案，每个学生可以根据自己的情况，选择一种填入括号内。

【测试题】

1．我最怕转学或转班级，每到一个新环境，我总要经过很长一段时间才能适应。（　）

A．是　　B．无法肯定　　C．不是

2．每到一个新的地方，我很容易同别人接近。（　　）

A．是　　B．无法肯定　　C．不是

3．在陌生人面前，我常无话可说，以至感到尴尬。（　　）

A．是　　B．无法肯定　　C．不是

4．我最喜欢学习新知识或新学科，它给我一种新鲜感，能调动我的积极性。（　　）

A．是　　B．无法肯定　　C．不是

5．每到一个新地方，我第一天总是睡不好，就是在家里，只要换一张床，有时也会失眠。（　　）

A．是　　B．无法肯定　　C．不是

6．不管生活条件有多大变化，我也能很快习惯。（　　）

A．是　　B．无法肯定　　C．不是

7．越是人多的地方，我越感到紧张。(　　)
A．是　　B．无法肯定　　C．不是
8．在正式比赛或考试时，我的成绩多半不会比平时练习时差。(　　)
A．是　　B．无法肯定　　C．不是
9．我最怕在班上发言，全班同学都看着我，心都快跳出来了。(　　)
A．是　　B．无法肯定　　C．不是
10．即使有的同学对我有看法，我仍能同他（她）交往。(　　)
A．是　　B．无法肯定　　C．不是
11．老师在场的时候，我做事情总有些不自在。(　　)
A．是　　B．无法肯定　　C．不是
12．和同学、家人相处，我很少固执己见，乐于采纳别人的看法。(　　)
A．是　　B．无法肯定　　C．不是
13．同别人争论时，我常常感到语塞，事后才想起该怎样反驳对方，可惜已经太迟了。(　　)
A．是　　B．无法肯定　　C．不是
14．我对生活条件要求不高，即使生活条件很艰苦，我也能过得很愉快。(　　)
A．是　　B．无法肯定　　C．不是
15．有时自己明明把课文背得滚瓜烂熟，可在课堂上背的时候，还是会出差错。(　　)
A．是　　B．无法肯定　　C．不是
16．在决定胜负成败的关键时刻，我虽然很紧张，但总能很快地使自己镇定下来。(　　)
A．是　　B．无法肯定　　C．不是
17．我不喜欢的东西，不管怎么学也学不会。(　　)
A．是　　B．无法肯定　　C．不是
18．在嘈杂混乱的环境里，我仍然能集中精力学习，并且效率较高。(　　)
A．是　　B．无法肯定　　C．不是
19．我不喜欢陌生人来家里做客，每逢这种情况，我就有意回避。(　　)
A．是　　B．无法肯定　　C．不是
20．我很喜欢参加社交活动，我感到这是交朋友的好机会。(　　)
A．是　　B．无法肯定　　C．不是

【计分与评价】

单数号题：是，–2 分；无法肯定，0 分；不是，2 分。

双数号题：是，2 分；无法肯定，0 分；不是，–2 分。

将各题的得分相加，即得总分。

35 ~ 40 分社会适应能力很强。能很快地适应新的学习、生活环境，与人交往轻松、大方，给人的印象极好，无论进入什么样的环境，都能应付自如，左右逢源。

29 ~ 34 分社会适应能力良好。

17 ~ 28 分社会适应能力一般。当进入一个新的环境，经过一段时间的努力，基本上能适应。

6 ~ 16 分社会适应能力较差，依赖于较好的学习、生活环境，一旦遇到困难则怨天尤人甚至消沉。

5 分以下社会适应能力很差，在各种新环境中，即使经过一段相当长时间的努力，也不一定能够适应，常常因感到与周围事物格格不入而十分苦闷。在与他人的交往中，总显得拘谨，羞怯，手足无措。

如果一个学生在这个测查中得分较高，说明其社会适应能力较强。但是，如果得分较低，也不必忧心忡忡，因为一个人的社会适应能力是随着年龄的增长、知识经验的丰富而不断增强的。只要充满信心，刻苦学习，虚心求教，加强锻炼，就一定会成为适应社会的成功者。

注：本测验的结果仅供参考。

六、大学生人际关系的心理诊断问卷

【指导语】

这是一份大学生人际关系行为困扰的诊断量表，一共有28个问题，请你根据自己的实际情况，逐一对每个问题做“是”或“否”的回答。为了保证测验的准确性，请你认真作答。

【测试题】

1．关于自己的烦恼有口难开。	是	否
2．和生人见面感觉不自然。	是	否
3．过分地羡慕和忌妒别人。	是	否
4．与异性交往太少。	是	否
5．对连续不断的会谈感到困难。	是	否
6．在社交场合，感到紧张。	是	否
7．时常伤害别人。	是	否
8．与异性来往感觉不自然。	是	否
9．与一大群朋友在一起，常感到孤寂或失落。	是	否
10．极易受窘。	是	否
11．与别人不能和睦相处。	是	否
12．不知道与异性如何适可而止。	是	否
13．当不熟悉的人对自己倾诉他（她）的生平遭遇以求同情时，自己常感到不自在。	是	否
14．担心别人对自己有什么坏印象。	是	否
15．总是尽力使别人赏识自己。	是	否
16．暗自思慕异性。	是	否
17．时常避免表达自己的感受。	是	否
18．对自己的仪表（容貌）缺乏信心。	是	否
19．讨厌某人或被某人所讨厌。	是	否
20．瞧不起异性。	是	否
21．不能专注地倾听。	是	否
22．自己的烦恼无人可申诉。	是	否
23．受别人排斥，感到冷漠。	是	否
24．被异性瞧不起。	是	否
25．不能广泛地听取各种意见和看法。	是	否
26．自己常因受伤害而暗自伤心。	是	否
27．常被别人谈论、愚弄。	是	否
28．与异性交往不知如何更好地相处。	是	否

【计分与评价】

计分标准：选择“是”的加1分，选择“否”的给0分。

如果你的总分在0～8分，那么说明你在与朋友相处上的困扰较少。你善于交谈，性格比较开朗，主动，关心别人。你对周围的朋友都比较好，愿意和他们在一起，他们也都喜欢你，你们相处得不错。而且，你能从与朋友的相处中，得到许多乐趣。你的生活是比较充实而且丰富多彩的，你与异性朋友也相处得很好。一句话，你不存在或较少存在交友方面的困扰，你善于与朋友相处，人缘很好，能获得许多人的好感与赞同。

如果你的总分在 9 ~ 14 分，那么，你与朋友相处存在一定程度的困扰。你的人缘一般，换句话说，你和朋友的关系并不牢固，时好时坏，经常处在一种起伏之中。

如果你的总分在 15 ~ 28 分，那就表明你同朋友相处的行为困扰比较严重，分数超过 20 分，则表明你的人际关系行为困扰程度很严重，而且在心理上出现较为明显的障碍。你可能不善于交谈，也可能是一个性格孤僻的人，不开朗，或者有明显的自高自大、讨人嫌的行为。

注：本测试的结果仅供参考。

七、大学生情绪稳定性自我测试量表

【指导语】

情绪是心理健康的重要标志，一个人的情绪是否稳定一定程度上反映了他的身心健康状况。那么怎样测量你的情绪是否稳定呢？请做一做下面这个测验。

该测验共有 30 道题，每道题都有三种答案可供选择，请你从中选择出与自己的实际情况最相接近的一种答案，对测验题中与自己生活、身份不相符合的情况，可以不予选择。

【测试题】

1．看到自己最近一次拍摄的照片，你有何想法？（　　）

A．觉得不称心　　B．觉得很好　　C．觉得可以

2．你是否想到若干年后会有什么使自己极为不安的事？（　　）

A．经常想到　　B．从来没有想过　　C．偶尔想到过

3．你是否被朋友、同事、同学起过绰号、挖苦过？（　　）

A．这是常有的事　　B．从来没有　　C．偶尔有过

4．你上床以后是否经常再次起来一次，看看门窗是否关好？（　　）

A．经常如此　　B．从不如此　　C．偶尔如此

5．你对与你关系最密切的人是否满意？（　　）

A．不满意　　B．非常满意　　C．基本满意

6．在半夜的时候，你是否经常觉得有什么值得害怕的事？（　　）

A．经常有　　B．从来没有　　C．偶尔有

7．你是否经常因梦见可怕的事而惊醒？（　　）

A．经常　　B．从来没有　　C．极少有

8．你是否曾经有过多次做同一个梦的情况？（　　）

A．是　　B．否　　C．记不清

9．是否有一种食物使你吃后呕吐？（　　）

A．是　　B．否　　C．记不清

10．除去看见的世界外，你心里是否有另外一种世界？（　　）

A．是　　B．否　　C．偶尔是

11．你心里是否时常觉得你不是现在的父母所生？（　　）

A．是　　B．否　　C．偶尔是

12．你是否曾经觉得有一个人爱你或尊重你？（　　）

A．说不清　　B．否　　C．是

13．你是否常常觉得你的家庭对你不好，但你又确知他们的确对你好？（　　）
A．是　　B．否　　C．偶尔是
14．你是否觉得没有人十分了解你？（　　）
A．是　　B．否　　C．说不清
15．在早晨起来的时候，你最经常的感觉是什么？（　　）
A．忧郁　　B．快乐　　C．讲不清楚
16．每到秋天，你经常的感觉什么？（　　）
A．秋雨霏霏或枯叶遍地　　B．秋高气爽或艳阳天　　C．不清楚
17．在高处的时候，你是否觉得站不稳？（　　）
A．是　　B．否　　C．偶尔是
18．你平时是否觉得自己很强健？（　　）
A．是　　B．否　　C．不清楚
19．你是否一回家就立刻把房门关上？（　　）
A．是　　B．否　　C．不清楚
20．当你坐在房间里把门关上时，是否觉得心里不安？（　　）
A．是　　B．否　　C．偶尔
21．当需要你对一件事做出决定时，你是否觉得很难？（　　）
A．是　　B．否　　C．偶尔是
22．你是否常常用抛硬币、玩纸牌、抽签之类的游戏来测凶吉？（　　）
A．是　　B．否　　C．偶尔是
23．你是否常常因为碰到东西而跌到？（　　）
A．是　　B．否　　C．偶尔是
24．你是否需用一个多小时才能入睡，或醒得比你希望的早一个小时？（　　）
A．经常这样　　B．从不这样　　C．偶尔这样
25．你是否曾看到、听到或感觉到别人觉察不到的东西？（　　）
A．经常这样　　B．从不这样　　C．偶尔这样
26．你是否觉得自己有超越常人的能力？（　　）
A．是　　B．否　　C．不清楚
27．你是否曾经觉得因有人跟你走而心里不安？（　　）
A．是　　B．否　　C．不清楚
28．你是否觉得有人在注意你的言行？（　　）
A．是　　B．否　　C．不清楚
29．当你一个人走夜路时，是否觉得前面潜藏着危险？（　　）
A．是　　B．否　　C．偶尔
30．你对别人自杀有什么想法？（　　）
A．可以理解　　B．不可思议　　C．不清楚

【计分与评价】

以上各题的答案，凡选 A 得 2 分，选 B 得 0 分，选 C 得 1 分。请将你的得分统计一下，算出总分。根据你的总分查下面评价表，便可知你的情绪稳定水平。

评 价 表

总分	情绪稳定水平
0 ~ 20	情绪稳定、自信心强
21 ~ 40	情绪基本稳定，但较为深沉、冷静
41 分以上	情绪极不稳定，日常烦恼太多

注：测试结果仅供参考。

八、耶鲁布朗强迫量表

耶鲁布朗强迫量表是美国 GOODMAN 等人根据 DSM-III-R 诊断标准而制定的专门测定强迫症状严重程度的量表；是临床上使用的评定强迫症的主要量表之一；量表的测试题共 10 题，简明、易用。

【指导语】1 ~ 5 题是强迫思维，6 ~ 10 题是强迫行为，请依照你主要的强迫症状作答，并在题目上圈选适当的数目。

【测试题】

主诉的强迫思维：

1．您每天花多少时间在强迫思维上？每天强迫思维出现的频率有多高？

0= 完全无强迫思维（回答此项，则第 2、3、4、5、题也会选 0；所以请直接作答第六题）

1= 轻微（少于 1 小时），或偶尔有（一天不超过 8 次）。

2= 中度（1 ~ 3 小时），或常常有（一天超过 8 次，但一天大部分时间没有强迫思维）。

3= 重度（多于 3 小时但不超过 8 小时），或频率非常高（一天超过 8 次，且一天大部分时间有强迫思维）。

4= 极重（多于 8 小时），或几乎无时无刻都有（次数多到无法计算，且 1 小时内很少没有强迫思维）。

2．您的强迫思维对社交、学业成就或工作能力有多大妨碍？（假如目前没有工作，则强迫思维对每天日常活动的妨碍有多大？回答此题时，请想是否有任何事情因为强迫思维而不去做或较少做）。

0= 不受妨碍。

1= 轻微，稍微妨碍社交或工作活动，但整体表现并无大碍。

2= 中度，确实妨碍社交或工作活动，但仍可应付。

3= 重度，导致社交或工作表现的障碍。

4= 极度，无能力应付社交或工作。

3．您的强迫思维给您带来多大的苦恼或困扰？

0= 没有。

1= 轻微，不会太烦人。

2= 中度，觉得很烦，但尚可应付。

3= 重度，非常烦人。

4= 极重，几乎一直持续且令人丧志地苦恼。

4．您有多少努力对抗强迫思维？你是否尝试转移注意力或不去想它呢？（重点不在于是否成功转移，而在于你有多努力对抗或尝试频率有多高）

0= 一直不断地努力与之对抗（或症状很轻微，不需要积极地对抗）。

1= 大部分时间都试图与之对抗（超过一半的时间我都试图与之对抗）。

2= 用些许努力去对抗。

3= 屈服于所有的强迫思维，未试图控制，但仍有些不甘心。

4= 完全愿意屈服于强迫思维。

5．您控制强迫思维的能力有多少？您停止或转移强迫思维的效果如何？（不包括通过强迫行为来停止强迫思维）

0= 完全控制，我可以完全控制。

1= 大多能控制，只要花些力气与注意力，即能停止或转移强迫思维。

2= 中等程度控制，“有时”能停止或转移强迫思维。

3= 控制力弱，很少能成功地停止或消除强迫思维，只能转移。

4= 无法控制，完全不能自主，连转移一下强迫思维的能力都没有。

主诉的强迫行为：

6．您每天花多少时间在强迫行为上？每天做出强迫行为的频率有多高？

0= 完全无强迫行为（回答此项，则第 7、8、9、10 题也会选 0）

1= 轻微（少于 1 小时），或偶尔有（一天不超过 8 次）.

2= 中度（一至 3 小时），或常常有（一天超过 8 次，但一天大部分时间没有强迫行为）。

3= 重度（多于 3 小时但不超过八小时），或频率非常高（一天超过 8 次，且一天大部分时间有强迫行为）。

4= 极重（多于八小时），或几乎无时无刻都有（次数多到无法计算，且一小时内很少没有多种强迫思维）。

7．您的强迫行为对社交、学业成就或工作能力有多大妨碍？（假如目前没有工作，则强迫行为对每天日常活动的妨碍有多大？）

0= 不受妨碍

1= 轻微，稍微妨碍社交或工作活动，但整体表现并无大碍。

2= 中度，确实妨碍社交或工作活动，但仍可应付。

3= 重度，导致社交或工作表现的障碍。

4= 极度，无能力应付社交或工作。

8．假如被制止从事强迫行为时，您有什么感觉？您会多焦虑？

0= 没有焦虑。

1= 轻微，假如强迫行为被阻止，只是稍微焦虑。

2= 中度，假如强迫行为被阻止，会有中等程度的焦虑，但是仍可以应付。

3= 严重，假如强迫行为被阻止，会明显且困扰地增加焦虑。

4= 极度，假如有任何需要改变强迫行为的处置时，会导致极度地焦虑。

9．您有多努力去对抗强迫行为？或尝试停止强迫行为的频率？（仅评估您有多努力对抗强迫行为或尝试频率有多高，而不在于评估您停止强迫行为的效果有多好。）

0= 一直不断地努力与之对抗（或症状很轻微，不需要积极地对抗）。

1= 大部分时间都试图与之对抗（超过一半的时间我都试图与之对抗）。

2= 用些许努力去对抗。

3= 屈服于所有的强迫行为，未试图控制，但仍有些不甘心。

4= 完全愿意屈服于强迫行为。

10．您控制强迫行为的能力如何？您停止强迫（仪式）行为的效果如何？（假如你很少去对抗，那就回想那些少数对抗的情境，以便回答此题。）

0= 完全控制，我可以完全控制。

1= 大多能控制，只要花些力气与注意力，即能停止强迫行为。

2= 中等程度控制，“有时”控制强迫行为，有些困难。

3= 控制力弱，只能忍耐耽搁一下时间，但最终还是必须完成强迫行为。

4= 完全无法控制，连耽搁一下的能力都没有。

【计分与评价】

选择完毕请将回答的每道题目前边的数字相加得出分数，说明如下：

轻度严重 6 ~ 15 分（单纯的强迫思维或强迫行为，仅需要 6 ~ 9 分）。处于轻度严重的强迫症患者，其症状已经对患者的生活、学习或职业开始造成一定的影响，患者的症状会随着环境和情绪的变化不断的波动，如果不能尽早解决，很容易会朝着严重的程度发展、泛化，此时是治疗效果最理想的时期，建议尽早治疗。

中度严重 16 ~ 25 分（单纯的强迫思维或强迫行为，仅需要 10 ~ 14 分）。这属于中等的强迫症状，表示症状的频率或严重程度已经对生活、学习或职业造成明显的障碍，导致患者可能无法有效执行其原有的角色功能，甚至在没有出现有效的改善前，可能导致抑郁症状，甚至出现自杀念头，必须接受心理治疗或者药物治疗。

重度严重 25 分以上（单纯的强迫思维或强迫行为，仅需要 15 分以上）。此时，患者的强迫症状已经非常严重，完全无法执行原有的角色功能，甚至连衣食住行等生活功能都无法进行。通常患者已经无法出门，将自己禁锢家中，无时无刻都有强迫思考，无时无刻都在执行强迫行为。重度严重的患者极易出现抑郁症状，通常需要强制治疗。

注：测试结果仅供参考。

九、大学生恋爱发展进程测试

【指导语】

你的恋爱心理发展到了什么程度？请据实自测。

【测试题】

1．你认为恋爱是为了：(　　)

A．找到一个情投意合的伴侣　　B．成家过日子、抚育儿女

C．满足性的需要　　D．刺激有趣好玩

2．你喜欢的异性是：(女性选择)(　　)

A．英俊潇洒，有男人魅力　　B．有钱有势有能力

C．人品好　　D．爱自己的，其余的无所谓

(男性选择)(　　)

A．漂亮性感，有女人魅力　　B．贤惠能干，善于理家

C．温柔体贴，人品好　　D．只要有爱，其余的无所谓

3．你和恋人确立恋爱关系是因为：(　　)

A．条件般配　　B．我比对方优越

C．对方比我优越　　D．没想过

4．你希望恋爱这样开始：(　　)

A．一见钟情　　B．青梅竹马

C．在工作（学习）中逐渐产生　　D．经人介绍

5．让爱情更深一点的良策是：(　　)

A．极力讨好取悦对方　　B．尽力使自己变得更完美

C．欲擒故纵　　D．爱情是缘分，无计可施

6．当恋人暴露出一些缺点和不足时，你会：(　　)

A．委婉告知并帮其改进　　B．震惊意外，对其加以指责

C．嫌弃动摇，怀疑爱情　　D．无所谓

7．当一位比你目前的恋人更优秀的异性对你表示爱慕时，你会：(　　)

A．离开恋人接受其爱　　B．将其恋情淡化为友情

C．瞒着恋人与其往来　　D．为迟到的爱后悔痛苦

8．当你倾慕的异性另有所爱时，你会：(　　)

A．一如既往地待他（她），等其觉悟　　B．参与竞争，力争夺取

C．抽身止步，成人之美　　D．整日后悔痛苦

9．恋爱中的波折矛盾是：(　　)

A．必然又必需的　　B．对恋爱的否定

C．无聊的　　D．束手无策的痛苦经历

10．由于种种原因，你的恋爱失败，对方提出分手，你会：(　　)

A．千方百计抓住他（她）　　B．到处诋毁对方名誉

C．说声再见，各奔前程　　D．矛盾痛苦不知所措

11．进入大龄的单身贵族队列，你的恋爱态度会：(　　)

A．一如从前，宁缺毋滥　　B．放弃追求，随便凑合一个

C．重定更现实的择偶标准　　D．不谈爱情

【计分与评价】

请按以下标准计分，并判断自己的恋爱心理成熟程度。

1．A．3；B．2；C．1；D．1

2．(女性选择）A．2；B．1；C．3；D．1。

(男性选择）A．2；B．2；C．3；D．1。

3．A．3；B．2；C．1；D．0。

4．A．2；B．1；C．3；D．1。

5．A．1；B．3；C．2；D．0。

6．A．3；B．2；C．0；D．1。

7．A．2；B．3；C．1；D．0。

8．A．2；B．1；C．3；D．0。

9．A．3；B．0；C．2；D．1。

10．A．2；B．0；C．3；D．1。

11．A．1；B．2；C．3；D．0。

甲：26 ~ 33 分；

乙：18 ~ 25 分；

丙：9 ~ 17 分；

丁：　3 ~ 8 分。

测验分析：恋爱中的你属于什么类型？

甲．圆熟型。

恋爱心理非常成熟。懂得爱的真谛，向往爱又能在现实中实现爱。就像一名竞技状态良好的运动选手，你能够在爱情面前轻松舒展，游刃有余；更可贵的是即使直面失败也有良好的心态。你的恋爱婚姻一定很美满幸福。

乙．正熟型。

渴望爱的垂青，然而常会屡屡失误，一时难以如愿。校正一下恋爱指针，太过浪漫的往现实方向调调，太现实的多一些浪漫温馨情调，幸福快乐已在眼前了。

丙．待熟型。

恋爱婚姻是人生的一门必修课，要想取得好成绩单凭热情是不够的，还须专心修习，从理论到实践，再从实践到理论，一点一滴，终会水滴石穿。

丁．青涩型。

爱情对你而言是迷宫，是八卦阵，或者是平淡苍凉的荒漠。让内心轻松开放些，爱的光线会缓缓照射进来，那时你才能体会到柔情温暖。

注：测试结果仅供参考。

十、大学生精神症状自我诊断测试问卷

【指导语】

这是一份关于大学生精神症状的自我诊断量表，一共有50个问题，请你根据自己的实际情况，逐一对每个问题做“是”或“否”的回答。为了保证测验的准确性，请你认真作答。

【测试题】

1．每当考试或被提问时，是否会紧张得出汗？　是　否
2．看见不熟悉的人是否会手足无措？　是　否
3．看见不熟悉的人是否会使工作不能进行下去？　是　否
4．紧张时，头脑是否会不清醒？　是　否
5．心理紧张时是否会出差错？　是　否
6．是否经常把别人交办的事情搞错？　是　否
7．是否会无缘无故地挂念不熟悉的人？　是　否
8．没有熟人在身边是否会感到恐惧不安？　是　否
9．是否经常犹豫不决，下不了决心？　是　否
10．是否总希望有人和自己闲谈？　是　否
11．是否被人认为不机灵？　是　否
12．在别人家里吃饭，是否会感到别扭和不愉快？　是　否
13．和别人会面，是否会有孤独感？　是　否
14．是否会因不愉快的事情缠身，一直忧忧郁郁，解脱不开？　是　否
15．是否经常想哭泣？　是　否
16．是否因处境艰难而沮丧气馁？　是　否
17．是否感到厌世？　是　否
18．是否有生不如死之感？　是　否
19．是否总是愁眉不展？　是　否
20．家庭中是否有愁眉不展的人？　是　否
21．遇事是否会无所适从？　是　否
22．别人是否认为你有神经质？　是　否
23．是否有神经官能症？　是　否
24．家庭成员中是否有严重精神病患者？　是　否
25．是否因患病进过精神病医院？　是　否
26．家庭成员中是否有人进过精神病医院？　是　否
27．是否神经过敏？　是　否
28．家庭成员中有没有神经过敏的人？　是　否
29．感情是否容易冲动？　是　否
30．一受到别人的批评，是否就会心慌意乱？　是　否

31．是否被人认为是个好挑剔的人？ 是 否
32．是否总是会被别人误解？ 是 否
33．是否一点也不能宽容他人，甚至连自己的朋友也是这样？ 是 否
34．是否会一门心思想某件事或做某件事，而不听从别人的劝告？ 是 否
35．脾气是否暴躁、焦急？ 是 否
36．做任何事情是否都是松松垮垮、没有条理？ 是 否
37．是否稍有冒犯就会火冒三丈？ 是 否
38．是否被人批评就会暴跳如雷？ 是 否
39．是否稍不如意就会怒气冲冲？ 是 否
40．是否别人请求帮助就会感到不耐烦？ 是 否
41．是否会怒发冲冠？ 是 否
42．是否身体会经常发抖？ 是 否
43．是否经常会感到坐立不安，情绪紧张？ 是 否
44．是否会因突然的声响突然跳起来，全身发抖？ 是 否
45．别人做错了事，自己是否也会感到不安？ 是 否
46．半夜里是否经常听到声响？ 是 否
47．是否经常有噩梦？ 是 否
48．是否经常有恐怖的景象浮现在眼前？ 是 否
49．是否经常发生胆怯和害怕？ 是 否
50．是否突然间会出冷汗？ 是 否

【计分与评价】

凡是答“是”的计 1 分。得分在 25 分以上的人，可能有某种精神症状，最好去拜访心理学专家或精神科医生。

注：测试结果仅供参考。

十一、网络成瘾自测量表

【指导语】

“网络成瘾”（internet addiction disorder，IAD）的概念是 1994 年纽约市的精神医师 Goldberg 首先提出的。它是指由重复地对于网络的使用所导致的一种慢性或周期性的着迷状态，并带来难以抗拒的再度使用的欲望；同时还会产生想要增加使用时间的张力与耐受性，对于上网所带来的快感会一直有心理与生理上的依赖。请根据自身网络使用情况对如下问题作答。

【测试题】

1．你是否对网络过于关注（如下网后还想着它）？ 是 否
2．你是否感觉需要不断增加上网时间才能感到满足？ 是 否
3．你是否难以减少或控制自己对网络的使用？ 是 否
4．当你准备下线或停止使用网络的时候，你是否感到烦躁不安，无所适从？ 是 否
5．你是否将上网作为摆脱烦恼和缓解不良情绪（如紧张，抑郁，无助）的方法？ 是 否
6．你是否对家人或朋友遮掩自己对网络的着迷程度？ 是 否
7．你是否由于上网影响了自己的工作状态或朋友关系？ 是 否
8．你是否常常为上网花很多钱？ 是 否

9．你上网时间是否经常比预期的要长？　是　否

10．是否下网时觉得心情不好，一上网就会来劲头？　是　否

【计分与评价】

答一个“是”得 1 分，你的总分 5 分以上（包括 5 分）说明网瘾很大，得 8 分以上需要寻求专业人员诊断是否患有 IAD。

注：测试结果仅供参考。

十二、大学生心理疲劳测试

【指导语】

根据自身实际情况，在每一道题后答“是”与“否”。

【测试题】

1．早上起来就觉得难受。　是　否

2．眼看汽车进站，也懒得跑几步赶上去。　是　否

3．上楼梯容易绊倒。　是　否

4．不愿与老师或众人见面。　是　否

5．写起作文不顺利。　是　否

6．说话声细，连不成句。　是　否

7．对别人的谈话不放心。　是　否

8．不知不觉好用两手托腮靠在桌子上。　是　否

9．总想大量喝茶、咖啡等提神的饮料。　是　否

10．不想吃油腻的东西。　是　否

11．饭菜中非常喜欢加上香辣调料。　是　否

12．总觉得手发僵。　是　否

13．眼睛总像睁不开似的。　是　否

14．哈欠打个不停。　是　否

15．连朋友的电话号码也记不起来。　是　否

16．想把脚放在桌椅上歇歇。　是　否

17．体重不知不觉地降了下来。　是　否

18．容易拉肚子或便秘。　是　否

19．难以入睡。　是　否

【计分与评价】

如果有 1 ~ 2 道题回答“是”，说明您有极轻微的心理疲劳；如果有 3 ~ 4 道题回答“是”，说明您有中等程度的心理疲劳；如果有 5 ~ 6 道题回答“是”，说明您有较严重的心理疲劳，值得引起注意。

自我检查后，发现自己有心理疲劳，首先应使自己的生活尽快有规律起来，并加强营养，注意睡眠，保证有 9 小时的酣睡。

注：测试结果仅供参考。

十三、简易大学心理健康自测量表

【指导语】

下面是一组简易心理健康自陈测验，具有方便、快捷、计分和评价简明的特点，可用作心理健康自查和团体测验的初步测验工具，若发现问题严重，可采用更为复杂的量表进行检测核

查。共有20道题，每题有A、B、C三种答案可供选择，A为“是”，B为“否”，C为“不确定或有时有”。每题请选择一种最符合自己实际状况的答案。

【测试题】

1．在新环境中，我常会担心遭遇难堪，觉得不祥之兆就要来临。（　　）

2．我常会大发怒气，但事后却又常感觉那件事不值得那样生气。（　　）

3．在高空或狭小的地方，常产生无法控制的恐惧或吓得不能动弹。（　　）

4．一遇不顺心的事，就会大哭一场或大闹一场。（　　）

5．常有头昏目眩，一遇困难或挫折，头脑就不清醒的昏沉感。（　　）

6．常幻想自己有战胜别人的高超能力或总怀疑别人用高超的办法来对付自己。（　　）

7．参加团体活动时，常感六神无主，犹豫不决，即使参加也是孤单站立一旁，无所适从。（　　）

8．常感前途（前景）无望，总认为能带来好运的事情不多。（　　）

9．经常会自然而然地回顾起自己以往经历的失败、挫折或者苦难。（　　）

10．对周围的人和事，常感到厌烦、不满意，处处觉得不称心。（　　）

11．睡眠时经常做很详细的梦。（　　）

12．日常生活中，稍微多做一些事，就感到疲劳、倦怠，烦闷不堪。（　　）

13．日常生活中，常感忧虑的事很多，总觉得这也不如意，那也不保险，事事都觉得难以放心。（　　）

14．一专心致志从事某种活动，就头脑发胀，耳鸣。（　　）

15．一个问题想不开，总喜欢翻来覆去，一遍又一遍地想来想去。

16．总认为自己的现状难以改变，很盼望能远离现状，远离人群独居（如离家出走、隐居或出家等）。（　　）

17．当看到电影电视中热烈缠绵或者充满激烈情境的镜头时，常把自己幻想成为剧中的角色。（　　）

18．我经常喜欢忙忙碌碌，重做一些本来已经做好了的事情。（　　）

19．痛苦的事或兴奋的事，都会使我彻夜难眠，联想不断。（　　）

20．心里有苦恼，宁愿自己想，不愿向人讲，总是不愿说出来。（　　）

【计分与评价】

1．计分标准　A为1分，B为0分，C为0.5分。

2．合计出总分

（1）5分以下，为基本正常心理状态，但不排除心理偏差的存在，需不断自我完善。

（2）5～9.5分，为轻度心理问题（轻度心理障碍、轻度异常），需要加强自我心理保健，主动运用心理防卫机制加强修养和行为改善。

（3）10～14.5分，为中度心理问题（较重心理障碍），需要通过心理咨询，求得专家辅导、疏通，指导必要的克服与消除策略及技巧，进行必要的心理训练方可改善。

（4）15分以上，为重度心理问题（心理疾病），需要进行较全面的药物和心理治疗。

注意事项：对具体人的测定，尤其是青少年学生，只能作为参考指标，不能作为唯一依据。本量表适宜于作群体调查，对具体人的诊断应审慎进行。

十四、抑郁自评量表

【指导语】

抑郁自评量表（self-rating depression scale，SDS）是由W.K.Zung于1965年编制的，用于

衡量抑郁状态的轻重程度及其在治疗中的变化，适用对象为具有抑郁症状的成年人。

量表有 20 道题，每道题后边有 4 个选项，分别表示时间的多少。从左至右分别是：①没有或很少时间；②小部分时间；③相当多时间；④绝大部分或全部时间。现在请你认真地阅读每一道题，待把题意弄懂后，根据你最近一周的实际表现，在题后 4 个选项中选择符合你自己情况的一个打钩（✓）。

【测试题】

1．我觉得闷闷不乐，情绪低沉　① ② ③ ④
2．我觉得一天中早晨最好　① ② ③ ④
3．我一阵阵哭出来或觉得想哭　① ② ③ ④
4．我晚上睡眠不好　① ② ③ ④
5．我吃得跟平常一样多　① ② ③ ④
6．我与异性接触时和以往一样感到愉快　① ② ③ ④
7．我觉得我的体重在下降　① ② ③ ④
8．我有便秘的痛苦　① ② ③ ④
9．我心跳比平时快　① ② ③ ④
10．我无缘无故地感到疲乏　① ② ③ ④
11．我的头脑跟平常一样清楚　① ② ③ ④
12．我觉得经常做的事情并没有困难　① ② ③ ④
13．我觉得不安而平静不下来　① ② ③ ④
14．我对将来抱有希望　① ② ③ ④
15．我比平常容易生气、激动　① ② ③ ④
16．我觉得作出决定很容易　① ② ③ ④
17．我觉得自己是个有用的人，有人需要我　① ② ③ ④
18．我的生活过得很有意思　① ② ③ ④
19．我认为如果我死了别人会生活得好些　① ② ③ ④
20．平常感兴趣的事我仍然感兴趣　① ② ③ ④

【计分与评价】

抑郁自评量表采用 4 级评分，主要评定症状出现的频度，其 4 级记分标准为：①没有或很少时间（为 1 分）；②小部分时间（为 2 分）；③相当多时间（为 3 分）；④绝大部分时间分为（4 分）。

评定开始时，一定要让自评者把整个量表的填写方法及每个条目的涵义弄明白后，才开始独立地自我评定。评定的时间范围，应强调是“现在”或“最近一星期”，评定结束时。要提醒自评者不要漏评某一项目或重复评定。

【分析统计指标】

SDS 的分析方法比较简单，主要的统计指标总分，其计算方法是 20 个项目中各项分数相加的总和 ×1.25，取整数部分。分数越高，症状越严重。

SDS 的评定也可以通过抑郁严重度指数来反映。抑郁严重度指数 = 各项目的累积分 /80（最高总分）。指数范围 0.25 ~ 1.0，指数越高，抑郁程度越重。

SDS 为一种短自评量表，操作方便，容易掌握，能有效地反映抑郁状态的有关症状及其严重程度和变化。评分标准不受年龄、性别、经济状况等因素的影响。在国内外已广泛应用。

（赵阿勐　纪　元）

中英文专业词汇索引

主要参考文献

1．崔光成．大学生心理健康教育．北京：北京大学医学出版社，2013．
2．李素梅．心理健康与大学生活．武汉：华中科技大学出版社，2012．
3．刘晓明，杨平．大学生心理健康教育．北京：科学出版社，2009．
4．张万英．大学生心理健康教育．北京：中国人民大学出版社，2011．
5．陈红英．大学生心理健康教程．武汉：武汉大学出版社，2012．
6．姚本先．学校心理健康教育．合肥：安徽大学出版社，2010．
7．姚本先．大学生心理健康教育．北京：北京师范大学出版社，2012．
8．伍爱莲．大学生健康生活．武汉：华中科技大学出版社，2011．
9．王为正，韩玉霞．大学生自助读本．北京：科学出版社，2011．
10．刘勇著．大学生生涯管理与辅导．北京：科学出版社，2008．
11．蔡志红．心理减压室．广州：中山大学出版社，2012．
12．邓旭阳．大学生心理发展训练．北京：北京出版社，2004．
13．钟向阳．大学生挫折管理与辅导．北京：北京师范大学出版社，2010．
14．许国彬．大学生心理测查与行为指导．北京：科学出版社，2012．
15．王红星．大学生极端行为案例分析．北京：人民卫生出版社，2010．
16．刘丹．大学生心理互助热线．北京：清华大学出版社，2010．
17．马力．心理健康教育．北京：北京师范大学出版社，2011．
18．孙元政．新编大学生心理健康．大连：大连理工大学出版社，2012．
19．武绛玲．心理健康教育教程．北京：北京师范大学出版社，2011．
20．张旭东，车文博．挫折应对与大学生心理健康．北京：科学出版社，2006．
21．吴少怡．心理健康教育．济南：山东大学出版社，2012．
22．吴建玲．大学生心理健康与心理素质训练．广州：华南理工大学出版社，2007．
23．叶林菊．心理素质的养成与能力训练．天津：南开大学出版社，2009．
24．刘新民．大学生心理健康的维护与调适．合肥：中国科学技术大学出版社，2009．
25．张曼华．大学生心理健康教育．南京：江苏科学技术出版社，2012．
26．王文鹏，王冰蔚．高校学生心理健康教育与指导．北京：清华大学出版社，2011．
27．李锦云．大学生心理健康辅导．北京：北京大学出版社，2011．
28．雷雳．青少年互联网心理学．上海：华东师范大学出版社，2010．
29．陈光磊，黄济民．青少年网络心理．北京：中国传媒大学出版社，2008．
30．杨世昌．大学生心理健康教程．北京：科学出版社，2011．
31．郭朝辉，程虹娟，李奋生．大学生心理健康教育．北京：科学出版社，2017．
32．郭朝辉，邓猛，程虹娟．大学生心理健康教育实践手册．北京：科学出版社，2017．
33．迟毓凯．学生管理的心理学智慧．上海：华东师范大学出版社，2016．
34．刘凤，李听，梁瑞．大学生健康教育．西安：西北工业大学出版社，2015．

35．李焰，刘丹．清华大学心理健康教育工作手册．北京：清华大学出版社，2015．
36．张友菊．大学生健康教育．北京：中国人民大学出版社，2015．
37．严万森，王加好．大学生心理健康教育．北京：北京大学医学出版社，2015．
38．杨学峰．大学生卫生与健康教程．长沙：中南大学出版社，2014．
39．王进鑫，程静．谈性说爱—大学生性健康教育．重庆：西南师范大学出版社，2014．
40．程瑞峰，吴苏芳．大学生职业规划与就业指导．长沙：中南大学出版社，2014．
41．汪丽华，何仁富．大学生心理健康与生命教育．北京：北京师范大学出版社，2014．
42．姚斌．大学生心理健康与自我教育．北京：北京师范大学出版社，2014．
43．杨小丽，孙宏伟．大学生心理健康教育．北京：科学出版社，2014．
44．罗新兰．大学生心理健康教育．杭州：浙江大学出版社，2014．
45．葛廷友．大学生心理健康．北京：北京航空航天大学出版社，2013．
46．姚斌．大学生心理成长攻略．北京：人民卫生出版社，2013．
47．马莹，黄晞建．大学生心理健康．北京：高等教育出版社，2013．
48．王晓钧．大学生心理健康．北京：北京师范大学出版社，2013．
49．王宇航，白羽．大学生心理健康教育与实训指导．杭州：浙江大学出版社，2013．
50．徐学俊．大学生心理成长导引．武汉：华中科技大学出版社，2013．
51．陈红英，舒刚．大学生心理健康教程．武汉：武汉大学出版社，2012．
52．马立骥．大学生心理健康教育与实训．杭州：浙江大学出版社，2012．
53．王菁华，翟常秀．大学生心理健康教育教程．青岛：中国海洋大学出版社，2012．
54．宁维卫．大学生心理健康与成才．北京：高等教育出版社，2012．
55．许国彬，黄秀娟．大学生心理测查与行为指导．北京：科学出版社，2012．
56．马建青．大学生心理健康教程．杭州：浙江大学出版社，2012．
57．吴少怡．大学生心理健康教育．济南：山东大学出版社，2012．
58．孔晓东．大学生心理健康导引．武汉：华中科技大学出版社，2011．
59．胡佩诚．认识你自己：大学生心理健康珍藏．北京：北京大学医学出版社，2011．
60．姚本先．大学生心理健康教育．合肥：安徽大学出版社，2011．